Danser (1er groupe)

INDICATIF				
Présent	**Imparfait**	**Passé simple**	**Futur**	**Conditionnel présent**
je danse	je dansais	je dansai	je danser	il (elle) danserait
tu danses	tu dansais	tu dansas	tu danse	nous danserions
il (elle) danse	il (elle) dansait	il (elle) dansa	il (elle) dansera	vous danseriez
nous dansons	nous dansions	nous dansâmes	nous danserons	ils (elles) danseraient
vous dansez	vous dansiez	vous dansâtes	vous danserez	
ils (elles) dansent	ils (elles) dansaient	ils (elles) dansèrent	ils (elles) danseront	
Passé composé	**Plus-que-parfait**	**Passé antérieur**	**Futur antérieur**	**Conditionnel passé**
j'ai dansé	j'avais dansé	j'eus dansé	j'aurai dansé	j'aurais dansé
tu as dansé	tu avais dansé	tu eus dansé	tu auras dansé	tu aurais dansé
il (elle) a dansé	il (elle) avait dansé	il (elle) eut dansé	il (elle) aura dansé	il (elle) aurait dansé
nous avons dansé	nous avions dansé	nous eûmes dansé	nous aurons dansé	nous aurions dansé
vous avez dansé	vous aviez dansé	vous eûtes dansé	vous aurez dansé	vous auriez dansé
ils (elles) ont dansé	ils (elles) avaient dansé	ils (elles) eurent dansé	ils (elles) auront dansé	ils (elles) auraient dansé

SUBJONCTIF		IMPERATIF	INFINITIF	PARTICIPE
Présent	**Passé**	**Présent**	**Présent**	**Présent**
que je danse	que j'aie dansé	danse	danser	dansant
que tu danses	que tu aies dansé	dansons		
qu' il (elle) danse	qu'il (elle)ait dansé	dansez		
que nous dansions	que nous ayons dansé	**Passé**	**Passé**	**Passé**
que vous dansiez	que vous ayez dansé	aie dansé	avoir dansé	dansé, ayant dansé
qu'ils (elles) dansent	qu'ils (elles) aient dansé	ayons dansé		
		ayez dansé		

Finir (2e groupe)

INDICATIF				
Présent	**Imparfait**	**Passé simple**	**Futur simple**	**Conditionnel présent**
je finis	je finissais	je finis	je finirai	je finirais
tu finis	tu finissais	tu finis	tu finiras	tu finirais
il (elle) finit	il (elle) finissait	il (elle) finit	il (elle) finira	il (elle) finirait
nous finissons	nous finissions	nous finîmes	nous finirons	nous finirions
vous finissez	vous finissiez	vous finîtes	vous finirez	vous finiriez
ils (elles) finissent	ils (elles) finissaient	ils (elles) finirent	ils (elles) finiront	ils (elles) finiraient
Passé composé	**Plus-que-parfait**	**Passé antérieur**	**Futur antérieur**	**Conditionnel passé**
j'ai fini	j'avais fini	j'eus fini	j'aurai fini	j'aurais fini
tu as fini	tu avais fini	tu eus fini	tu auras fini	tu aurais fini
il (elle) a fini	il (elle) avait fini	il (elle) eut fini	il (elle) aura fini	il (elle) aurait fini
nous avons fini	nous avions fini	nous eûmes fini	nous aurons fini	nous aurions fini
vous avez fini	vous aviez fini	vous eûtes fini	vous aurez fini	vous auriez fini
ils (elles) ont fini	ils (elles) avaient fini	ils (elles) eurent fini	ils (elles) auront fini	ils (elles) auraient fini

SUBJONCTIF		IMPERATIF	INFINITIF	PARTICIPE
Présent	**Passé**	**Présent**	**Présent**	**Présent**
que je finisse	que j'aie fini	finis	finir	finissant
que tu finisses	que tu aies fini	finissons		
qu'il (elle) finisse	qu'il (elle) ait fini	finissez		
que nous finissions	que nous ayons fini	**Passé**	**Passé**	**Passé**
que vous finissiez	que vous ayez fini	aie fini	avoir fini	fini, ayant fini
qu'ils (elles) finissent	qu'ils (elles) aient fini	ayons fini		
		ayez fini		

Terre des Lettres

LIVRE UNIQUE

ÉDITION 2013

Français

6e

Catherine Hars
Certifiée de Lettres modernes
Collège Pilâtre de Rozier (Wimille)

Véronique Marchais
Agrégée de Lettres modernes
Collège l'Arche du Lude (Joué-les-Tours)

Claire-Hélène Pinon
Certifiée de Lettres modernes
Académie de Paris

Avec la collaboration de
Jean-Charles Boilevin
Diplômé de l'École Supérieure
des Beaux-Arts de Marseille

© Nathan 2013
25, avenue Pierre-de-Coubertin
75211 Paris cedex 13
ISBN 978 209 171742 5

Avant-propos

Terre des Lettres en 5 points

➤ Comment le programme est-il appréhendé dans *Terre des Lettres* ?

Pour chaque grand axe littéraire du programme, nous nous sommes efforcés d'offrir des possibilités d'**approches variées**. Le professeur peut opter pour :
- le **groupement de textes** habituel ;
- l'étude d'une **œuvre intégrale** ;
- **l'étude croisée de textes et d'œuvres d'art** à travers des **dossiers Histoire des Arts** qui permettent d'élargir l'étude des textes à d'autres domaines.

Enfin, nous avons souhaité proposer des **œuvres riches** tout en veillant à les rendre **accessibles** à tous à travers un **questionnaire progressif**.

➤ Quelle est l'approche des textes dans *Terre des Lettres* ?

Ce que disent les Instructions officielles : « La lecture analytique se définit comme une lecture attentive et réfléchie, cherchant à éclairer le sens des textes et à construire chez l'élève des compétences d'analyse et d'interprétation. Elle permet de s'appuyer sur une approche intuitive, sur les réactions spontanées de la classe, pour aller vers une interprétation raisonnée. »

Depuis sa création, *Terre des Lettres* s'inscrit très exactement dans cette démarche, **refusant, en conformité avec les demandes des IPR, de plaquer sur les textes des axes de lecture a priori, et favorisant une démarche d'interprétation** dont les élèves sont les acteurs.

➤ Comment la grammaire est-elle abordée ?

Ce que disent les Instructions officielles : « Les séances consacrées à l'étude de la langue sont conduites selon une progression méthodique. »

Terre des Lettres propose **une progression rigoureuse des notions grammaticales** (voir pp. 10 et 297). De leçon en leçon, les exercices sont conçus de façon à **réinvestir systématiquement les notions antérieures**, permettant ainsi de **les fixer en mémoire**.

➤ Comment le travail de l'expression écrite est-il pensé ?

Terre des Lettres est le **seul manuel à concevoir la rédaction comme un vrai moment d'apprentissage** et non uniquement comme une évaluation. En multipliant les **exercices d'écriture courts**, il rend possible une **pratique régulière de la rédaction**. À travers les pages « **Vocabulaire** » et « **Grammaire pour écrire** », de chapitre en chapitre, il propose aussi **un véritable travail des compétences d'écriture**, avec une progression, permettant de réels progrès des élèves.

➤ Quelle est la place accordée à l'Histoire des Arts ?

Au sein des chapitres, des pages « **Étude de l'image** » et « **Histoire des Arts** » permettent de **découvrir des œuvres patrimoniales riches**. En outre, les principales entrées du programme donnent lieux à **des dossiers Histoire des Arts thématiques mettant en relation textes et œuvres** : « De la calligraphie au calligramme », « À la découverte des *Mille et Une Nuits* », « Arts et mythologie », « Le déluge, un récit entre mythe et histoire », « Le personnage de Jésus à travers les arts ».

Sommaire

Partie III. Les textes fondateurs

Histoire des arts

Étude de la langue

Et retrouvez au fil des chapitres

1 Poésies de tous les temps

● **Marc Chagall,** *La Pendule à l'aile bleue,*
huile sur toile, 92 × 79 cm, 1949 (collection privée).

1. Relevez tout ce qui vous paraît insolite, étrange, dans la composition de cette peinture.
2. Que vous évoque le titre de cette œuvre ?
3. Chagall fut qualifié de « poète avec des ailes de peintre ». À votre avis, pourquoi ?

Un genre musical

● Le mot *poésie* vient du verbe grec *poïein* qui signifie « **créer** ». La poésie est donc une création, une manière d'assembler les mots qui leur donne une beauté et une force particulières. Elle peut dégager un tel charme que, dans l'Antiquité, on disait que les poètes étaient inspirés par des divinités appelées les **Muses**.

● **Orphée**, poète mythique, était capable, dit-on, de charmer par ses chants et le son de sa lyre même les animaux. À cette époque, en effet, la poésie est chantée. Elle le sera encore longtemps : en France, tout au long du Moyen Âge, **trouvères** et **troubadours** continuent d'allier musique et poésie.

Questions

1 De quel instrument Orphée s'accompagnait-il ?

2 Qui étaient les Muses ?

Jean Cocteau, *Orphée,* dessin, 1962 (collection particulière).

Entre règles et inventivité

● La poésie est donc **un genre littéraire** qui est souvent lié à la musique. Le poète Verlaine disait même que la poésie, c'est « **de la musique avant toute chose** ». Toutefois, à la fin du Moyen Âge, la poésie se sépare de la chanson : elle cultive sa musique propre, faite des mots et du rythme des phrases.

● **Des règles d'écriture poétique** sont définies peu à peu. L'ensemble de ces règles forme ce que l'on appelle **la versification**. Elles occupent une place très importante du XVIe au XIXe siècle. Mais elles sont aussi souvent remises en cause : les poètes cherchent encore et toujours de nouvelles manières de jouer avec les mots.

■ **Théo van Rysselberghe, *Portrait d'Émile Verhaeren,*** 1915 (Musée d'Orsay, Paris).

Question

❸ Repérez les différents auteurs cités dans ce chapitre et situez-les dans le temps.

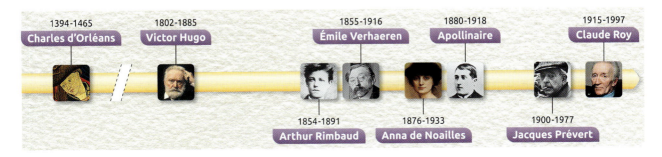

■ **Jacques Carelman, calligramme** pour *Exercices de style* de Raymond Queneau, 1963, © Gallimard.

La langue dans tous ses états

● À partir du XIXe siècle, les poètes **rejettent les règles classiques** de la poésie, mélangeant tous les tons, cherchant à choquer ou à éblouir. Au début du XXe siècle, Apollinaire fait **disparaître la ponctuation** pour pouvoir mieux jouer sur le sens des mots. Il utilise aussi la mise en page et le **dessin** pour créer de nouvelles associations entre les mots et les images.

● Au fil du XXe siècle, plusieurs groupes littéraires vont multiplier les **expériences poétiques**, en jouant avec les mots ou en distordant la phrase afin de rendre toujours plus proche ce qui vient d'être nommé.

Question

❹ Comment appelle-t-on un poème qui forme un dessin sur la page ?

1394-1465 Charles d'Orléans
1802-1885 Victor Hugo
1855-1916 Émile Verhaeren
1880-1918 Apollinaire
1915-1997 Claude Roy
1854-1891 Arthur Rimbaud
1876-1933 Anna de Noailles
1900-1977 Jacques Prévert

La bise fait le bruit...

Victor Hugo
(1802-1885) est l'un
des écrivains les plus
importants de
la littérature française.
Son œuvre est très
variée : des romans
(*Les Misérables*),
des poèmes
(*Les Contemplations*)
et des pièces de
théâtre (*Ruy Blas*).

La bise fait le bruit d'un géant qui soupire ;
La fenêtre palpite et la porte respire ;
Le vent d'hiver glapit[1] sous les tuiles du toit ;
Le feu fait à mon âtre[2] une pâle dorure ;

5 Le trou de ma serrure
Me souffle sur les doigts.

VICTOR HUGO, *Dernière Gerbe*[3], 1902 (posthume).

1. Glapir : hurler comme un renard.
2. Âtre : foyer de la cheminée.
3. Gerbe : ensemble de choses
semblables réunies, dont la forme
évoque un jaillissement.

Lecture

➔ Comprendre

1. Quels détails vous permettent d'identifier ce texte comme un poème ?

2. a. Combien comptez-vous de strophes ? et de vers ?

b. Quels sont les mots qui riment ?

3. Que décrit Victor Hugo dans ce poème ?

➔ Approfondir

4. a. Comptez le nombre de syllabes dans chaque vers.

b. Dans quels cas faut-il prononcer les -e à la fin des mots ?

5. Notez tous les éléments qui donnent l'impression que cette maison est vivante.

6. Relisez le poème à voix haute :

a. Quelle voyelle est répétée dans la première strophe ?

b. Quel bruit le poème cherche-t-il à imiter ?

7. a. Quelle consonne est répétée au vers 2 ?

b. Quel rapport y a-t-il entre cette sonorité et ce dont parle le vers ?

➔ Pour conclure

8. Dans de nombreuses légendes, Dieu donne vie aux êtres en soufflant dessus. Dans ce poème, qu'est-ce qui anime la maison ?

9. Quelle impression se dégage de cette maison ? Auriez-vous envie d'y vivre ? Pourquoi ?

Vocabulaire

1. Cherchez dans le poème les mots qui correspondent aux définitions suivantes :

vent froid – battre très fort – cheminée – hurler comme un animal.

2. Complétez les phrases suivantes avec chacun de ces mots.

a. La bûche crépite dans l'...

b. La fourmi se trouva fort dépourvue quand la ... fut venue.

c. La pauvre bête se cacha dans le fourré et ... de douleur. Je sentis alors son cœur ...

Le Vent

Émile Verhaeren
(1855-1916) est
un écrivain belge.
Sa poésie met en scène
des paysages
de campagne ou
de grandes villes.

Sur la bruyère longue infiniment,
Voici le vent cornant[1] Novembre,
Sur la bruyère, infiniment,
Voici le vent
5 Qui se déchire et se démembre,
En souffles lourds, battant[2] les bourgs ;
Voici le vent,
Le vent sauvage de Novembre.

Aux puits des fermes,
10 Les seaux de fer et les poulies[3]
Grincent ;
Aux citernes des fermes,
Les seaux et les poulies
Grincent et crient
15 Toute la mort, dans leurs mélancolies.

[…]
Sur la bruyère, infiniment,
Voici le vent hurlant,
Voici le vent cornant Novembre.

ÉMILE VERHAEREN, *Les Villages illusoires*, 1895.

1. Corner : sonner avec
une corne (sens propre) ;
avertir, annoncer (sens figuré).
2. Battre : parcourir.
3. Poulie : roue sur laquelle
on fait passer une corde pour
soulever plus facilement
une charge.

**Claude Monet,
*Effet de vent,*** (détail),
1891 (Musée d'Orsay, Paris).

Lecture

➔ Comprendre

1. Où et quand situez-vous la scène décrite ?

2. Quels sont les mots qui évoquent des bruits ?

3. Le paysage décrit vous semble-t-il triste ou gai ?
Justifiez votre réponse.

➔ Approfondir

4. a. Le rythme du poème est-il régulier ou irrégulier ?

b. Quel lien pouvez-vous faire entre le rythme du
poème et les mouvements du vent ?

5. Relevez les répétitions : quelle impression créent-
elles ?

6. Quelles allitérations (cf. p. 29) présentes dans le
poème nous font entendre le bruit du vent ?

7. Relevez tous les mots qui évoquent la souffrance.
L'ensemble de ces mots constitue un champ lexical.

➔ Pour conclure

8. Relevez les mots qui personnifient le vent. Quelle est
leur nature ? Quels autres objets sont personnifiés ?

9. Vérifiez le sens du mot *corner* (v. 2) : quel type de
personnage soufflait ainsi dans une trompe autrefois ?

10. Que paraît annoncer le vent dans ce poème ?

Expression écrite

**À votre tour, décrivez, dans un court poème,
le vent soufflant sur la mer par temps de tempête.**
Employez la répétition, créez des effets sonores, cherchez à personnifier le vent en employant quelques-uns
des verbes suivants : *cingler, gronder, hurler, bondir,
gémir.*

Le temps a laissé son manteau...

Charles d'Orléans
(1394-1465), père du
futur roi Louis XII, est
appelé le Prince-poète :
grand amateur
de poésie, il organise
à sa Cour des jeux
et concours de poésie
et écrit lui-même
de nombreux poèmes.

Le temps a laissé son manteau
De vent, de froidure et de pluie,
Et s'est vêtu de broderie,
De soleil luisant, clair et beau.

5 Il n'y a bête ni oiseau,
Qu'en[1] son jargon[2] ne chante ou crie :
Le temps a laissé son manteau
De vent, de froidure et de pluie.

Rivière, fontaine et ruisseau
10 Portent, en livrée[3] jolie,
Gouttes d'argent d'orfèvrerie ;
Chacun s'habille de nouveau.
Le temps a laissé son manteau.

CHARLES D'ORLÉANS, *Rondeaux,* XVe siècle.

1. **Qu'en :** qui dans.
2. **Jargon :** langue.
3. **Livrée :** habit.

Lecture

➡ Comprendre

1. Quelle saison est évoquée dans ce poème ?
Justifiez votre réponse.

2. Qu'est-ce qui montre que la nature est ici person-
nifiée ?

3. Quelle impression se dégage du poème ?

➡ Approfondir

4. Quel est le type de vers utilisé ?

5. a. Quel vers est commun à chaque strophe ?

b. Quel effet produit cette répétition ?

6. Les sonorités du poème sont-elles plutôt graves et
monotones ou gaies et variées ?

7. Relevez deux vers qui s'opposent dans la première
strophe : quel effet produit cette opposition ?

8. Quels termes évoquent la richesse ?

9. Qui parle aux vers 7 et 8 ?

➡ Pour conclure

10. Quels détails du poème donnent l'impression que
toute la nature est en fête ?

Vocabulaire

1. Donnez un synonyme de l'adjectif *luisant* au vers 4.

2. a. Sur quel radical le mot *froidure* est-il formé ?

b. De la même manière, formez d'autres noms à partir
des mots suivants : *cheveu – vert – voile – toit – armes –
doré – parer.*

Le jardin et la maison

Anna de Noailles
(1876-1933), dite
Comtesse de Noailles,
est une femme de lettres
française d'origine
gréco-roumaine.
Elle a écrit trois romans
et de nombreux recueils
de poèmes. Elle fut
la première femme
commandeur de la Légion
d'honneur.

Voici l'heure où le pré, les arbres et les fleurs

Dans l'air dolent et doux soupirent leurs odeurs.
Les baies du lierre obscur où l'ombre se recueille

Sentant venir le soir se couchent dans leurs feuilles,
5 Le jet d'eau du jardin, qui monte et redescend,

Fait dans le bassin clair son bruit rafraîchissant ;
La paisible maison respire au jour qui baisse

Les petits orangers fleurissant dans leurs caisses
Le feuillage qui boit les vapeurs de l'étang

10 Lassé des feux du jour s'apaise et se détend,
– Peu à peu la maison entr'ouvre ses fenêtres

Où tout le soir vivant et parfumé pénètre,
Et comme elle, penché sur l'horizon, mon cœur

S'emplit d'ombre, de paix, de rêve et de fraîcheur…

ANNA DE NOAILLES, *Le Cœur innombrable*,
Calman Lévy Éditeur, 1901.

Lecture

➡ Comprendre

1. Quelle est la structure de ce poème (nombre de strophes, et de vers par strophe, disposition des rimes) ?

2. a. Le titre du poème vous paraît-il bien choisi ? Expliquez pourquoi.

b. Quel moment de la journée est évoqué ? Citez deux expressions qui vous permettent de le comprendre.

c. Ce moment est-il perçu comme agréable ou désagréable ? Justifiez votre réponse.

➡ Approfondir

3. a. Quel est le sens évoqué par le verbe « soupirer » ? Est-ce le cas dans son emploi au vers 2 ?

b. Dans la troisième strophe, relevez une expression confondant ainsi les sens et expliquez-la.

4. a. Expliquez l'expression « les feux du jour » (v. 10). Relevez un nom et un adjectif évoquant le contraire.

b. Quelle opposition apparaît dans le poème ?

5. a. Observez les verbes employés dans tout le poème : sont-ils des verbes d'action ou des verbes d'état ? Leurs sujets sont-ils animés ou inanimés ?

b. Quelle image nous est ainsi donnée de la nature et des différents éléments décrits ?

6. Quelle est la seule rime qui est répétée ? Où ?

➡ Pour conclure

7. Relisez la dernière strophe : quelle expression montre que le poète est en harmonie avec ce qui l'entoure ?

8. a. Relevez dans le poème deux mots de la famille de « paix » (v. 14).

b. Quelle atmosphère se dégage de ce poème ?

Expression écrite

« Les fleurs soupirent leurs odeurs », « un bruit rafraîchissant » : sur les mêmes modèles, **inventez deux expressions mélangeant les sens, de manière à évoquer une chaleur étouffante.**

Choses du soir

En 1877, **Victor Hugo**, suite au décès de l'un de ses fils, prend en charge ses petits-enfants et écrit ce recueil : *L'Art d'être grand-père*.

Le brouillard est froid, la bruyère est grise ;
Les troupeaux de bœufs vont aux abreuvoirs[1] ;
La lune, sortant des nuages noirs,
Semble une clarté qui vient par surprise.

5 Je ne sais plus quand, je ne sais plus où,
Maître[2] Yvon soufflait dans son biniou[3].

Le voyageur marche et la lande est brune ;
Une ombre est derrière, une ombre est devant ;
Blancheur au couchant, lueur au levant ;
10 Ici crépuscule, et là clair de lune.

Je ne sais plus quand, je ne sais plus où,
Maître Yvon soufflait dans son biniou.

La sorcière assise allonge sa lippe[4] ;
L'araignée accroche au toit son filet ;
15 Le lutin reluit dans le feu follet[5]
Comme un pistil d'or dans une tulipe.

Je ne sais plus quand, je ne sais plus où,
Maître Yvon soufflait dans son biniou.

On voit sur la mer des chasse-marées[6] ;
20 Le naufrage guette un mât frissonnant ;
Le vent dit : demain ! l'eau dit : maintenant !
Les voix qu'on entend sont désespérées.

Je ne sais plus quand, je ne sais plus où,
Maître Yvon soufflait dans son biniou.

25 Le coche[7] qui va d'Avranche à Fougère
Fait claquer son fouet comme un vif éclair ;
Voici le moment où flottent dans l'air
Tous ces bruits confus que l'ombre exagère.
Je ne sais plus quand, je ne sais plus où,
30 Maître Yvon soufflait dans son biniou.

Dans les bois profonds brillent des flambées ;
Un vieux cimetière est sur un sommet ;
Où Dieu trouve-t-il tout ce noir qu'il met
Dans les cœurs brisés et les nuits tombées ?

1. Abreuvoir : lieu, récipient aménagé pour faire boire les bêtes.

2. Maître : titre souvent donné aux paysans et aux artisans, pour qui l'on n'utilise pas le terme de « monsieur ».

3. Biniou : cornemuse bretonne, instrument à vent.

4. Lippe : lèvre inférieure ; « allonger sa lippe » : faire la moue.

5. Feu follet : petite flamme due à une exhalaison de gaz sur un étang.

6. Chasse-marée : petit bateau côtier pour les pêcheurs bretons.

7. Le coche : cocher qui conduit une voiture tirée par des chevaux et transportant des voyageurs.

35 Je ne sais plus quand, je ne sais plus où,
   Maître Yvon soufflait dans son biniou.

   Des flaques d'argent tremblent sur les sables ;
   L'orfraie[8] est au bord des talus crayeux ;
   Le pâtre, à travers le vent, suit des yeux
40 Le vol monstrueux et vague des diables.

   Je ne sais plus quand, je ne sais plus où,
   Maître Yvon soufflait dans son biniou.

   Un panache gris sort des cheminées ;
   Le bûcheron passe avec son fardeau ;
45 On entend, parmi le bruit des cours d'eau,
   Des frémissements de branches traînées.

   Je ne sais plus quand, je ne sais plus où,
   Maître Yvon soufflait dans son biniou.

   La faim fait rêver les grands loups moroses ;
50 La rivière court, le nuage fuit ;
   Derrière la vitre où la lampe luit,
   Les petits enfants ont des têtes roses.
   Je ne sais plus quand, je ne sais plus où,
   Maître Yvon soufflait dans son biniou.

VICTOR HUGO, *L'Art d'être grand-père*, 1877.

Jules Dupré (1811-1889), *La Mare aux chênes*
(1850-1855), huile sur toile, 102 × 84 cm
(Musée d'Orsay, Paris).

8. L'orfraie : rapace qui vit la nuit.

Lecture

➡ Comprendre

1. Expliquez le titre de ce poème.

2. Quelle est la structure de ce poème : nombre de strophes, nombre de vers par strophes, disposition des rimes ?

3. a. Dans quelles strophes le poète décrit-il un paysage de lande ? la mer ? la campagne ? et les bois ?

b. Quelles strophes évoquent des personnages réalistes ?

c. Quelles strophes évoquent des personnages fantastiques ?

➡ Approfondir

4. Dans la troisième strophe, relevez les termes qui s'opposent. Comment le rythme des vers vient-il appuyer ces oppositions ? Quel moment est ici décrit ?

5. Relevez dans les autres strophes d'un côté les expressions qui évoquent la noirceur, de l'autre celles qui évoquent une clarté : quelle description le poète fait-il de la nuit ?

6. Comment se caractérisent les différents bruits ?

7. Quel déterminant est employé devant le nom de chacun des personnages ? Expliquez cet emploi.

➡ Pour conclure

8. Observez les strophes dans lesquelles l'auteur évoque des personnages appartenant à la réalité : comment le poète parvient-il à faire surgir le fantastique au cœur du quotidien ?

9. Quel effet produit la répétition du refrain ?

10. Dans la dernière strophe, qui semble observer l'arrivée de la nuit ?

Vocabulaire

1. a. Qu'est-ce qu'un frémissement ? Repérez le suffixe de ce nom. Donnez un verbe de la même famille.

b. En employant le même suffixe, construisez des noms à partir des verbes suivants : *trembler ; charger ; siffler ; clignoter ; déployer.*

2. Cherchez la définition de « morose ». Donnez un nom de la même famille.

Le Buffet

Arthur Rimbaud
(1854-1891) compose ses premiers poèmes dès l'âge de 15 ans. Avec lui, la poésie française entre dans la modernité.

C'est un large buffet sculpté ; le chêne sombre,
Très vieux, a pris cet air si bon des vieilles gens ;
Le buffet est ouvert, et verse dans son ombre
Comme un flot de vin vieux, des parfums engageants ;

5 Tout plein, c'est un fouillis de vieilles vieilleries,
De linges odorants et jaunes, de chiffons
De femmes ou d'enfants, de dentelles flétries[1],
De fichus de grand-mère où sont peints des griffons[2] ;

— C'est là qu'on trouverait les médaillons[3] , les mèches
10 De cheveux blancs ou blonds, les portraits, les fleurs sèches
Dont le parfum se mêle à des parfums de fruits.

— Ô buffet du vieux temps, tu sais bien des histoires,
Et tu voudrais conter tes contes, et tu bruis[4]
Quand s'ouvrent lentement tes grandes portes noires.

ARTHUR RIMBAUD, *Poésies*, 1870.

1. Flétrir : se faner, perdre ses couleurs.
2. Griffon : animal fabuleux au corps de lion avec une tête et des ailes d'aigle.
3. Médaillon : bijou ovale dans lequel on place un portrait ou des cheveux.
4. Bruire : chuchoter, murmurer.

Lecture

➜ Comprendre

1. a. Quelle est la forme de ce poème ?
b. Combien de syllabes les vers comportent-ils?

2. Cherchez dans le dictionnaire la définition du mot *buffet*. Quelles précisions donne le poème sur l'aspect de ce meuble ?

3. a. Quel adjectif est répété quatre fois dans les deux quatrains ?
b. Cet adjectif a-t-il une valeur positive ou négative ?

4. Faites la liste des objets énumérés dans le deuxième quatrain. Ces objets ont-ils encore une utilité ? À quoi sert ce meuble ?

➜ Approfondir

5. Dans le deuxième quatrain, quelles expressions montrent que ces objets sont usés par le temps ?

6. Qu'évoquent les objets énumérés dans le premier tercet ?

7. a. Dans les trois premières strophes, relevez les expressions liées à l'odorat.
b. À quoi sont comparés les parfums au vers 4 ?

8. Que signifie l'adjectif *engageants* au vers 4 ?

➜ Pour conclure

9. À qui le poète s'adresse-t-il dans la dernière strophe ?

10. Quelles expressions rendent le buffet mystérieux et vivant ?

Léonard Foujita,
Mon intérieur à Paris...,
huile sur toile,
130 × 97 cm, 1921
(Centre Georges Pompidou, Paris).

Vocabulaire

Recopiez les phrases ci-dessous en remplaçant les expressions soulignées par l'un des synonymes suivants : *en ruine – antiquités – décrépit – ancestrales – aïeule*.

a. Nous allons restaurer ce *vieux* mur.

b. Le grenier de mes grands-parents est rempli de *vieux objets*.

c. En haut de cette montagne, se dresse un château *presque détruit*.

d. Mon *arrière-grand-mère* m'a raconté de passionnantes histoires sur sa jeunesse.

e. Certaines coutumes *très anciennes* se perpétuent aujourd'hui.

Expression écrite

Vous trouvez, dans votre grenier, un vieil objet qui vous raconte son histoire.

Décrivez cet objet au milieu de toutes les autres choses accumulées dans le grenier.

a. Donnez la parole à l'objet et faites-le conter des histoires du passé.

b. Veillez à utiliser les mots vus en vocabulaire.

La Nuit

Elle est venue la nuit de plus loin que la nuit
à pas de vent de loup de fougère et de menthe
voleuse de parfum impure fausse nuit
fille aux cheveux d'écume issue de l'eau dormante

5   Après l'aube la nuit tisseuse de chansons
s'endort d'un songe lourd d'astres et de méduses
et les jambes mêlées aux fuseaux des saisons
veille sur le repos des étoiles confuses

Sa main laisse glisser les constellations
10   le sable fabuleux des mondes solitaires
la poussière de Dieu et de sa création
la semence de feu qui féconde les terres

Mais elle vient la nuit de plus loin que la nuit
à pas de vent de mer de feu de loup de piège
15   bergère sans troupeau glaneuse[1] sans épis
aveugle aux lèvres d'or qui marche sur la neige.

CLAUDE ROY, *Poésies*, © Éditions Gallimard Jeunesse, 1970.

Claude Roy
(1915-1997), journaliste
et écrivain français, est
aussi un homme engagé
qui a rejoint la Résistance
pendant la Seconde
Guerre mondiale.

1. Glaneuse : personne qui ramasse les épis de blé restant après la moisson (sens propre) ;
personne qui recueille des informations (sens figuré).

Lecture

➡ Comprendre

1. a. Combien de strophes ce poème comporte-t-il ?
b. Quel vers reconnaissez-vous ? Quelle sorte de rime est employée ?
c. Quelle remarque pouvez-vous faire sur le nombre de phrases ?

2. a. Dans quelles strophes parle-t-on de la venue de la nuit ?
b. Quelles sensations accompagne cette évocation ?

3. Comment le poète s'y prend-il pour donner à la nuit l'image d'une femme ?

➡ Approfondir

4. Que signifie l'expression « à pas de loup » ? Relevez les autres compléments du nom « pas » dans les vers 2 et 14. Quelles impressions cette accumulation de compléments suggère-t-elle ?

5. Relevez les groupes nominaux qui désignent la nuit : à quel genre de personnage la nuit est-elle associée ?

6. Quelles expressions de la troisième strophe évoquent l'univers et l'infini ?

➡ Pour conclure

7. Quel effet le poète recherche-t-il en supprimant la ponctuation ?

8. Quelle expression, répétée deux fois, évoque l'inconnu ?

9. Expliquez, dans un court paragraphe, comment le poète présente la nuit à la fois comme effrayante et attirante.

Edvard Munch, *Nuit d'étoiles*,
huile sur toile, 139 × 119 cm, 1923-1924
(Kommunes Kunstsamlinger, Oslo).

Vocabulaire

1. Rappelez la définition du mot « glaneuse », donnez un verbe de la même famille, puis composez une phrase où vous emploierez ce verbe au sens figuré.

2. Le poète utilise l'expression « à pas de loup ». Voici d'autres expressions avec le mot *loup* : associez-les à leur définition.

Expressions	Définitions
1. Entre chien et loup	**a.** S'exposer à un grand danger
2. Être connu comme le loup blanc	**b.** Se joindre aux autres pour critiquer quelqu'un
3. Un vieux loup de mer	**c.** Le soir, au crépuscule
4. Se jeter dans la gueule du loup	**d.** Être connu de tout le monde
5. Hurler avec les loups	**e.** Marin expérimenté

Expression artistique

Dessinez la nuit telle que Claude Roy nous la donne à voir.

a. Lisez le poème plusieurs fois et aidez-vous de la synthèse réalisée en réponse à la question 9.

b. Demandez à votre professeur d'arts plastiques comment mettre en évidence les différents aspects évoqués : jeu sur les couleurs, matières, formes…

Déjeuner du matin

Jacques Prévert
(1900-1977) est un poète populaire qui emploie volontiers un langage familier, parle de la réalité quotidienne et aime utiliser des jeux de mots. Il a également écrit des scénarios pour le cinéma.

Il a mis le café
Dans la tasse
Il a mis le lait
Dans la tasse de café
5 Il a mis le sucre
Dans le café au lait
Avec la petite cuiller
Il a tourné
Il a bu le café au lait
10 Et il a reposé la tasse
Sans me parler
Il a allumé
Une cigarette
Il a fait des ronds
15 Avec la fumée
Il a mis les cendres
Dans le cendrier
Sans me parler
Sans me regarder
20 Il s'est levé
Il a mis
Son chapeau sur sa tête
Il a mis son manteau de pluie
Parce qu'il pleuvait
25 Et il est parti
Sous la pluie
Sans une parole
Sans me regarder
Et moi j'ai pris
30 Ma tête dans ma main
Et j'ai pleuré.

JACQUES PRÉVERT, *Paroles*,
© Éditions Gallimard, 1946.

🔻 **Edward Hopper, *Automa*,** huile sur toile, 71,4 cm × 91,4 cm, 1927
(Des Moines, Art Center, États-Unis).

Lecture

➡ Comprendre

1. Observez la forme de ce poème : combien de strophes le composent ? Les vers sont-ils réguliers ?

2. Quelle remarque pouvez-vous faire concernant la ponctuation ?

3. Quels sont les pronoms personnels employés dans ce poème ? Sait-on à qui ils renvoient ?

4. Ce poème raconte une courte histoire : pouvez-vous la résumer en une phrase ? Sait-on où et quand elle se déroule ? Quel est le temps des verbes ?

➡ Approfondir

5. Qu'est-ce qui donne un rythme à ce poème ?

6. a. Malgré l'absence de ponctuation, vous pouvez repérer les différentes phrases du poème. Par quel mot la plupart commencent-elles ?
b. Quelle remarque pouvez-vous faire sur la longueur de ces phrases ?

7. Relevez les compléments circonstanciels de manière.

➡ Pour conclure

8. a. Combien de personnages y a-t-il dans ce poème ?
b. Comment qualifieriez-vous les actions de « il » ?
c. Sait-on qui il est ?

9. En insistant sur les actions de ce personnage, que veut montrer le poète ?

10. Quel vers montrent que, sous l'apparente banalité, se cache un drame ? Quel est ce drame ?

Expression écrite

À votre tour, racontez précisément les actions d'un personnage sans nom, en utilisant une succession de phrases simples, sans mot de liaison.
Vous donnerez une forme poétique à votre texte.
Vous avez même le droit de faire des répétitions !

Haïkus

A

Senteur d'orchidée
Aux ailes du papillon
S'est communiquée.

> BASHÔ, in M. Coyaud, *Fourmis sans ombres, le livre du haïku*, Phébus, 1978.

B

Sur une branche nue
Un corbeau s'est posé
Crépuscule automnal.

> BASHÔ, *Ibidem*.

C

La rivière d'été
Passée à gué, quel bonheur
Savates à la main.

> BUSON, *Ibidem*.

D

Un oiseau aquatique crie :
La lune dans l'eau
Les étoiles dans l'eau.

> MUJÏN, *Ibidem*.

E

Pluie et grêle
Je bois du saké brûlant
Froide journée.

> TEITOKU, *Ibidem*.

Estampe de Hokusai (1760-1849), 1834 (Musée Guimet, Paris).

Retenons

Le **haïku** est **un poème traditionnel japonais**. En seulement **trois vers**, le poète s'efforce de **saisir la particularité d'un moment** – sensations, images – et de restituer ainsi les émotions liées à cet instant.

Lecture

➡ **Lire et comparer**

1. De combien de vers ces poèmes sont-ils composés ?

2. Quels sont les sujets de ces haïkus ?

3. Dans chaque poème, relevez les indices qui vous permettent d'identifier la saison ou le moment évoqué.

4. Quels sont les différents sens évoqués dans chaque poème ?

5. Lesquels de ces poèmes donnent une impression d'harmonie avec la nature ? de paix ? d'angoisse ? de plaisir ?

Expression écrite

Écrivez un haïku sur un moment que vous aimez (lever du jour, nuit, coucher du soleil, saison…).

a. Choisissez quelques détails caractéristiques de la nature à ce moment (fleurs, insectes, météo…).

b. Cherchez les sons, les couleurs que vous pourrez évoquer.

c. Choisissez des détails évocateurs (séduisants ou angoissants), qui permettront d'exprimer vos émotions liées à ce moment.

La poésie : les mots autrement

La poésie est un genre littéraire qui joue tout particulièrement sur la musique des mots pour créer des impressions et des images.

➤ **La musicalité**

🟣 La plupart des poèmes sont écrits en **vers** regroupés en **strophes**. On appelle **quatrain** une strophe de quatre vers ; une strophe de trois vers est un **tercet**. **Le sonnet** est un poème formé de deux quatrains et deux tercets.

🟣 Un vers se caractérise par un certain **rythme** qui dépend notamment du nombre de syllabes : l'**alexandrin** a douze syllabes (Ex. : « Ô Buffet du vieux temps, tu sais bien des histoires »), le **décasyllabe** en a dix (Ex. : « Sur la bruyère longue infiniment »), l'**octosyllabe** huit (Ex. : « Le temps a laissé son manteau »).
Le rythme d'un poème peut être régulier ou irrégulier, lent et mélancolique ou rapide et alerte...
Le rythme, comme en musique, joue un rôle très important dans l'atmosphère du poème.

🟣 Le poète joue aussi avec les **sons des mots** :
• **La rime** est la répétition d'un même son à la fin de plusieurs vers.
• **L'allitération** est la répétition d'une même **consonne** à l'intérieur d'un ou plusieurs vers.
• **L'assonance** est la répétition d'une même **voyelle** à l'intérieur d'un ou plusieurs vers.
• Le poète peut aussi utiliser des **répétitions**, voire des **refrains**.
Par les sonorités, le poète cherche parfois à imiter ce dont il est question ou à créer une atmosphère particulière.

➤ **Les images**

🟣 En étudiant les poèmes de ce chapitre, vous avez pu voir combien chaque objet, chaque sentiment y apparaît dans sa nouveauté. **C'est parce que le poète a cherché à établir des ressemblances, des points communs, entre la chose qu'il voulait dire et le monde : il crée ainsi des images** auxquelles on donne un nom :

– **La comparaison** est une figure qui consiste à mettre en évidence le point commun entre deux éléments.
Ex. : « Les marrons rebondissants, vernis comme de vieux meubles. » (F. James)

– **La personnification** est une figure qui consiste à rendre vivant un objet en lui donnant des caractéristiques humaines.
Ex. : L'aube se passe autour du cou / un collier de fenêtres. (P. Éluard)
Ainsi, à travers le **jeu des images,** le poète nous offre une **vision personnelle du monde.**

Pour aller plus loin 🟠 **CDI**

Faire une recherche et s'exprimer

➡ Avec votre classe, constituez une anthologie de poèmes sur le thème des quatre saisons et mettez ces poèmes en voix.

Van Gogh, *La Nuit étoilée*

▶ Vincent Van Gogh, *La Nuit étoilée,* huile sur toile, 73,7 × 92,1 cm, 1889 (The Museum of Modern Art, New York).

Lire une image

Vincent Van Gogh (1853- 1890) est un célèbre peintre néerlandais qui s'attacha davantage à peindre des impressions plutôt que la réalité elle-même. Ce tableau représente un village de Provence la nuit.

Le monde humain et le monde naturel

1. Quelles sont les deux parties distinctes de ce tableau ?

2. Comment le jeu des couleurs permet-il une unité entre ces deux parties ?

3. a. À quels éléments du ciel les fenêtres allumées font-elle écho ?

   b. Quel autre élément du tableau la forme du clocher rappelle-t-elle ?

Une vision cosmique

4. Lequel de ces deux mondes paraît le plus paisible ? Lequel paraît le plus animé ? Justifiez votre réponse.

5. Qu'est-ce qui vous surprend dans cette représentation de la nuit ? À quoi vous font penser les étoiles ? Et le tourbillon central ?

6. Quelle impression ce ciel étoilé vous laisse-t-il ?

Vocabulaire

Les cinq sens

Vous avez pu remarquer, dans les poèmes étudiés, l'importance donnée à l'évocation des sensations. En effet, la poésie est une manière nouvelle de percevoir le monde et elle emploie volontiers le vocabulaire des cinq sens : la vue, le toucher, l'ouïe, l'odorat et le goût.

I. La vue

1 Voici des verbes qui expriment le fait de regarder. Employez-les en recopiant les phrases suivantes et en tenant compte de leurs nuances de sens :

Examiner – observer – guetter – contempler – épier.

1. Je … avec impatience l'arrivée de mes amis.

2. Le médecin … attentivement le patient afin d'établir son diagnostic.

3. Il pressa le pas et se retourna plusieurs fois, car il se sentait … .

4. L'astronome … les étoiles avec une lunette puissante.

5. Arrivés au sommet, nous … avec émerveillement le paysage qui s'offre à nous.

2 Voici trois adjectifs qui évoquent la blancheur ; employez-les chacun dans une phrase qui mettra en évidence leurs nuances de sens :

Pâle – livide – immaculé.

3 Comment le suffixe *-âtre* modifie-t-il le sens de l'adjectif *blanc* ?

a. Trouvez d'autres adjectifs construits avec le même suffixe.

b. Utilisez-les dans des phrases de votre invention.

4 Voici des mots pour évoquer la lumière. Utilisez-les pour compléter les phrases suivantes que vous recopierez :

Lueur – pourpre – laiteux – ardent – miroiter.

1. La nuit était douce et la lune nous enveloppait de sa lumière … .

2. Il écrivit sa lettre à la … tremblotante d'une bougie.

3. La route tremblait sous la lumière… du soleil.

4. La première étoile apparut dans la lumière … du couchant.

5. Mille petits soleils … à la surface de l'eau.

II. Le toucher

5 Retrouvez et recopiez les couples d'antonymes (mots de sens contraire).

1. Lisse	**a.** Brûlant
2. Frêle	**b.** Dur
3. Souple	**c.** Rugueux
4. Moelleux	**d.** Solide
5. Glacial	**e.** Rigide

6 Associez à chaque verbe le bon sujet.

1. Le vent	**a.** Caresse
2. Le froid	**b.** Accable
3. La brise	**c.** Darde ses rayons
4. La canicule	**d.** Mord
5. Le soleil	**e.** Cingle

III. L'ouïe

7 Voici des noms qui évoquent des bruits :

Froissement – fracas – tintement – murmure – tapage – tintamarre – tonnerre – chuchotement – souffle – brouhaha.

a. Classez-les en deux colonnes : bruits faibles/bruits forts.

b. Employez chacun de ces mots dans une phrase de votre composition.

8 Voici une liste de verbes qui décrivent des bruits. Placez-les en recopiant les phrases suivantes :

Retentir – gronder – siffler – clapoter – résonner – crépiter.

1. Le vent … entre les tuiles mal jointes du toit.

2. Allongé au fond de la barque, j'écoute l'eau … contre les planches.

3. De l'autre côté des montagnes, l'orage se mit à … .

4. Lorsque l'ascenseur parvint au cinquième étage, une petite sonnette … .

5. La flamme étouffée s'efforçait de renaître et bientôt le feu … dans la cheminée.

6. Au fond de ce couloir, sa voix … d'une étrange manière.

9 Recopiez et classez les verbes suivants en trois colonnes selon qu'ils indiquent un bruit qui augmente, un bruit qui dure ou un bruit qui diminue ou s'achève.

Se prolonger – s'accroître – s'affaiblir – faire écho – persister – s'enfler – se taire – se répercuter – s'amplifier – se calmer – s'atténuer.

Bruit qui augmente	Bruit qui dure	Bruit qui diminue ou qui s'achève

■ IV. L'odorat et le goût

10 Retrouvez l'adjectif qui correspond :

Expression	Adjectif
1. Un plat non salé	**a.** Acide
2. Le vieux beurre	**b.** Suave
3. Le citron	**c.** Âcre
4. La fumée	**d.** Amère
5. Le parfum d'une rose	**e.** Fade
6. Une endive	**f.** Rance

11 Reconstituez les couples de mots synonymes :

1. Entêtant	**a.** Reconnaître
2. Savoureux	**b.** Se régaler
3. Fétide	**c.** Enivrant
4. Se délecter	**d.** Nauséabond
5. Discerner	**e.** Délicieux

12 Trouvez trois mots de la famille du mot *odeur* qui répondent aux définitions suivantes :

– Sens permettant la perception des odeurs ...

– Qui n'a pas d'odeur : ...

– Qui sent mauvais : ...

■ V. Les sens en peinture

13 Lisez les extraits de poèmes ci-dessous.

– « La mer, comme le tigre, a sous le ciel profond, une peau de lumière avec des taches d'ombre. » (VICTOR HUGO)

– « Les guêpes fleurissent vert. » (PAUL ÉLUARD)

– « La fenêtre s'ouvre comme une orange/ Le beau fruit de la lumière. » (GUILLAUME APOLLINAIRE)

– « Toute la fleur des fruits éclaire mon jardin » (PAUL ÉLUARD)

– « Tout l'automne à la fin n'est qu'une tisane froide. Les feuilles mortes de toutes essences macèrent dans la pluie. » (FRANCIS PONGE)

– (l'olive) « Meilleur suppositoire de bouche encore que le pruneau. » (FRANCIS PONGE)

a. Relevez les images (comparaisons et métaphores).

b. Quels sont, dans chaque cas, les sens sollicités par les deux éléments de la comparaison ?

c. À votre tour, faites des comparaisons de manière à faire naître une sensation particulière sur :

– le raisin, la pomme, la rose, le coquillage ;

– les branches de l'arbre, la lune, la neige.

14 Observez cette peinture.

Décrivez le personnage que vous voyez, en employant le vocabulaire des cinq sens de manière à insister sur vos sensations face à cette créature.

Giuseppe Arcimboldo, *L'Eau,*
huile sur bois, 66,5 cm × 50,5 cm, 1566
(Kunsthistorisches Museum, Vienne).

Grammaire pour écrire

Le langage poétique

■ Jouer avec les sonorités

1 Le poète joue avec les sonorités, qu'il choisit souvent en fonction du thème du poème.

Hiver

Nous sortirons encor par ces beaux jours de glace,
Quand les noirs bûcherons penchent sur leurs fardeaux,
Quand la terre est sonore et sévère l'espace,
Quand les feuilles dans l'arbre ont fait place aux corbeaux.

Vincent Muselli.

Commencent les larmes
De la guitare.
Inutile de l'arrêter.
Impossible
De l'arrêter.
Elle pleure, monotone,
Comme pleure l'onde,
Comme pleure le vent
Sur la neige. […]
Elle pleure pour des choses
Lointaines
Sable du Sud brûlant
Qui appelle des camélias blancs.

Frederico Garcia Lorca,
Poèmes du Cante Jondo, 1921-1922.

a. Lisez à voix haute ces deux extraits : lequel a des sonorités dures ? Lequel a des sonorités douces ? Expliquez le choix de ces sonorités.

b. À votre tour, à partir des deux listes ci-dessous, composez deux petits poèmes dont le thème sera en accord avec les sonorités.

– *Soleil, luire, bleuet, blé, vent, nuage, blanc, silence.*
– *Rafale, mugir, sombre, mer, brume, se briser, écueils.*

■ Repérer et utiliser des images

2 Lisez les extraits de poèmes ci-dessous.

– « Le soleil parle bas/ À la neige et l'engage/ À mourir sans souffrir/ Comme fait le nuage. (Jules Supervielle)
– « Déjà la nuit en son parc amassait,/ Un grand troupeau d'étoiles vagabondes. » (Joachim du Bellay)
– « Et les cyprès tiennent la lune dans leurs doigts » (Pierre Reverdy)
– « La nuit monte à pas lents dans ce ciel sombre et beau,/ Et vient avec la lune ainsi qu'une servante/ Vient avec un flambeau. » (Victor Hugo)

a. Repérez et expliquez les personnifications. Qu'évoquent ces images ?

b. À votre tour, personnifiez la neige, la mer, les étoiles, en employant chacun de ces noms comme sujet d'un verbe d'action.

3 Procédez à des associations de mots.

a. Listez tous les termes auxquels vous pensez, lorsque vous dites chacun des mots suivants : *nuit, soir, midi, aube.*
Ex. : Aube → rose, rosée, fraîcheur, lueur, brume, ombre, commencement…

b. Écrivez ensuite un poème dans lequel vous personnifiez ce moment de la journée.
Ex. : « J'aime l'aube aux pieds nus qui se coiffe de thym. » (Albert Samain)

Vous pourrez commencer votre poème de la même manière : « J'aime… », et vous utiliserez les mots de la liste précédente.

■ Jouer avec le sens propre et le sens figuré des expressions

4 Lisez ce poème de Claude Roy.

L'enfant qui est dans la lune

Cet enfant, toujours dans la lune,
s'y trouve bien, s'y trouve heureux.
Pourquoi le déranger ? La lune
est un endroit d'où l'on voit mieux.

Claude Roy, *Enfantasques,
poèmes et collages,* © Gallimard, 1974.

a. Relevez l'expression utilisée dans le premier vers.

b. Écrivez une strophe sur l'une des expressions ci-dessous que vous utiliserez au sens propre :
– « Je me suis noyé dans un verre d'eau. »
– « Il a la tête dans les étoiles. »
– « Il a peur de son ombre. »

■ Raconter une histoire

5 Lisez ce poème de Jules Supervielle.

Le Lac endormi

Un sapin, la nuit,
Quand nul ne le voit,
Devient une barque
Sans rames ni bras.
On entend parfois
Quelque clapotis,
Et l'eau s'effarouche
Tout autour de lui.

Le Lac endormi et autres poèmes,
© éditions Gallimard Jeunesse, 2003.

À votre tour, écrivez un poème qui racontera ce que font, quand nul ne les voit, la mer, ou les livres, ou les lampadaires de la rue.

Écrire un poème

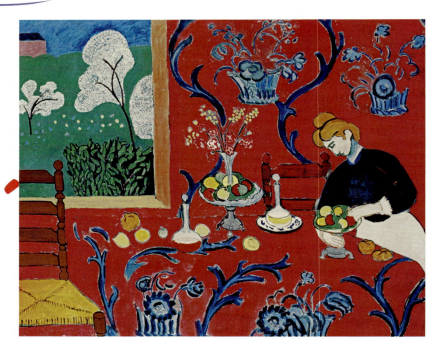

Henri Matisse, *La Desserte rouge*, huile sur toile, 180 × 220 cm, 1908 (Musée de l'Hermitage, Saint-Pétersbourg).

A — Choisir un lieu et des éléments naturels

1. Choisissez un lieu précis marqué par les saisons.

2. Choisissez les éléments naturels qui sont les plus représentatifs de la saison choisie.

B — Employer des images et choisir les temps des verbes

3. Employez des comparaisons et des personnifications pour évoquer les sensations liées à cette saison.

4. Créez des impressions sonores.

5. Conjuguez vos verbes au présent.

C — Donner une forme au poème

6. Choisissez une forme adéquate pour votre poème en réfléchissant au nombre de strophes, de vers...

7. Voici un début de poème dont vous pouvez vous inspirer :

> N'oublie pas la chanson du soleil, Vassili.
> Elle est dans les chemins craquelés de l'été,
> Dans la paille des meules,
> Dans le bois sec de ton armoire…

> Sabine Sicaud.

Vous pouvez commencer votre texte par « N'oublie pas la chanson... ».

Des livres

❧ **Au hasard des oiseaux et autres poèmes de Jacques Prévert,** Gallimard Jeunesse, 2000.

Les poèmes de Jacques Prévert offrent de la magie, de la fantaisie et de l'humour. Le quotidien prend des allures de fête…

❧ **Demain dès l'aube,** Hachette Jeunesse, 2002.

Les cent plus beaux poèmes pour l'enfance et la jeunesse choisis par les poètes d'aujourd'hui.

❧ **Le Lac endormi et autres poèmes, Jules Supervielle,** Gallimard Jeunesse, « Enfance en poésie », 2003.

Une poésie destinée aux enfants, qui prend des allures d'album photographique grâce aux dessins de l'illustratrice.

❧ **Poèmes 6ᵉ-5ᵉ,** Hachette éducation, « Bibliocollège », 2002.

Un florilège de poèmes classiques et contemporains, adaptés aux classes de 6ᵉ et de 5ᵉ.

Des films

Impression de montagne et d'eau et autres histoires, Studios d'art de Shanghai, années 1980.

Une série de films d'animation qui témoignent de la subtilité et de la délicatesse de ces artistes chinois et nous plongent dans un univers proche des haïkus.

Le Hérisson dans le brouillard de Youri Norstein, Studio Soyuzmultfilm à Moscou, 1975.

Youri Norstein est considéré comme l'un des plus brillants réalisateurs parmi la génération actuelle des cinéastes d'animation. Cette histoire d'ours et de hérisson nous plonge dans une nature poétique et étrange.

Goshu le violoncelliste d'Isao Takahata, Ô Production, 1981.

Un jeune violoncelliste découragé redécouvre la beauté des sons grâce aux animaux qui l'entourent. Dans une ambiance poétique et lyrique, le jeune garçon réapprend la musique.

De la calligraphie au calligramme

→ Arts du langage et du visuel

Le mot calligraphie vient du grec *kallos* (« beauté ») et de *graphein* (« écrire »). La calligraphie est donc littéralement « l'art de bien écrire ». Cet art, qui répond à des règles bien précises, est présent dans de nombreuses civilisations.

Un art qui trouve ses origines dans le sacré

- Ce sont d'abord des religieux (scribes, moines) qui utilisent la calligraphie pour diffuser les **textes sacrés**.

- En Europe, au XXe siècle, les poètes s'en emparent à leur tour : ils jouent sur la **forme de l'écriture**, son harmonie, autant que sur le **sens des mots**, pour exprimer une idée ou des sensations.

1 **Hassan Massoudy, *La Colombe de la Paix,*** calligraphie trilingue (français, hébreu et arabe).

3 **Victor Hugo, *Exil,*** lavis (Maison de Victor Hugo, Paris), 1855.

2 ***Chevalier combattant le dragon.*** Miniature tirée de *Morales sur Job de Saint Grégoire,* 1111 (Abbaye de Cîteaux).

Questions

1. a. Quel mot pouvez-vous lire dans le document 1 ?
b. Quel dessin ce mot forme-t-il ? Quel lien peut-on établir entre le mot et le dessin ?
c. Identifiez les trois écritures utilisées dans ce dessin : romaine, arabe et hébraïque. À votre avis, pourquoi ce choix ?

2. Que représente le document 2 ? Relevez tout ce qui montre le travail décoratif.

3. Quelles lettres lisez-vous sur le lavis de Victor Hugo ? Comment l'auteur rend-il sensible dans son dessin la douleur de l'exil ?

Retenons

- **La calligraphie s'intéresse à l'aspect graphique de l'écriture :** les proportions des caractères, le geste du tracé, le choix des encres et des outils (pinceau, plume, calame...) créent **un sentiment d'harmonie.**

- **Cet art trouve ses origines dans le sacré.**

Le ver

En voilà un qui s'étire et qui s'allonge comme une belle nouille.

1 Jules Renard, *Histoires naturelles*, 1896.

```
                                    azur
                                 l'
                            dans
                        tant
                    mon
Flèche          en
              qui
         flèche
            des
              cend
                sur
                  le
          2    mi
                roir
                   du
                     lac
```

2 Miguel Angel Asturias,
« La dame des chimères »
Claire Veillée de printemps,
Poèmes indiens, 1965,
© Éditions Gallimard, « Poésie ».

Apollinaire et les calligrammes

● C'est le poète **Guillaume Apollinaire** (1880-1918) qui est à l'origine du mot « calligramme », né de la contraction de *calligraphie* et *idéogramme*. C'est en 1918 que paraît son recueil *Calligrammes, poèmes de la paix et de la guerre*.

● Si Apollinaire a créé le mot calligramme, il n'a pas inventé le « poème dessin » qui remonte à l'Antiquité.

3 Apollinaire, Calligramme,
Poèmes à Lou, 1915.

Questions

1. Observez la disposition de ces poèmes : en quoi est-elle inhabituelle ?

2. Dans le poème « Le ver », remplacez le mot « ver » par un homonyme en rapport avec la poésie : quel nouveau sens prend alors le poème ?

3. Observez le *Poème à Lou* : quels mots parvenez-vous à lire ? En particulier sur les détails du visage ? Quelle impression se dégage de ce portrait ? Que pouvez-vous en conclure sur les relations entre le poète et cette femme ?

4. Dans chaque poème, quel lien peut-on établir entre le texte et le dessin ?

Retenons

● Un **calligramme** est un poème dont la disposition graphique sur la page forme un dessin en lien avec le sujet du texte. Le dessin n'est jamais purement illustratif : il contribue au sens du poème.

Analyse d'une œuvre

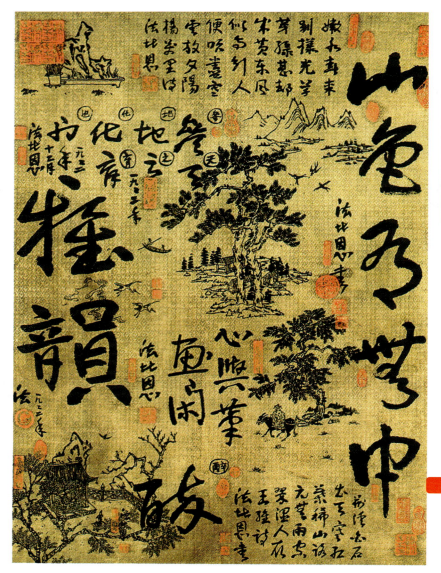

Fabienne Verdier (née en 1962) est une artiste peintre française. Fascinée par la Chine, elle y étudie la calligraphie avec les plus grands maîtres. Elle aime mélanger les techniques de la peinture et de la calligraphie pour traduire un sentiment de communion avec la nature.

Fabienne Verdier, *Le Monde en petit*, 1992.

Questions

Un dialogue entre dessin et écriture

1. Que représente cette œuvre ? Quels caractères d'écriture y reconnaissez-vous ?

2. Le caractère 凵 représente la montagne. Où est-il situé dans la toile ? À votre avis, pourquoi ?

3. Par quels autres moyens l'artiste crée-t-elle une unité entre le dessin et l'écriture ?

Un monde d'harmonie

4. Quelles sont les couleurs utilisées ? Que vous évoquent-elles ?

5. Repérez les représentations d'humains et d'animaux : comment l'artiste s'y prend-elle pour créer un sentiment de communion de l'homme et de la nature ?

Atelier d'écriture

1 Recopiez le poème ci-dessous sous la forme d'un calligramme.

Averse averse averse averse averse averse
pluie ô pluie ô pluie ô ! ô pluie ô pluie ô pluie !
gouttes d'eau gouttes d'eau gouttes d'eau gouttes d'eau
parapluie ô parapluie ô paraverse ô !
paragouttes d'eau paragouttes d'eau de pluie
capuchons pèlerines et imperméables
que la pluie est humide et que l'eau mouille et mouille!
mouille l'eau mouille l'eau mouille l'eau mouille l'eau
et c'est agréable agréable agréable
d'avoir les pieds mouillés et les cheveux humides
tout humides d'averses et de pluie et de gouttes
d'eau de pluie et d'averse sans un paragoutte
[…]

RAYMOND QUENEAU, *Il pleut*, extrait de « Les Ziaux »,
in *Œuvres Complètes*, © éditions Gallimard, 1943.

2 Observez ce calligramme de Guillaume Apollinaire.

1. Que représente la forme du dessin ?

2. Le dessin est-il en lien avec le thème du texte ?

3. Recopiez le texte en respectant le sens.

3 À la manière de Guillaume Apollinaire (doc. 3, p. 37), faites le portrait d'une personne que vous aimez et présentez-le sous forme d'un calligramme.

4 À la manière de Hassan Massoudy (doc. 1, p. 36), choisissez à votre tour un mot que vous aimez et écrivez-le d'une manière travaillée, de façon à montrer ce que ce mot signifie pour vous.

Quelques pistes ou suggestions :
amour, lune, soleil, livre, oiseau, mer, eau…

LA CRAVATE
DOU
LOU
REUSE
QUE TU
PORTES
ET QUI T'
ORNE O CI
VILISÉ
OTE-   TU VEUX
LA   BIEN
SI   RESPI
            RER

La Cravate,
Guillaume Apollinaire,
Calligrammes, 1918.

2 Le conte traditionnel

Image du film d'animation ***Kirikou et les bêtes sauvages***,
de Michel Ocelot et Benedicte Galup, 2005.

Lire une image

1. Décrivez oralement la scène représentée par cette image (moment, décor, attitude et taille des personnages). Quelle atmosphère s'en dégage ?
2. Comment les personnages sont-ils placés par rapport à la lumière ? Quels effets ce choix produit-il ?
3. En quoi cette image peut-elle évoquer l'univers du conte ?

Le conte : une histoire de tous les temps

Silhouettes d'Arthur Rackham (1867-1939), illustrant *La Belle au bois dormant* de Perrault (Bibliothèque nationale de France, Paris).

Le conte, une histoire des origines

● Les contes remontent à la nuit des temps : de génération en génération, ces histoires se **transmettent oralement**, et **le conteur les modifie** en fonction de son imagination et de sa culture...

● Lors des **veillées** ou des fêtes populaires, on raconte ces récits à un auditoire qui n'est pas seulement composé d'enfants.

Question

❶ Dans les sociétés traditionnelles, qu'appelait-on *la veillée* ?

Le conte, un nouveau genre littéraire

● Au XVIIᵉ siècle, l'art du conte « monte » à Paris et devient **un jeu de cour et de salon. Louis XIV**, qu'on appelle le Roi Soleil, veut donner à son règne une majesté sans pareille. En 1682, il installe la Cour de France à **Versailles**, palais immense entouré de jardins et de parcs. Il y appelle tout ce que le pays compte d'écrivains et d'artistes capables de donner plus d'éclat à la Cour.

● Parmi eux se trouve **Charles Perrault** qui met les contes à la mode grâce à ses *Contes de ma mère l'Oye* en 1695. Mademoiselle l'Héritier, nièce de Charles Perrault, et **Madame Leprince de Beaumont** vont prendre le relais, et le conte, d'origine populaire, devient ainsi **littéraire**.

● C'est à cette époque que naît l'expression « **contes de fées** » et l'univers culturel qui lui est associé : on aime le raffinement des sentiments, des manières, et les fées élégantes et scintillantes.

Couverture d'un recueil de contes, éditions Delarue, vers 1850.

Questions

❷ Cherchez les différents sens du mot *salon*. Dans quel sens est-il employé ici ?

❸ Quel auteur a mis à la mode les contes populaires ? Quel est le titre de son recueil ?

Le conte, une histoire populaire

● Au XIXᵉ siècle, les régimes politiques ont changé, les idées de la **Révolution française se** sont propagées et un nouvel **intérêt** apparaît **pour la culture populaire** qu'on appelle le **folklore**.

● C'est en 1807 que **les frères Grimm**, en Allemagne, vont collecter et classer avec fidélité les contes entendus dans les campagnes. Ils considèrent davantage leur travail comme une **recherche scientifique** que comme une composition littéraire.

● Aujourd'hui encore, des auteurs poursuivent ce travail : ils racontent et mettent par écrit des contes de tous les pays. C'est l'œuvre à laquelle s'attèle notamment **Henri Gougaud**, à la fois conteur et écrivain.

Un griot, conteur traditionnel africain, peinture sous verre du Sénégal, XXᵉ siècle.

Questions

4 Quel est le sens du mot *folk* en anglais ? Qu'est-ce que le *folklore* ?

5 À votre avis pourquoi, au XIXᵉ siècle, semble-t-il urgent de mettre par écrit la littérature orale ?

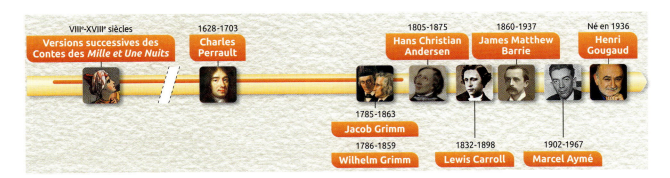

VIIIᵉ-XVIIIᵉ siècles — **Versions successives des Contes des *Mille et Une Nuits***

1628-1703 — **Charles Perrault**

1785-1863 — **Jacob Grimm**

1786-1859 — **Wilhelm Grimm**

1805-1875 — **Hans Christian Andersen**

1832-1898 — **Lewis Carroll**

1860-1937 — **James Matthew Barrie**

1902-1967 — **Marcel Aymé**

Né en 1936 — **Henri Gougaud**

La Belle au bois dormant

Charles Perrault
(1628-1703). Célèbre
pour ses *Histoires* ou
Contes des temps passés,
appelés aussi *Contes
de ma mère l'Oye*, cet
écrivain a mis à la mode
le genre littéraire des
contes sous le règne de
Louis XIV.

Il était une fois un roi et une reine, qui étaient si fâchés de n'avoir point d'enfants, si fâchés qu'on ne saurait dire. Ils allèrent à toutes les eaux[1] du monde ; vœux, pèlerinages, menues dévotions[2], tout fut mis en œuvre, et rien n'y faisait. Enfin pourtant la reine devint grosse[3], et accoucha d'une
5 fille : on fit un beau baptême ; on donna pour marraines à la petite princesse toutes les fées qu'on pût trouver dans le pays (il s'en trouva sept), afin que chacune d'elles lui faisant un don, comme c'était la coutume des fées en ce temps-là, la princesse eût par ce moyen toutes les perfections imaginables. Après les cérémonies du baptême, toute la compagnie revint au palais du roi,
10 où il y avait un grand festin pour les fées. On mit devant chacune d'elles un couvert magnifique, avec un étui d'or massif, où il y avait une cuiller, une fourchette, et un couteau de fin or garni de diamants et de rubis.

Mais comme chacun prenait sa place à table, on vit entrer une vieille fée qu'on n'avait point priée[4] parce qu'il y avait plus de cinquante ans qu'elle
15 n'était sortie d'une tour et qu'on la croyait morte, ou enchantée[5]. Le roi lui fit donner un couvert, mais il n'y eut pas moyen de lui donner un étui d'or massif, comme aux autres, parce que l'on n'en avait fait faire que sept pour les sept fées. La vieille crut qu'on la méprisait, et grommela quelques menaces entre ses dents. Une des jeunes fées qui se trouva auprès d'elle l'entendit, et
20 jugeant qu'elle pourrait donner quelque fâcheux don à la petite princesse, alla, dès qu'on fut sorti de table, se cacher derrière la tapisserie, afin de parler la dernière, et de pouvoir réparer autant qu'il lui serait possible le mal que la vieille aurait fait. Cependant, les fées commencèrent à faire leurs dons à la princesse. La plus jeune donna pour don qu'elle serait la plus belle personne
25 du monde, celle d'après qu'elle aurait de l'esprit comme un ange, la troisième qu'elle aurait une grâce admirable à tout ce qu'elle ferait, la quatrième qu'elle danserait parfaitement bien, la cinquième qu'elle chanterait comme un rossignol, et la sixième qu'elle jouerait de toutes sortes d'instruments dans la dernière perfection. Le rang[6] de la vieille fée étant venu, elle dit, en branlant[7]
30 la tête encore plus de dépit[8] que de vieillesse, que la princesse se percerait la main d'un fuseau[9], et qu'elle en mourrait. Ce terrible don fit frémir toute la compagnie, et il n'y eut personne qui ne pleurât.

Dans ce moment, la jeune fée sortit de derrière la tapisserie et dit tout haut ces paroles : « Rassurez-vous, Roi et Reine, votre fille n'en mourra pas ;
35 il est vrai que je n'ai pas assez de puissance pour défaire entièrement ce que mon ancienne a fait. La Princesse se percera la main d'un fuseau ; mais au lieu d'en mourir elle tombera seulement dans un profond sommeil qui durera cent ans, au bout desquels le fils d'un roi viendra la réveiller. » Le roi, pour tâcher d'éviter le malheur annoncé par la vieille, fit publier aussitôt un
40 édit[10], par lequel il défendait à toutes personnes de filer au fuseau, ni d'avoir des fuseaux chez soi sur peine de la vie[11].

Au bout de quinze ou seize ans, le roi et la reine étant allés à une de leurs maisons de plaisance, il arriva que la jeune princesse courant un jour dans le

1. Eaux : stations
thermales de l'époque,
où on allait se soigner.

2. Dévotions : actes
qui montrent
l'attachement à
une croyance.

3. Grosse : enceinte.

4. Priée : invitée.

5. Enchantée : victime
d'un sort.

6. Rang : tour.

7. En branlant :
en secouant d'un
mouvement involontaire.

8. Dépit : chagrin mêlé
de colère.

9. Fuseau : instrument
servant à filer la laine.

10. Édit : décision
royale qui a valeur de loi.

11. Sur peine de la vie :
sous peine de mort.

château, et montant de chambre en chambre, alla jusqu'au haut d'un donjon
45 dans un petit galetas[12], où une bonne vieille était seule à filer sa quenouille.
Cette bonne femme n'avait point ouï[13] parler des défenses que le Roi avait
faites de filer au fuseau. « Que faites-vous là, ma bonne femme ? dit la princesse. – Je file, ma belle enfant, lui répondit la vieille qui ne la connaissait pas.
– Ah ! que cela est joli, reprit la princesse, comment faites-vous ? Donnez-moi
50 que je voie si j'en ferais bien autant. » Elle n'eut pas plus tôt pris le fuseau,
que comme elle était fort vive, un peu étourdie, et que d'ailleurs l'arrêt[14] des
fées l'ordonnait ainsi, elle s'en perça la main, et tomba évanouie. La bonne
vieille, bien embarrassée, crie au secours : on vient de tous côtés, on jette
de l'eau au visage de la princesse, on la délace, on lui frappe dans les mains,
55 on lui frotte les tempes avec de l'eau de la reine de Hongrie, mais rien ne la
faisait revenir. […]

12. Galetas : logement misérable.

13. Ouï : entendu.

14. Arrêt : décision à laquelle on doit se soumettre.

La Belle au bois dormant sur le point de se piquer.
Illustration d'Adrien Marie, Paris, éditions Legrand, 1884 (coll. privée).

La bonne fée, qui lui avait sauvé la vie, endort, de sa baguette, tout ce qui est dans le château.

Au bout de cent ans, le fils du roi qui régnait alors, et qui était d'une autre famille que la princesse endormie, étant allé à la chasse de ce côté-là, demanda ce que c'était que ces tours qu'il voyait au-dessus d'un grand bois
60 fort épais ; chacun lui répondit selon qu'il en avait ouï parler. Les uns disaient que c'était un vieux château où il revenait des esprits ; les autres que tous les sorciers de la contrée y faisaient leur sabbat[15]. La plus commune opinion était qu'un ogre y demeurait, et que là il emportait tous les enfants qu'il pouvait attraper, pour les pouvoir manger à son aise, et sans qu'on le pût suivre,
65 ayant seul le pouvoir de se faire un passage au travers du bois.

Le prince ne savait qu'en croire, lorsqu'un vieux paysan prit la parole, et lui dit : « Mon Prince, il y a plus de cinquante ans que j'ai ouï dire à mon père qu'il y avait dans ce château une princesse, la plus belle du monde ; qu'elle y devait dormir cent ans, et qu'elle serait réveillée par le fils d'un roi, à qui
70 elle était réservée. » Le jeune prince, à ce discours, se sentit tout de feu[16] ; il crut sans balancer[17] qu'il mettrait fin à une si belle aventure ; et, poussé par l'amour et par la gloire, il résolut de voir sur-le-champ ce qu'il en était. À peine s'avança-t-il vers le bois, que tous ces grands arbres, ces ronces et ces épines s'écartèrent d'elles-mêmes pour le laisser passer : il marche vers
75 le château qu'il voyait au bout d'une grande avenue où il entra, et ce qui le surprit un peu, il vit que personne de ses gens ne l'avait pu suivre, parce que les arbres s'étaient rapprochés dès qu'il avait été passé. Il ne laissa[18] pas de continuer son chemin : un prince jeune et amoureux est toujours vaillant. Il entra dans une grande avant-cour où tout ce qu'il vit d'abord était capable
80 de le glacer de crainte : c'était un silence affreux, l'image de la mort s'y présentait partout, et ce n'était que des corps étendus d'hommes et d'animaux, qui paraissaient morts.

Il reconnut pourtant bien au nez bourgeonné et à la face vermeille des Suisses[19], qu'ils n'étaient qu'endormis, et leurs tasses où il y avait encore
85 quelques gouttes de vin montraient assez qu'ils s'étaient endormis en buvant. Il passe une grande cour pavée de marbre, il monte l'escalier, il entre dans la salle des gardes qui étaient rangés en haie, la carabine sur l'épaule, et ronflant de leur mieux.

Il traverse plusieurs chambres pleines de gentilshommes et de dames,
90 dormant tous, les uns debout, les autres assis, il entre dans une chambre toute dorée, et il vit sur un lit, dont les rideaux étaient ouverts de tous côtés, le plus beau spectacle qu'il eût jamais vu : une princesse qui paraissait avoir quinze ou seize ans, et dont l'éclat resplendissant avait quelque chose de lumineux et de divin. Il s'approcha en tremblant et en admirant, et se mit à
95 genoux auprès d'elle.

Alors, comme la fin de l'enchantement était venue, la princesse s'éveilla ; et le regardant avec des yeux plus tendres qu'une première vue ne semblait le permettre : « Est-ce vous, mon Prince ? lui dit-elle, vous vous êtes bien fait attendre. » Le prince, charmé de ces paroles, et plus encore de la
100 manière dont elles étaient dites, ne savait comment lui témoigner sa joie et

Le Prince embrasse la Belle au bois dormant. Illustration d'Arthur Rackham, 1919.

15. Sabbat : assemblée nocturne de sorcières.

16. Tout de feu : enthousiaste.

17. Balancer : hésiter.

18. Ne laissa pas de : ne cessa pas de.

19. Suisses : portiers, gardes (dont le costume rappelait celui des soldats suisses).

sa reconnaissance ; il l'assura qu'il l'aimait plus que lui-même. Ses discours furent mal rangés[20] ; ils en plurent davantage ; peu d'éloquence, beaucoup d'amour. Il était plus embarrassé qu'elle, et l'on ne doit pas s'en étonner ; elle avait eu le temps de songer à ce qu'elle aurait à lui dire, car il y a apparence
105 (l'histoire n'en dit pourtant rien) que la bonne fée, pendant un si long sommeil, lui avait procuré le plaisir des songes agréables. Enfin il y avait quatre heures qu'ils se parlaient, et ils ne s'étaient pas encore dit la moitié des choses qu'ils avaient à se dire.

Cependant, tout le palais s'était réveillé avec la princesse, chacun songeait
110 à faire sa charge[21], et comme ils n'étaient pas tous amoureux, ils mouraient de faim ; la dame d'honneur, pressée comme les autres, s'impatienta, et dit tout haut à la princesse que la viande était servie. Le prince aida la princesse à se lever ; elle était tout habillée et fort magnifiquement ; mais il se garda bien de lui dire qu'elle était habillée comme ma mère grand, et qu'elle avait
115 un collet monté[22], elle n'en était pas moins belle. Ils passèrent dans un salon de miroirs, et y soupèrent, servis par les officiers de la princesse, les violons et les hautbois jouèrent de vieilles pièces, mais excellentes, quoiqu'il y eût près de cent ans qu'on ne les jouât plus ; et après souper, sans perdre de temps, le grand aumônier les maria dans la chapelle du château et la dame d'honneur
120 leur tira le rideau.

CHARLES PERRAULT, *Histoires ou contes du temps passé, avec des moralités*, 1697.

20. **Mal rangés :** maladroits.

21. **Faire sa charge :** remplir sa fonction.

22. **Collet monté :** col raide (comme ceux des femmes de la génération précédente).

Princes et Princesses, **film d'animation de Michel Ocelot,** 1999.

Lecture

➡ Recherche préalable

1. Qui sont les Parques dans la mythologie grecque ?

➡ Comprendre

2. Pourquoi n'a-t-on pas invité la vieille fée le jour du baptême ? Quelle en est la conséquence ?

3. Comment la jeune fée s'y prend-elle pour contrer le sort de son aînée ?

4. Une fois la princesse endormie, que décide de faire la jeune fée appelée par le roi ?

5. Que raconte-t-on, cent ans plus tard, à propos du château ?

➡ Approfondir

6. Qu'est-ce qui montre que le prince arrive dans un endroit mystérieux, plein de magie ?

7. À partir de la ligne 86, relevez tous les verbes qui racontent l'avancée du prince à l'intérieur du château : à quel temps sont-ils conjugués ? Quelle est la valeur de ce temps ? Que voit le prince pendant son cheminement ?

🔻 **Le Prince s'approche du château.**
Illustration de Kay Nielsen, 1913.

8. Examinez la construction de la phrase (l. 89-94) : comment met-elle en évidence le cheminement du prince, et son but ultime ?

➡ Pour conclure

9. a. Quelles sont les qualités de la princesse ?
b. Qui lui en fait don ?

10. a. Quel rôle les fées jouent-elles au début de ce conte ?
b. Quel rapprochement pouvez-vous faire avec les Parques ?

11. Pourquoi la princesse est-elle condamnée à dormir durant son adolescence ? Quelle faute en est à l'origine ?

12. Qui va permettre à la Belle de sortir de son profond sommeil pour vivre un amour heureux ? Connaissez-vous un autre conte où la princesse vit la même situation ?

Vocabulaire

1. Voici des noms qui expriment les différentes qualités du prince : *la gloire – la vaillance – la témérité – la droiture – la vertu*

a. Cherchez dans le dictionnaire une définition pour chacun d'eux et donnez l'adjectif correspondant.

b. Utilisez ces noms et ces adjectifs dans les phrases suivantes.

1. Face à l'ennemi, il ne perdit jamais courage et se battit avec ...

2. L'enfant ... grimpa sur le toit pour aider le chaton, effrayé par le vide, à redescendre au plus vite.

3. Les Grecs revinrent de Troie victorieux et ils connurent la ...

4. Cette princesse, parée de toutes les qualités, est très ...

5. On lui proposa un contrat malhonnête, mais il refusa et fit preuve d'une grande ...

2. Le mot *fée* vient du latin *fatum* qui signifie « le destin » : après avoir lu ce conte, pouvez-vous expliquer le rapport entre ces deux mots ?

Expression écrite

À votre tour, écrivez en quelques lignes l'arrivée d'un héros dans un endroit mystérieux.
Pour cela, complétez les phrases suivantes :

1. « À peine s'avance-t-il vers ... que .... »

2. « Il entre dans ... où tout ce qu'il voit d'abord le surprend grandement : c'est ... »

3. « Il passe ..., il monte ..., il entre ..., il traverse .... »

4. « Enfin, il voit sur ... le plus ... des spectacles qu'il eût jamais vu : .... »

La Barbe bleue

Il était une fois un homme qui avait de belles maisons à la ville et à la campagne, de la vaisselle d'or et d'argent, des meubles en broderie, et des carrosses tout dorés ; mais par malheur cet homme avait la barbe bleue : cela le rendait si laid et si terrible, qu'il n'était ni femme ni fille qui ne s'enfuît de
5 devant lui. Une de ses voisines, dame de qualité, avait deux filles parfaitement belles. Il lui en demanda une en mariage, et lui laissa le choix de celle qu'elle voudrait lui donner. Elles n'en voulaient point toutes deux, et se le renvoyaient l'une à l'autre, ne pouvant se résoudre[1] à prendre un homme qui eût la barbe bleue. Ce qui les dégoûtait encore, c'est qu'il avait déjà épousé
10 plusieurs femmes, et qu'on ne savait ce que ces femmes étaient devenues.

La Barbe bleue, pour faire connaissance, les mena avec leur mère, et trois ou quatre de leurs meilleures amies, et quelques jeunes gens du voisinage, à une de ses maisons de campagne, où on demeura huit jours entiers. Ce n'était que promenades, que parties de chasse et de pêche, que danses et
15 festins, que collations[2] : on ne dormait point, et on passait toute la nuit à se faire des malices les uns aux autres ; enfin tout alla si bien, que la cadette commença à trouver que le maître du logis n'avait plus la barbe si bleue, et que c'était un fort honnête homme. Dès qu'on fut de retour à la ville, le mariage se conclut.

20 Au bout d'un mois, la Barbe bleue dit à sa femme qu'il était obligé de faire un voyage en province, de six semaines au moins, pour une affaire de conséquence[3], qu'il la priait de se bien divertir pendant son absence, qu'elle fît venir ses bonnes amies, qu'elle les menât à la campagne si elle voulait, que partout elle fît bonne chère[4]. Voilà, lui dit-il, les clefs des deux grands
25 garde-meubles, voilà celles de la vaisselle d'or et d'argent qui ne sert pas tous les jours, voilà celles de mes coffres-forts, où est mon or et mon argent, celles des cassettes où sont mes pierreries, et voilà le passe-partout de tous les appartements : pour cette petite clef-ci, c'est la clef du cabinet au bout de la grande galerie de l'appartement bas : ouvrez tout, allez partout, mais pour
30 ce petit cabinet, je vous défends d'y entrer, et je vous le défends de telle sorte, que s'il vous arrive de l'ouvrir il n'y a rien que vous ne deviez attendre de ma colère. Elle promit d'observer[5] exactement tout ce qui lui venait d'être ordonné ; et lui, après l'avoir embrassée, il monte dans son carrosse, et part pour son voyage.

35 Les voisines et les bonnes amies n'attendirent pas qu'on les envoyât quérir[6] pour aller chez la jeune mariée, tant elles avaient d'impatience de voir toutes les richesses de sa maison, n'ayant osé y venir pendant que le mari y était, à cause de sa barbe bleue qui leur faisait peur. Les voilà aussitôt à parcourir les chambres, les cabinets, les garde-robes, toutes plus belles et plus
40 riches les unes que les autres. Elles montèrent ensuite aux garde-meubles, où elles ne pouvaient assez admirer le nombre et la beauté des tapisseries, des lits, des sofas, des cabinets, des guéridons, des tables et des miroirs, où l'on se voyait depuis les pieds jusqu'à la tête et dont les bordures, les unes de

1. Se résoudre : se décider.

2. Collation : au XVIIe siècle, repas que l'on faisait l'après-midi ou la nuit.

3. De conséquence : importante.

4. Faire bonne chère : faire de bons repas.

5. Observer : respecter.

6. Quérir : chercher.

La Barbe bleue et la clef du cabinet.
Illustration de Gillot, 1860 (BNF, Paris).

glaces, les autres d'argent et de vermeil[7] doré, étaient les plus belles et les plus magnifiques qu'on eût jamais vues. Elles ne cessaient d'exagérer et d'envier le bonheur de leur amie, qui cependant ne se divertissait point à voir toutes ces richesses, à cause de l'impatience qu'elle avait d'aller ouvrir le cabinet de l'appartement bas.

Elle fut si pressée de sa curiosité, que sans considérer qu'il était malhonnête de quitter sa compagnie, elle y descendit par un petit escalier dérobé, et avec tant de précipitation, qu'elle pensa se rompre le cou deux ou trois fois. Étant arrivée à la porte du cabinet, elle s'y arrêta quelque temps, songeant à la défense[8] que son mari lui avait faite, et considérant qu'il pourrait lui arriver malheur d'avoir été désobéissante ; mais la tentation était si forte qu'elle ne put la surmonter : elle prit donc la petite clef, et ouvrit en tremblant la porte du cabinet. D'abord elle ne vit rien, parce que les fenêtres étaient fermées ; après quelques moments elle commença à voir que le plancher était tout couvert de sang caillé, et que dans ce sang se miraient[9] les corps de plusieurs femmes mortes et attachées le long des murs (c'étaient toutes les femmes que la Barbe bleue avait épousées et qu'il avait égorgées l'une après l'autre).

Elle pensa mourir de peur, et la clef du cabinet qu'elle venait de retirer de la serrure lui tomba de la main. Après avoir un peu repris ses esprits, elle ramassa la clef, referma la porte, et monta à sa chambre pour se remettre un peu ; mais elle n'en pouvait venir à bout, tant elle était émue. Ayant remarqué que la clef du cabinet était tachée de sang, elle l'essuya deux ou trois fois, mais le sang ne s'en allait point ; elle eut beau la laver et même la frotter avec du sablon et avec du grès[10], il y demeura toujours du sang, car la clef était fée, et il n'y avait pas moyen de la nettoyer tout à fait : quand on ôtait le sang d'un côté, il revenait de l'autre. La Barbe bleue revint de son voyage dès le soir même, et dit qu'il avait reçu des lettres dans le chemin, qui lui avaient appris que l'affaire pour laquelle il était parti venait d'être terminée à son avantage. Sa femme fit tout ce qu'elle put pour lui témoigner qu'elle était ravie de son prompt[11] retour.

Le lendemain il lui redemanda les clefs, et elle les lui donna, mais d'une main si tremblante, qu'il devina sans peine tout ce qui s'était passé. « D'où vient, lui dit-il, que la clef du cabinet n'est point avec les autres ? – Il faut, dit-elle, que je l'aie laissée là-haut sur ma table. – Ne manquez pas, dit la Barbe bleue, de me la donner tantôt. » Après plusieurs remises, il fallut apporter la clef. La Barbe bleue, l'ayant considérée, dit à sa femme : « Pourquoi y a-t-il du sang sur cette clef ? – Je n'en sais rien, répondit la pauvre femme, plus pâle que la mort. – Vous n'en savez rien, reprit la Barbe bleue, je le sais bien, moi ; vous avez voulu entrer dans le cabinet ! Hé bien, Madame, vous y entrerez, et irez prendre votre place auprès des dames que vous y avez vues. » Elle se jeta aux pieds de son mari, en pleurant et en lui demandant pardon, avec toutes les marques d'un vrai repentir[12] de n'avoir pas été obéissante. Elle aurait attendri un rocher, belle et affligée[13] comme elle était ; mais la Barbe bleue avait le cœur plus dur qu'un rocher. « Il faut mourir Madame, lui dit-il, et tout à l'heure[14].

– Puisqu'il faut mourir, répondit-elle, en le regardant les yeux baignés de larmes, donnez-moi un peu de temps pour prier Dieu.

7. Vermeil : argent doré.

8. Défense : interdiction.

9. Se miraient : se reflétaient.

10. Grès : roche formée de petits éléments unis.

11. Prompt : rapide.

12. Repentir : regret, remords.

13. Affligée : profondément attristée, accablée.

14. Tout à l'heure : tout de suite, maintenant.

La maison de la Barbe bleue. Illustration d'Arthur Rackham, 1933.

**« La clef du cabinet…
lui tomba de la main ».**
Illustration d'Hermann Vogel,
éditions de la librairie
Quantin, 1887 (BNF, Paris).

15. Le soleil poudroie :
les poussières paraissent
dans les rayons solaires ;
l'herbe verdoie : paraît
verte.

– Je vous donne un quart d'heure, reprit la Barbe bleue, mais pas un moment davantage. »

Lorsqu'elle fut seule, elle appela sa sœur, et lui dit : « Ma sœur Anne (car elle s'appelait ainsi), monte, je te prie, sur le haut de la tour pour voir si
95 mes frères ne viennent point ; ils m'ont promis qu'ils me viendraient voir aujourd'hui, et si tu les vois, fais-leur signe de se hâter ».

La sœur Anne monta sur le haut de la tour, et la pauvre affligée lui criait de temps en temps : « Anne, ma sœur Anne, ne vois-tu rien venir ? » Et la sœur Anne lui répondait : « Je ne vois rien que le soleil qui poudroie, et
100 l'herbe qui verdoie[15]. » Cependant la Barbe bleue, tenant un grand coutelas à sa main, criait de toute sa force à sa femme : « Descends vite ou je monterai là-haut. – Encore un moment, s'il vous plaît, lui répondait sa femme » ; et aussitôt elle criait tout bas : « Anne, ma sœur Anne, ne vois-tu rien venir ? » Et la sœur Anne répondait : « Je ne vois rien que le soleil qui poudroie, et
105 l'herbe qui verdoie. – Descends donc vite, criait la Barbe bleue, ou je monterai là-haut. – Je m'en vais », répondait sa femme, et puis elle criait : « Anne, ma sœur Anne, ne vois-tu rien venir ? – Je vois, répondit la sœur Anne, une grosse poussière qui vient de ce côté-ci. – Sont-ce mes frères ? – Hélas ! non, ma sœur, c'est un troupeau de moutons. – Ne veux-tu pas descendre ?
110 criait la Barbe bleue. – Encore un moment », répondait sa femme ; et puis elle criait : « Anne, ma sœur Anne, ne vois-tu rien venir ? – Je vois, répondit-elle,

deux cavaliers qui viennent de ce côté-ci, mais ils sont bien loin encore : Dieu soit loué, s'écria-t-elle un moment après, ce sont mes frères, je leur fais signe tant que je puis de se hâter. » La Barbe bleue se mit à crier si fort que toute 115 la maison en trembla. La pauvre femme descendit, et alla se jeter à ses pieds toute épleurée[16] et toute échevelée. « Cela ne sert de rien, dit la Barbe bleue, il faut mourir », puis la prenant d'une main par les cheveux, et de l'autre levant le coutelas en l'air, il allait lui abattre la tête. La pauvre femme se tournant vers lui, et le regardant avec des yeux mourants, le pria de lui donner un petit 120 moment pour se recueillir. « Non, non, dit-il, recommande-toi bien à Dieu » ; et levant son bras... Dans ce moment on heurta si fort à la porte, que la Barbe bleue s'arrêta tout court : on ouvrit, et aussitôt on vit entrer deux cavaliers, qui mettant l'épée à la main, coururent droit à la Barbe bleue. Il reconnut que c'étaient les frères de sa femme, l'un dragon[17] et l'autre mousquetaire, 125 de sorte qu'il s'enfuit aussitôt pour se sauver ; mais les deux frères le poursuivirent de si près, qu'ils l'attrapèrent avant qu'il pût gagner le perron. Ils lui passèrent leur épée au travers du corps, et le laissèrent mort. La pauvre femme était presque aussi morte que son mari, et n'avait pas la force de se lever pour embrasser ses frères.

130 Il se trouva que la Barbe bleue n'avait point d'héritiers, et qu'ainsi sa femme demeura maîtresse de tous ses biens. Elle en employa une grande partie à marier sa sœur Anne avec un jeune gentilhomme, dont elle était aimée depuis longtemps ; une autre partie à acheter des charges de capitaine à ses deux frères ; et le reste à se marier elle-même à un fort honnête homme, 135 qui lui fit oublier le mauvais temps qu'elle avait passé avec la Barbe bleue.

16. Épleurée : qui est en pleurs (autre forme d'*éplorée*).

17. Dragon : soldat de cavalerie.

La Barbe-bleue.
Illustration d'Edmond Dulac, éditions d'art H. Piazza, Paris, 1910.

MORALITÉ

La curiosité malgré tous ses attraits,
Coûte souvent bien des regrets ;
On en voit tous les jours mille exemples paraître.
C'est, n'en déplaise au sexe[18], un plaisir bien léger;
140 Dès qu'on le prend il cesse d'être.
Et toujours il coûte trop cher.

AUTRE MORALITÉ

Pour peu qu'on ait l'esprit sensé,
Et que du monde on sache le grimoire[19],
On voit bientôt que cette histoire
145 Est un conte du temps passé ;
Il n'est plus d'époux si terrible,
Ni qui demande impossible,
Fût-il malcontent et jaloux.
Près de sa femme on le voit filer doux ;
150 Et de quelque couleur que sa barbe puisse être,
On a peine à juger qui des deux est le maître.

CHARLES PERRAULT, *Histoires ou contes du temps passé, avec des moralités*, 1697.

18. Le sexe : le sexe féminin, les femmes.
19. Grimoire : livre de magie, livre indéchiffrable.

Lecture

➡ Comprendre

1. Quelles sont les deux caractéristiques de la Barbe bleue énoncées dans la première phrase ?

2. Expliquez cette phrase : « Tout alla si bien que la cadette commença à trouver que le maître du logis n'avait plus la barbe si bleue » (l. 16-17).

3. À quelle épreuve le mari soumet-il sa jeune épouse ?

4. Quel horrible spectacle celle-ci découvre-t-elle dans le cabinet secret ?

5. Pourquoi ne parvient-elle pas à cacher sa faute à son mari ? Quelle en sera la conséquence ?

➡ Approfondir

6. a. À partir de la ligne 98, quelle question la jeune épouse pose-t-elle à sa sœur ?

b. Quelle réponse la sœur Anne donne-t-elle à plusieurs reprises ? Quelle impression cette répétition produit-elle ?

c. En lecture orale, quelle intonation donneriez-vous à ces répliques ?

7. a. Ces questions/réponses sont entrecoupées par les paroles de la Barbe bleue. Relevez-les.

b. Quel type de phrases est ici utilisé ? Pourquoi ?

➡ Pour conclure

8. Dans de nombreux contes, le héros, tout en étant comblé, est soumis à l'épreuve de la chambre interdite.

a. Qu'est-ce qui montre, dans les lignes 24 à 32, que la jeune épouse est comblée ?

b. En quoi la Barbe bleue joue-t-elle le personnage du tentateur ? Connaissez-vous, dans les mythes, d'autres personnages de tentateur ?

9. Que veut montrer Charles Perrault dans la deuxième moralité ?

Vocabulaire

a. *éplorée* ; *échevelée* : donnez pour chacun de ces adjectifs un mot de la même famille.

b. Cherchez le sens de ces deux adjectifs.

c. À partir des verbes suivants, construisez des adjectifs en utilisant le préfixe *é-* : *perdre – freiner – lancer – prouver*.

Expression écrite

Voici le début d'un conte russe :

« La reine s'absenta et laissa la garde du palais au prince Ivan, son époux, en lui recommandant avec insistance de ne pas ouvrir un certain coffre. »

Imaginez la suite de cette histoire.

Pour cela, vous utiliserez, dans l'ordre indiqué, ces phrases que vous compléterez :

1. « Il éprouva une telle curiosité que … ».
2. « Il s'avança vers le coffre avec une telle hâte que … ».
3. « La tentation était si forte que … ».
4. « Sa surprise fut si grande que … ».

Gustave Doré, *La Barbe bleue*

Illustration de Gustave Doré (1832-1883) pour *La Barbe bleue*, Jules Hetzel, Paris, 1862.

Lire une image

Gustave Doré (1832-1883) est un illustrateur, graveur, peintre et sculpteur français. Il connut la célébrité de son vivant, notamment grâce à ses illustrations des *Contes* de Charles Perrault.

L'illustration d'un conte

1. Qui sont les deux personnages représentés ? Qu'est-ce qui vous permet de les identifier ?

2. D'après les costumes, à quelle époque Gustave Doré situe-t-il ses personnages ?

3. Quel épisode est ici illustré ?

Le merveilleux

4. Comparez les proportions de chaque personnage. Quelle remarque pouvez-vous faire ?

5. Quel geste de Barbe bleue montre qu'il met en garde son épouse ? Quel détail du visage transforme cette mise en garde en une terrible menace ?

6. Décrivez l'attitude de la jeune femme (gestes, regards) : semble-t-elle entendre son époux ?

7. En observant cette image, que peut-on deviner sur la suite du conte ?

Jeannot et Margot

Les parents de Jeannot et Margot sont de pauvres bûcherons. N'ayant plus rien à manger, la mère convainc le père de perdre les enfants dans la forêt ; mais Jeannot a tout entendu et il sème en route des petits cailloux grâce auxquels ils retrouveront le chemin de la maison. À la deuxième tentative des parents, Jeannot sème du pain que les oiseaux picorent…

Jacob Grimm
(1785 -1863)

et Wilhelm Grimm
(1786 -1859)
Toute leur vie durant, ces deux frères ont travaillé ensemble à une meilleure connaissance de la langue allemande, et collecté un grand nombre de contes de leur pays.

1. Périr d'inanition :
mourir de faim.

2. Essor : envol.

3. Décontenancer :
faire perdre sa contenance, déstabiliser.

Et déjà le matin se leva pour la troisième fois depuis leur départ de la maison paternelle. Ils se remirent en route, mais ils s'enfoncèrent de plus en plus dans les bois, et s'il ne leur venait pas bientôt du secours, il leur faudrait périr d'inanition[1]. Quand il fut midi, ils aperçurent, perché sur une
5 branche, un joli petit oiseau blanc comme neige qui chantait si bien qu'ils s'arrêtèrent pour l'écouter. Et quand il eut fini, il prit son essor[2] et partit devant eux à tire-d'aile, et ils le suivirent jusqu'à une maisonnette sur le toit de laquelle il se posa ; et en s'approchant, ils virent que la maisonnette était de pain et couverte d'un toit de gâteau ; quant aux fenêtres elles étaient en
10 sucre candi. « Mettons-nous-y, dit Jeannot, et faisons un bon repas. Je vais manger un morceau du toit, tu pourras manger de la fenêtre, Margot, c'est sucré. » Jeannot se haussa sur la pointe des pieds et cassa un morceau de toiture pour voir quel goût elle avait, et Margot se mit à grignoter les vitres. Alors une voix douce sortit de la pièce :

15
Grigno, grigno, grignoton,
Qui grignote ma maison ?

Les enfants répondirent :

C'est le vent, c'est le vent,
Le céleste enfant

20 et ils continuèrent à manger sans se laisser décontenancer[3]. Jeannot, qui trouvait le toit fort à son goût, en arracha un grand morceau et Margot détacha toute une vitre ronde, s'assit par terre et s'en donna à cœur joie. Tout à coup la porte s'ouvrit et une femme vieille comme le monde se glissa dehors en s'appuyant sur une béquille. Jeannot et Margot eurent une telle frayeur
25 qu'ils laissèrent tomber ce qu'ils avaient à la main. Mais la vieille secoua la tête et dit : « Chers enfants, qui vous a conduits ici ? Entrez donc et restez chez moi, il ne vous arrivera pas de mal. » Elle les prit tous les deux par la main et les emmena dans sa maison. Là, on leur servit un bon repas, du lait et de l'omelette au sucre, des pommes et des noix. Puis on leur prépara deux
30 jolis petits lits blancs, et Jeannot et Margot s'y couchèrent et se crurent au Paradis.

Mais la gentillesse de la vieille était feinte, car c'était une méchante sorcière qui guettait les petits enfants et n'avait bâti sa maisonnette de pain que pour les attirer. Quand il en tombait un en son pouvoir, elle le tuait, le faisait cuire, le mangeait et pour elle, c'était jour de fête. Les sorcières ont les yeux rouges et ne voient pas de loin, mais elles ont du flair comme les animaux et sentent les hommes venir. Quand Jeannot et Margot arrivèrent dans son voisinage, elle eut un rire mauvais et dit sardoniquement[3] : « Je les tiens, ils ne m'échapperont plus. » De bon matin, avant que les enfants ne fussent réveillés, elle se leva, et en les voyant reposer tous les deux si gentiment, avec leurs joues rondes et rouges, elle murmura à part soi : « Cela fera un morceau de choix. » Alors elle saisit Jeannot de sa main décharnée, le porta dans une petite étable, et l'enferma derrière une porte grillagée. Il eut beau crier tant qu'il pouvait, cela ne lui servit de rien. Puis elle alla auprès de Margot, la secoua pour la réveiller et cria : « Debout, paresseuse, va chercher de l'eau et fais cuire quelque chose de bon pour ton frère, il est enfermé dans l'étable et il faut qu'il engraisse. Quand il sera gras, je le mangerai. » Margot se mit à pleurer amèrement, mais en vain, force lui fut de[4] faire ce que la méchante sorcière demandait.

Alors, on prépara pour le pauvre Jeannot les meilleurs plats, mais Margot n'eut que les carapaces des écrevisses. Tous les matins, la vieille se traînait à la petite étable et criait : « Jeannot, sors tes doigts, que je sente si tu seras bientôt assez gras. » Mais Jeannot lui tendait un petit os, et la vieille, qui avait la vue trouble et ne pouvait pas le voir, croyait que c'étaient les doigts de Jeannot et s'étonnait qu'il ne voulût pas engraisser. Comme il y avait quatre semaines de passées et que Jeannot restait toujours maigre, elle fut prise d'impatience et ne voulut pas attendre davantage. « Holà, Margot, cria-t-elle à la petite fille, dépêche-toi et apporte de l'eau. Que Jeannot soit gras ou maigre, demain je le tuerai et je le ferai cuire. » Ah, comme la pauvre petite sœur se désola quand il lui fallut porter de l'eau, et comme les larmes lui coulaient le long des joues !

« Ô mon Dieu, viens-nous en aide, s'écria-t-elle, si les bêtes sauvages nous avaient dévorés dans les bois, au moins nous serions morts ensemble.

– Fais-moi grâce de tes piailleries, dit la vieille, tout cela ne te servira de rien. »

Dès le petit matin. Margot dut sortir, suspendre la marmite d'eau et allumer le feu.

« Nous allons d'abord faire le pain, dit la vieille, j'ai déjà chauffé le four et pétri la pâte. » Elle poussa la pauvre Margot vers le four d'où sortaient déjà les flammes.

« Glisse-toi dedans, dit la sorcière, et vois s'il est à bonne température pour enfourner le pain. » Et quand Margot serait dedans, elle fermerait la porte du poêle. Margot y rôtirait puis elle la mangerait aussi. Mais la petite devina ce qu'elle avait en tête, et dit : « Je ne sais pas comment faire. Comment vais-je entrer là-dedans ?

– Petite oie, dit la vieille, l'ouverture est assez grande, regarde, je pourrais y passer moi-même. » Elle se mit à quatre pattes pour s'approcher du four et y fourra la tête. Alors Margot la poussa si bien qu'elle entra tout entière dans le four, puis elle ferma la porte de fer et tira le verrou. Hou ! la vieille

3. Sardoniquement : en se moquant méchamment.

4. Force lui fut de… : elle fut bien obligée de…

Hansel et Gretel (Jeannot et Margot) devant la maisonnette en pain d'épice.
Illustration de Kay Nielsen, L'édition d'art Henri Piazza, 1929 (BNF, Paris).

80 se mit à pousser des hurlements épouvantables : mais Margot se sauva et la sorcière impie[5] brûla lamentablement.

Margot courut tout droit à Jeannot, ouvrit la porte de la petite étable et s'écria : « Jeannot, nous sommes délivrés, la vieille sorcière est morte. » Alors Jeannot bondit dehors comme un oiseau s'envole quand on lui ouvre la porte

85 de sa cage. Quelle joie ce fut, comme ils se sautaient au cou, gambadaient de tous côtés, s'embrassaient !

Et comme ils n'avaient plus rien à craindre, ils entrèrent dans la maison de la sorcière, il y avait là dans tous les coins des coffrets pleins de perles et de pierres précieuses. « C'est encore mieux que des cailloux », dit Jeannot et il

90 en mit dans ses poches tant qu'il voulut en entrer, et Margot dit : « Moi aussi, je veux rapporter quelque chose chez nous », et elle en mit plein son tablier.

Les deux enfants rentrent chez eux, comblés de richesses et retrouvent leur père qui les attendait, la mère étant décédée.

GRIMM, « Jeannot et Margot » in *Contes*, traduit par Marthe Robert, © Gallimard, 1976.

5. Impie : qui est sans religion.

**Hansel et Gretel (Jeannot et Margot)
et la méchante sorcière.**
Illustration d'Arthur Rackham, 1906.

Lecture

➡ Comprendre

1. Pour quelle raison Jeannot et Margot sont-ils seuls dans la forêt ?

2. Quelle est la particularité de la maison où les mène l'oiseau ? Qui y demeure ?

3. Quel stratagème Jeannot adopte-t-il pour éviter d'être dévoré ?

4. Comment Margot s'y prend-elle pour se débarrasser de la sorcière ?

➡ Approfondir

5. De quelle manière la sorcière se manifeste-t-elle au début du récit ?

6. Relevez, à partir de la ligne 32, un adjectif montrant que la sorcière a voulu tromper les enfants. Donnez l'infinitif du verbe correspondant.

7. a. Relevez, dans les lignes 22 à 24, une comparaison qui évoque la vieillesse de la sorcière.

b. Quelles sont les autres caractéristiques physiques du personnage (l. 32 à 37) ?

c. Dans l'ensemble du conte, relevez les éléments qui montrent la cruauté du personnage.

➡ Pour conclure

8. La forêt est le lieu d'action de bien de contes : pouvez-vous en citer quelques-uns ?

9. En général, quand le héros pénètre dans la forêt, que lui arrive-t-il ? Quel genre de rencontres y fait-il ?

10. Quelle sorte d'animal guide Jeannot et Margot dans ce lieu ?

11. Est-ce qu'un personnage leur vient en aide ? Grâce à quoi s'en sortent-ils ?

12. Qu'est-ce qui vient récompenser le courage de nos deux héros ?

Vocabulaire

1. Faites correspondre chaque adjectif de la liste 1 à son contraire de la liste 2.

● **Liste 1.** une voix : *juste – grave – criarde – grêle – hésitante – claire ;*

● **Liste 2.** une voix : *assurée – mélodieuse – fausse – puissante – enrouée – aiguë.*

2. On dit de la sorcière qu'elle est « vieille comme le monde » (l. 23). Retrouvez des expressions du même genre en reliant les deux éléments de la comparaison :

● rapide – aveugle – malheureux – muet – doux – sourd.

● comme une carpe – comme un agneau – comme une taupe – comme l'éclair – comme un pot – comme les pierres.

Expression écrite

Les maisons de sorcière sont peu banales. En voici un exemple dans un conte russe.

a. Pour retrouver le texte original, recopiez et complétez le texte ci-dessous avec les verbes suivants que vous conjuguerez à l'imparfait : *être entouré – être fait – se trouver – se dresser – surmonter*

« Là .... la maison de la Baba Yaga, perchée sur des pattes de poule. Elle .... d'une palissade d'ossements humains que .... des crânes qui semblaient vous regarder ; les battants des grilles .... de jambes, les verrous de mains, et la serrure d'une bouche aux dents pointues.

Les arbres de la clairière .... tels d'immenses gardiens.»

b. À votre tour, décrivez la maison d'une sorcière en utilisant les verbes de l'exercice.

L'Oiseau d'or

*Un roi possédait un arbre qui donnait des pommes d'or, mais dont certaines dis-
paraissaient durant la nuit. Le roi ordonne à ses trois fils de monter la garde chacun
leur tour. Les deux aînés s'endorment, alors que le dernier découvre le coupable. Il
s'agit d'un oiseau d'or dont il parvient à arracher une plume. Le roi envoie alors son
fils aîné à la recherche de cet oiseau.*

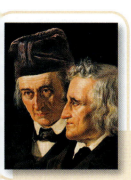

Jacob Grimm
(1785 -1863)

et Wilhelm Grimm
(1786 -1859)
Toute leur vie durant,
ces deux frères ont
travaillé ensemble à une
meilleure connaissance
de la langue allemande,
et collecté un grand
nombre de contes de
leur pays.

L e frère aîné se mit en route, faisant confiance à son intelligence et se
disant qu'il saurait bien trouver l'oiseau d'or. Quand il eut marché pendant une certaine distance, il vit un renard assis à la lisière d'une forêt. Il mit
son fusil en joue et le visa. Mais le renard s'écria :

5 — Ne me tue pas, je te donnerai un bon conseil en échange. Tu es parti à
la recherche de l'oiseau d'or et tu arriveras ce soir dans un village où deux
auberges se font face. L'une est bien éclairée et on s'y amuse. Mais n'y entre
pas, va dans l'autre, même si elle ne paie pas de mine.

— Comment un animal aussi stupide pourrait-il me donner un conseil
10 raisonnable ! se dit le fils du roi et il appuya sur la détente.

Mais il manqua le renard, qui déploya sa queue et courut bien vite vers
la forêt. Le fils du roi poursuivit sa route et arriva le soir dans le village où
se trouvaient les deux auberges : dans l'une, l'on chantait et l'on sautait, tandis que l'autre avait un aspect misérable et triste. « Je serais fou d'aller dans
15 l'auberge délabrée plutôt que dans celle qui est belle », se dit le fils du roi. Il
entra donc dans l'auberge joyeuse, y vécut grand train et oublia l'oiseau, son
père et tous les sages enseignements qu'il avait reçus.

Quand un certain temps se fut écoulé, le deuxième fils, ne voyant pas
rentrer son frère, partit à son tour à la recherche de l'oiseau d'or. Comme le
20 premier, il rencontra le renard qui lui donna son bon conseil, mais il n'en tint
pas compte. Il arriva devant les deux auberges et vit son frère qui se tenait à
la fenêtre de celle d'où parvenaient des cris de joie et qui l'appelait. Il ne put
résister et y entra et, dès lors, il n'écouta plus que ses envies.

De nouveau, il s'écoula un certain temps et le plus jeune fils du roi voulut
25 partir pour tenter sa chance, mais le roi ne voulait pas le laisser faire. « Cela
ne sert à rien. Celui-là a encore moins de chances que ses frères de trouver
l'oiseau d'or, et s'il lui arrive malheur, il ne saura pas se tirer d'affaire ; il lui
manque l'essentiel. » Mais finalement, comme son fils ne lui laissait plus de
repos, le roi le laissa partir. Une nouvelle fois, le renard était assis à l'entrée
30 de la forêt. Il demanda au fils du roi de lui laisser la vie sauve et lui donna
son bon conseil. Le garçon avait bon cœur et lui dit :

— Sois tranquille, petit renard, je ne te ferai aucun mal.

— Tu ne le regretteras pas, répondit le renard. Et pour que tu avances plus
vite, tu n'as qu'à monter derrière, sur ma queue.

35 Et à peine le fils du roi s'y était-il installé que le renard se mit à courir, et ils
s'élancèrent, laissant derrière eux tous les obstacles, si vite que ses cheveux
sifflaient dans le vent. Quand ils parvinrent au village, le garçon descendit

à terre, suivit le bon conseil du renard et entra sans hésiter dans la modeste auberge où il passa la nuit tranquillement. Le lendemain matin, quand il arriva dans la prairie, le renard était déjà là et lui dit: « Je vais continuer à te dire ce que tu dois faire. Va toujours tout droit et tu finiras par arriver à un château devant lequel est déployée toute une armée. Mais ne te préoccupe pas des soldats, car ils seront tous endormis et en train de ronfler. Passe au milieu d'eux, entre tout droit dans le château et traverse toutes les pièces : tu finiras par arriver dans une chambre où est suspendue une cage en bois dans laquelle se trouve un oiseau d'or. À côté de lui, il y a une cage luxueuse, mais garde-toi bien de sortir l'oiseau de sa vilaine cage pour le mettre dans la belle, sinon tu auras des ennuis. » Après avoir dit ces mots, le renard déploya une nouvelle fois sa queue et le fils du roi s'y installa Ils s'élancèrent, laissant derrière eux tous les obstacles, si vite que ses cheveux sifflaient dans le vent. Une fois arrivé au château, le fils du roi trouva tout exactement comme le renard l'avait dit. Il entra dans la chambre où se trouvait l'oiseau d'or dans une cage de bois, avec une cage d'or posée à côté. Et il y avait aussi dans la pièce les trois pommes d'or, qui étaient posées çà et là. Le fils du roi se dit alors qu'il serait ridicule de laisser l'oiseau d'or dans l'ordinaire cage en bois, qui était si vilaine. Il en ouvrit donc la porte, prit l'oiseau et le mit dans la cage d'or. Mais à cet instant, l'oiseau poussa un cri perçant. Les soldats se réveillèrent, se précipitèrent à l'intérieur du château et conduisirent le fils du roi en prison. Le lendemain matin, on le fit comparaître devant un tribunal et, comme il avoua tout, il fut condamné à mort. Cependant, le roi dit qu'il lui laisserait la vie sauve à une condition : s'il lui rapportait le cheval d'or qui courait encore plus vite que le vent. Alors, il obtiendrait en plus l'oiseau d'or comme récompense.

Le fils du roi se mit en route, mais il était triste et soupirait : où pourrait-il bien trouver le cheval d'or ? Il vit alors tout à coup son vieil ami, le renard, assis au bord du chemin. « Tu vois, dit le renard, les choses se sont passées ainsi parce que tu ne m'as pas écouté. Mais reprends courage, je vais m'occuper de toi et te dire comment tu peux arriver jusqu'au cheval d'or. Tu dois aller tout droit et tu arriveras à un château dans l'écurie duquel se trouve le cheval. Devant l'écurie seront allongés les palefreniers, ils seront endormis et ronfleront, et tu pourras faire sortir le cheval tranquillement. Mais tu devras prendre garde à une chose : tu lui mettras la mauvaise selle en bois et en cuir, et non la selle en or qui est accrochée près de lui, sinon tu auras des ennuis. » Le renard déploya ensuite sa queue, le fils du roi s'y installa et ils s'élancèrent, laissant derrière eux tous les obstacles, si vite que ses cheveux sifflaient dans le vent. Tout se passa comme l'avait dit le renard, le fils du roi entra dans l'écurie où se trouvait le cheval d'or, mais quand il voulut lui mettre la mauvaise selle, il se dit : « C'est faire outrage à un si bel animal que de ne pas lui mettre la belle selle qu'il mérite. » Mais à peine la selle d'or eut-elle touché le dos du cheval que celui-ci se mit à hennir de toutes ses forces. Les palefreniers se réveillèrent, s'emparèrent du garçon et le jetèrent en prison. Le lendemain matin, le tribunal le condamna à mort, mais le roi lui promit de lui laisser la vie sauve et de lui offrir, en plus, le cheval d'or s'il pouvait lui ramener la ravissante fille du roi du château d'or.

L'Oiseau de feu (version russe de « L'Oiseau d'or »), miniature sur laque de Prokofyeva (artiste russe).

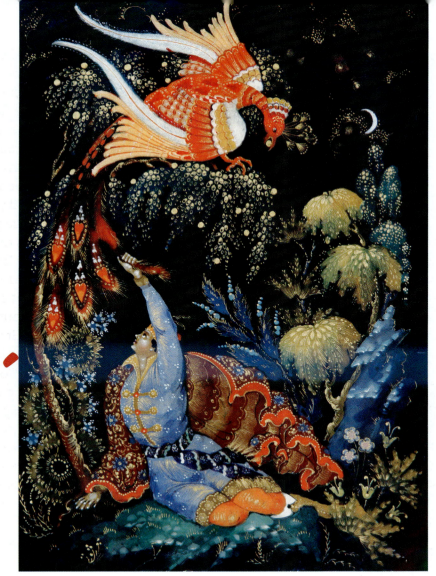

L'Oiseau de feu, miniature sur laque russe sur un coffret à bijoux, 1942.

85   Le garçon se remit en route, le cœur gros, mais heureusement, il retrouva bientôt le fidèle renard. « À présent, je devrais t'abandonner à ton triste sort, mais j'ai pitié de toi et je vais te tirer de ton malheur encore une fois. Ton chemin te mènera tout droit au château d'or. Tu y arriveras le soir. Pendant la nuit, quand tout sera silencieux, la fille du roi se rendra aux bains pour se
90 laver. Et quand elle y entrera, jette-toi sur elle et donne-lui un baiser, alors elle te suivra et tu pourras l'emmener avec toi. Mais ne tolère pas qu'elle dise au revoir à ses parents, sinon tu auras des ennuis. » Le renard déploya alors sa queue, le fils du roi s'y installa et ils s'élancèrent, laissant derrière eux tous les obstacles, si vite que ses cheveux sifflaient dans le vent. Quand
95 il parvint au château d'or, tout était comme le renard l'avait dit. Il attendit jusqu'à ce qu'il soit minuit, que tout soit plongé dans un profond sommeil et que la belle jeune fille se rende aux bains. Alors il bondit hors de sa cachette et lui donna un baiser. Elle lui dit qu'elle voulait bien le suivre mais elle le supplia, en versant des larmes, de lui permettre de dire d'abord au revoir à
100 ses parents. Il résista d'abord à ses prières, mais comme elle se mit à pleurer de plus en plus et qu'elle se jeta à ses pieds, il finit par céder. Mais à peine la jeune fille était-elle arrivée près du lit de, son père que celui-ci se réveilla,

L'Oiseau de feu,
miniature sur laque
d'Ivan Vakurov,
1942.

suivi de tous ceux qui se trouvaient dans le château, et que le garçon fut
attrapé et mis en prison.

105   Le lendemain matin, le roi lui dit : « Ta vie est perdue, et tu n'obtiendras
ma grâce que si tu fais disparaître la montagne qui se trouve devant ma
fenêtre et qui me cache la vue. Et tu dois t'acquitter de cette tâche en l'espace de huit jours. Si tu y parviens, tu auras en plus ma fille comme récompense. » Le fils du roi se mit au travail, creusa encore et encore sans relâche,
110 mais quand il vit, au bout de sept jours, le peu de travail qu'il avait accompli,
il sombra dans une grande tristesse et abandonna tout espoir. Mais le soir du
septième jour, le renard arriva et lui dit : « Tu ne mérites pas que je m'occupe
de toi. Mais contente-toi d'aller te coucher et je ferai le travail à ta place. » Le
lendemain matin, quand le garçon se réveilla et qu'il regarda par la fenêtre,
115 la montagne avait disparu. Le garçon, tout joyeux, courut voir le roi et lui
annonça qu'il avait accompli sa mission et que le roi devait, qu'il le veuille
ou non, tenir parole et lui donner sa fille.

    Les jeunes gens partirent donc tous les deux et, peu de temps après, le
fidèle renard les rejoignit.

120   – Certes, tu as le meilleur, mais le cheval d'or doit aller avec la jeune fille
du château d'or, dit-il.

    – Comment pourrais-je l'obtenir ? demanda le garçon.

    – Je vais te le dire, lui répondit le renard. Commence par ramener la jeune
fille au roi qui t'a envoyé au château d'or. Sa joie sera sans bornes et on te
125 donnera bien volontiers le cheval d'or. Quand on te l'amènera, monte aussitôt dessus et tends la main à tout le monde en guise d'adieu, en terminant

par la jeune fille. Et quand tu la tiendras par la main, tire-la d'un coup sur le cheval et pars au galop : personne ne pourra te rattraper car ce cheval court plus vite que le vent.

130 Tout fut accompli avec succès et le garçon emmena avec lui la jeune fille sur le dos du cheval d'or. Le renard les suivit et parla ainsi au garçon : « À présent, je vais t'aider à obtenir aussi l'oiseau d'or. Quand tu seras près du château où se trouve l'oiseau, fais descendre de cheval la jeune fille ; je la prendrai sous ma protection. Puis entre dans la cour du château en montant 135 le cheval d'or. Il y aura une grande joie à sa vue et on t'apportera volontiers l'oiseau d'or. Dès que tu auras la cage dans tes mains, file nous retrouver et tu reprendras la jeune fille. »

Sur le chemin du retour, le garçon rencontre ses deux frères qui, devenus brigands, sont condamnés à être pendus. Il leur sauve la vie mais ces derniers le lui rendent mal, puisque, jaloux de leur frère, ils le précipitent dans un puits et apportent eux-mêmes à leur père l'oiseau d'or.

De nouveau grâce au renard, le jeune homme s'en sort et parvient jusqu'au château où le roi reconnaît ses justes mérites et condamne à mort les frères coupables.

GRIMM, *L'Oiseau d'or*, © José Corti, 2009.

Lecture

➡ Comprendre

1. a. Quelle quête les trois frères doivent-ils entreprendre ?

b. Où la quête des deux frères aînés s'interrompt-elle ?

c. Pour quelles raisons le troisième fils parvient-il à poursuivre l'aventure ?

2. a. Le jeune homme désobéit au renard en trois occasions. lesquelles ?

b. Quelle est la conséquence de chacune de ces désobéissances ?

3. a. Qu'obtient-il à la fin de la quête ?

b. Comment s'y est-il pris ?

➡ Approfondir

4. Relisez les lignes 5 à 23.

a. Quels sont les principaux traits de caractère des deux frères aînés ?

b. Quelle est la conséquence de leur choix ?

5. Comment le conteur met-il en évidence la différence entre le cadet et ses frères ?

6. Relevez une phrase qui montre chez le roi une absence de considération pour son fils cadet.

7. Quels sont les points communs entre les trois lieux où le garçon doit se rendre ?

8. Quelle phrase répétée quatre fois ponctue le passage d'une étape à la suivante ?

➡ Pour conclure

9. a. Que représente le renard dans les fables et dans la littérature en général ?

b. Que suggère la soumission du héros à cet animal ? Citez d'autres contes où le héros se laisse guider par un animal.

10. Quelles sortes d'épreuves le héros doit-il surmonter à chaque étape de sa quête ?

11. a. Quelles sont les qualités du héros ? Comment en est-il récompensé ?

b. Qu'est-ce qui anime les deux frères aînés? Qu'en résulte-t-il ?

Vocabulaire

1. Que signifie l'adjectif *délabré* (l. 15) ?

2. a. Lignes 37 à 39, quel autre adjectif est employé pour qualifier l'auberge ?

b. Employez cet adjectif pour qualifier une personne. Que signifie-t-il alors ?

3. *luxueuse* (l. 46) : cherchez dans la suite du texte l'antonyme de cet adjectif.

Recherche

Il existe une version russe de ce conte intitulée *L'Oiseau de feu*.

Quel compositeur s'est inspiré de ce conte pour composer un ballet ?

L'homme qui courait après sa chance

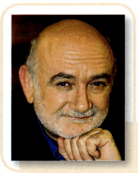

Henri Gougaud
(né à Carcassonne
en 1936).
Cet homme de radio,
écrivain et conteur,
se définit lui-même
comme « un couseur
d'histoires ». Il a recueilli
et mis en forme
de nombreux contes
issus de différentes
cultures.

Voici un conte traditionnel africain recueilli pour nous par Henri Gougaud.

Il était une fois un homme malheureux. Il aurait bien aimé avoir dans sa maison une femme avenante[1] et fidèle. Beaucoup étaient passées devant sa porte, mais aucune ne s'était arrêtée. Par contre, les corbeaux étaient tous pour son champ, les loups pour son troupeau et les renards pour son
5 poulailler. S'il jouait, il perdait. S'il allait au bal, il pleuvait. Et si tombait une tuile du toit, c'était juste au moment où il était dessous. Bref, il n'avait pas de chance.

Un jour, fatigué de souffrir des injustices du sort, il s'en fut demander conseil à un ermite[2] qui vivait dans un bois derrière son village. En chemin,
10 un vol de canards laissa tomber sur lui, du haut du ciel, des fientes[3], mais il n'y prit pas garde, il avait l'habitude. Quand il parvint enfin, tout crotté, tout puant, à la clairière où était sa cabane, le saint homme lui dit :

– Il n'y a d'espoir qu'en Dieu. Si tu n'as pas de chance, lui seul peut t'en donner. Va le voir de ma part, je suis sûr qu'il t'accordera ce qui te manque.
15 L'autre lui répondit :

– J'y vais. Salut l'ermite !

Il mit donc son chapeau sur la tête, son sac à l'épaule, la route sous ses pas, et s'en alla chercher sa chance auprès de Dieu, qui vivait en ce temps-là dans une grotte blanche, en haut d'une montagne au-dessus des nuages.
20 Or en chemin, comme il traversait une vaste forêt, un tigre lui apparut au détour du sentier. Il fut tant effrayé qu'il tomba à genoux en claquant des dents et tremblant des mains.

– Épargne-moi, bête terrible, lui dit-il. Je suis un malchanceux, un homme qu'il vaut mieux ne pas trop fréquenter. En vérité, je ne suis pas comestible[4].
25 Si tu me dévorais, probablement qu'un os de ma carcasse te trouerait le gosier.

– Bah, ne crains rien, lui répondit le tigre. Je n'ai pas d'appétit. Où vas-tu donc, bonhomme ?

– Je vais voir Dieu, là-haut, sur sa montagne.
30 – Porte-lui mon bonjour, dit le tigre en bâillant. Et demande-lui pourquoi je n'ai pas faim. Car si je continue à n'avoir goût de rien, je serai mort avant qu'il soit longtemps.

Le voyageur promit, bavarda un moment des affaires du monde avec la grosse bête et reprit son chemin.
35 Au soir de ce jour, parvenu dans une plaine verte, il alluma son feu sous un chêne maigre. Or, comme il s'endormait, il entendit bruisser le feuillage au-dessus de sa tête. Il cria :

– Qui est là ?

Une voix répondit :

1. Avenante : aimable.
2. Ermite : moine qui s'isole pour prier.
3. Fientes : excréments.
4. Comestible : bon à manger

40 — C'est moi, l'arbre. J'ai peine à respirer. Regarde mes frères sur cette plaine. Ils sont hauts, puissants, magnifiques. Moi seul suis tout chétif[5]. Je ne sais pas pourquoi.

— Je vais visiter Dieu. Je lui demanderai un remède pour toi.

— Merci, voyageur, répondit l'arbre infirme.

45 L'homme au matin se remit en chemin. Vers midi il arriva en vue de la montagne. Au soir, à l'écart du sentier qui grimpait vers la cime, il vit une maison parmi les rochers. Elle était presque en ruine. Son toit était crevé, ses volets grinçaient au vent du crépuscule. Il s'approcha du seuil, et par la porte entrouverte il regarda dedans. Près de la cheminée une femme était 50 assise, la tête basse. Elle pleurait. L'homme lui demanda un abri pour la nuit, puis il lui dit :

— Pourquoi êtes-vous si chagrine[6] ? La femme renifla, s'essuya les yeux.

— Dieu seul le sait, répondit-elle.

— Si Dieu le sait, lui dit l'homme, n'ayez crainte, je l'interrogerai. Dormez 55 bien, belle femme.

Elle haussa les épaules. Depuis un an la peine qu'elle avait la tenait éveillée tout au long de ses nuits.

Le lendemain, le voyageur parvint à la grotte de Dieu. Elle était ronde et déserte. Au milieu du plafond était un trou par où tombait la lumière du 60 ciel. L'homme s'en vint dessous. Alors il entendit :

— Mon fils, que me veux-tu ?

— Seigneur, je veux ma chance.

— Pose-moi trois questions, mon fils, et tu l'auras. Elle t'attend déjà au pays d'où tu viens.

65 — Merci, Seigneur. Au pied du mont est une femme triste. Elle pleure. Pourquoi ?

— Elle est belle, elle est jeune, il lui faut un époux.

— Seigneur, sur mon chemin j'ai rencontré un arbre bien malade. De quoi souffre-t-il donc ?

70 — Un coffre d'or empêche ses racines d'aller chercher profond[7] le terreau qu'il lui faut pour vivre.

— Seigneur, dans la forêt est un tigre bizarre. Il n'a plus d'appétit.

— Qu'il dévore l'homme le plus sot du monde, et la santé lui reviendra.

— Seigneur, bien le bonjour !

75 L'homme redescendit, content, vers la vallée. Il vit la femme en larmes devant sa porte. Il lui fit un grand signe.

— Belle femme, dit-il, il te faut un mari ! Elle lui répondit :

— Entre donc, voyageur. Ta figure me plaît. Soyons heureux ensemble !

— Hé, je n'ai pas le temps, j'ai rendez-vous avec ma chance, elle m'attend, 80 elle m'attend !

Il la salua d'un grand coup de chapeau tournoyant dans le ciel et s'en alla en riant et gambadant. Il arriva bientôt en vue de l'arbre maigre sur la plaine. Il lui cria, de loin :

— Un coffre rempli d'or fait souffrir tes racines. C'est Dieu qui me l'a dit !

85 L'arbre lui répondit :

Homme, déterre-le. Tu seras riche et moi je serai délivré !

5. Chétif : maigre.

6. Chagrine : triste.

7. Profond : profondément.

– Hé, je n'ai pas le temps, j'ai rendez-vous avec ma chance, elle m'attend, elle m'attend !

Il assura son sac à son épaule, entra dans la forêt avant la nuit tombée. Le
90 tigre l'attendait au milieu du chemin.

– Bonne bête, voici : tu dois manger un homme. Pas n'importe lequel, le plus sot qui soit au monde.

Le tigre demanda :

– Comment le reconnaître ?

95 – Je l'ignore, dit l'autre. Je ne peux faire mieux que de te répéter les paroles de Dieu, comme je l'ai fait pour la femme et pour l'arbre.

– La femme ?

– Oui, la femme. Elle pleurait sans cesse. Elle était jeune et belle. Il lui fallait un homme. Elle voulait de moi. Je n'avais pas le temps.

100 – Et l'arbre ? dit le tigre.

– Un trésor l'empêchait de vivre. Il voulait que je l'en délivre. Mais je t'ai déjà dit : je n'avais pas le temps. Je ne l'ai toujours pas. Adieu, je suis pressé.

– Où vas-tu donc ?

– Je retourne chez moi. J'ai rendez-vous avec ma chance. Elle m'attend,
105 elle m'attend !

– Un instant, dit le tigre. Qu'est-ce qu'un voyageur qui court après sa chance et laisse au bord de son chemin une femme avenante et un trésor enfoui ?

– Facile, bonne bête, répondit l'autre étourdiment. C'est un sot. À bien
110 y réfléchir, je ne vois pas comment on pourrait être un sot plus sot que ce sot-là.

Ce fut son dernier mot. Le tigre enfin dîna de fort bon appétit et rendit grâce à Dieu pour ses faveurs gratuites.

HENRI GOUGAUD, *L'Arbre aux trésors. Légendes du monde entier,*
© Éditions du Seuil, 1987, *Points*, 1997.

Lecture

➜ Comprendre

1. Qu'est-ce qui caractérise le héros au début de ce conte ?

2. Que décide-t-il d'entreprendre pour changer le cours de son existence ?

3. Quels sont les trois personnages que rencontre notre héros ? Quels sont les problèmes de chacun d'eux ?

4. Quelles sont, d'après les propos de Dieu, les trois solutions à ces problèmes ?

➜ Approfondir

5. a. Quel est le mode le plus souvent employé dans les paroles de la femme et de l'arbre (l. 77-85) ?

b. Quelle est la valeur de ce mode ?

6. Quelle phrase exclamative, répétée deux fois, montre l'impatience du héros ?

➜ Pour conclure

7. Selon vous, le héros se comporte-t-il de manière intelligente sur le chemin du retour ? Pourquoi ?

8. a. Pourquoi le tigre dévore-t-il notre héros ?

b. Que veut nous faire comprendre cette histoire ?

Vocabulaire

1. a. Quel préfixe reconnaissez-vous dans *malchanceux* ?

b. Utilisez ce même préfixe pour trouver les antonymes des mots suivants : *adroit – heureux – aisé – honnête – façon – odorant – mener – propre.*

2. a. Quel suffixe reconnaissez-vous dans *étourdiment* ? Quelle nature de mot ce suffixe permet-il de construire ?

b. Employez le même suffixe pour créer des mots de cette nature à partir des adjectifs suivants : *paresseux – sot – naïf – impatient – maladroit.*

L'univers des contes

➤ L'origine des contes

🔴 Les contes traditionnels trouvent leur origine dans des **mythes et légendes universels.** C'est pourquoi, d'un pays à l'autre, ils présentent **une construction et des thèmes communs.**

➤ Les codes du genre

🔴 Dans cet univers, le cadre est toujours imprécis, relégué dans un passé lointain par la fameuse formule « **il était une fois** ».

🔴 Les personnages, le plus souvent anonymes, sont désignés par une caractéristique ou par leur rôle dans le récit. D'un conte à l'autre, on retrouve **les mêmes types de personnages** :
– **la fée** préside au destin des êtres humains ; descendante des Parques romaines ou des Moires grecques, elle est la garante du respect des rites ;
– **la princesse** est toujours parée de toutes les vertus, mais elle doit souvent subir les conséquences d'une faute commise par l'un de ses parents ;
– **le prince** est un personnage bénéfique qui vient en aide à la princesse.
Ces personnages sont des **archétypes**, c'est-à-dire des modèles imaginaires qui symbolisent différents aspects de la personnalité.

🔴 La plupart des contes commencent par **une faute** ou **une séparation**, souvent suivies pour le héros d'un appauvrissement ou d'**humiliations**. Mais le héros n'est jamais abandonné à son triste sort : des personnages lui viennent en **aide**, à condition toutefois que certaines **règles** soient respectées. À la fin des épreuves, l'amour ou la richesse couronnent le héros de succès.

🔴 À travers des **métamorphoses** douloureuses et des **épreuves** apparemment insurmontables, le conte parle de la nécessité de se former, de se transformer, pour pouvoir passer de la pauvreté à la richesse, de l'enfance à l'âge adulte, de l'ombre à la lumière...

Pour aller plus loin

Découvrir l'ensemble des *Contes* de Charles Perrault

➔ **Lisez l'ensemble des *Contes* de Charles Perrault puis répondez aux questions suivantes :**

Des personnages caractéristiques

1. Relevez les noms des différents personnages : que remarquez-vous ?
2. Quelles sont les caractéristiques communes aux trois princesses dans « Cendrillon », « La Belle au bois dormant » et « Peau d'âne » ?
3. Quel rôle les fées jouent-elles dans ces contes ?

Le conte, récit d'une initiation

4. Dans quels contes le héros pénètre-t-il dans une forêt ?
Qui y rencontre-t-il ?
5. Quelles sont les qualités de Poucet, du Chat botté ?
Quelles sont les qualités de Cendrillon, de la cadette dans « Les Fées » ?
6. Quels détails vestimentaires montrent que Cendrillon et Peau d'âne passent de l'humiliation à la reconnaissance ?
7. Quels personnages sortent victorieux des épreuves subies ?
Qu'obtiennent-ils en récompense ? Quels personnages échouent ?

Vocabulaire

Qualités et défauts (1)

1 Dès sa naissance, la Belle au bois dormant est parée de toutes les vertus.

a. Qu'est-ce qu'une vertu ?

b. Quel est l'antonyme de ce mot ?

2 Faites correspondre à chacun des défauts de la liste 1 la vertu qui s'y oppose dans la liste 2.

Recherchez la définition des mots que vous ne connaissez pas.

● **Liste 1** : *la paresse – l'orgueil – la gourmandise – l'avarice – la colère – l'envie.*

● **Liste 2** : *la sérénité – la générosité – l'humilité – le zèle – le détachement – la frugalité.*

3 Voici une série de mots se rapportant à la beauté :

Liste de mots liés à la beauté : *beau – délicat – magnifique – somptueux – mignon – éblouissant – éclatant – attrayant – harmonieux*

a. Pour chacun d'eux, trouvez un antonyme dans la liste ci-dessous en respectant le degré d'intensité.

Liste d'antonymes : *affreux – horrible – repoussant – hideux – laid – terne – grossier – ingrat – difforme.*

b. Choisissez cinq de ces mots pour rédiger en quelques phrases le portrait d'une merveilleuse princesse.

c. Choisissez cinq de ces mots pour rédiger maintenant le portrait d'une affreuse sorcière.

4 **a.** Recopier et complétez les phrases ci-dessous avec les participes passés des verbes suivants que vous accorderez : *vêtir – orner – parer.*

1. Pour se rendre au bal, les deux sœurs sont magnifiquement ... de rubans et de bijoux.

2. Cendrillon était ... de haillons.

3. Elle portait un manteau de velours rouge, ... de fleurs d'or

b. Trouvez, pour chacun de ces verbes, un nom de la même famille.

5 Rangez les mots suivants, de celui qui désigne le moins courageux à celui qui désigne le plus courageux.

audacieux – courageux – entreprenant – hardi – lâche – prudent – réservé – téméraire – timoré.

6 **a.** Donnez le plus de synonymes possible au mot *force*.

b. Faites de même avec le mot *habileté*.

7 Pour retrouver les qualités du prince, recopiez cette grille de mots croisés et complétez-la.

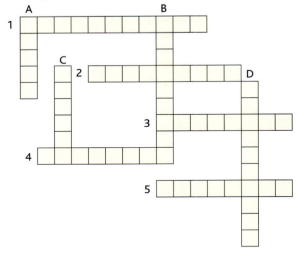

Horizontalement

1. Qui fait preuve de ténacité.

2. Qui manifeste de la grandeur d'âme.

3. Qui résiste à la fatigue physique.

4. Qui manifeste de nombreuses qualités morales.

5. Plein de charme.

Verticalement

A. Brave.

B. Téméraire.

C. Modeste.

D. Qui cherche toujours à porter secours.

8 Voici une série de mots : *la fureur – le dépit – le ressentiment – la rage – le courroux – l'irritation.*

a. Quel sentiment ces mots expriment-ils ?

b. Expliquez les nuances de sens qui les distinguent en les replaçant dans les phrases suivantes.

1. Les deux sœurs conçurent du ... en constatant que la petite pantoufle allait si bien à Cendrillon.

2. Il ne parvenait pas à résoudre ce problème et cela provoquait chez lui une vive ... .

3. Neptune, de son trident, met les flots en ... .

4. La pauvre femme tremble devant la ... de La Barbe bleue.

5. L'ogre fut pris de ... en découvrant qu'il avait égorgé ses propres filles.

6. La femme de l'ogre conserva un vif ... envers l'homme qui avait tué ses filles.

Grammaire pour écrire

Enchaîner des actions

▌ Utiliser la ponctuation et les mots de liaison

1 **a. Recopiez les phrases ci-dessous en ajoutant les points et les majuscules qui permettent de séparer les actions en différentes phrases (un verbe par phrase). Soulignez ensuite les mots de liaison qui montrent l'enchaînement des actions.**

1. Le prince entra dans le château aussitôt les buissons de ronce se refermèrent derrière lui il avança alors en silence
2. Cendrillon pleura longtemps dans le jardin soudain sa marraine apparut aussi la jeune fille confia-t-elle à la fée les raisons de son chagrin.
3. Le jeune homme laissa la grenouille derrière lui il entendit bientôt un étrange froissement il se retourna d'un bond il vit alors à la place de l'affreuse bête une merveilleuse jeune fille.

b. Recopiez et complétez les phrases suivantes avec les mots de liaison que vous avez soulignés en a.

1. Les enfants grignotaient le toit de la maison. ... une vieille femme aux yeux rouges apparut à la porte. Elle leur demanda ... ce qu'ils faisaient ici.
2. Le prince s'empara de la cage d'or. ... une sonnerie retentit dans tout le palais. Les gardes se précipitèrent ... sur lui pour l'arrêter.
3. Toutes les portes du château étaient fermées. ... le prince décida-t-il d'escalader la tour.

2 **Recopiez les phrases suivantes en plaçant au bon endroit les virgules, afin de séparer les différentes actions.**

1. Il entrouvrit donc la porte prit l'oiseau et le mit dans la cage d'or. (AFANASSIEF)
2. Va dans le jardin tu y trouveras six lézards derrière l'arrosoir apporte-les moi. (PERRAULT)
3. Il passe une grand cour pavée de marbre il monte l'escalier il entre dans la salle des gardes qui étaient rangés en haie. (PERRAULT)
4. La cavalier tourna la bride parvint à la hauteur des poursuivants les faucha tous puis se dépêcha de rejoindre le roi.

▌ Transformer les phrases

3 **Afin d'exprimer la rapidité dans l'enchaînement de deux actions, transformez les phrases sur le modèle suivant :**

Exemple : *La jeune fille était arrivée près du lit de son père et celui-ci s'éveilla.*
→ *À peine la jeune fille était-elle arrivée près du lit de son père que celui-ci s'éveilla.*

1. Le fils du roi s'était installé sur le dos du renard et celui-ci se mit à courir, laissant derrière eux tous les obstacles.
2. Les enfants étaient entrés au château et le tonnerre se mit à gronder, le plafond se fendit en deux.
3. Ils s'étaient cachés et dans les airs apparut Kotchei l'immortel.
4. La fée avait frappé la citrouille de sa baguette magique et elle se transforma en un beau carrosse doré.
5. Quand l'ogre se fut métamorphosé en souris, le chat l'attrapa et le mangea.

4 **Afin d'exprimer deux actions qui ont lieu en même temps, transformez les phrases sur le modèle suivant :**

Exemple : *Il aperçut un dragon ; le dragon crachait du feu et s'agitait en tous sens.*
→ *Il aperçut un dragon crachant du feu et s'agitant en tous sens.*

1. Poucet et ses frères observaient craintivement les loups ; les loups se massaient en meutes au pied de l'arbre.
2. Le marquis de Carabas sauta dans la rivière, il se débattit et appela au secours.
3. Peau d'âne frappa le sol de sa baguette, elle fit apparaître la caissette qui contenait ses robes.
4. Sa mère lui confia le panier et lui recommanda de ne pas adresser la parole aux inconnus.
5. Poucet aperçut bientôt l'ogre ; l'ogre se cachait derrière un rocher.

▌ Utiliser le vocabulaire

5 **Exprimez une succession d'actions en recopiant et complétant les phrases ci-dessous par des verbes choisis dans la liste et que vous conjuguerez au passé simple.**

Liste de verbes : *se dresser – pénétrer – galoper – atteindre – franchir – abandonner – parcourir – aller – poursuivre.*

Un jeune prince parcourant une longue route

Infatigable, il ... les plaines et les montagnes, ... fleuves et rivières et ... enfin les portes du septième royaume. Il ... encore longtemps, longtemps, jusqu'à la tombée de la nuit. Bientôt il ... sa monture épuisée et ... à pied. Soudain devant lui ... les murs d'un domaine tels les remparts d'une ville forte. Il ... dans la cour, ... droit au perron et frappa.

V. Mickhailovitch Vasnetsov, huile sur toile, 1889.

Écrire un conte

Sujet

À votre tour, vous allez écrire un conte dont la situation de départ sera la suivante :

Un tsar [empereur de Russie] qui était devenu vieux et aveugle, avait entendu raconter que, par-delà neuf fois neuf pays, dans le dixième royaume, fleurissait un jardin qui contenait les pommes de jeunesse et un puits d'eau vive. Il avait ouï dire que, s'il parvenait à manger une de ces pommes, il rajeunirait, et que, s'il pouvait baigner ses yeux avec cette eau, il recouvrerait la vue. Or ce tsar avait trois fils (ou filles)...

Imaginez la quête des ces trois fils (ou filles). Les deux premiers échouent, tandis que le dernier sort victorieux des épreuves rencontrées sur le chemin.

L'Oiseau de Feu, Illustration d'Ivan Bilibin (artiste russe), 1976.

A   Les personnages de votre conte

1. Quel est le défaut principal des deux aîné(e)s ? En quoi le (la) cadet(te) se différencie-t-il (elle) d'eux (d'elles) ?

2. Quel surnom donnerez-vous à votre héros (ou héroïne), sachant que ce surnom doit révéler une caractéristique du personnage ?

B   Les éléments de la quête

3. Quel(s) personnage(s) guide(nt) le héros (ou l'héroïne) tout au long de cette quête ? S'agit-il d'un animal, d'un vieillard, d'un nain, d'une fée ?

4. Quel(s) adversaire(s) rencontre-t-il (elle) ? Dans quel lieu ? Quelles épreuves subit-il (elle) alors ?

5. Comment le héros (ou l'héroïne) parvient-il (elle) à surmonter les épreuves : par la ruse, la patience, le courage... ?

6. À la fin de sa quête, qu'obtient le héros (ou l'héroïne) en plus des pommes de jeunesse et de l'eau vive ?

C   Les étapes du récit

7. Rédigez ce conte en quatre paragraphes :

- **1re étape :** le départ des personnages et le récit des échecs subis par l'aîné(e) et le cadet(te).

- **2e étape :** le départ du héros, ses rencontres et les épreuves subies au cours du voyage.

- **3e étape :** l'arrivée au dixième royaume, l'ultime épreuve et la victoire.

- **4e étape :** le retour au royaume paternel et la guérison du père.

Des livres

❖ **L'Oiseau bleu et autres contes,
Madame d'Aulnoy,** Seuil, 2002.

Un recueil de trois contes, riches en rebondissements et en aventures de toutes sortes.

❖ **Contes d'Amérique,
d'Afrique, d'Asie, d'Europe,
du Pacifique, Henri Gougaud,**
Seuil, 2000-2007.

Une collection de recueils de contes du monde entier, présentés par continents.

❖ **Les Plus Beaux Contes
des Mille et Une Nuits,**
Milan Jeunesse, 2006.

De très célèbres contes d'origine persane, parmi lesquels « Ali Baba et les quarante voleurs », « Aladin et la lampe merveilleuse »…

Des films

❖ **La Belle et la Bête,
réalisé par Jean Cocteau,**
1946, DVD.

En adaptant le conte de Madame Leprince de Beaumont, Jean Cocteau nous plonge dans un univers fantastique où les objets prennent vie et où l'ombre et la lumière s'opposent à chaque image.

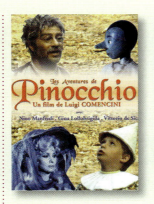

❖ **Les aventures
de Pinocchio, réalisé
par Luigi Comencini,**
1975, DVD.

Le pauvre Gepetto en voit de toutes les couleurs avec ce fils tantôt pantin, tantôt vrai petit garçon. Le réalisateur mêle habilement le réalisme du cinéma italien et le merveilleux du conte.

❖ **Peau d'âne, réalisé
par Jacques Demy,**
1970, DVD.

Un roi veut épouser sa fille. Aidée par sa marraine la fée, la princesse se sauve couverte d'une peau d'âne. À travers ce film musical, le réalisateur nous plonge dans un monde surprenant et très coloré.

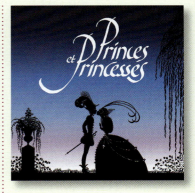

❖ **Princes et princesses,
réalisé par Michel
Ocelot,** 2000, DVD.

Michel Ocelot présente en théâtre d'ombres une multitude de contes d'univers culturels variés.

À la découverte des *Mille et Une Nuits*

→ Arts du langage et du visuel

La civilisation arabo-musulmane, tout comme le polythéisme grec ou le christianisme, a donné au monde des trésors culturels. Les *Mille et Une Nuits* constituent un chef-d'œuvre littéraire qui continue d'influencer l'imaginaire collectif.

Histoire d'un chef-d'œuvre

1 **Scènes de la vie d'un sultan,** cabinet turc de Versailles, panneau de boiserie attribué à J. S. Rousseau, 1781 (musée du Louvre, Paris).

2 **Dôme de la mosquée de Tachkent** (Ouzbékistan), XVIᵉ siècle.

3 ***Panneaux aux danseurs et aux chasseurs,*** fragments d'applique, ivoire d'origine égyptienne, XIᵉ-XIIᵉ siècle (musée du Louvre, Paris).

Questions

1. À l'aide des documents 1 à 5, précisez l'origine des *Mille et Une Nuits* : de quels pays, de quelles époques ces contes viennent-ils ?

2. a. Lequel de ces documents date du Moyen Âge ? Que représente-t-il ?
b. Comparez avec le doc. 5 : comment la richesse de la culture arabo-musulmane est-elle montrée ?

3. a. À quel siècle les contes sont-ils rassemblés en recueil cohérent ?
b. Trouvez page 72 une autre grande réalisation de cette époque.

4. Quand cette œuvre est-elle connue en France ? Qui est alors roi de France ?

5. Observez le document 1 : comment se manifeste le succès de cette œuvre dans les arts des XVIIᵉ et XVIIIᵉ siècles ?

Retenons

● Comme la plupart des contes, les *Mille et Une Nuits* ont d'abord existé **à l'oral**.

● Cette œuvre d'origine persane (actuel Iran) est **mise à l'écrit entre VIIIᵉ et le XVIIIᵉ siècle, par ajouts successifs** : il en existe différentes versions.

● Au Moyen Âge, les **marchands arabes** et les **conteurs** colportent ces histoires. Ils y ajoutent des récits de leur cru et y célèbrent **l'art de vivre à la cour du calife Haroun Al-Rachid** : palais fastueux, festins et références au Coran trouvent une place de choix dans le recueil. Tous ces récits sont rassemblés par écrit au XVIᵉ siècle, alors que les grands empires musulmans cherchent à faire rayonner leur culture.

● **En France**, on découvre les *Mille et Une Nuits* au XVIIᵉ siècle, quand **Antoine Galland**, ambassadeur en Turquie, en entreprend la traduction. Le succès est immédiat.

Parcours de découverte

4 **Introduction aux *Mille et Une Nuits*.**

L'héroïne qui est aussi la narratrice, Shéhérazade, sauve sa vie et celle des autres femmes du royaume en tenant en haleine le tyran cruel comme le lecteur subjugué, tous deux pris au piège de leur curiosité. En prononçant la formule magique « On raconte encore, Sire, ô roi bienheureux, qu'une fois… », cette courtisane entraîne son auditoire dans un monde hors du temps jusqu'à ce que l'aube l'oblige à suspendre son récit.

C'est le stratagème que la fille aînée du grand vizir a imaginé pour détourner de son projet meurtrier Shâhriyâr, ce roi de Perse qui, trahi par sa première épouse, a ordonné la mise à mort de toutes les femmes au palais. Il a imposé à son vizir de lui livrer chaque soir une jouvencelle et de l'exécuter le lendemain de sa nuit de noces.

Et c'est ainsi que durant mille nuits, la fille du grand vizir raconte des histoires merveilleuses, choisissant le moment le plus passionnant pour se taire lorsque la lueur du jour s'infiltre dans la chambre. À la mille et unième nuit, elle est devenue l'épouse du roi Shâhriyâr et la mère de ses enfants.

MARIE-ANGE SPIRE, Introduction aux *Contes des Mille et Une Nuits*, coll. Folio Junior, © Gallimard, 2009.

Questions

6. Qui sont Shâhriyar et Shéhérazade ?

7. Pourquoi le roi fait-il mettre à mort ses épouses successives ?

8. a. Qui raconte les histoires, dans les *Mille et Une Nuits* ?
b. À qui ? Dans quel but ?

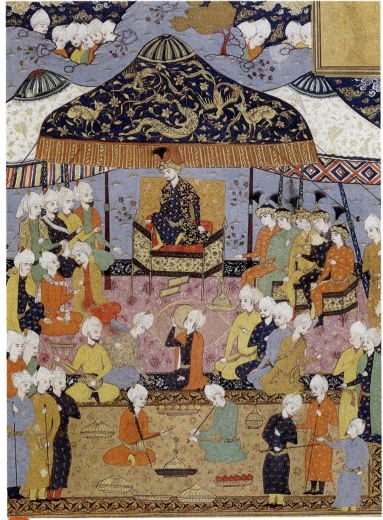

5 *Réception princière*, gouache originaire d'Iran, XVIᵉ siècle (musée du Louvre, Paris).

Retenons

● Les *Mille et Une Nuits* sont constituées **d'un récit principal** qui conte les mésaventures du sultan Shâhriyar et la ruse employée par la princesse Shéhérazade pour mettre fin à la cruauté du sultan.

● Comme cette ruse consiste à raconter des histoires, **d'autres contes** viennent s'insérer dans ce récit principal.

● **La princesse Shéhérazade est donc la principale narratrice** du recueil. Mais souvent, à l'intérieur même des contes dont elle fait le récit, un personnage prend la parole pour raconter son histoire. Ainsi les histoires se multiplient-elles, retardant toujours la mort de la princesse.

● Les *Mille et Une Nuits* offrent donc **des récits nombreux et variés** : contes, fables, poèmes, épopées… qui contribuent au plaisir du lecteur autant que du sultan.

Shéhérazade, reine des *Mille et Une Nuits*

Une femme se prosterne devant le sultan. Miniature extraite du *Livre de Kalila et Dimna de Bitpai*, XIVe siècle (bibliothèque du Caire).

ÉTUDE THÉMATIQUE

La femme dans les *Mille et Une Nuits*

Lisez *Ali Baba et les quarante voleurs* et répondez aux questions suivantes :

1. a. Quel événement a poussé le prince Shâhriyâr à mettre à mort chacune de ses épouses ?
b. Quel personnage entraîne la mort de Cassim ? Comment ?
c. Quelle image a-t-on de la femme à travers ces deux personnages ? Précisez votre réponse.

2. Quel personnage féminin d'*Ali Baba* présente des qualités proches de celles de Shéhérazade ? Justifiez votre réponse.

3. Quelle image a-t-on finalement des femmes dans les *Mille et Une Nuits* ?

2 **Le portrait de Shéhérazade dans les *Mille et Une Nuits*.**

Le grand vizir, qui, comme on l'a déjà dit, était malgré lui le ministre d'une si horrible injustice, avait deux filles, dont l'aînée s'appelait Shéhérazade, et la cadette Dounyazade. Cette dernière ne manquait pas de mérite ; mais l'autre avait un courage au-dessus de son sexe, de l'esprit infiniment, avec une pénétration admirable. Elle avait beaucoup de lecture et une mémoire si prodigieuse, que rien ne lui était échappé de tout ce qu'elle avait lu. Elle s'était heureusement appliquée à la philosophie, à la médecine, à l'histoire et aux arts ; elle faisait des vers mieux que les poètes les plus célèbres de son temps. Outre cela, elle était pourvue d'une beauté extraordinaire, et une vertu très solide couronnait toutes ces belles qualités. Le vizir aimait passionnément une fille si digne de sa tendresse.

Un jour qu'ils s'entretenaient tous deux ensemble, elle lui dit :
« Mon père, j'ai une grâce à vous demander ; je vous supplie très humblement de me l'accorder. […] Puisque, par votre entremise, le sultan célèbre chaque jour un nouveau mariage, je vous conjure par la tendre affection que vous avez pour moi, de me procurer l'honneur de sa couche. »

Questions

1. Lisez le portrait de Shéhérazade (doc. 2) : quelles qualités de la jeune femme sont mises en avant ? Faites la liste des connaissances et des talents de la princesse.

2. Observez l'illustration d'E. Dulac (doc. 3) : comment a-t-il mis en évidence ces qualités ? Pour répondre, observez :
– les traits et le costume du personnage ;
– la posture de Shéhérazade ;
– l'expression de son visage.

3. Comparez avec la miniature persane ci-dessus (doc. 1) : l'impression est-elle la même ? Pourquoi ?

Analyse d'une œuvre

Edmond Dulac
(1882-1953) est
un dessinateur français,
célèbre en particulier
pour ses illustrations
de contes, notamment
les *Mille et Une Nuits*.

3 Edmond Dulac,
Shéhérazade, illustration
de 1911 (Bibliothèque
des Arts décoratifs, Paris).

Un Orient imaginaire

● Shéhérazade incarne une **femme idéale**, à la fois séduisante et cultivée, courageuse et intelligente.

● Cette princesse et les personnages des *Mille et Une Nuits* ont inspiré de nombreux artistes dès l'époque de Louis XIV.

● Mais ce que ces artistes donnent à voir, c'est moins l'Orient réel qu'un **Orient imaginaire, celui dont rêvent les occidentaux** en lisant ces contes.

Questions

1. À votre avis, quel est le lieu représenté ici ? Justifiez votre réponse.

2. Quels détails de l'image permettent de reconnaître un cadre oriental ? Aidez-vous des documents pp. 72-73.

3. Quels sont les différents sens (odorat, ouïe...) évoqués ?

4. Quelle impression se dégage de ce lieu ?

Parcours de lecture

Un conte des *Mille et Une Nuits* : *Ali Baba et les quarante voleurs*

Lisez le conte puis répondez aux questions ci-dessous.

▶ Avez-vous compris ?

1 Quel événement, au début du récit, bouleverse la vie d'Ali Baba ?

2 Que décident les voleurs quand ils comprennent que leur secret est découvert ?

3 Qui débarrasse Ali Baba des voleurs ? Comment ?

Deux frères que tout oppose

4 Relisez le début du conte : qu'est-ce qui oppose les deux frères au début du récit ?

5 **a.** Comment Cassim réagit-il lorsqu'il comprend que son frère est devenu riche ?
b. Pourquoi Ali Baba cède-t-il au chantage de son frère ? Répondez en citant le texte.

6 **a.** Quelle quantité d'or Ali Baba emporte-t-il de la grotte ? Pourquoi est-ce une bonne chose ?
b. Quelle est l'intention de Cassim lorsqu'il se rend à la grotte ?

7 De quels défauts Cassim fait-il preuve à l'intérieur de la grotte ? Justifiez et développez vos réponses.

8 Comment se termine l'histoire pour Ali Baba ? Et pour Cassim ?

9 Pourquoi Ali Baba ramène-t-il le corps de son frère malgré le danger ? Quelles qualités cela révèle-t-il ?

▶ Des femmes que tout oppose

10 **a.** Comment réagit la femme d'Ali Baba à la vue du trésor ? Et la femme de Cassim ?
b. De quel défaut ces femmes font-elles preuve ?
c. Quelles en sont les conséquences ?

11 **a.** Quelles sont les deux femmes à qui Ali Baba recommande le secret ?
b. Laquelle garde le secret ? Laquelle en est incapable ?

Cassim dans Ali Baba. Lithographie de Frederick Maxfield Parrish, 1909 (collection privée).

12 Quelles sont les différentes qualités de Morgiane ? Développez et justifiez vos réponses.

▶ Un festival de ruses

13 Quelle est la ruse employée par la femme de Cassim ?

14 Quelles sont les trois ruses employées par les voleurs ?

15 Quelles sont les quatre ruses inventées par Morgiane pour déjouer leurs plans ?

16 Quel est l'un des seuls personnages à ne jamais recourir à la ruse ? Pourquoi est-ce étonnant ?

Lecture

Un autre conte des *Mille et Une Nuits* : *Le Pêcheur et le Génie*

Un jour, un pauvre pêcheur remonte dans ses filets un vase étrange...

Il le posa devant lui ; et pendant qu'il le considérait attentivement, il en sortit une fumée fort épaisse qui l'obligea de reculer deux ou trois pas en arrière. Lorsque la fumée fut toute hors du vase, elle se réunit et devint un corps solide, dont il se forma un génie deux fois aussi haut que le plus grand de tous les géants.

Le génie, à peine libéré, s'empare du pêcheur pour le tuer.

Le pêcheur s'avisa d'un stratagème. « Puisque je ne saurais éviter la mort, dit-il au génie, je me soumets donc à la volonté de Dieu. Mais avant de mourir, je voudrais savoir si effectivement vous étiez dans ce vase ; oseriez-vous en jurer par le grand nom de Dieu ?

– Oui, répondit le génie, je jure par ce grand nom que j'y étais ; et cela est très-véritable.

– En bonne foi, répliqua le pêcheur, je ne puis vous croire. Ce vase ne pourrait pas seulement contenir un de vos pieds ; comment se peut-il que votre corps y ait été renfermé tout entier ?

– Je te jure pourtant, repartit le génie, que j'y étais tel que tu me vois.

– Non vraiment, dit le pêcheur ; et je ne vous croirai point, à moins que vous ne me fassiez voir la chose. »

Alors il se fit une dissolution du corps du génie, qui, se changeant en fumée, s'étendit comme auparavant sur la mer et sur le rivage, et qui, se rassemblant ensuite, commença de rentrer dans le vase, jusqu'à ce qu'il n'en restât plus rien au-dehors. Aussitôt il en sortit une voix qui dit au pêcheur : « Hé bien, incrédule pêcheur, me voici dans le vase ; me crois-tu présentement ? »

Le pêcheur, au lieu de répondre au génie, prit le couvercle de plomb et ferma promptement le vase. Voyant que le pêcheur avait alors l'avantage sur lui, le génie prit le parti de dissimuler sa colère. « Ouvre le vase, lui dit-il, donne-moi la liberté, je t'en supplie ; je te promets que tu seras content de moi. »

Le pêcheur et le Génie, lithographie de F. M. Parrish, 1909 (National Museum of American Illustration, Newport).

ÉTUDE THÉMATIQUE

La célébration de la culture et de l'intelligence

1. a. Quel ennemi Ali Baba doit-il affronter ? Et le pêcheur ?
b. Quels sont les défauts de ces ennemis ?

2. Grâce à quelles qualités les héros vainquent-ils ces ennemis ?

3. a. Shéhérazade, comme Ali Baba, comme le pêcheur, est menacée de mort. Par quel moyen repousse-t-elle régulièrement cette menace, jusqu'à en être débarrassée ?
b. Quelles qualités Shéhérazade doit-elle posséder pour utiliser un tel moyen ?

4. Quel talent permet à Morgiane de se débarrasser définitivement du voleur ?

5. D'après les contes des *Mille et Une Nuits,* qu'est-ce qui permet à l'homme d'échapper à la barbarie : la force ? l'intelligence ? l'art ? la patience ? l'argent ?

Atelier d'écriture

Imaginez la suite de ce conte : le pêcheur va-t-il ouvrir à nouveau le vase ? Quelles en seront les conséquences ? Par quelle nouvelle ruse va-t-il s'en sortir ?

Les décors des *Mille et Une Nuits*

1 Les jardins de l'Alhambra (Grenade, Espagne).

2 **Un jardin merveilleux.**

La princesse ouvrit une porte qui donnait sur le jardin, et ce qui frappa d'abord les yeux du sultan fut la gerbe d'eau jaune couleur d'or. Surpris par un spectacle si nouveau pour lui, et après l'avoir regardé un moment avec admiration : « D'où vient cette eau merveilleuse, dit-il, qui fait tant de plaisir à voir ? » Et en disant ces paroles, il avança. La princesse le mena vers l'endroit où l'arbre harmonieux était planté. En approchant, le sultan, qui entendit un concert tout différent de ceux qu'il avait jamais entendus, s'arrêta et chercha des yeux où étaient les musiciens. « Sire, dit la princesse en souriant, ce ne sont pas des musiciens qui forment le concert que vous entendez, c'est l'arbre que Votre Majesté voit devant elle. »

Extrait des Mille et Une Nuits
« Histoire des deux sœurs
jalouses de leur cadette ».

La célébration de l'art de vivre musulman

● Du IXᵉ au XIIIᵉ siècle, la civilisation arabo-musulmane connaît son apogée. Sa **maîtrise scientifique et technique** lui permet d'édifier des **palais somptueux** et de créer des **jardins** dont l'abondance se veut un **reflet du Paradis**.

● Les récits des *Mille et Une Nuits* célèbrent par leurs descriptions enchanteresses cet **art de vivre musulman**, fait de faste, de courtoisie, de recherche de culture et de connaissances.

Questions

1. a. Où se situent les jardins de l'Alhambra ? Quelles sont les caractéristiques géographiques de cette région ?
b. Quelle impression se dégage de ce jardin ? Comment cette impression est-elle créée ?

2. Lisez le texte (doc. 2) : quels éléments créent l'impression d'un jardin merveilleux ? Quels sont les points communs avec le jardin réel de l'Alhambra (doc. 1) ?

3. Décrivez le palais de l'Alhambra (doc. 4) : quels détails architecturaux contribuent à l'harmonie du lieu ?

4. Recherchez de quelle langue le mot *Paradis* est originaire. Que signifie-t-il ?

Analyse d'une œuvre

3 Le décor *de Azur et Asmar,* film de Michel Ocelot, 2006.

4 Palais de l'Alhambra (Grenade).

Atelier d'écriture ✒ B2i

Rendez-vous sur le site
http://expositions.bnf.r/1001nuits/
pedago/page1.htm

Rédigez ensuite, étape par étape, votre conte à la manière des *Mille et Une Nuits*.

ÉTUDE DU FILM

Un conte orientaliste

Visionnez le film et répondez aux questions ci-dessous.

1. a. Observez les documents 3 et 4 : quelle impression s'en dégage-t-il ?

b. De quel monument célèbre Michel Ocelot s'est-il inspiré pour créer le décor de son récit ?

c. Cherchez sur internet des vues de la grande mosquée de Cordoue : quel monument du film en est inspiré ?

2. Azur est émerveillé par la découverte du pays de sa nourrice. Comment cet émerveillement est-il traduit par les images ? Pour répondre, soyez attentif aux couleurs employées.

3. Dans quelle quête Azur et Asmar se lancent-ils ?

4. Quels objets et personnages merveilleux leur permettent de réussir cette quête ?

Les thèmes des *Mille et Une Nuits*

5. a. Quels personnages du film représentent la connaissance ?

b. Quel est leur rôle dans la quête des deux garçons ?

6. Comment les relations entre les deux garçons évoluent-elles au fil de leurs aventures ?

7. Comment comprenez-vous le changement des couples formés à la fin du film ?

8. En quoi ce conte contemporain est-il dans la lignée des contes des *Mille et Une Nuits* ?

3

Du conte traditionnel au récit d'invention

Illustration d'un conte d'Andersen, « Petit Tuck », par D. Kaelup,
aquarelle, fin XIXᵉ siècle (maison natale de Hans Christian Andersen, Danemark).

Lire une image

1. Décrivez l'attitude de l'enfant : que semble-t-il faire ? Où son regard se porte-t-il ?

2. Repérez les différents personnages qui entourent la fenêtre : à votre avis, que représentent-ils ?

3. Quel est l'objet central de ce tableau : qu'évoque-t-il ?

La Bergère et le Ramoneur

Hans Christian Andersen (1805-1875) est un écrivain danois. Nombre de ses contes (« La Petite Sirène », « La Princesse au petit pois », « Le Vilain Petit Canard », « Les Habits neufs de l'empereur »…) sont devenus très célèbres.

Avez-vous jamais vu une de ces très vieilles armoires de bois noircies par le temps et sculptées de fioritures[1] et de feuillages ? Dans un salon, il y en avait une de cette espèce, héritée d'une aïeule[2], ornée de haut en bas de roses, de tulipes et des plus étranges volutes[3] entremêlées de têtes de cerfs
5 aux grands bois. Au beau milieu de l'armoire était sculpté un homme tout à fait grotesque ; on ne pouvait vraiment pas dire qu'il riait, il grimaçait ; il avait des pattes de bouc, des cornes sur le front et une longue barbe. Les enfants de la maison l'appelaient le « grand-général-commandant-en-chef-Pieds-de-bouc ». Évidemment, peu de gens portent un tel titre, difficile et
10 assez long à prononcer, mais il est rare aussi d'être sculpté sur une armoire.

Quoi qu'il en soit, il était là ! Il regardait constamment la console[4] placée sous la glace car sur cette console se trouvait une ravissante petite bergère en porcelaine, portant des souliers d'or, une robe coquettement retroussée[5] par une rose rouge, un chapeau doré et sa houlette[6] de bergère. Elle
15 était délicieuse ! Tout près d'elle, se tenait un petit ramoneur, noir comme du charbon, lui aussi en porcelaine. Il était aussi propre et soigné que quiconque ; il représentait un ramoneur, voilà tout, mais le fabricant de porcelaine aurait aussi bien pu faire de lui un prince, c'était tout comme. Il portait gracieusement son échelle, son visage était rose et blanc comme celui d'une
20 petite fille, ce qui était une erreur, car il aurait pu être un peu noir aussi de visage. On l'avait posé à côté de la bergère, et ils s'étaient donc fiancés. Ils se convenaient, jeunes tous les deux, de même porcelaine et également fragiles.

Tout près d'eux et trois fois plus grand, il y avait un vieux Chinois en porcelaine qui pouvait hocher de la tête. Il prétendait être le grand-père de la
25 petite bergère, mais il n'avait jamais pu le prouver ; il soutenait même avoir autorité sur elle, c'est pourquoi il avait répondu par un hochement de tête au « grand-général-commandant-en-chef-Pieds-de-bouc » qui lui demandait la main de la bergère.

– Tu auras là, dit le vieux Chinois, un mari qu'on croirait presque fait de
30 bois d'acajou, qui pourra faire de toi Mme la « grande-générale-commandante-en-chef-Pieds-de-bouc », qui possède une armoire pleine d'argenterie, sans compter ce qu'il garde dans des cachettes secrètes.

– Je ne veux pas aller dans la sombre armoire, protesta la petite bergère, je me suis laissé dire qu'il y avait là-dedans onze femmes en porcelaine !

35 – Eh bien ! tu seras la douzième, dit le Chinois. Cette nuit, quand la vieille armoire se mettra à craquer, vous vous marierez, aussi vrai que je suis chinois.

Et il s'endormit. La petite bergère pleurait, elle regardait le ramoneur de porcelaine, le chéri de son cœur.

40 – Je crois, dit-elle, que je vais te demander de partir avec moi dans le vaste monde. Nous ne pouvons plus rester ici.

– Je veux tout ce que tu veux, répondit-il ; partons immédiatement, je pense que mon métier me permettra de te nourrir.

1. Fioriture : ornement, décoration.
2. Aïeule : ancêtre.
3. Volute : décoration en forme de spirale.
4. Console : table étroite.
5. Retroussée : relevée.
6. Houlette : bâton terminé par un crochet que les bergers utilisaient pour attraper les animaux.

*La petite bergère
et le petit ramoneur.*
Illustration
de Harry Clarke, 1916.

– Pourvu que nous descendions sains et saufs de la console, dit-elle, je ne
45 serai tranquille que quand nous serons partis.

Il la rassura de son mieux et lui montra où elle devait poser son petit pied
sur les rebords sculptés et les feuillages dorés le long des pieds de la console.
Son échelle les aida aussi beaucoup.

Mais quand ils furent sur le parquet, ils levèrent les yeux vers l'armoire, et
50 ils y virent une grande agitation. Les cerfs avançaient la tête, dressaient leurs
bois et tournaient le cou. Le « grand-général-commandant-en-chef-Pieds-de-
bouc » bondit et cria :

– Ils se sauvent ! Ils se sauvent !

Effrayés, les jeunes gens sautèrent rapidement dans le tiroir du marche-
55 pied sous la fenêtre[7]. Il y avait là quatre jeux de cartes incomplets et un petit
théâtre de poupées, monté tant bien que mal. On y jouait la comédie, les
dames de carreau et de pique, de cœur et de trèfle, assises au premier rang,
s'éventaient avec leurs tulipes, les valets se tenaient debout derrière elles,
avec une tête en haut et une en bas, comme il convient quand on est une
60 carte à jouer. La pièce racontait l'histoire de deux jeunes gens qui s'aimaient
mais ne pouvaient pas se marier. La bergère pleurait, car c'était un peu sa
propre histoire.

– Je ne peux pas le supporter, dit-elle, sortons de ce tiroir.

Mais dès qu'ils furent à nouveau sur le parquet, levant les yeux vers la
65 console, ils aperçurent le vieux Chinois réveillé qui oscillait de tout son corps.

7. En Allemagne, on montait souvent à la fenêtre par une marche en bois dans laquelle était creusé un tiroir.

– Voilà le vieux Chinois qui arrive, cria la petite bergère, et elle était si désolée qu'elle tomba sur ses genoux de porcelaine.

– J'ai une idée, dit le ramoneur. Si nous grimpions dans cette grande potiche[8] qui est là dans le coin nous serions couchés sur les roses et la lavande
70 et pourrions lui jeter de l'eau dans les yeux quand il approcherait.

– Ce serait inutile, dit la petite. Je sais que le vieux Chinois et la potiche ont été fiancés, il reste toujours un peu de sympathie quand on a été lié de la sorte. Non, nous n'avons rien d'autre à faire que de nous sauver dans le vaste monde.

75 – En as-tu vraiment le courage, as-tu réfléchi combien le monde est grand, et que nous ne pourrons jamais revenir ?

– J'y ai pensé, répondit-elle.

Alors, le ramoneur la regarda droit dans les yeux et dit :

– Le meilleur chemin passe par la cheminée, as-tu le courage de grimper
80 avec moi dans le poêle, puis le long du tuyau ? Après, nous devrons passer dans la cheminée elle-même ; à partir de là, je m'y connais, nous monterons si haut qu'ils ne pourront pas nous atteindre, et tout en haut, il y a un trou qui ouvre sur le monde.

Il la conduisit à la porte du poêle.

85 – Oh ! que c'est noir, dit-elle.

Mais elle le suivit à travers le foyer et le tuyau où régnait une nuit aussi noire que la suie.

– Nous voici dans la cheminée, cria le garçon. Regarde, regarde, là-haut
90 brille la plus belle étoile.

Et c'était vrai, cette étoile semblait leur indiquer le chemin. Ils grimpaient et grimpaient toujours.
95 Quelle affreuse route ! Mais il la soutenait et l'aidait, il lui montrait les bons endroits où poser ses petits pieds
100 de porcelaine. Ils arrivèrent tout en haut de la cheminée, où ils s'assirent épuisés. Il y avait de quoi.
105 Au-dessus d'eux, le ciel et toutes ses étoiles, en dessous, les toits de la

La Bergère et le Ramoneur.
Illustration de Maurice Berty, 1930.

8. Potiche : grand vase.

ville ; ils regardaient au loin, apercevant le monde. Jamais la bergère ne l'aurait imaginé ainsi. Elle appuya sa petite tête sur la poitrine du ramoneur et
110 se mit à sangloter si fort que cela fit craquer l'or de sa ceinture.

– C'est trop, gémit-elle, je ne peux pas le supporter. Le monde est trop grand. Que ne suis-je encore sur la petite console devant la glace, je ne serai heureuse que lorsque j'y serai retournée. Je t'ai suivi dans le vaste monde, tu peux bien me ramener à la maison, si tu m'aimes un peu.

115 Le ramoneur lui parla raison, lui rappela le vieux Chinois, le « grand-général-commandant-en-chef-Pieds-de-bouc », mais elle pleurait de plus en plus fort, elle embrassait son petit ramoneur chéri, de sorte qu'il n'y avait rien d'autre à faire que de lui obéir, même si c'était insensé.

Alors ils redescendirent avec beaucoup de peine le long de la cheminée,
120 du tuyau et du foyer ; ce n'était pas du tout agréable. Arrivés dans le poêle sombre, ils prêtèrent l'oreille à ce qui se passait dans le salon. Tout y était silencieux ; alors ils passèrent la tête et… horreur ! Au milieu du parquet gisait le vieux Chinois, tombé en voulant les poursuivre et cassé en trois morceaux ; il n'avait plus de dos et sa tête avait roulé dans un coin. Le grand
125 général se tenait là où il avait toujours été, et réfléchissait.

– C'est affreux, murmura la petite bergère, le vieux grand-père est cassé et c'est de notre faute ; je n'y survivrai pas.

Et, de désespoir, elle tordait ses jolies petites mains.

– On peut très bien le réparer, affirma le ramoneur. Il n'y a qu'à le recoller,
130 ne sois pas si désolée. Si on lui colle le dos et si on lui met une agrafe dans la nuque, il sera comme neuf et tout prêt à nous dire de nouveau des choses désagréables.

– Tu crois vraiment ?

Ils regrimpèrent sur la console où ils avaient toujours été.

135 – Nous voilà bien avancés, dit le ramoneur, nous aurions pu nous épargner cette peine.

– Pourvu qu'on puisse recoller le grand-père. Crois-tu que cela coûterait très cher ? dit-elle.

On fit mettre de la colle sur le dos du Chinois et une agrafe dans le cou,
140 et il fut comme neuf, mais il ne pouvait plus hocher la tête.

– Vous faites le fier depuis que vous avez été cassé, dit le « grand-général-commandant-en-chef-Pieds-de-bouc ». Il n'y a pas là de quoi être si hautain. Aurai-je ou n'aurai-je pas la main de ma bergère ?

Le ramoneur et la petite bergère jetaient un regard si attendrissant vers
145 le vieux Chinois, ils avaient si peur qu'il dise oui de la tête ; mais il ne pouvait plus la remuer. Et il aurait eu honte de raconter à un étranger qu'il était obligé de porter une agrafe au cou.

Grâce à cette infirmité, les amoureux de porcelaine restèrent ensemble, bénissant l'attache du grand-père et ils s'aimèrent jusqu'au jour où eux-
150 mêmes furent brisés.

HANS CHRISTIAN ANDERSEN, *Contes*, 1845, © 2005, Éditions du Chêne – Hachette Livre.

Le Roi et l'Oiseau de Paul Grimault, 1980.

Lecture

➡ Comprendre

1. a. Qui est l'homme « grotesque » ? Qui l'a surnommé « grand-général... » ? Pourquoi ?

b. Pourquoi regarde-t-il « constamment » la console ?

2. a. Qui se trouve à côté de la bergère ? En quoi son apparence ne correspond-elle pas à sa fonction ?

b. Que représente-t-il pour la bergère ? Justifiez en citant le texte (lignes 38-39).

3. a. Qui est le vieux Chinois ? Quelle est sa particularité ?

b. Quel pouvoir pense-t-il avoir sur la bergère ? À votre avis, pourquoi ?

4. a. Qu'ordonne le Chinois à la bergère ? Pourquoi refuse-t-elle ?

b. Quelle solution le ramoneur apporte-t-il ? Pourquoi n'iront-ils pas jusqu'au bout de leur projet ?

5. Comment l'histoire se conclut-elle pour chacun des personnages ?

➡ Approfondir

6. a. Où l'histoire se déroule-t-elle ? Relevez des éléments du décor.

b. Comment ce décor familier est-il rendu merveilleux ?

7. Lignes 21 à 22 : pour quelle raison la bergère et le ramoneur se sont-ils fiancés ? En quoi se conviennent-ils ?

8. Lignes 29 à 32 : à quel autre personnage de conte le « grand-général-commandant-en-chef-Pieds-de-bouc » fait-il penser ? Pourquoi le vieux Chinois le préfère-t-il au ramoneur ?

9. a. Quel adjectif est le plus employé pour qualifier la bergère ?

b. Pourquoi refuse-t-elle d'épouser le grand-général ?

c. Quelle image avons-nous d'elle ?

10. Lignes 105 à 114 : où se trouvent les deux amoureux ? Où la bergère souhaiterait-elle être ? Relevez des adjectifs qui opposent ces deux lieux.

11. a. Qu'a eu d'éprouvant le chemin emprunté par les deux jeunes gens pour s'enfuir ? Qu'est-ce qui les a guidés ?

b. Le retour sera-t-il plus facile ? Pourquoi le ramoneur accepte-t-il malgré tout de rentrer ?

➡ Pour conclure

12. a. Quelle image est donnée du mariage dans ce conte ? Quel rôle est attribué au mari ?

b. En quoi l'histoire de la bergère et du ramoneur est-elle finalement différente de celle jouée dans le tiroir (l. 56 à 62) ?

13. a. À votre avis, « les amoureux de porcelaine » ont-ils bien fait de rebrousser chemin ? Développez votre réponse.

b. Que leur aura apporté ce périple ? Discutez.

Recherche

1. De nombreux contes merveilleux mettent en scène des objets qui s'animent la nuit venue. En connaissez-vous certains ?

2. **B2i** Cherchez sur internet un résumé des œuvres suivantes : *Casse-Noisette*, l'œuvre de Hoffmann, et celle de Tchaïkovski ; *L'Enfant et les sortilèges* de Maurice Ravel : quels thèmes communs au conte d'Andersen y retrouvez-vous ?

Alice et le pigeon

Alice au Pays des merveilles (Alice In Wonderland) raconte les aventures d'une fillette qui, en suivant un lapin blanc, tombe dans un terrier et entre dans un pays étrange peuplé d'animaux doués de la parole et d'êtres aux comportements insolites.

Dans cet épisode, Alice, qui n'a cessé, au cours de ses aventures, de grandir ou de rapetisser, voudrait bien retrouver sa taille normale. Une chenille lui donne un champignon magique : « Un côté te fera grandir, l'autre côté te fera rapetisser. »

Lewis Carroll
(1832-1898)
Charles Lutwidge Dodgson, professeur de mathématiques à Oxford, aimait raconter des histoires aux enfants de son entourage. Écrits sous le pseudonyme de Lewis Carroll, les récits qu'il leur destinait sont pleins d'inventions, de charades, d'énigmes et de comptines.

Alice rencontre la Chenille, par John Tenniel (1820-1914), lithographie couleur, coll. privée.

Alice regarda pensivement le champignon pendant une bonne minute, en essayant de distinguer où se trouvaient
5 les deux côtés ; mais, comme il était parfaitement rond, le problème lui parut bien difficile à résoudre. Néanmoins, elle finit par étendre les deux bras autour du champignon aussi loin qu'elle le put, et en détacha, du bord, un morceau de chaque main.

« Et maintenant, lequel des deux est le bon ? » se dit-elle en grignotant
10 un petit bout du morceau qu'elle tenait dans sa main droite, pour voir l'effet produit ; l'instant d'après, elle ressentit un coup violent sous le menton : il venait de heurter son pied !

Terrifiée par ce changement particulièrement soudain, elle comprit qu'il n'y avait pas de temps à perdre, car elle rapetissait rapidement ; aussi, elle
15 entreprit de manger un peu de l'autre morceau. Son menton était tellement comprimé contre son pied qu'elle avait à peine assez de place pour ouvrir la bouche ; mais elle finit par y arriver et parvint à avaler un fragment du morceau qu'elle tenait dans sa main gauche.

« Enfin ! ma tête est dégagée ! » s'exclama-t-elle d'un ton ravi ; mais,
20 presque aussitôt, son ravissement se transforma en vive inquiétude lorsqu'elle s'aperçut qu'elle ne retrouvait nulle part ses épaules : tout ce qu'elle pouvait voir en regardant vers le bas, c'était un cou d'une longueur démesurée, qui semblait se dresser comme une tige, au-dessus d'un océan de feuilles vertes, bien loin au-dessous d'elle.

²⁵ « Qu'est-ce que c'est que toute cette verdure ? poursuivit Alice. Et où donc sont passées mes épaules ? Oh ! mes pauvres mains, comment se fait-il que je ne puisse pas vous voir ? » Elle les remuait tout en parlant, mais sans obtenir d'autre résultat que d'agiter légèrement les feuillages lointains.

À ce moment-là arrive un pigeon qui pousse des cris d'horreur en voyant
³⁰ Alice :

– Serpent !

– Mais je vous répète que je ne suis pas un serpent ! Je suis… je suis…

– Eh bien ! Dites-moi ce que vous êtes ! dit le Pigeon. Je vois bien que vous essayez d'inventer quelque chose !

³⁵ – Je… je suis une petite fille, dit Alice d'une voix hésitante, car elle se rappelait tous les changements qu'elle avait subis ce jour-là.

– Comme c'est vraisemblable ! s'exclama le Pigeon d'un ton profondément méprisant. J'ai vu pas mal de petites filles dans ma vie, mais aucune n'avait un cou pareil ! Non, non ! Vous êtes un serpent, inutile de le nier. Je suppose que
⁴⁰ vous allez me raconter aussi que vous n'avez jamais goûté à un œuf !

– J'ai certainement goûté à des œufs, répliqua Alice, qui était une enfant très franche ; mais, voyez-vous, les petites filles mangent autant d'œufs que les serpents.

– Je n'en crois rien, dit le Pigeon. Pourtant, si c'est vrai, alors les petites
⁴⁵ filles sont une espèce de serpent, c'est tout ce que je peux dire.

Cette idée était tellement nouvelle pour Alice qu'elle resta sans mot dire pendant une ou deux minutes, ce qui donna au Pigeon l'occasion d'ajouter :

– Je sais très bien que vous cherchez des œufs ; dans ces conditions, qu'est-ce que cela peut me faire que vous soyez une petite fille ou un serpent ?

⁵⁰ – Cela me fait beaucoup, à moi, dit Alice vivement. Mais il se trouve justement que je ne cherche pas d'œufs ; d'ailleurs, si j'en cherchais, je ne

Alice et la chenille sur son champignon.
Chromolithographie de Xavier Kozminski (1892-1940).

voudrais pas de vos œufs à vous : je ne les aime pas lorsqu'ils sont crus.

55 — Eh bien, allez-vous-en, alors ! grommela le Pigeon d'un ton maussade, en s'installant de nouveau dans son nid. Alice s'accroupit parmi les arbres non sans peine, car son cou s'empêtrait continuellement dans les branches, et, de temps en temps, elle était obligée de s'arrêter pour le dégager. Au bout d'un
60 moment, elle se rappela qu'elle tenait encore dans ses mains les deux morceaux de champignon ; alors elle se mit prudemment à la besogne, grignotant tantôt l'un, tantôt l'autre, parfois devenant plus grande, parfois devenant plus petite, jusqu'à ce qu'elle eût réussi
65 à retrouver sa taille habituelle.

LEWIS CARROLL, *Alice au Pays des merveilles*,
trad. Henri Parisot, © Flammarion, 1979.

**« Je n'en crois rien,
dit le Pigeon ».**
Illustration de Charles
Robinson, 1928
(collection privée).

Lecture

➡ Comprendre

1. Que comprenez-vous sur la taille d'Alice à la lecture du premier paragraphe ?

2. Quels sont les deux changements que subit Alice en mangeant le champignon ?

3. Pourquoi le pigeon est-il effrayé en voyant la fillette ?

4. Quel est le sujet de la conversation entre les deux personnages ?

➡ Approfondir

5. Relevez, dans les lignes 13 à 24, les expressions qui évoquent la rapidité des métamorphoses subies par Alice.

6. Observez la ponctuation utilisée dans les répliques d'Alice des lignes 25 à 27, puis des lignes 32 à 36. Que nous indique-t-elle sur l'état d'esprit du personnage ?

7. Comment qualifieriez-vous le ton sur lequel le pigeon s'adresse à Alice ? Justifiez votre réponse en citant le texte.

➡ Pour conclure

8. Que peut craindre Alice si elle continue de rapetisser ?

9. a. La situation d'Alice vous paraît-elle comique ou inquiétante ? Justifiez votre réponse.

b. Dans quelle circonstance avons-nous l'impression de vivre ce genre d'expérience absurde ?

10. En quoi ce texte est-il proche de l'univers du conte ?

Vocabulaire

1. Voici des verbes de mouvement. Faites correspondre chacun d'eux à sa définition.

● **Verbes**

Gesticuler – trébucher – s'affaisser – se hisser – dévaler – enjamber – se recroqueviller – s'affaler.

● **Définitions**

S'élever avec effort – faire de grands gestes – perdre l'équilibre en butant contre quelque chose – ployer sous le poids de quelque chose – franchir en étendant la jambe – se laisser tomber lourdement – descendre jusqu'en bas d'une pente – se replier sur soi-même.

2. Donnez un mot de la même famille pour chacun des verbes suivants.

Escalader – s'engouffrer – bifurquer – s'accroupir – s'accouder – sursauter – cabrioler – s'adosser – déplier – délier – se pelotonner – se voûter – piétiner – s'immobiliser – s'éloigner – empoigner.

Recherche

Alice, qui a dû rapetisser pour entrer au Pays des merveilles, se trouve dans la maison d'un lapin où elle a bu le contenu d'un flacon qui la fait grandir, grandir…

Racontez son embarras en insistant sur ses attitudes et ses mouvements. Pour cela, utilisez les mots de vocabulaire des exercices précédents.

Un garçon peu ordinaire

Wendy est sur le point de s'endormir quand débarque dans sa chambre Peter Pan, le héros des histoires qu'elle raconte à ses frères.

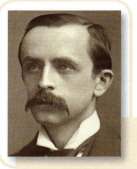

James Matthew Barrie
(1860-1937)
Ce journaliste et romancier écossais s'était lié d'amitié avec une veuve dont les quatre enfants lui inspirèrent les personnages de Peter Pan, Wendy et ses deux frères.

1. **En l'occurrence :** dans ces circonstances.

2. **Tout à trac :** tout à coup.

3. **Avec véhémence :** avec emportement.

4. **Kensington :** parc situé dans un quartier élégant de Londres.

5. **Fascinant :** qui attire fortement, qui éblouit.

6. **Casanière :** qui sort rarement de chez elle.

7. **Accommodant :** arrangeant.

Lorsque des gens de notre monde ont achevé de faire les présentations, il est d'usage qu'ils s'interrogent l'un l'autre sur leur âge. Soucieuse de respecter les règles, Wendy voulut savoir l'âge de Peter. Mais la question était vraiment mal choisie en l'occurrence[1]. Supposez qu'un jour d'examen,
5 vous souhaitiez être interrogé sur les rois d'Angleterre, et qu'on vous pose une colle en grammaire, vous comprendrez l'embarras de Peter.

– Je ne sais pas, répondit-il mal à l'aise. Je sais seulement que je suis très jeune.

En fait, il était très mal informé sur le sujet et n'avait que de vagues
10 soupçons.

– Je me suis enfui le jour de ma naissance, dit-il tout à trac[2].

Surprise, mais vivement intéressée, Wendy lui fit signe de se rapprocher, en tapotant sa chemise de nuit avec une grâce d'habituée de salons.

– J'ai entendu mes parents parler de ce qui m'attendait quand je serais un
15 homme, expliqua Peter à voix basse. (On le sentait très agité maintenant). Je ne veux jamais devenir un homme, s'écria-t-il avec véhémence[3]. Je veux toujours rester un petit garçon et m'amuser. C'est pour cela que je me suis sauvé au parc de Kensington[4], et j'y ai vécu longtemps parmi les fées.

Wendy le regarda avec une immense admiration. Il crut que c'était à
20 cause de sa fugue, mais en réalité Wendy l'admirait de connaître des fées. Pour quelqu'un qui a toujours vécu au sein de sa famille, connaître des fées peut sembler fascinant[5]. Elle fit mille questions à leur sujet, à la grande surprise de Peter qui les tenait plutôt pour des personnes assommantes.

– Elles se mêlent tout le temps de mes affaires, dit-il, et je suis souvent
25 obligé de leur flanquer une raclée.

Mais en général il les aimait bien et raconta à Wendy d'où elles tiraient leur origine.

– Quand le premier de tous les bébés se mit à rire pour la première fois, son rire se brisa en mille morceaux qui sautillèrent de tous côtés et devinrent
30 des fées.

Peter ne trouvait pas cela très intéressant, mais pour Wendy, si casanière[6], c'était passionnant à écouter.

– Et depuis, poursuivit Peter accommodant[7], chaque petit garçon ou fille devrait avoir sa fée.

35 – Devrait ? Ce n'est donc pas toujours ainsi ?

– Non, vois-tu, les enfants sont tellement savants de nos jours qu'ils ne croient plus aux fées. Toutes les fois qu'un enfant déclare : « Je ne crois pas aux fées », alors l'une d'entre elles tombe raide morte.

Assez causé sur ce sujet, pensa-t-il. Mais au fait, et Clochette ? Ce n'était
40 pas normal qu'elle se tînt si tranquille.

– Je ne peux pas croire qu'elle soit partie, dit-il en se levant. Clochette, où es-tu ?

Le cœur de Wendy palpita d'émotion.

– Peter ! s'écria-t-elle en s'agrippant à lui, ne me dis pas qu'il y a une fée
45 dans cette pièce !

– Elle était là. Tout à l'heure, répondit-il un peu impatienté. Écoute ! Tu n'entends rien ?

Tous deux tendirent l'oreille.

– J'entends comme un tintement de clochettes, dit Wendy.

50 – C'est Clo, c'est la langue des fées. Je crois que je l'entends aussi.

Comme le bruit venait de la commode, Peter éclata de rire. Pour la gaieté, Peter était insurpassable, et son rire, le plus frais des gazouillis. Un gazouillis de bébé.

– Wendy, pouffa-t-il, je crois que je l'ai enfermée dans le tiroir !

55 Il libéra aussitôt la pauvre Clochette qui voleta dans la chambre en glapissant[8] de fureur.

– Tu ne devrais pas dire des choses pareilles, lui répondit Peter. Bien sûr que je regrette ; comment pouvais-je savoir que tu étais dans le tiroir ?

Wendy n'avait d'yeux que pour la fée.

60 – Peter, si seulement elle pouvait se tenir tranquille, pour que je puisse la regarder ? demanda-t-elle.

– Elles tiennent difficilement en place, dit le garçon. Pourtant, la romantique petite personne se posa un instant au sommet du coucou[9], et Wendy put l'examiner.

65 – Comme elle est mignonne ! s'exclama-t-elle, bien que le visage de la fée grimaçât de fureur.

– Clo, dit aimablement Peter, cette dame dit qu'elle aimerait t'avoir pour fée.

Clochette répondit par une insolence.

70 – Que dit-elle, Peter ?

– Elle n'est pas très polie. Elle dit que tu es une grande vilaine fille, et qu'elle est ma fée, traduit-il.

– Voyons, Clo, tu sais bien que tu ne peux
75 pas être ma fée : je suis un monsieur et tu es une dame.

– Espèce d'imbécile ! lança Clochette, qui disparut dans la salle de bains.

– C'est une fée très ordinaire[10], dit
80 Peter en guise d'excuse. On l'appelle Clochette-la-Rétameuse parce qu'elle répare les casseroles et les bouilloires.

James Matthew Barrie, *Peter Pan*,
trad. Yvette Metral,
© éditions Flammarion, 1982.

Peter Pan entre par la fenêtre.
Illustration de Libico Maraja, 1909-1910.

8. **Glapir :** pousser des cris aigus.

9. **Coucou :** pendule, horloge.

10. **Ordinaire :** sans grandes qualités.

Lecture

→ Comprendre

1. Relevez toutes les informations données sur le personnage de Peter Pan. En quoi ce garçon est-il peu ordinaire ?

2. Quelle impression Peter Pan fait-il sur Wendy ? Justifiez votre réponse en citant le texte.

3. Qui est Clochette ? Comment s'exprime-t-elle ? (l. 69-78). Quelle est la cause de sa fureur ?

→ Approfondir

4. Relevez aux lignes 15-16 les compléments circonstanciels de manière décrivant l'attitude de Peter Pan lorsqu'il parle. Que pouvez-vous en déduire sur ce personnage ?

5. Relisez les lignes 19 à 27.

a. Comment Wendy considère-t-elle les fées ? Comment Peter Pan les considère-t-il ? Quel adjectif emploie-t-il à leur propos ?

b. Quelle expression montre le peu de respect qu'il leur porte ?

5. Comment, selon Peter Pan, les fées naissent-elles et se mettent-elles à mourir ? Sur quel ton évoque-t-il leur mort (l. 36-38) ?

→ Pour conclure

6. Quelle image les contes traditionnels de Grimm et de Perrault nous donnaient-ils des fées ?

7. Ce texte nous en donne-t-il la même image ?

8. Dans les contes traditionnels, les fées président au destin des êtres humains : est-ce le cas ici ? Pourquoi peut-on dire que la situation est inversée ?

9. Y a-t-il une fée qui préside au destin de Peter Pan ? Quel choix fait-il dès le jour de sa naissance ?

Peter Pan illustré par
Anne Graham Johnstone,
artiste contemporaine,
gouache sur papier.

Quand le loup frappe à la porte…

Les Contes du chat perché (série de contes publiés entre 1934 et 1958) nous relatent les aventures de deux fillettes, Delphine et Marinette, qui vivent dans la ferme de leurs parents au milieu d'animaux doués de la parole.

Marcel Aymé
(1902-1967)
À la suite du décès de sa mère, Marcel Aymé passa son enfance dans la ferme de ses grands-parents. Plus tard, il exerça différents métiers : journaliste, manœuvre, figurant de cinéma… Ses romans conquièrent tous les publics par leur lucidité et leur humour.

Caché derrière la haie, le loup surveillait patiemment les abords de la maison. Il eut enfin la satisfaction de voir les parents sortir de la cuisine. Comme ils étaient sur le seuil de la porte, ils firent une dernière recommandation.

5 – Souvenez-vous, disaient-ils, de n'ouvrir la porte à personne, qu'on vous prie ou qu'on vous menace. Nous serons rentrés à la nuit.

Lorsqu'il vit les parents bien loin au dernier tournant du sentier, le loup fit le tour de la maison en boitant d'une patte, mais les portes étaient bien fermées. Du côté des cochons et des vaches, il n'avait rien à espérer. Ces 10 espèces n'ont pas assez d'esprit pour qu'on puisse les persuader de se laisser manger. Alors, le loup s'arrêta devant la cuisine, posa ses pattes sur le rebord de la fenêtre et regarda l'intérieur du logis.

Delphine et Marinette jouaient aux osselets[1] devant le fourneau. Marinette, la plus petite, qui était aussi la plus blonde, disait à sa sœur Delphine :

15 – Quand on n'est rien que deux, on ne s'amuse pas bien. On ne peut pas jouer à la ronde.

– C'est vrai, on ne peut jouer ni à la ronde, ni à la paume glacée.

– Ni au furet, ni à la courotte malade.

– Ni à la mariée, ni à la balle fondue.

20 – Et pourtant, qu'est-ce qu'il y a de plus amusant que de jouer à la ronde ou à la paume glacée ?

– Ah ! si on était trois…

Comme les petites lui tournaient le dos, le loup donna un coup de nez sur le carreau pour faire entendre qu'il était là. Laissant leurs jeux, elles vinrent 25 à la fenêtre en se tenant par la main.

– Bonjour, dit le loup. Il ne fait pas chaud dehors. Ça pince, vous savez.

La plus blonde se mit à rire, parce qu'elle le trouvait drôle avec ces oreilles pointues et ce pinceau de poils hérissés sur le haut de la tête. Mais Delphine ne s'y trompa point. Elle murmura en serrant la main de la plus petite :

30 – C'est le loup.

– Le loup ? dit Marinette, alors on a peur ?

– Bien sûr, on a peur.

Tremblantes, les petites se prirent par le cou, mêlant leurs cheveux blonds et leurs chuchotements. Le loup dut convenir qu'il n'avait rien vu d'aussi joli 35 depuis le temps qu'il courait par bois et par plaines. Il en fut tout attendri.

– Mais qu'est-ce que j'ai ? pensait-il, voilà que je flageole[2] sur mes pattes.

À force d'y réfléchir, il comprit qu'il était devenu bon, tout à coup. Si bon et si doux qu'il ne pourrait plus jamais manger d'enfants.

1. Osselets : jeu d'adresse consistant à lancer des petites pièces en forme d'os.
2. Je flageole : je tremble.

Le loup pencha la tête du côté gauche, comme on fait quand on est bon,
40 et prit sa voix la plus tendre :

– J'ai froid, dit-il, et j'ai une patte qui me fait bien mal. Mais ce qu'il y a, surtout, c'est que je suis bon. Si vous vouliez m'ouvrir la porte, j'entrerais me chauffer à côté du fourneau et on passerait l'après-midi ensemble.

Les petites se regardaient avec un peu de surprise. Elles n'auraient jamais
45 soupçonné que le loup pût avoir une voix si douce. Déjà rassurée, la plus blonde fit un signe d'amitié, mais Delphine, qui ne perdait pas si facilement la tête, eut tôt fait de se ressaisir.

– Allez-vous-en, dit-elle, vous êtes le loup.

– Vous comprenez, ajouta Marinette avec un sourire, ce n'est pas pour
50 vous renvoyer, mais nos parents nous ont défendu d'ouvrir la porte, qu'on nous prie ou qu'on nous menace.

Alors le loup poussa un grand soupir, ses oreilles pointues se couchèrent de chaque côté de sa tête. On voyait qu'il était triste.

– Vous savez, dit-il, on raconte beaucoup d'histoires sur le loup, il ne faut
55 pas croire tout ce qu'on dit. La vérité, c'est que je ne suis pas méchant du tout.

Il poussa encore un grand soupir qui fit venir des larmes dans les yeux de Marinette.

Les petites étaient ennuyées de savoir que le loup avait froid et qu'il avait mal à une patte. La plus blonde murmura quelque chose à l'oreille de sa
60 sœur, en clignant de l'œil du côté du loup, pour lui faire entendre qu'elle était de son côté, avec lui. Delphine demeura pensive, car elle ne décidait rien à la légère. Il a l'air doux comme ça, dit-elle, mais je ne m'y fie pas. Rappelle-toi « le Loup et l'Agneau »… L'agneau ne lui avait pourtant rien fait.

Et comme le loup protestait de[3] ses bonnes intentions, elle lui jeta par
65 le nez :

– Et l'agneau, alors ?… Oui, l'agneau que vous avez mangé ?

Le loup n'en fut pas démonté.

– L'agneau que j'ai mangé, dit-il. Lequel ?

Il disait ça tout tranquillement, comme une chose toute simple et qui va
70 de soi, avec un air et un accent d'innocence qui faisaient froid dans le dos.

– Comment ? vous en avez donc mangé plusieurs ! s'écria Delphine. Eh bien ! c'est du joli !

– Mais naturellement que j'en ai mangé plusieurs. Je ne vois pas où est le mal… Vous en mangez bien, vous !

75 Il n'y avait pas moyen de dire le contraire. On venait justement de manger du gigot au déjeuner de midi.

– Allons, reprit le loup, vous voyez bien que je ne suis pas méchant. Ouvrez-moi la porte, on s'assiéra en rond autour du fourneau, et je vous raconterai des histoires. Depuis le temps que je rôde au travers des bois et que je
80 cours sur les plaines, vous pensez si j'en connais. Rien qu'en vous racontant ce qui est arrivé l'autre jour aux trois lapins de la lisière[4], je vous ferais bien rire.

Les petites se disputaient à voix basse. La plus blonde était d'avis qu'on ouvrît la porte au loup, et tout de suite. On ne pouvait pas le laisser grelotter sous la bise avec une patte malade. Mais Delphine restait méfiante.

3. Protester de : donner l'assurance de, affirmer.

4. Lisière : bord, limite d'un champ ou d'un bois.

85   — Enfin, disait Marinette, tu ne vas pas lui reprocher encore les agneaux qu'il a mangés. Il ne peut pourtant pas se laisser mourir de faim !

— Il n'a qu'à manger des pommes de terre, répliquait Delphine.

Marinette se fit si pressante, elle plaida la cause du loup[5] avec tant d'émotion dans la voix et tant de larmes dans les yeux, que sa sœur aînée finit par
90   se laisser toucher.

MARCEL AYMÉ, *Les Contes du chat perché*, © Gallimard, 1939.

Delphine et Marinette jouent avec le loup, par Gustave Blanchot, dit Gus Bofa, aquarelle, 1953 (BNF, Paris).

Lecture

➜ Comprendre

1. a. Qui sont Delphine et Marinette ?
b. Que font-elles au début de cette histoire ?

2. a. Quel personnage traditionnel du conte est présent dès le début du récit ?
b. Où se trouve-t-il à partir de la ligne 11 ? Que cherche-t-il ?

3. Comment réagissent les petites lorsqu'elles aperçoivent le loup ?

4. Comment réagit le loup en regardant les petites ?

➜ Approfondir

5. Quels arguments le loup emploie-t-il pour convaincre les fillettes de le laisser entrer ?

6. Montrez que, des lignes 44 à 51, les fillettes se laissent attendrir par le loup.

7. a. Des deux fillettes, laquelle accuse le loup et joue le rôle du juge ? Faites une remarque sur la ponctuation employée dans les répliques de ce personnage (lignes 66 à 72) ?
b. Laquelle prend la défense du loup et joue le rôle d'avocat ? Relevez, dans les lignes 88 à 90, un verbe qui confirme votre réponse.

➜ Pour conclure

8. Citez des contes et des fables où l'on trouve le personnage du loup.

9. Pour quels actes le loup doit-il se justifier ?

10. En quoi le loup du conte de Marcel Aymé est-il différent du loup traditionnel ?

Expression écrite

Imaginez la suite de cette histoire : « Marinette finit par se laisser toucher » et laisse entrer le loup.
Que se passe-t-il alors ?

a. Interrogez-vous sur les suites possibles de ce conte : le loup va-t-il se lier d'amitié et se repentir de toutes ses fautes ? Va-t-il les dévorer ? Les parents vont-ils rentrer ?

b. Essayez de conserver le même ton que celui du texte étudié.

Le Roi et l'Oiseau
de Paul Grimault et Jacques Prévert

→ **Arts du visuel**

Dessinateur de formation, Paul Grimault (1905-1994) réalise, entre 1939 et 1943, un film d'animation. En 1947, le poète Jacques Prévert écrit avec lui le scénario du *Petit Soldat*. Les deux hommes poursuivent leur collaboration avec *La Bergère et le Ramoneur*, qui ne sera véritablement achevé qu'en 1980, pour devenir *Le Roi et l'Oiseau*.

Parcours de découverte

▶ **Avez-vous compris ?**

1 **a.** Où l'histoire se déroule-t-elle ?
b. Qui sont les personnages principaux ?
Présentez-les brièvement.

2 Pour quelle raison l'oiseau en veut-il au roi ?
Et le roi à l'oiseau ?

3 **a.** Qui la bergère et le ramoneur fuient-ils ?
b. Jusqu'où s'enfuient-ils ? Qui les y aide ?
Pour quelle raison ?
c. Quelles autres rencontres les deux jeunes gens font-ils ?

4 **a.** Par quels moyens les fuyards sont-ils capturés ?
b. À quoi la bergère est-elle contrainte ?
Comment ?

5 **a.** Qui l'oiseau et le ramoneur retrouvent-ils dans la fausse aux lions ?
b. De quelle manière se sauvent-ils ?

Document 1

6 **a.** Les deux amoureux sont-ils finalement réunis ? Racontez.
b. Que se passe-t-il à la fin de l'histoire ?

▶ **Approfondir**

→ **La réécriture d'un conte**

7 **a.** De quel conte est inspiré *Le Roi et l'Oiseau* ?
b. Quels personnages sont communs aux deux histoires ? Répondez en recopiant et en complétant le tableau suivant :

Conte	Dessin animé	Ressemblances	Différences
Bergère	Bergère		

8 **a.** Lorsqu'ils se retrouvent en haut de la cheminée, la bergère et le ramoneur réagissent-ils de la même manière dans les deux histoires ?
b. À quel moment sommes-nous pour chacune ?

9 Quelles différences de caractère les personnages de Grimault et Prévert révèlent-ils ?

Document 2

→ Une histoire verticale

10 a. Doc. 1. Quelle est la forme du palais ?

b. Qu'y a-t-il tout en haut ? Et tout en bas ?

c. Classez les adjectifs suivants selon qu'ils qualifient la partie haute ou la partie basse du palais : *lumineuse – grise – sombre – misérable – colorée – luxueuse.*

11 Comment la puissance du roi est-elle montrée dans la séquence où il se rend dans ses appartements ?

12 Qu'arrive-t-il aux personnages qui contrarient le roi ?
Donnez des exemples.

13 a. Doc. 2. Observez la composition du plan : que met-elle en valeur ? De quelle manière ?

b. Comparez la fuite des amoureux au trajet effectué par le roi au début du film : que nous révèle cette trajectoire sur les personnages ?

c. Quels sont les moyens dont chacun dispose pour atteindre son but ?

→ Une dénonciation du pouvoir

14 a. Qu'évoque le thème musical repris tout au long du film ?

b. En quoi l'expression « petit ramoneur de rien du tout » répétée dans les hauts parleurs vient-elle renforcer cette évocation ?

15 a. Doc. 3. Observez la composition de ces deux plans successifs : quels éléments sont opposés ?

b. Qu'arrive-t-il pourtant au palais à la fin de l'histoire ? Que cela symbolise-t-il ?

Document 3

16 a. Que fabrique l'usine à laquelle ont été affectés l'oiseau et le ramoneur ? Dans quel but ?

b. Comment réagissent les deux personnages ? Le spectateur s'en réjouit-il ? Pourquoi ?

17 a. Faites le portrait du roi : le prend-on au sérieux ?

b. Quel personnage se moque constamment de lui ? Où vit-il ?

18 Observez le document 4.
a. Que fait le robot ? Est-il commandé ?

b. Que symbolise l'envolée de l'oisillon ? Et la dernière image du film ?

▶ Pour conclure

19 Lequel des deux couples préférez-vous : celui du conte ou celui du film ? Expliquez pourquoi.

20 À votre avis, pourquoi Paul Grimault a-t-il choisi d'intituler finalement son dessin animé *Le Roi et l'Oiseau* plutôt que *La Bergère et le Ramoneur* ?

Recherche B2i

1. Recherchez sur internet les œuvres suivantes : *Le Penseur* de Rodin – *Les Temps modernes* de Charlie Chaplin (scène du travail à la chaîne) – *Les Carceri* de Piranèse

2. Quels passages du dessin animé ont-elles inspirés ?

3. Choisissez-en une et expliquez ce que son évocation apporte à l'œuvre de P. Grimault et J. Prévert.

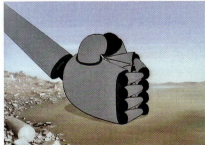

Document 4

Picasso, *Maya à la poupée*

Pablo Picasso,
Maya à la poupée,
huile sur toile,
16 janvier 1938
(musée Picasso, Paris).

Lire une image

Picasso (1881-1973) est l'un des plus grands artistes du xxᵉ siècle. À la fois peintre, sculpteur, graveur, céramiste, il participe à tous les grands mouvements artistiques de notre temps. Il est l'inventeur du cubisme, nouvelle manière de représenter l'espace.

L'étrangeté

1. Qu'est-ce qui est représenté sur cette peinture ?
2. Comment appelle-t-on la représentation picturale d'une personne ?
3. Qu'est-ce qui vous paraît étonnant dans cette représentation ?

Une nouvelle manière de représenter l'espace

4. Cette image donne-t-elle une impression de profondeur ?
5. Quelle partie du corps est la plus déformée ? La poupée subit-elle également des déformations ? Pourquoi cette différence, selon vous ?
6. Quelles sont les deux couleurs dominantes ? Quel effet ce choix produit-il ?
7. Quelle impression ce portrait vous laisse-t-il ?

Les caractéristiques du conte moderne

➤ Le lieu

● Les contes modernes ne se situent plus dans un lieu indéterminé ni dans un passé lointain, mais sont **ancrés dans l'époque à laquelle l'auteur écrit** : Alice, par exemple, est une petite fille de la haute bourgeoisie anglaise de la fin du XIXᵉ siècle ; de même, c'est à Londres, au parc de Kensington, que Peter Pan grandit.

➤ La rencontre d'un univers réaliste et du merveilleux

● Cet **univers réaliste** se croise tout naturellement avec un **monde enchanté**, où l'on rencontre les **éléments du merveilleux** : métamorphoses, personnages fantastiques et féériques...

➤ Les personnages

● Les héros de ces récits sont de **véritables personnages de roman** : ils portent un prénom, mêlent qualités et défauts, et s'interrogent sans cesse sur eux-mêmes et sur le monde.

● Si les auteurs de ces récits s'amusent à reprendre les personnages types du conte traditionnel (comme la fée ou le loup), c'est pour mieux les **détourner**, en leur ajoutant des **caractéristiques inhabituelles**, ce qui a pour effet de les rendre surprenants et amusants.

Pour aller plus loin

Lecture en réseau

1. Répartissez-vous la lecture des romans suivants :
● C.-S. Lewis, *Les Chroniques de Narnia*, « *Le neveu du magicien* »
● C.-S. Lewis, *Les Chroniques de Narnia*, « *L'armoire magique* »
● Frank Baum, *Le Magicien d'Oz*
● Lewis Caroll, *Alice au Pays des merveilles*
● J.-K. Rowling, *Harry Potter à l'école des sorciers*

2. Présentez à la classe le livre que vous avez lu, en répondant aux questions suivantes :
a. Qui est le héros de ce roman ? À quelle époque vit-il ? Dans quel pays ? Quelle est sa situation au début de l'histoire ?
b. De quelle manière le héros s'absente-t-il du monde réel ? Décrivez le monde imaginaire dans lequel il pénètre.
c. Dans cet univers, le héros a-t-il une mission particulière à réaliser ? Laquelle ? Quels sont ses adversaires ?
d. Comment le héros rentre-t-il chez lui ? En quoi cette aventure l'a-t-elle transformé ?

Vocabulaire

Qualités et défauts (2)

1 **a.** **Faites correspondre chaque adjectif de la liste 1 avec son antonyme, que vous choisirez dans la liste 2.**

- **Liste 1 :** vaniteux – cupide – orgueilleux – avare – perfide – ingrat – flatteur – sévère – impulsif.

- **Liste 2 :** désintéressé – sincère – modeste – loyal – réfléchi – reconnaissant – indulgent – humble – généreux.

b. **Recopiez et complétez ces phrases avec les adjectifs des listes 1 et 2.**

1. Je suis le plus beau, je suis le plus fort, répétait sans cesse l'enfant ….

2. Il ne nous a même pas remerciés pour l'aide précieuse que nous lui avons apportée. Quel garçon … !

3. Je vous serai éternellement … pour l'accueil que vous nous avez réservé.

4. Ce prince très … distribua toutes ses richesses aux paysans.

5. Le vieil homme, terriblement …, vivait dans la misère malgré une cassette remplie d'or.

6. Trop …, l'enfant ne sut se maîtriser et fonça poings serrés sur son ennemi.

7. « Tout … vit aux dépens de celui qui l'écoute. »

8. Le professeur … accepta les habituels retardataires.

9. L'enfant consciencieux et … exécuta un excellent travail.

10. La sœur de Cendrillon posa un regard … sur les richesses de cette dernière.

11. Ce maître ne laissait rien passer. Il était … mais juste.

12. Ce médecin soigna de manière … les plus démunis.

13. Elle excellait dans tous les domaines mais restait toujours ….

14. Ce roi trahit tous ceux qui lui font confiance : il est ….

2 **Pour chacun des adjectifs suivants, formez un antonyme en modifiant le préfixe, ou en en ajoutant un.**

Exemple : *gracieux* → *disgracieux.*

patient – confiant – sensible – bienveillant – respectueux.

3 **a.** **Quels noms correspondent à ces adjectifs ? Recopiez ces mots et soulignez ceux qui désignent des défauts.**

loyal – avare – railleur – tenace – digne – hautain – délicat – hostile – franc – fourbe – rancunier.

b. **Grâce à vos réponses, trouvez les synonymes des noms suivants :**

moquerie – fierté – tact – sincérité – sournoiserie – persévérance – malveillance – droiture – ressentiment.

4 **Dans les phrases suivantes, remplacez le mot souligné par l'un de ces antonymes :** *indifférent à – insouciant – ennuyeux.*

1. Sa compagnie est toujours <u>plaisante</u>.

2. Il était <u>touché</u> par la misère de ce peuple.

3. Cet enfant posait sur le monde un regard <u>grave</u>.

5 **Voici une liste d'adjectifs qui qualifient une personne rusée. Lesquels sont péjoratifs ?**

astucieux – finaud – habile – ingénieux – inventif – malin – perfide.

6 **Classez les mots suivants en deux colonnes : ceux qui désignent une personne de confiance et ceux qui désignent une personne dont il faut se méfier.**

dissimulateur – droit – fidèle – fourbe – franc – honnête – hypocrite – loyal – perfide – sincère – sournois.

7 **a.** **Trouvez, pour chacun de ces verbes, un nom de la même famille :**

blâmer – réprouver – punir – reprocher – condamner.

b. **Employez chacun de ces verbes dans une phrase de votre choix.**

8 **a.** **Avec chacun des noms suivants, formez un adjectif et, si possible, un adverbe :**

décence – correction – impudence – effronterie – courtoisie – complaisance.

b. **Recopiez et complétez les phrases suivantes à l'aide des noms ci-dessus qui conviennent.**

1. Je demandai mon chemin à cet inconnu qui me répondit avec bienveillance et ….

2. Il s'est présenté au travail avec un jean troué et des baskets : sa tenue manquait vraiment de …

3. Après ce qu'il a commis, il a osé se présenter chez vous ! Quelle … !

4. Lorsqu'il croisait sa voisine, il se contentait d'un sourire de … et se détournait rapidement.

5. Elle soutient le regard de son père qui vient de la prendre en faute. Quelle … !

6. Sa manière de s'exprimer est très familière ; il devrait veiller davantage à la … de son langage.

Construire un dialogue

❚ Rapporter les paroles d'un personnage

① **Lisez ces deux textes :**

1. Marinette alla d'abord au bœuf roux et lui demanda en lui caressant le front s'il ne voulait pas apprendre à lire. D'abord, le grand bœuf roux ne répondit pas. Il croyait que c'était pour rire.

Delphine ajouta que l'instruction était une belle chose, qu'il n'y avait rien de plus agréable et qu'il le verrait lorsqu'il saurait lire.

Le grand roux rumina encore un moment avant de répondre, mais au fond, il avait déjà son opinion et dit qu'apprendre à lire ne servirait à rien, que la charrue n'en serait pas moins lourde à tirer.

2. Marinette alla d'abord au bœuf roux et lui dit en lui caressant le front :

– Bœuf, est-ce que tu ne veux pas apprendre à lire ?

D'abord, le grand bœuf roux ne répondit pas. Il croyait que c'était pour rire.

– L'instruction est une belle chose ! appuya Delphine. Il n'y a rien de plus agréable, tu verras, quand tu sauras lire.

Le grand roux rumina encore un moment avant de répondre, mais au fond, il avait déjà son opinion.

– Apprendre à lire, pour quoi faire ? Est-ce que la charrue en sera moins lourde à tirer ?

D'après Marcel Aymé, « Les Bœufs »,
Les Contes du chat perché.

a. **Dans lequel des deux textes entend-on les paroles des personnages ?**

b. **Quels sont les signes de ponctuation qui annoncent ces paroles ?**

c. **Relevez dans ce texte les verbes de parole. Où sont-ils placés par rapport aux paroles des personnages ?**

② **Récrivez ce dialogue en ajoutant la ponctuation (: /– /, / ! / ?) et en effectuant les passages à la ligne nécessaires.**

La seconde planète était habitée par un prétentieux. Ah ! Ah ! Voilà la visite d'un admirateur s'écria de loin le prétentieux dès qu'il aperçut le voyageur. Bonjour dit le voyageur. Vous avez un drôle de chapeau. C'est pour saluer lui répondit le prétentieux. C'est pour saluer quand on m'acclame. Malheureusement il ne passe jamais personne par ici. Ah oui dit le voyageur qui ne comprit pas.

③ **Récrivez les phrases suivantes de manière à faire entendre les paroles des personnages. Variez la place du verbe de parole.**

1. Je me demande ce qu'il peut bien faire enfermé dans cette armoire.

2. Elle s'étonne des efforts que son frère a fournis pour remporter le match.

3. Il regrette vivement de n'avoir pu le persuader de renoncer à son projet.

4. Elle m'ordonne de ne pas sortir avant la nuit.

❚ Préciser l'attitude du personnage qui s'exprime

④ **Relevez, dans le dialogue qui suit, les expressions décrivant le personnage qui parle :**

– Peter ! s'écria vivement Wendy en s'agrippant à lui, tu nous emmènes au pays imaginaire !

– Et pas de temps à perdre, répondit-il un peu impatienté.

– Mais comment nous y rendrons-nous ? demanda Wendy étonnée

– En volant, répliqua-t-il d'un ton méprisant.

⑤ **À votre tour, recopiez et complétez le dialogue suivant par des précisions sur l'attitude des personnages.**

Wendy lui demanda … où il habitait.

– La deuxième à droite, et puis droit devant jusqu'au matin, lança-t-il …

– Quelle drôle d'adresse ! s'exclama Wendy …

– Non, ce n'est pas drôle, répliqua-t-il …

Wendy se souvint de ses devoirs de maîtresse de maison et dit … :

– Je voulais dire : est-ce cela qu'on écrit sur le courrier ? Elle l'ennuyait avec cette question !

– Je ne reçois jamais de courrier, dit-il …

– Pas toi mais ta maman ?

– Je n'ai pas de maman, répondit-il …

Détourner un conte

Contes de Perrault. Féérie lyrique en 4 actes, théâtre de la Gaité lyrique, 1913.

A Choisir le conte

1. Choisissez l'un des *Contes* de Perrault proposés dans le manuel et à partir duquel vous aimeriez travailler. Relisez-le attentivement avant de commencer.

2. Qui est votre héros ? Comment se nomme-t-il ? Dans quelle situation de la vie ordinaire se trouve-t-il au moment où commence votre récit ?

B Préparer le travail au brouillon

3. De quelle mystérieuse manière votre personnage va-t-il quitter son quotidien pour pénétrer dans le conte que vous avez choisi ?

Voici quelques exemples qui pourront vous aider :

- Alice entre au Pays des merveilles en tombant dans un terrier.
- Wendy rejoint le Pays de nulle part en s'envolant avec Peter.
- Lucy découvre le monde de Narnia en se cachant dans une étrange armoire.

4. À quelle étape précise du conte votre personnage arrive-t-il ? Qui rencontre-t-il ? En quoi cela va-t-il changer le cours de l'histoire ?

5. Doit-il réaliser quelque chose de particulier ? Y parvient-il ? Comment ?

6. La situation finale du conte est-elle complètement bouleversée ou tout revient-il en ordre conformément au conte de Perrault ?

7. Comment votre héros rentre-t-il chez lui ? Cette aventure l'a-t-elle changé ? En quoi ?

Boîte à outils

Pour réussir

1. Votre récit comportera six paragraphes et les verbes seront conjugués à l'imparfait et au passé simple.

2. La ponctuation du dialogue sera respectée et les verbes introducteurs enrichis par divers compléments. Vous chercherez à établir des contrastes entre la langue de Perrault, parlée par les personnages du conte, et celle plus actuelle de votre héros, ce qui pourra être source de malentendus et de comique.

3. Vous n'hésiterez pas à utiliser le vocabulaire du XVIIᵉ siècle que vous avez rencontré dans les *Contes* de Perrault (chapitre 2).

Des livres

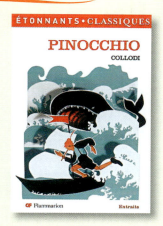

❧ **Pinocchio, de Carlo Collodi,** Flammarion, coll. « Étonnants classiques », 2007.

Pinocchio, un pantin de bois créé par le menuisier Gepetto, traverse de nombreuses aventures avant d'être transformé en véritable petit garçon et de quitter le rêve pour la réalité.

❧ **Les chroniques de Narnia, de Clive Staple Lewis,** Gallimard, « Folio Junior », 2008.

Cette œuvre littéraire, publiée entre 1950 et 1956, compte 7 volumes. Voici le livre qui a été tiré du film. Le terrible roi Miraz a pris le pouvoir dans le pays de Narnia, et ce monde, autrefois merveilleux, est tout entier désolé…

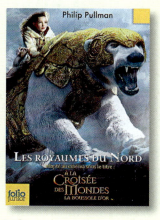

❧ **À la Croisée des mondes, de Philip Pullman,** Gallimard, « Folio Junior », 2007.

Cette œuvre de littérature jeunesse a également été adaptée au cinéma. En voici le premier volume. Lorsque son meilleur ami disparaît, Lyra se lance sur ses traces et dans un périlleux voyage vers le Grand Nord…

Des films

❧ **Le Château ambulant, réalisé par le Japonais Hayao Miyasaki,** 2004, DVD.

La vie de la jeune Sophie bascule le jour où elle croise sur son chemin le sorcier Hauru. Elle entre alors au service de ce dernier et vit dans un étrange château ambulant qui la fait passer d'un monde à un autre.

❧ **L'Étrange Noël de monsieur Jack, réalisé par Henry Selick** à partir d'un scénario de Tim Burton, 1993, DVD.

Jack, l'épouvantail de la ville d'Halloween, décide de prendre la place du père Noël. Un film d'animation drôle et touchant.

❧ **Charlie et la chocolaterie, réalisé par Tim Burton** et adapté du roman de Roald Dahl, 2005, DVD.

Charlie est un enfant d'une famille pauvre. Pour s'offrir du chocolat et des sucreries, il participe à une loterie organisée par l'inquiétant Willy Wonka, propriétaire d'une gigantesque fabrique de chocolat. Le gagnant remportera une vie de friandises.

4

Un récit entre conte et mythe : *Le Livre de la jungle*

Mowgli marchant avec les loups. Illustration de Paul Jouve, 1919.

Lire une image

1. À votre avis, où se trouvent ces trois personnages ? Quelle est l'attitude commune aux trois silhouettes ?
2. Quelle impression le rayonnement du soleil crée-t-il ?
3. Imaginez l'histoire de cet enfant.

Le Livre de la jungle : un récit initiatique

Découvrir l'auteur : Rudyard Kipling (1865-1936)

De parents anglais, Rudyard Kipling naît en 1865 à Bombay en Inde, qui est alors une colonie anglaise. Son enfance est abreuvée de contes, de légendes bouddhistes et de récits de chasseurs indiens. À six ans, il est envoyé en Angleterre pour parfaire son éducation et il vit très difficilement cette rupture, d'autant que la famille qui l'accueille se montre sévère à son égard. Ainsi Kipling perçoit-il l'Inde comme un paradis perdu.

À partir de 1882, il retourne en Inde où il travaille comme journaliste. Il enchaîne alors voyages et publications jusqu'en 1892.

Cette année-là, il se marie et s'installe aux États-Unis, où il peut satisfaire son goût pour la nature et les grands espaces. C'est là qu'il travaille à ce qui sera plus tard publié sous le titre *Le Livre de la jungle*. Il partage ensuite sa vie entre l'Angleterre et l'Afrique du Sud.

Il publie des romans, des écrits politiques, des poèmes et reçoit, en 1907, le prix Nobel de littérature. Il meurt à Londres en 1936.

Questions

❶ Qu'est-ce qui explique le goût de Kipling pour l'Inde ? Dans quel autre pays peut-il satisfaire son goût pour la nature et les grands espaces ?

❷ Quel genre de récit lui raconte-t-on durant son enfance ?

❸ Pourquoi est-il particulièrement sensible aux problèmes d'éducation ?

▌ Parcours de lecture

▶ 1re partie

1. Qui est Mowgli ? Qui lui a donné ce nom ?
2. Pourquoi l'enfant est-il en danger au début du récit ? Qui se charge de le protéger ?
3. Qui est Shere Khan ?
4. Pourquoi l'enfant doit-il être présenté au conseil du clan ?
5. Quels sont les deux animaux qui prennent partie pour l'adoption de Mowgli par le clan ?
6. Relevez les différentes lois qui régissent la vie des animaux de la jungle.

▶ 2e partie

7. Quelle sorte de vie Mowgli mène-t-il avec ses frères les loups ?
8. Qui est Akela ? Comment Shere Khan s'y prend-il pour prendre sa place ?
9. Pourquoi Mowgli quitte-t-il le clan ? Part-il vaincu ou la tête haute ?

▶ 3e partie

10. En quoi consiste l'enseignement transmis par Baloo à Mowgli ?
11. Quel peuple est appelé le « peuple sans loi » ?
12. Où ce peuple emmène-t-il Mowgli ?
13. Citez le nom des deux animaux qui aident Baloo et Bagheera à retrouver Mowgli.

▶ 4e partie

14. Comment se nomme la mère de Mowgli ?
15. Quel tâche les villageois confient-ils à l'enfant ?
16. Comment Mowgli s'y prend-il pour tuer Shere Khan ? Qui l'aide dans cette entreprise ?
17. Comment les villageois considèrent-ils Mowgli après la mise à mort de Shere Khan ?
18. Où retourne-t-il alors ?

▌Les personnages

▶ I. Les noms des personnages

Associez chaque nom de personnage au complément qui le suit.

Noms		Compléments
Kaa		Le Lèche-Plat
Mère Louve		Le Boiteux
Akela		Le Démon
Tabaqui		Le Solitaire
Shere Khan		Le Python de Rocher

Mowgli et Bagheera. Lithographie de Jean Dunand, 1919 (collection privée).

▶ II. Des animaux aux caractéristiques bien humaines

Mettez-vous par groupes et élaborez une fiche d'identité pour l'un de ces personnages au choix. Aidez-vous des questionnaires suivants.

■ Shere Khan

1. Quels sont les différents noms que lui donne Mère Louve (p.14)* ? Qu'est-ce qui le caractérise ?
2. En quoi transgresse-t-il la loi de la jungle (pp. 11 et 12) ?
3. Comment se comporte-t-il à l'égard d'Akela ?
4. Comment se comporte-t-il face à Mowgli au Rocher du Conseil (p. 33) ?
5. Dans quelles conditions trouve-t-il la mort : où se trouve-t-il ? Que fait-il au moment de l'attaque ?

Shere Khan. Illustration de Paul Jouve, 1919.

■ Bagheera et Baloo

6. Relevez page 18 le passage qui dresse le portrait de la panthère.
7. Pour quelles raisons Bagheera rachète-t-il la vie de Mowgli ? En échange de quoi ?
8. Qu'apprend-on sur le passé de ce personnage (p. 24) ?
9. Quel rôle Baloo joue-t-il dans la jungle ? Relevez page 39 deux adjectifs qui le qualifient.
10. Quelles valeurs ces deux personnages incarnent-ils ?

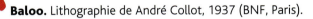

Baloo. Lithographie de André Collot, 1937 (BNF, Paris).

■ Kaa

11. Qu'apprend-on à son sujet (p. 51) ?
12. Qu'est-ce qui incite le serpent à sauver Mowgli du piège dans lequel il est tombé ?
13. Comment s'y prend l'animal pour combattre les singes ?
14. En quoi consiste la « Danse de la Faim » ?
15. Expliquez cette réplique de Baloo (p. 69) : « Jamais plus je ne ferai alliance avec Kaa ».

* Les renvois de page font référence à l'édition Folio, Gallimard.

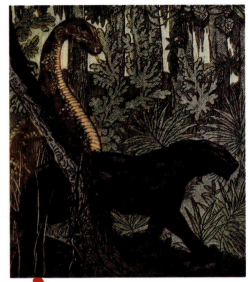

Kaa et Bagheera. Lithographie de Maurice de Becque, 1930.

LE LIVRE DE LA JUNGLE
Un petit d'homme au pays des loups

Dans la jungle, le tigre Shere Khan ne respecte aucune des lois que se sont imposées les animaux et notamment celle qui leur interdit de chasser l'homme. Il approche de la caverne des loups.

Père Loup sortit à quelques pas de l'entrée. […]

– L'imbécile a eu l'esprit de sauter sur un feu de bûcherons et s'est brûlé les pieds ! gronda Père Loup. Tabaqui[1] est avec lui.

– Quelque chose monte la colline, dit Mère Louve en dressant une oreille.
5 Tiens-toi prêt.

Il y eut un petit froissement de buisson dans le fourré. Père Loup, ses hanches sous lui, se ramassa, prêt à sauter. Alors, si vous aviez été là, vous auriez vu la chose la plus étonnante du monde : le loup arrêté à mi-bond. Il prit son élan avant de savoir ce qu'il visait, puis tenta de se retenir. Il en
10 résulta un saut de quatre ou cinq pieds droit en l'air, d'où il retomba presque au même point du sol qu'il avait quitté.

– Un homme! hargna-t-il[2]. Un petit d'homme. Regarde !

En effet, devant lui, s'appuyant à une branche basse, se tenait un bébé brun tout nu, qui pouvait à peine marcher, le plus doux et potelé petit atome qui
15 fût jamais venu la nuit à la caverne d'un loup. Il leva les yeux pour regarder Père Loup en face et se mit à rire.

– Est-ce un petit d'homme ? dit Mère Louve. Je n'en ai jamais vu. Apporte-le ici.

Un loup, accoutumé à transporter ses propres petits, peut très bien, s'il est
20 nécessaire, prendre dans sa gueule un œuf sans le briser. Quoique les mâchoires de Père Loup se fussent refermées complètement sur le dos de l'enfant, pas une dent n'égratigna la peau lorsqu'il le déposa au milieu de ses petits.

– Qu'il est mignon ! Qu'il est nu !… Et qu'il est brave ! dit avec douceur Mère Louve.

25 Le bébé se poussait, entre les petits, contre la chaleur du flanc tiède.

– Ah ! Ah ! Il prend son repas avec les autres… Ainsi, c'est un petit d'homme. A-t-il jamais existé une louve qui pût se vanter d'un petit d'homme parmi ses enfants ?

– J'ai parfois ouï parler de semblable chose, mais pas dans notre Clan[3] ni
30 de mon temps, dit Père Loup. Il n'a pas un poil, et je pourrais le tuer en le touchant du pied. Mais, voyez, il me regarde et n'a pas peur !

Le clair de lune s'éteignit à la bouche de la caverne, car la grosse tête carrée et les fortes épaules de Shere Khan en bloquaient l'ouverture et tentaient d'y pénétrer. Tabaqui, derrière lui, piaulait[4] :
35 – Monseigneur, Monseigneur, il est entré ici !

– Shere Khan nous fait grand honneur – dit Père Loup, les yeux mauvais.

– Que veut Shere Khan ?

1. Tabaqui est un chacal, complice de Shere Khan

2. Hargna : le verbe *hargner* est ici inventé par l'auteur à partir du nom hargne qui veut dire « agressivité verbale », « paroles méchantes ».

3. Le Clan est ici un groupement d'individus obéissant tous à un certain nombre de lois.

4. Piaulait : criait.

Shere Khan effraie les loups qui élèvent Mowgli dans la grotte. Illustration de Walter Drake, 1893.

– Ma proie. Un petit d'homme a pris ce chemin. Ses parents se sont enfuis. Donnez-le-moi !

40 Shere Khan avait sauté sur le feu d'un campement de bûcherons, comme l'avait dit Père Loup, et la brûlure de ses pattes le rendait furieux. Mais Père Loup savait l'ouverture de la caverne trop étroite pour un tigre. Même où il se tenait, les épaules et les pattes de Shere Khan étaient resserrées par le manque de place, comme les membres d'un homme qui tenterait de com-
45 battre dans un baril.

– Les loups sont un peuple libre, dit Père Loup. Ils ne prennent d'ordres que du Conseil supérieur du Clan, et non point d'aucun tueur de bœufs plus ou moins rayé. Le petit d'homme est à nous… pour le tuer s'il nous plaît.

– S'il vous plaît !… Quel langage est-ce là ? Par le taureau que j'ai tué,
50 dois-je attendre, le nez dans votre repaire de chiens, lorsqu'il s'agit de mon dû le plus strict ? C'est moi, Shere Khan, qui parle.

Le rugissement du tigre emplit la caverne de son tonnerre. Mère Louve secoua les petits de son flanc et s'élança, ses yeux, comme deux lunes vertes dans les ténèbres, fixés sur les yeux flambants de Shere Khan.

55 – Et c'est moi, Raksha (le Démon), qui vais te répondre. Le petit d'homme est mien, Lungri, le mien, à moi ! Il ne sera point tué. Il vivra pour courir avec le Clan, et pour chasser avec le Clan ; et, prends-y garde, chasseur de petits tout nus, mangeur de grenouilles, tueur de poissons ! Il te fera la chasse, à toi !… Maintenant, sors d'ici, ou, par le Sambhur que j'ai tué – car
60 moi je ne me nourris pas de bétail mort de faim, – tu retourneras à ta mère, tête brûlée de Jungle, plus boiteux que jamais tu ne vins au monde. Va-t'en !

Mowgli, le petit d'homme, et Mère Louve. Illustration de Constantin Belinsky, XXᵉ siècle

Père Loup leva les yeux, stupéfait. Il ne se souvenait plus assez des jours où il avait conquis Mère Louve, en loyal combat contre cinq autres loups, au temps où, dans les expéditions du Clan, ce n'était pas par pure politesse qu'on la nommait le Démon. Shere Khan aurait pu tenir tête à Père Loup, mais il ne pouvait s'attaquer à Mère Louve, car il savait que, dans la position où il se trouvait, elle gardait tout l'avantage du terrain et qu'elle combattrait à mort. Aussi se recula-t-il hors de l'ouverture en grondant ; et, quand il fut à l'air libre, il cria :

– Chaque chien aboie dans sa propre cour. Nous verrons ce que dira le Clan, comment il prendra cet élevage de petit d'homme. Le petit est à moi, et sous ma dent il faudra bien qu'à la fin il tombe, ô voleurs à queues touffues !

Mère Louve se laissa retomber, pantelante⁵, parmi les petits, et Père Loup lui dit gravement :

– Shere Khan a raison. Le petit doit être montré au Clan. Veux-tu encore le garder, mère ?

Elle haletait⁶ :

– Si je veux le garder !… Il est venu tout nu, la nuit, seul et mourant de faim, et il n'avait même pas peur. Regarde, il a déjà poussé un de nos bébés de côté. Et ce boucher boiteux l'aurait tué et se serait sauvé ensuite vers la Waingunga, tandis que les villageois d'ici seraient accourus, à travers nos reposées, faire une battue pour en tirer vengeance !… Si je le garde ? Assurément, je le garde. Couche-toi là, petite Grenouille… O toi, Mowgli, car Mowgli la Grenouille je veux t'appeler, le temps viendra où tu feras la chasse à Shere Khan comme il t'a fait la chasse à toi !

Rudyard Kipling, *Le Livre de la jungle*, 1899
(pour la traduction française) Mercure de France.

5. Pantelant : qui est en proie à une vive émotion.
6. Haleter : respirer à un rythme précipité.

Lecture

➡ Comprendre

1. Qui sont les principaux personnages de ce texte ? Précisez le nom de chacun d'eux.

2. Comment le petit d'homme est-il accueilli par les deux loups ?

3. Pourquoi le tigre Shere Khan vient-il les menacer ?

4. Comment Mère Louve réagit-elle face aux menaces de Shere Khan ?

➡ Approfondir

5. a. Quelles sont les expansions du nom « *bébé* », ligne 13 ?

b. Quelle caractéristique de l'enfant l'auteur cherche-t-il à mettre en évidence ?

6. Montrez, en citant le texte, que Père Loup et Mère Louve sont attendris par l'enfant ?

7. Relevez la manière dont Père Loup s'adresse à Shere Khan (l. 36-37), puis la manière dont Shere Khan s'adresse à Père Loup (l. 49 à 51). Que constatez-vous ?

8. a. Relevez les différentes manières dont les loups nomment Shere Khan (lignes 2, 58, 61).

b. Que lui reprochent-ils ?

➡ Pour conclure

9. Connaissez-vous d'autres histoires où des enfants sont recueillis et élevés par des loups ? Dans quelle réplique Père Loup fait-il allusion à ce genre d'histoire ?

10. Le petit d'homme égaré dans la jungle arrive-t-il dans un monde sauvage ou dans un univers régi par des lois ? Justifiez votre réponse en citant le texte.

Expression écrite

❶ Avec chacun des noms suivants, formez un adjectif que vous utiliserez dans une phrase de votre invention.

Hospitalité – solidarité – serviabilité – inconvenance – bienveillance – barbarie – effronterie

❷ Classez ces mots en deux colonnes selon qu'ils évoquent un comportement civil ou incivil.

❸ Et maintenant, à vous d'imaginer les règles de civilité que les animaux de la jungle se sont données pour vivre ensemble.

a. Utilisez pour cela les mots de vocabulaire de l'exercice ci-dessus.

b. Chaque phrase énoncera une règle et sera rédigée au futur simple.

Exemple → *Règle 1 : Les animaux devront faire preuve de bienveillance à l'égard des petits, quel que soit le clan auquel ils appartiennent.*

Franz Marc, *Les Loups,* huile sur toile, 70,8 × 139,7 cm, 1913 (Albright-Knox Art Gallery, New York).

Au chaud cœur noir de la forêt

Maintenant, il faut vous donner la peine de sauter dix ou douze années entières, et d'imaginer seulement l'étonnante existence que Mowgli mena parmi les loups, parce que, s'il fallait l'écrire, cela remplirait je ne sais combien de livres. Il grandit avec les louveteaux, quoique, naturelle-
5 ment, ils fussent devenus loups quand lui-même comptait pour un enfant à peine ; et Père Loup lui enseigna sa besogne, et le sens de toutes choses dans la jungle, jusqu'à ce que chaque frisson de l'herbe, chaque souffle de l'air chaud dans la nuit, chaque ululement des hiboux au-dessus de sa tête, chaque bruit d'écorce égratignée par la chauve-souris au repos un instant
10 dans l'arbre, chaque saut du plus petit poisson dans la mare prissent juste autant d'importance pour lui que pour un homme d'affaires son travail de bureau. Lorsqu'il n'apprenait pas, il se couchait au soleil et dormait, puis il mangeait, se rendormait ; lorsqu'il se sentait sale ou qu'il avait trop chaud, il se baignait dans les mares de la forêt, et lorsqu'il manquait de miel (Baloo
15 lui avait dit que le miel et les noix étaient aussi bons à manger que la viande crue), il grimpait aux arbres pour en chercher, et Bagheera lui avait montré comment s'y prendre. S'allongeant sur une branche, la panthère appelait : « Viens ici, Petit Frère ! » et Mowgli commença par grimper à la façon du *paresseux* ; mais par la suite il osa se lancer à travers les branches presque
20 aussi hardiment que le Singe Gris.

Il prit sa place au Rocher du Conseil, lorsque le Clan s'y assemblait, et, là, il découvrit qu'en regardant fixement un loup quelconque, il pouvait le forcer à baisser les yeux ; ainsi faisait-il pour s'amuser. À d'autres moments, il arrachait les longues épines du poil de ses amis, car les loups souffrent terri-
25 blement des épines et de tous les aiguillons qui se logent dans leur fourrure. Il descendait, la nuit, le versant de la montagne, vers les terres cultivées, et regardait avec une grande curiosité les villageois dans leurs huttes ; mais il se méfiait des hommes, parce que Bagheera lui avait montré une boîte car-rée, avec une trappe, si habilement dissimulée dans la jungle qu'il marcha
30 presque dessus, et lui avait dit que c'était un piège. Ce qu'il aimait par-des-sus tout, c'était de s'enfoncer avec Bagheera au chaud cœur noir de la forêt, pour dormir tout le long de la lourde journée, et voir, quand venait la nuit, comment Bagheera s'y prenait pour tuer : de droite, de gauche, au caprice de sa faim, et de même faisait Mowgli – à une exception près. Aussitôt l'enfant
35 en âge de comprendre, Bagheera lui dit qu'il ne devrait jamais toucher au bétail, parce qu'il avait été racheté, dans le Conseil du Clan, au prix de la vie d'un taureau.

Henri J. F. Rousseau (Le Douanier), *Singes dans la jungle,* huile sur toile, 114 × 162 cm, 1910 (collection privée).

– La Jungle t'appartient, dit Bagheera, et tu peux y tuer tout ce que tu es assez fort pour atteindre ; mais, en souvenir du taureau qui t'a racheté, tu ne
40 dois jamais tuer ni manger de bétail jeune ou vieux. C'est la Loi de la Jungle.

Mowgli s'y conforma fidèlement.

Il grandit ainsi et devint fort comme fait à l'accoutumée un garçon qui ne va pas à l'école et n'a dans la vie à s'occuper de rien que de choses à manger.

Mère Louve lui dit, une fois ou deux, que Shere Khan n'était pas de ceux
45 auxquels on dût se fier, et qu'un jour il lui faudrait tuer Shere Khan ; et sans doute un jeune loup se fût rappelé l'avis à chaque heure de sa vie, mais Mowgli l'oublia, parce qu'il n'était qu'un petit garçon – et pourtant il se serait donné à lui-même le nom de loup, s'il avait su parler quelque langue humaine.

RUDYARD KIPLING, *Le Livre de la jungle,* 1899 (pour la traduction française) Mercure de France.

Mowgli et les loups dans la jungle.
Illustration de Pierre Falke, 1934.

Lecture

➜ Comprendre

1. Décrivez l'existence de Mowgli au cœur de la jungle.

2. a. Quels sont les adultes qui l'accompagnent ?

b. Quel rôle jouent-ils auprès de lui ?

3. Quel pouvoir Mowgli se découvre-t-il auprès des loups ?

➜ Approfondir

4. a. Relevez les différents groupes sujets du verbe « prissent » (l. 10).

b. Qu'apprend ici Père Loup à Mowgli ? Quels sont les sens sollicités dans cet apprentissage ?

5. Relisez les lignes 12 à 17 :

a. À quel temps les verbes sont-ils conjugués ? Quelle est la valeur de ce temps ?

b. Que remarquez-vous à propos de la construction de cette phrase ? Que nous montre-t-elle de l'existence menée par Mowgli ?

6. « Au chaud cœur noir de la forêt » (l. 31) : qu'évoque cette expression ?

7. Relisez les lignes 34 à 48 :

a. Quels devoirs impose-t-on à Mowgli ?

b. Quelle expression montre que Mowgli obéit à ses éducateurs ?

c. Quelle expression montre l'insouciance de l'enfant ?

➜ Pour conclure

8. Qu'est-ce qui caractérise la jungle où grandit Mowgli ?

9. Comment qualifieriez-vous l'attitude des adultes qui entourent Mowgli ? Justifiez votre réponse.

Vocabulaire

1. a. Associez dans une phrase le verbe et son sujet en conjuguant le verbe au présent.

Verbes	Sujets
Ululer	L'abeille
Bêler	Le lion
Beugler	Le cheval
Hennir	La chouette
Rugir	La souris
Bourdonner	La brebis
couiner	Le veau

b. Donnez, pour chacun de ces verbes, un nom de la même famille.

Quel est le suffixe employé ?

Les Maîtres Mots de la jungle

L'enfant savait grimper presque aussi bien qu'il savait nager, et nager presque aussi bien qu'il savait courir ; aussi Baloo, le Docteur de la Loi, lui apprenait-il les Lois des Bois et des Eaux : à distinguer une branche pourrie d'une branche saine ; à parler poliment aux abeilles sauvages quand il
5 rencontrait par surprise un de leurs essaims à cinquante pieds au-dessus du sol ; les paroles à dire à Mang, la chauve-souris, quand il la dérangeait dans les branches au milieu du jour ; et la façon d'avertir les serpents d'eau dans les mares avant de plonger au milieu d'eux. Dans la Jungle, personne n'aime à être dérangé, et on y est toujours prêt à se jeter sur l'intrus. […]
10 Tout cela vous donnera une idée de ce qu'il fallait à Mowgli apprendre par cœur : et il se fatiguait beaucoup d'avoir à répéter cent fois la même chose. Mais, comme Baloo le disait à Bagheera, un jour que Mowgli avait reçu la correction d'un coup de patte et s'en était allé bouder :
– Un petit d'homme est un petit d'homme, et il doit apprendre toute…
15 tu entends bien, toute la Loi de la Jungle.
– Oui, mais pense combien il est petit, dit la Panthère Noire, qui aurait gâté Mowgli si elle avait fait à sa guise. Comment sa petite tête peut-elle garder tous tes longs discours ?
– Y a-t-il quelque chose dans la Jungle de trop petit pour être tué ? Non,
20 c'est pourquoi je lui enseigne ces choses, et c'est pourquoi je le corrige, oh ! très doucement, lorsqu'il oublie.
– Doucement ! Tu t'y connais, en douceur, vieux Pied de fer, grogna Bagheera. Elle lui a joliment meurtri le visage, aujourd'hui, ta… douceur. Fi !
– J'aime mieux le voir meurtri de la tête aux pieds par moi qui l'aime,
25 que mésaventure lui survenir à cause de son ignorance, répondit Baloo avec beaucoup de chaleur. Je suis en train de lui apprendre les Maîtres Mots de la Jungle appelés à le protéger auprès des oiseaux, du Peuple Serpent, et de tout ce qui chasse sur quatre pieds, sauf son propre Clan. Il peut maintenant, s'il veut seulement se rappeler les mots, se réclamer de toute la Jungle. Est-ce
30 que cela ne vaut pas une petite correction ? […]
Mowgli, voulant se faire entendre, tirait à pleines poignées sur l'épaule de Bagheera, et lui administrait de vigoureux coups de pied. Quand, enfin, tous deux prêtèrent l'oreille, il cria très fort :
– Moi aussi, j'aurai une tribu à moi, une tribu à conduire à travers les
35 branches toute la journée.
– Quelle est cette nouvelle folie, petit songeur de chimères ? dit Bagheera.
– Oui, et pour jeter des branches et de la crotte au vieux Baloo, continua Mowgli. Ils me l'ont promis. Ah !
– *Whoof !*
40 La grosse patte de Baloo jeta Mowgli à bas du dos de Bagheera, et l'enfant, tombé en boule entre les grosses pattes de devant, put voir que l'Ours était en colère.

– Mowgli, dit Baloo, tu as parlé aux Bandar-log, le Peuple Singe.

Mowgli regarda Bagheera pour voir si la Panthère se fâchait aussi : les
yeux de Bagheera étaient aussi durs que des pierres de jade.

– Tu as frayé avec le Peuple Singe… les singes gris… le peuple sans loi…
les mangeurs de tout. C'est une grande honte.

– Quand Baloo m'a meurtri la tête, dit Mowgli (il était encore sur le dos),
je suis parti, et les singes gris sont descendus des arbres pour s'apitoyer sur
moi. Personne autre ne s'en souciait.

Il se mit à pleurnicher. […]

– Écoute, Petit d'Homme, dit l'Ours, – et sa voix gronda comme le tonnerre dans la nuit chaude – Je t'ai appris toute la Loi de la Jungle pour tous les
Peuples de la Jungle… sauf le Peuple Singe, qui vit dans les arbres. Ils n'ont pas
de loi. Ils n'ont pas de patrie. Ils n'ont pas de langage à eux, mais se servent de
mots volés, entendus par hasard lorsqu'ils écoutent et nous épient, là-haut,
à l'affût dans les branches. Leur chemin n'est pas le nôtre. Ils n'ont pas de
chefs. Ils n'ont pas de mémoire. Ils se vantent et jacassent, et se donnent pour
un grand peuple prêt à faire de grandes choses dans la Jungle ; mais la chute
d'une noix suffit à détourner leurs idées, ils rient, et tout est oublié.

RUDYARD KIPLING, *Le Livre de la jungle*, 1899
(pour la traduction française) Mercure de France.

Henri J. F. Rousseau (Le Douanier), ***Les Singes,*** huile sur toile,
1906 (Philadelphia Museum of Art, Pennsylvanie).

● *La Panthère Bagheera.* Illustration de Paul Jouve, 1919.

Lecture

➡ Comprendre

1. Qu'apprend Mowgli auprès de Baloo ?

2. En quoi les conceptions éducatives de Baloo et de Bagherra diffèrent-elles ?

3. De quelle manière Mowgli provoque-t-il ses éducateurs ? Comment réagissent-ils ?

➡ Approfondir

4. Quels sont les deux arguments avancés par Baloo pour justifier sa sévérité ?

5. Mowgli semble-t-il redouter ses deux éducateurs ? Justifiez votre réponse en citant le texte.

6. À partir de la l. 40, relevez les expressions qui évoquent leur colère.

7. a. Lignes 54 à 60, quelle forme de phrase Baloo emploie-t-il pour décrire le Peuple Singe ?

b. Relevez les verbes à connotation péjorative.

c. Qu'est-ce qui caractérise ce peuple ?

➡ Pour conclure

8. À travers les *Maîtres Mots*, qu'est-ce que Baloo cherche à transmettre à Mowgli ?

9. Le Peuple des Singes est sans mémoire : quelles en sont les conséquences ?

10. Pourquoi Mowgli a-t-il fréquenté ce peuple ?

Vocabulaire

1. Donnez deux synonymes au verbe *enseigner*.

2. Proposez pour chacun de ces verbes un nom de la même famille, dont vous soulignerez le suffixe.

Expression écrite

Employez des formules de politesse : atténuez les ordres suivants en employant la phrase interrogative.

Exemple : *Serpents, laissez-moi traverser ce lac à la nage.*

→ *Serpents, voudriez-vous me laisser traverser ce lac à la nage ?*

1. Abeilles, apportez-moi du miel de votre ruche.

2. Éléphant, emmène-moi sur ton dos.

3. Baloo, va me chercher cette noix de coco.

Le peuple sans loi

Mowgli se laisse enlever par le peuple des Bandar-log et s'en amuse jusqu'au moment où il comprend dans quel piège il est tombé. Pendant ce temps, Bagheera et Baloo font appel au grand python Kaa pour organiser le sauvetage de l'enfant.

Tout meurtri, las et à jeun qu'il fût, Mowgli ne put, malgré tout, s'empêcher de rire quand les Bandar-log se mirent, par vingt à la fois, à lui remonter combien ils étaient grands, sages, forts et doux, et quelle folie c'était à lui de vouloir les quitter.

5 — Nous sommes grands. Nous sommes libres. Nous sommes étonnants. Nous sommes le peuple le plus étonnant de toute la Jungle ! Nous le disons tous, aussi ce doit être vrai, criaient-ils. Maintenant, comme tu nous entends pour la première fois, et que tu es à même de rapporter nos paroles au Peuple de la Jungle afin qu'il nous remarque dans l'avenir, nous te dirons tout ce qui 10 concerne nos excellentes personnes.

Mowgli ne fit aucune objection, et les singes se rassemblèrent par centaines et centaines sur la terrasse pour écouter leurs propres orateurs chanter les louanges des Bandar-log, et, toutes les fois qu'un orateur s'arrêtait par manque de respiration, ils criaient tous ensemble :

15 — C'est vrai, nous pensons de même.

Mowgli hochait la tête, battait des paupières et disait : *Oui* quand ils lui posaient une question ; mais tant de bruit lui donnait le vertige.

Tabaqui, le Chacal, doit avoir mordu tous ces gens, songeait-il, et maintenant ils ont la rage. Certainement, c'est la *dezvanee*, la folie. Ne dorment-ils 20 donc jamais ?… Tiens, voici un nuage sur cette lune de malheur. Si c'était seulement un nuage assez gros pour que je puisse tenter de fuir dans l'obscurité. Mais… je suis si las.

Deux fidèles guettaient le même nuage du fond du fossé en ruine, au bas du mur de la ville ; car Bagheera et Kaa, sachant bien le danger que présen-25 tait le Peuple Singe en masse, ne voulaient pas courir de risques inutiles. Les singes ne luttent jamais à moins d'être cent contre un, et peu d'habitants de la Jungle tiennent à jouer semblable partie.

— Je vais gravir le mur de l'ouest, murmura Kaa, et fondre sur eux brusquement à la faveur du sol en pente. Ils ne se jetteront pas sur mon dos, à 30 moi, malgré leur nombre, mais…

— Je le sais, dit Bagheera. Que Baloo n'est-il ici ! Mais il faut faire ce qu'on peut. Quand ce nuage va couvrir la lune, j'irai vers la terrasse : ils tiennent là une sorte de conseil au sujet de l'enfant.

— Bonne chasse, dit Kaa d'un air sombre.

35 Et il glissa vers le mur de l'ouest. C'était le moins en ruine, et le gros serpent perdit quelque temps à trouver un chemin pour atteindre le haut des pierres. Le nuage cachait la lune, et comme Mowgli se demandait ce qui allait survenir, il entendit le pas léger de Bagheera sur la terrasse. La Panthère Noire avait gravi le talus presque sans bruit, et, sachant qu'il ne

₄₀ fallait pas perdre son temps à mordre, frappait de droite et de gauche parmi les singes assis autour de Mowgli en cercle de cinquante et soixante rangs d'épaisseur. Il y eut un hurlement d'effroi et de rage, et, comme Bagheera trébuchait sur les corps qui roulaient en se débattant sous son poids, un singe cria :

₄₅ – Il n'y en a qu'un ici ! Tuez-le ! Tue !

Une mêlée confuse de singes, mordant, griffant, déchirant, arrachant, se referma sur Bagheera, pendant que cinq ou six d'entre eux, s'emparant de Mowgli, le remorquaient jusqu'en haut du pavillon et le poussaient par le trou du dôme brisé. Un enfant élevé par les hommes se fût affreusement ₅₀ contusionné, car la chute mesurait quinze bons pieds ; mais Mowgli tomba comme Baloo lui avait appris à tomber, et toucha le sol les pieds les premiers.

– Reste ici, crièrent les singes, jusqu'à ce que nous ayons tué tes amis, et plus tard nous reviendrons jouer avec toi… si le Peuple Venimeux te laisse en vie.

Rudyard Kipling, Le Livre de la jungle, 1899 (pour l'édition française).

Mowgli capturé par les singes.
Huile sur toile de Ferdinand Schebek
(1875-1949).

Lecture

→ Comprendre

1. Au début du texte, où Mowgli se trouve-t-il et dans quel état ?

2. Pourquoi ne parvient-il pas à se sauver ?

3. Qui lui vient en aide ? Comment les singes réagissent-ils ?

→ Approfondir

4. a. Lignes 5 à 10, quels adjectifs les singes emploient-ils pour se qualifier ?

b. Relevez, lignes 12-13, une expression qui signifie « dire du bien de quelqu'un ».

c. En quoi cette scène vient-elle confirmer le discours de Baloo (texte 3) ?

5. « Nous le disons tous, aussi ce doit être vrai » : que pensez-vous de ce raisonnement ? Que montre-t-il du Peuple singe ?

6. Relevez, ligne 46, une énumération de participes présents : comment les singes se comportent-il lors du combat ?

7. Citez une phrase qui montre leur lâcheté.

→ Pour conclure

8. Comment évolue l'opinion de Mowgli à l'égard des singes ?

9. a. De quelle qualité Bagheera et Kaa font-ils preuve ?

b. Quel nom l'auteur emploie-t-il pour les désigner (ligne 23) ?

Vocabulaire

Remplacez le verbe *prendre* par un verbe plus précis tiré de la liste suivante :

happer – attraper – empoigner – saisir – s'emparer de – dérober.

1. Sans bruit le voleur ouvre le coffre et **prend** le collier.

2. Le chien **prend** avidement le morceau de lard qu'on lui lance.

3. Nicolas **prend** son ennemi par le collet et le jette à terre.

4. Dans un mouvement de colère, mon frère **prend** la lettre posée sur la table et la jette sur le sol.

5. Le blessé **prend** la corde que lui ont lancée les sauveteurs.

6. D'un geste vif et taquin, un camarade **prend** ma casquette.

Maintenant, je vois que tu es un homme

Mowgli a grandi. Akela, le chef du Clan, s'affaiblit. Shere Khan, qui s'est attiré les faveurs des jeunes loups, espère le remplacer et ainsi assouvir sa vengeance en demandant au Clan de lui livrer Mowgli. Si Akela prend la défense de l'enfant, la plupart des loups se rangent du côté de Shere Khan. Le petit d'homme, à qui Bagheera avait conseillé de s'emparer de la Fleur Rouge, se lève et prend la parole.

– Écoutez ! Il n'y a pas besoin de criailler comme des chiens. Vous m'avez dit trop souvent, cette nuit, que je suis un homme (et cependant je serais resté un loup, avec vous, jusqu'à la fin de ma vie) ; je sens la vérité de vos paroles. Aussi, je ne vous appelle plus mes frères, mais *sag* (chiens), comme
5 vous appellerait un homme… Ce que vous ferez, et ce que vous ne ferez pas, ce n'est pas à vous de le dire. C'est moi que cela regarde ; et afin que nous puissions tirer la chose au clair, moi, l'homme, j'ai apporté ici un peu de la Fleur Rouge que vous, chiens, vous craignez.

Il jeta le pot sur le sol, et quelques charbons rouges allumèrent une touffe
10 de mousse sèche qui flamba, tandis que tout le Conseil reculait de terreur devant les sauts de la flamme.

Mowgli enfonça la branche morte dans le feu jusqu'à ce qu'il vît des brindilles se tordre et crépiter, puis il la fit tournoyer au-dessus de sa tête au milieu des loups qui rampaient de terreur.

15 – Tu es le maître ! fit Bagheera à voix basse. Sauve Akela de la mort. Il a toujours été ton ami.

Akela, le vieux loup farouche, qui n'avait jamais imploré de merci dans sa vie, jeta un regard suppliant à Mowgli, debout près de lui, tout nu, sa longue chevelure noire flottant sur ses épaules, dans la lumière de la branche
20 flamboyante qui faisait danser et vaciller les ombres.

– Bien ! dit Mowgli, en promenant avec lenteur un regard circulaire. Je vois que vous êtes des chiens. Je vous quitte pour retourner à mes pareils… si vraiment ils sont mes pareils… La Jungle m'est fermée, je dois oublier votre langue et votre compagnie ; mais je serai plus miséricordieux que vous
25 : parce que j'ai été votre frère en tout, sauf par le sang, je promets, lorsque je serai un homme parmi les hommes, de ne pas vous trahir auprès d'eux comme vous m'avez trahi.

Il donna un coup de pied dans le feu, et les étincelles volèrent.

– Il n'y aura point de guerre entre aucun de nous dans le Clan. Mais il y
30 a une dette qu'il me faut payer avant de partir.

Il marcha à grands pas vers l'endroit où Shere Khan couché clignait de l'œil stupidement aux flammes, et le prit, par la touffe de poils, sous le menton. Bagheera suivait, en cas d'accident.

– Debout, chien ! cria Mowgli. Debout quand un homme parle, ou je
35 mets le feu à ta robe !

Eugène Delacroix (1798-1863)**, *Tigre se léchant une patte,***
huile sur toile (collection privée).

Les oreilles de Shere Khan s'aplatirent sur sa tête, et il ferma les yeux, car la branche flamboyante était tout près de lui.

— Cet égorgeur de bétail a dit qu'il me tuerait en plein Conseil, parce qu'il ne m'avait pas tué quand j'étais petit. Voici… et voilà… comment nous, les
40 hommes, nous battons les chiens. Remue seulement une moustache, Lungri, et je t'enfonce la Fleur Rouge dans la gorge !

Il frappa Shere Khan de sa branche sur la tête, tandis que le tigre geignait et pleurnichait en une agonie d'épouvante.

— Peuh ! chat de jungle roussi, va-t'en, maintenant, mais souviens-toi
45 de mes paroles : la première fois que je reviendrai au Rocher du Conseil, comme il sied que vienne un homme, ce sera coiffé de la peau de Shere Khan. Quant au reste, Akela est libre de vivre comme il lui plaît. Vous ne le tuerez pas, parce que je le défends. […]

Le feu brûlait furieusement au bout de la branche, et Mowgli frappait
50 de droite et de gauche autour du cercle, et les loups s'enfuyaient en hurlant sous les étincelles qui brûlaient leur fourrure. […] Alors Mowgli commença de sentir quelque chose de douloureux au fond de lui-même, quelque chose qu'il ne se rappelait pas avoir jamais senti jusqu'à ce jour ; il reprit haleine et sanglota, et les larmes coulaient sur son visage.

⁵⁵ – Qu'est-ce que c'est ? Qu'est-ce que c'est ? dit-il. Je n'ai pas envie de quitter la Jungle… et je ne sais pas ce que j'ai. Vais-je mourir Bagheera ?

– Non, Petit Frère. Ce ne sont que des larmes, comme il arrive aux hommes, dit Bagheera. Maintenant, je vois que tu es un homme, et non plus un petit d'homme. Oui, la Jungle t'est bien fermée désormais… Laisse-⁶⁰ les couler, Mowgli. Ce sont seulement des larmes.

RUDYARD KIPLING, *Le Livre de la jungle*, 1899 (pour la traduction française) Mercure de France.

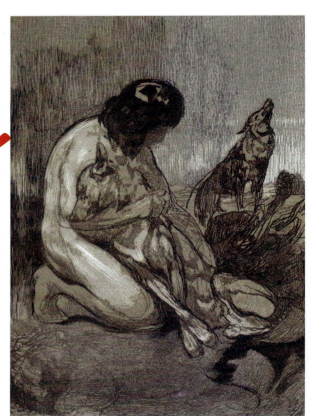

Mowgli et les loups.
Illustration de Paul Jouve, 1919.

Lecture

→ Comprendre

1. Quelle place Shere Khan cherche-t-il à occuper au sein du clan ? Dans quel but ?

2. Quel objet permet à Mowgli d'affirmer son autorité au sein du clan ?

3. Quelle décision Mowgli prend-il ici ? Qu'éprouve l'enfant à la fin du texte ?

→ Approfondir

4. a. Comment Mowgli nomme-t-il les loups ?
b. Quels surnoms donne-t-il à Shere Khan ?

5. a. Relevez, parmi les répliques de Mowgli, celles qui montrent son autorité sur les bêtes présentes.
b. Par quels gestes montre-t-il sa supériorité sur le Clan ?

6. Relevez, dans l'ensemble du texte, les expressions qui montrent la soumission des bêtes.

→ Pour conclure

7. Comparez la dernière réplique de Mowgli avec toutes les précédentes. Que remarquez-vous ?

8. a. Pourquoi ce passage est-il une étape importante dans la vie de Mowgli ? Qu'y découvre-t-il de lui-même ?
b. Quelles différentes émotions éprouve-t-il ? Répondez en un court paragraphe.

Vocabulaire

1. Proposez un synonyme à l'adjectif *flamboyant*.

2. a. Cherchez, dans les lignes 17 à 20, un verbe qui signifie « trembler », « scintiller faiblement ».
b. Donnez un adjectif de la même famille.

3. a. *étincelle* : donnez un adjectif et un verbe de la même famille.
b. Conjuguez le verbe que vous avez trouvé à toutes les personnes du présent de l'indicatif.

4. Recopiez et complétez les phrases suivantes avec les adjectifs que vous avez trouvés aux questions précédentes :
a. Achille apparut dans son armure …
b. L'éclat … de l'incendie se reflétait jusqu'au village voisin.
c. Il écrivait à la lueur … de la bougie.

Chassé du peuple des hommes

Après sa querelle avec le Clan au Rocher du Conseil, Mowgli rejoint les hommes. Messua, une villageoise, croit reconnaître en lui son fils enlevé par un tigre. Elle l'accueille et lui apprend les coutumes et la langue des hommes mais l'enfant s'intègre mal et remet sans cesse en cause leurs croyances et leurs superstitions. On lui confie la garde du troupeau de buffles.

Alors que Shere Khan menace de le tuer, Mowgli décide de s'en débarrasser. Aidé de Frère Loup et d'Akela, il lance le troupeau de buffles sur Shere Khan endormi au fond d'un ravin.

Et le torrent de cornes noires, de mufles écumants, d'yeux fixes, tourbillonna dans le ravin, absolument comme roulent des rochers en temps d'inondation, les buffles plus faibles rejetés vers les flancs du ravin qu'ils frôlaient en écorchant la brousse. Ils savaient maintenant quelle besogne
5 les attendait en avant – la terrible charge des buffles à laquelle nul tigre ne peut espérer de résister. Shere Khan entendit le tonnerre de leurs sabots, se leva et rampa lourdement vers le bas du ravin, cherchant de tous côtés un moyen de s'enfuir ; mais les parois étaient à pic, il lui fallait rester là, lourd de son repas et de l'eau qu'il avait bue, prêt à tout plutôt que de livrer bataille.
10 Le troupeau plongea dans la mare, qu'il venait de quitter, en faisant retentir l'étroit vallon de ses mugissements. […]

Akela et Frère Gris coururent de côté et d'autre en mordillant les buffles aux jambes, et, bien que le troupeau fît d'abord volte-face pour charger de nouveau en remontant la gorge, Mowgli réussit à faire tourner Rama, et les
15 autres le suivirent aux marécages. Il n'y avait plus besoin de trépigner Shere Khan. Il était mort, et les vautours arrivaient déjà.

– Frères, il est mort comme un chien, dit Mowgli, en cherchant de la main le couteau qu'il portait toujours dans une gaine suspendue à son cou maintenant qu'il vivait avec les hommes. Mais il ne se serait jamais battu…
20 *Wallah* ! sa peau fera bien sur le Rocher du Conseil. Il faut nous mette à la besogne lestement.

Buldeo, le vieux chasseur du village, veut récupérer la peau du tigre à la place de Mowgli mais celui-ci le défie et envoie à ses trousses les deux loups.

Buldeo s'en alla clopin-clopant vers le village, aussi vite qu'il pouvait, regardant par-dessus son épaule pour le cas où Mowgli se serait métamorphosé en quelque chose de terrible. À peine arrivé, il raconta une histoire
25 de magie, d'enchantement et de sortilège, qui fit faire au prêtre une mine très grave.

Mowgli continua sa besogne, mais le jour tombait que les loups et lui n'avaient pas séparé complètement du corps la grande et rutilante fourrure.

– Maintenant, il nous faut cacher ceci et rentrer les buffles. Aide-moi à
30 les rassembler, Akela.

Le troupeau rallié s'ébranla dans le brouillard du crépuscule. En approchant du village, Mowgli vit des lumières, il entendit souffler et sonner les conques et les cloches. La moitié du village semblait l'attendre à la barrière.

– C'est parce que j'ai tué Shere Khan ! se dit-il.

35 Mais une grêle de pierres siffla à ses oreilles, et les villageois crièrent :

– Sorcier ! Fils de loup ! Démon de la Jungle ! Va-t'en ! Va-t'en bien vite, ou le prêtre te fendra ta forme de loup. Tire, Buldeo, tire !

Le vieux mousquet partit avec un grand bruit et un jeune buffle poussa un gémissement de douleur.

40 – Encore de la sorcellerie ! crièrent les villageois. Il peut faire dévier les balles… Buldeo, c'est justement ton buffle.

– Qu'est ceci maintenant ? demanda Mowgli stupéfait, tandis que les pierres s'abattaient dru autour de lui.

– Ils sont assez pareils à ceux du Clan, tes frères d'ici ! dit Akela, en s'as-
45 seyant avec calme. Il me paraît que si les balles veulent dire quelque chose, on a envie de te chasser.

– Loup ! Petit de loup ! Va-t'en ! cria le prêtre en agitant un brin de la plante sacrée appelée, *tulsi*.

– Encore ? L'autre fois, c'était parce que j'étais un homme. Cette fois, c'est
50 parce que je suis un loup. Allons-nous-en, Akela.

Une femme – c'était Messua – courut vers le troupeau et pleura :

– Oh ! mon fils, mon fils ! Ils disent que tu es un sorcier qui peut se changer en bête à volonté. Je ne le crois pas, mais va-t'en, ou ils vont te tuer. Buldeo raconte que tu es un magicien, mais moi je sais que tu as vengé la
55 mort de Nathoo.

– Reviens, Messua ! cria la foule. Reviens, ou l'on va te lapider !

Lecture

➡ Comprendre

1. a. Comment Mowgli se sent-il auprès des hommes ?
b. Quelle tâche lui confie-t-on ?

2. Comment s'y prend-il pour se débarrasser de Shere Khan ? Qui l'aide dans cette entreprise ?

3. Qui est Buldéo ?

4. Pourquoi les hommes chassent-ils Mowgli de leur clan ?

➡ Approfondir

5. Relevez, lignes 1 à 4, le champ lexical de l'eau.
À quoi est comparée la charge des buffles ?

6. a. Dans quel état se trouve Shere Khan au moment de l'attaque ?
b. À quelle sorte de mort Mowgli le condamne-t-il ?

7. a. Qu'entend et que voit Mowgli en s'approchant du village. À quoi s'attend-il ?
b. Quel mot de liaison montre qu'il se trompe ?

8. Quels sont les compléments du nom *histoire* (l. 24) ?
Par quel groupe nominal Mowgli désigne-t-il ces histoires lorsqu'il s'adresse à Messua ?

➡ Pour conclure

9. Qu'est-ce que Mowgli a appris chez les hommes ? En quoi se montre-t-il plus malin qu'eux ?

10. a. De quelle manière les hommes chassent-ils Mowgli ?
b. Comparez avec la manière dont les loups l'ont chassé. Que remarquez-vous ?

11. Avec qui Mowgli part-il à la fin ? Comment se sent-il ? À votre avis pourquoi ?

Mowgli se mit à rire, d'un vilain petit rire sec, une pierre venait de l'atteindre à la bouche :

– Rentre vite, Messua. C'est une de ces fables ridicules qu'ils répètent sous
60 le gros arbre, à la tombée de la nuit. Au moins, j'aurai payé la vie de ton fils.

Adieu, et dépêche-toi, car je vais leur renvoyer le troupeau plus vite que n'arrivent leurs tessons. Je ne suis pas sorcier, Messua. Adieu !

– Maintenant, encore un effort, Akela ! cria-t-il. Fais rentrer le troupeau.

Les buffles n'avaient pas besoin d'être pressés pour regagner le village.
65 Au premier hurlement d'Akela, ils chargèrent comme une trombe à travers la barrière, dispersant la foule de droite et de gauche.

– Faites votre compte, cria dédaigneusement Mowgli. J'en ai peut-être volé un. Comptez-les bien, car je ne serai plus jamais berger sur vos pâturages. Adieu, enfants des hommes, et remerciez Messua de ce que je ne
70 vienne pas avec mes loups vous pourchasser dans votre rue !

Il fit demi-tour, et s'en fut en compagnie du Loup solitaire ; et, comme il regardait les étoiles, il se sentit heureux.

RUDYARD KIPLING, *Le Livre de la jungle*, 1899
(pour la traduction française) Mercure de France.

Mowgli tuant le tigre Shere Khan.
Illustration de Paul Jouve, 1919.

Vocabulaire

1. a. *Ensorcellement* : expliquez la construction de ce mot.

b. En employant la même construction, trouvez un synonyme à partir du radical « chant »

2. Le mot *carmen* en latin signifie « chant magique » et a donné le mot « charme ».

Que signifie l'expression « jeter un charme sur quelqu'un » ?

3. Qu'est-ce que la superstition ? Donnez des exemples de croyance superstitieuse.

Expression écrite

Mowgli retrouve Bagheera et lui dit ce qu'il pense des hommes. Imaginez et rédigez ce dialogue.

Un parcours initiatique

1 Définition

● Dans cette histoire, le personnage principal subit un **certain nombre d'épreuves** qui le font changer et lui permettent de **passer de l'enfance à l'âge adulte** : c'est ce qu'on appelle **un récit initiatique**.

2 Retracer les différentes étapes de cette initiation

● Le dénuement

1. « *Devant la porte s'appuyant sur une branche basse se tenait un petit tout nu qui pouvait à peine marcher* » : dans quel état se trouve Mowgli au début de l'histoire ?

2. « *Il n'a pas un poil et je pourrais le tuer en le touchant du pied* » dit Père Loup ;
« *le petit d'homme est à nous pour le tuer s'il nous plaît* », dit Mère Louve
a. Qu'est-ce qui caractérise Père Loup et Mère Louve ?
b. Malgré cela, que se proposent-ils de faire de l'enfant ?

3. « *Emmenez-le et dressez-le comme un membre du peuple libre* » dit Akela :
à partir de quel moment l'identité de Mowgli est-elle reconnue par tous les loups ?

● L'apprentissage des lois

4. « *Donnez-moi la liberté de chasser ici. - Chasse donc pour ta faim et non pour ton plaisir* » :
qu'apprend Mowgli auprès de Baloo ?
5. À quoi lui servent les Maîtres Mots ?

● La tentation de l'interdit

6. « *... alors ils m'ont donné des noix et tout plein de bonnes choses à manger* » :
a. Que cherche Mowgli en rejoignant le peuple singe ?
b. Que trouve-t-il en réalité aux Grottes Froides ?

● Un premier arrachement

7. « *Remue seulement une moustache, Lungri, et je t'enfonce la Fleur Rouge dans la gorge !* » dit Mowgli à Shere Khan.
Comparez la situation de Mowgli au moment où il prononce cette phrase avec celle de son arrivée à la Grotte des loups : que remarquez-vous ?
8. « *Alors Mowgli commença à sentir quelque chose de douloureux au fond de lui-même* »...
« *– Qu'est-ce que c'est, qu'est-ce que j'ai ? Vais-je mourir Bagheera ?* »
a. Que perd Mowgli en quittant la jungle ?
b. Qu'apprend-il auprès des hommes ?

**« Caïque à ventre blanc »
par Alain Tomas,** huile sur panneau, diamètre : 50 cm, 2002 (collection privée).

● La conquête de l'indépendance

9. « *Wallah ! Sa peau fera bien sur le Rocher du Conseil.* »
Que veut montrer Mowgli au Clan en y amenant la peau de Shere Khan ?

10. « *Je ne suis pas sorcier, Messua. Adieu !* »

a. Pourquoi Mowgli ne s'est-il jamais intégré au peuple des hommes ?

b. De quelle qualité fait-il preuve ?

11. Que gagne-t-il à être chassé du peuple des hommes ?

③ Les valeurs que cherche à transmettre R. Kipling à travers l'histoire de Mowgli

Voici quelques strophes du plus célèbre poème de Kipling :

> Si tu peux voir détruit l'ouvrage de ta vie
> Et sans dire un seul mot te mettre à rebâtir,
> Ou, perdre d'un seul coup le gain de cent parties
> Sans un geste et sans un soupir ;
>
> Si tu peux être amant sans être fou d'amour,
> Si tu peux être fort sans cesser d'être tendre
> Et, te sentant haï sans haïr à ton tour,
> Pourtant lutter et te défendre ;
>
> Si tu peux supporter d'entendre tes paroles
> Travesties par des gueux pour exciter des sots,
> Et d'entendre mentir sur toi leur bouche folle,
> Sans mentir toi-même d'un seul mot ;
>
> [...]
>
> Si tu peux rencontrer Triomphe après Défaite
> Et recevoir ces deux menteurs d'un même front,
> Si tu peux conserver ton courage et ta tête
> Quand tous les autres les perdront,
>
> Alors, les Rois, les Dieux, la Chance et la Victoire
> Seront à tout jamais tes esclaves soumis
> Et, ce qui vaut mieux que les Rois et la Gloire,
> Tu seras un Homme, mon fils.
>
> RUDYARD KIPLING

1. D'après vous, à qui s'adresse ce poème ? Dans quel but ?

2. a. Quelles qualités sont décrites dans chacune de ces strophes ?

b. À quels moments du récit Mowgli fait-il preuve de ces qualités ?

3. Lisez la dernière strophe : comment s'y prend le poète pour mettre en valeur ces qualités ?

Vocabulaire

Les sentiments

1 Dans chaque cas, complétez la deuxième phrase par un adjectif de façon à exprimer le contraire du sentiment exprimé dans la première.

1. Nous nous sommes bien amusés. / Nous nous sommes beaucoup …

2. Nous étions pleins d'espérance. / Nous étions …

3. J'étais enchanté de cette nouvelle. / J'étais … de cette nouvelle.

4. Je ne devais pas participer à ce voyage. Comme j'étais déçu ! / J'allais participer à ce voyage. Comme j'étais …

2 Dans chaque cas, complétez la seconde phrase avec l'un des mots ci-dessous pour traduire, sous une autre forme, le sentiment exprimé dans la première phrase : *exaspéré – dépité – révolté – interloqué – ahuri – frappé de stupeur*

1. J'étais à la fois étonné et effrayé. / J'étais …

2. J'étais si étonné que tout d'abord, je ne compris pas ce qui m'arrivait. / Je demeurai …

3. Je fus si surpris de sa demande que je ne sus rien lui répondre. / J'étais …

4. Devant une telle insistance, la colère me prit, je perdis patience. / J'étais …

5. J'étais furieux devant une telle injustice. / J'étais … par une telle injustice.

6. J'étais déçu et vexé, car la récompense que je croyais obtenir fut remise à mon camarade. / J'étais …

3 **a.** Regroupez ces mots par couples d'antonymes. Aidez-vous d'un dictionnaire si nécessaire.

Solitaire	Indulgent
Paisible	Bourru
Sévère	Cupide
Aimable	Sociable
Généreux	Tourmenté

b. Recopiez les phrases suivantes et complétez-les par l'un des adjectifs ci-dessus.

1. À la fin de sa vie, Akela est devenu un animal …

2. Lorsque Mowgli est chassé par les hommes, sa mère est ….

3. Bagheera accepte facilement que Mowgli se trompe. Il se montre plus … que Baloo.

4. Mon voisin ne dit jamais bonjour. Il est …

5. Cet homme … renferme ses trésors et en prive ses enfants.

4 Pour qui éprouvez-vous : de l'admiration – de la tendresse – de la rancune – de la compassion – de l'antipathie – de la gratitude ?

Associez à chaque cas le sentiment qui convient.

1. Votre petit frère qui n'a encore que quelques mois.

2. Le coureur qui a remporté le Tour de France.

3. Un élève qui médit souvent sur les autres.

4. Le pompier qui vous a sauvé de la noyade.

5. Ce camarade qui a trahi votre secret.

6. Votre grand-mère malade.

5 Cherchez des synonymes du verbe *aimer*.

6 Remplacez les verbes en gras par l'un de ces synonymes : *serrer – ressentir – haïr*

1. Comme je les **maudis** de m'avoir laissé seul au milieu de cette ville !

2. Une angoisse m'**étreint** le cœur.

3. Il **éprouve** une grande affection pour cet ami.

7 Recopiez et complétez ces phrases par des mots de la famille de :

a. Pitié

1. L'enfant sortit de la bagarre dans un état … : son pantalon était déchiré et ses lunettes cassées.

2. L'… marâtre refusa à Cendrillon le droit de se rendre au bal.

3. Nous nous … sur les souffrances de ces malades.

b. Digne

1. Mon grand-père … de notre manque de politesse.

2. Il garda son calme et sa …, malgré l'affront qui lui était fait.

3. Elle nous a trahis, elle est … de notre confiance.

8 **a.** Quel sentiment évoquent les verbes suivants : *enrager – agacer – s'irriter – s'emporter ?*

b. Complétez les phrases suivantes à l'aide de ces verbes.

1. Le bourdonnement de l'insecte … l'homme qui cherche le sommeil.

2. Elle manque de patience et … de ne pas résoudre ce problème.

3. Mon père … vite.

4. Shere Khan … de ne pouvoir tuer l'enfant.

Grammaire pour écrire

Exprimer un sentiment et éviter les répétitions

■ Exprimer un sentiment

1 **a. Voici deux manières de construire des phrases exclamatives :**

– « Quelle belle chenille, grosse, velue, brune, avec ses points d'or et ses yeux noirs ! » (J. Renard)
– « Comme je les maudissais, comme je les détestais ! » (A. Daudet)

b. Transformez les phrases suivantes en employant l'une de ces formes exclamatives.

1. La pluie est triste, en hiver, lorsqu'elle tombe à travers les arbres dépouillés.
2. J'éprouverais un grand bonheur si je revoyais cet ami.
3. Lorsque je compris qu'ils organisaient cette fête sans moi, j'éprouvai une grande amertume.
4. Mowgli s'amuse beaucoup en parcourant la jungle sur le dos de Bagherra.
5. L'enfant a ressenti une peur vive à l'approche de ce serpent.

2 **Transformez les phrases selon le modèle.**

Exemple : *C'est amusant de grimper aux arbres.*
→ *Rien n'est plus amusant que de grimper aux arbres !*

1. C'est agréable d'entendre la pluie tomber sur les larges feuilles.
2. C'est effrayant d'imaginer tous les dangers que cache la jungle.
3. C'est désagréable d'entendre ce sorcier abreuver les villageois d'histoires mensongères.
4. C'est étonnant cet enfant élevé par des loups.

3 **Pour donner plus d'intensité à une phrase déclarative, transformez-la en phrase interro-négative.**

Exemple : *Ces villageois sont bien crédules.*
→ *Ne sont-ils pas crédules, ces villageois ?*

1. Ce petit d'homme nu et potelé est bien mignon.
2. Le tigre se montre bien lâche face à la Fleur Rouge.
3. Mowgli s'est senti bien triste au moment où il fut chassé du Clan.
4. Cette histoire est tout à fait étonnante.
5. Vous oubliez bien facilement l'origine de toute cette affaire.

4 **Transformez selon le modèle suivant.**

Exemple : *Il a réussi grâce à sa persévérance.*
→ *C'est grâce à sa persévérance qu'il a réussi.*

1. Le dévouement de Mère Louve l'a sauvé.
2. En faisant chaque jour de petits efforts, on arrive à de grands résultats.

3. Ils ont été avertis à temps grâce aux hurlements du loup.
4. Il a réalisé cette belle performance parce qu'il s'est longtemps entraîné.
5. Cette chanson a beaucoup de succès parce qu'elle est très émouvante.

■ Éviter les répétitions

5 **Recopiez ces phrases en employant des pronoms pour éviter les répétitions.**

1. À peine Mowgli se dirigeait-il vers les murs de la ville que les singes tirèrent Mowgli en arrière, en disant à Mowgli que Mowgli ne connaissait pas son bonheur et en pinçant Mowgli.
2. Lève ta main et donne-moi ta main afin que je te hisse de là.
3. Alors commença au milieu des arbres la fuite des singes. Les singes ont, dans les arbres, leurs routes régulières et leurs chemins de traverse.

6 **Recopiez ces phrases en employant des pronoms pour éviter les répétitions.**

1. Deux des singes les plus forts avaient empoigné Mowgli sous les bras. Seuls, ils auraient avancé deux fois plus vite, mais le poids de Mowgli les retardait.
2. Mowgli grimpait aux arbres pour chercher des noix et Bagherra lui montrait comment faire. S'allongeant sur une branche, Bagheera l'appelait : « Viens par ici, petit frère ! ».
3. Baloo et Bagheera partirent à la recherche de Kaa. Ils trouvèrent Kaa étendu sur une saillie de roc que chauffait le soleil.

7 **Récrivez ce texte afin d'éviter les nombreuses répétitions. Vous emploierez des pronoms ou vous désignerez les personnages d'une autre manière.**

La tante Mélina était une très vieille et très méchante femme, qui avait une bouche sans dents et un menton plein de barbe. Quand Delphine et Marinette allaient la voir dans son village, la tante Mélina ne se lassait pas d'embrasser Delphine et Marinette, ce qui n'était pas très agréable à cause de la barbe, et la tante Mélina en profitait pour pincer Delphine et Marinette et tirer les cheveux à Delphine et Marinette. Son plaisir était d'obliger Delphine et Marinette à manger d'un pain et d'un fromage que la tante Mélina avait mis à moisir en prévision de leur visite. En outre, la tante Mélina trouvait que Delphine et Marinette lui ressemblaient beaucoup et affirmait qu'avant la fin de l'année, Delphine et Marinette seraient devenues ses deux fidèles portraits, ce qui était effrayant à penser.

D'après Marcel Aymé, *Les Contes du chat perché*.

Imaginer un nouvel épisode des aventures de Mowgli

Sujet

Imaginez un nouvel épisode des aventures de Mowgli. Alors qu'il vit dans la jungle, entouré de ses amis, il va subir une épreuve, qui le fera grandir, et au cours de laquelle il découvrira au choix l'un de ces sentiments : la compassion, la gratitude, la révolte.

*L'ours Baloo, **Kaa le serpent**, **Bagheera la panthère et les enfants.*** Illustration de J. M. Gleeson, 1906.

 A Préparer le travail et chercher des idées

1. Donnez des exemples de situations au cours desquelles on peut éprouver les sentiments évoqués dans le sujet.

2. Choisissez le sentiment que Mowgli va découvrir et imaginez la situation propre à faire naître ce sentiment.

3. Réfléchissez aux personnages que Mowgli rencontre dans cette aventure : s'agit-il d'animaux, d'êtres humains ? Qu'est-ce qui les caractérise ?

 B Organiser le récit à l'aide d'un plan

4. Classez vos idées à l'aide du plan suivant :

• **Premier paragraphe :** décrivez Mowgli dans une action qui lui est habituelle (promenade seul ou avec Bagherra, leçon avec Baloo, jeux avec Frère-Loup…).

• **Deuxième paragraphe :** racontez un événement qui vient perturber la situation de départ et qui met Mowgli à l'épreuve. Montrez les réactions des différents personnages.

• **Troisième paragraphe :** racontez comment se résout l'événement et évoquez les enseignements que Mowgli en a tirés.

 C Rédiger

5. Rédigez ce conte en tenant compte des conseils ci-dessous.

Boîte à outils

Pour réussir

1. Pensez à présenter correctement les parties dialoguées et à employer des verbes de parole variés.

2. Employez le vocabulaire des sentiments étudié p. 128.

3. Donnez de l'intensité aux sentiments éprouvés en reprenant les formes de phrases rencontrées p. 129.

4. Évitez les répétitions en employant les pronoms ou en variant la manière de désigner vos personnages.

Des livres

❧ **Les Contes du chat perché de Marcel Aymé,** publiés entre 1934 et 1946

Delphine et Marinette vivent à la campagne avec leurs parents et partagent avec les animaux de la ferme de nombreuses aventures toutes plus cocasses les une que les autres.

❧ **L'Enfant et la Rivière de Henri Bosco,** 1945.

On a formellement interdit à Pascalet d'aller jouer près de la rivière, mais le garçon, qui rêve de découvrir ce lieu magique et sauvage, s'aventure un jour en barque jusqu'à une île où il fera de bien étranges rencontres...

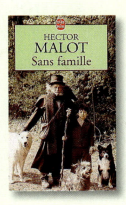

❧ **Sans famille** de Hector Malot, 1878.

Rémi est un enfant trouvé qui doit quitter très jeune le foyer qui l'avait accueilli pour suivre Vitalis, vieux saltimbanque qui parcourt les routes pour jouer ses spectacles. Le jeune garçon vit bien des situations tragiques et découvre aussi la force de l'amitié.

Des films

❧ **Greystoke, la légende de Tarzan,** réalisé par Hugh Hudson, 1984, DVD.

Suite à un naufrage, le comte et la comtesse de Greystoke meurent en pleine jungle, y laissant un bébé, qu'une guenon élèvera comme son fils. Bien des années plus tard, un explorateur belge rencontre ce jeune homme sauvage et découvre ses origines. Il décide de le ramener en Angleterre chez son grand-père.

❧ **La Forêt d'émeraude,** réalisé par John Boorman, 1985, DVD.

Le père de Tommy est ingénieur. Tandis qu'il participe à la construction d'un barrage au bord de la forêt amazonienne, son fils est enlevé par une tribu d'Indiens. Il vivra dix ans parmi eux.

❧ **L'Enfant qui voulait être un ours,** réalisé par Jannick Astrup, 2002, DVD.

L'enfant d'un couple inuit est enlevé par des ours qui l'élèvent comme leur fils. Lorsque ses parents le retrouvent, ce dernier a bien grandi et souhaite devenir un ours. Il s'échappe du village des hommes pour aller à la rencontre de l'esprit de la montagne.

5

Récits des origines

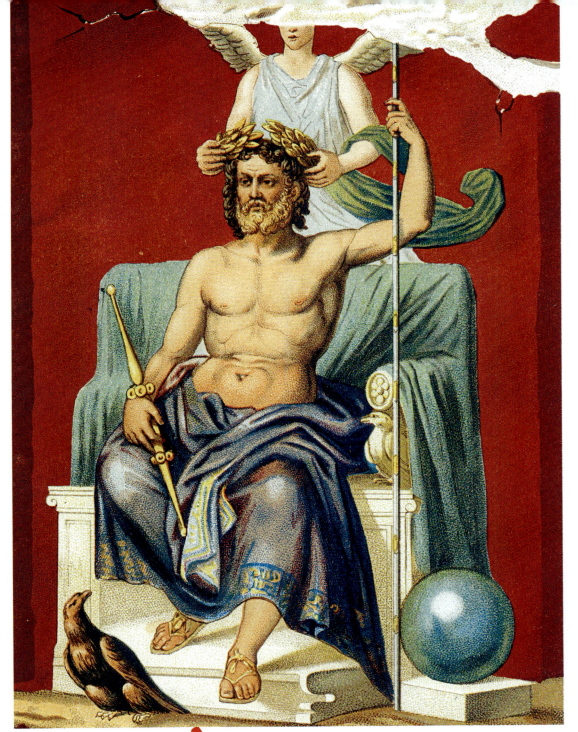

● **Zeus couronné par la victoire,** tableau réalisé au XIXᵉ siècle
d'après une fresque de Pompéi (musée des Arts décoratifs, Naples).

Lire une image

1. D'après quoi cette œuvre a-t-elle été réalisée ? À quelle époque ?

2. Décrivez ce que vous voyez au premier plan et à l'arrière-plan : quels sont les différents emblèmes du pouvoir de Zeus ? Comment la victoire est-elle représentée ?

3. Quelle impression cette image produit-elle sur vous ? Écrivez quelques lignes pour dire ce qu'elle vous inspire.

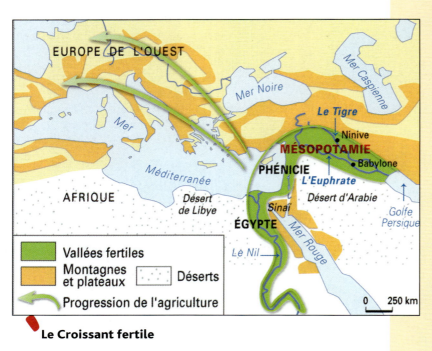

Le Croissant fertile

Les premières civilisations

● Environ 5 000 ans avant notre ère se développent **les premières grandes civilisations :** civilisation sumérienne en Mésopotamie, égyptienne le long du Nil, crétoise dans les îles grecques...

● Partout, les hommes se sont organisés en **sociétés régies par des lois.** Avec les progrès techniques, les villes se sont développées et fortifiées. Entre les cités, les **échanges commerciaux,** mais aussi les rivalités et les **guerres,** s'intensifient. Le développement du commerce et la nécessité de tenir une comptabilité des échanges vont favoriser **l'invention de l'écriture.**

Questions

❶ À l'aide de la carte, citez deux grandes villes de Mésopotamie.

❷ Recherchez à quels pays correspond aujourd'hui ce territoire appelé « Croissant fertile ».

Soldats armés d'une fronde, détail d'un bas-relief du palais d'Assurbanipal, roi d'Assyrie, VIIe siècle avant J.-C.

Mythes et religions

● Toutes ces civilisations ont un point commun : ce sont **des civilisations agricoles qui vivent au rythme de la nature et sont très dépendantes des éléments**.

● Pour tenter de se concilier ces forces qui les dépassent, les hommes vont bientôt leur rendre un culte : **les premières religions, polythéistes, se mettent en place**. Partout, on érige des temples à la gloire des dieux. Fêtes religieuses et agricoles rythment le calendrier.

● Avec les dieux naissent les récits qui racontent leurs aventures et justifient ces rites. Ce sont **les mythes**.

Poséidon, Apollon et Artémis : ces trois dieux figurent sur une frise du Parthénon, dite frise des « Panathénées », grande fête donnée en l'honneur d'Athéna, Vᵉ siècle avant J.-C. (musée de l'Acropole, Athènes).

Questions

❸ Que signifie le mot *polythéiste* ? Comment est-il formé ?

❹ Quelle déesse célébrait-on lors des Panathénées ?

Les premiers textes littéraires

● Les mythes parlent de la vie en collectivité, des rapports de l'homme avec les dieux, les lois et la nature. Ce sont **d'abord des récits oraux**. Mais l'invention de **l'écriture, vers 3500 av. J.-C.,** va permettre de fixer ces récits.

● **Les premiers textes littéraires de l'humanité** sont une épopée sumérienne, l'histoire du prince Gilgamesh et des contes égyptiens. De l'autre côté de la Méditerranée, **Hésiode**, poète grec du VIIIᵉ siècle avant J.-C., est le premier à mettre par écrit une grande part de **la mythologie grecque**.

Question

❺ Observez le document ci-contre : que fait le roi Hammourabi pour la première fois dans l'histoire des sociétés humaines ?

En 1750 avant J.-C., le roi mésopotamien Hammourabi est le premier à rédiger des lois écrites. Le texte est gravé sur cette stèle conservée au musée du Louvre. Le document représente le roi recevant du dieu Shamash l'ordre de répandre la justice.

Vers 5000 av. J.-C. — **Premières grandes civilisations**

Vers 3500 av. J.-C. — **Invention de l'écriture**

Vers 2000 av. J.-C. — **Épopée de Gilgamesh**

VIIIᵉ siècle av. J. C. — **Hésiode** **Homère**

70 - 19 av. J.-C. — **Virgile**

43 av. J.-C. - 17 ap. J.-C. — **Ovide**

L'origine du monde

Hésiode est un poète grec du VIIIe siècle av. J.-C. Son œuvre fixe pour la première fois à l'écrit une grande part de la mythologie grecque.

Au commencement fut le Chaos, puis la Terre à la large poitrine, demeure toujours sûre de tous les Immortels qui habitent la cime de l'Olympe[1] neigeux ; ensuite le sombre Tartare[2], placé sous les abîmes de la Terre immense ; enfin l'Amour, le plus beau des dieux [...]. Du Chaos
5 sortirent l'Obscurité et la Nuit noire. La Terre, elle, enfanta d'abord le Ciel Étoilé et le rendit son égal en grandeur afin qu'il la couvrît tout entière et qu'il offrît aux bienheureux Immortels une demeure toujours tranquille. Bientôt, sans l'aide de l'Amour, elle engendra Pontos, la mer stérile aux flots bouillonnants ; puis, s'unissant avec Ciel, elle fit naître l'Océan aux gouffres
10 immenses, Coios, Crios, Hypérion, Japet, Théia, Thémis, Rhéa, Mnémosyne, Phoebé à la couronne d'or et l'aimable Téthys[3]. La Terre enfanta aussi les Cyclopes au cœur violent, Brontès, Stéropès et l'intrépide Argès, qui remirent son tonnerre à Zeus et lui forgèrent sa foudre : tous les trois ressemblaient aux autres dieux, seulement ils n'avaient qu'un œil au milieu du
15 front et reçurent le surnom de Cyclopes, parce que cet œil était de forme circulaire. Dans tous les travaux éclataient leur force et leur puissance.

Les dieux continuent de se multiplier. Mais très vite, les premières générations entrent en guerre. Zeus et ses frères, aidés des Cyclopes, affrontent les Titans, des géants monstrueux, violents et cruels.

Jusqu'alors l'un et l'autre partis[4], en s'attaquant, avaient montré le même courage dans cette violente bataille ; mais Cottos, Briarée et Gygès, de leurs mains vigoureuses lancèrent coup sur coup trois cents rochers, ombragèrent
20 les Titans d'une nuée de flèches, et les précipitèrent tout chargés de douloureuses chaînes sous les abîmes de la Terre. Là, par l'ordre de Zeus qui rassemble les nuages, les dieux Titans languissent[5] cachés dans les ténèbres, au fond d'un gouffre impur, aux extrémités de la terre lointaine. Cette prison n'offre point d'issue ; Poséidon y posa des portes d'airain[6] ; des deux côtés
25 un mur l'environne. Là sont tracées avec ordre les premières limites de la sombre Terre.

HÉSIODE, *Théogonie*, adaptation de la traduction d'Anne Bignan.

1. **L'Olympe :** montagne grecque où l'on situait la demeure des dieux.
2. **Le Tartare :** le monde des Enfers.
3. **Tous ces enfants forment la famille des Titans.**
4. **Partis :** ici, familles.
5. **Languir :** ici, mener une vie limitée et pénible.
6. **D'airain :** de bronze.

Lecture

➡ Comprendre

1. Quel est l'élément originel, celui qui existe depuis toujours ?

2. a. Ligne 2, quel mot désigne les dieux ?

b. Où ces dieux vivent-ils ?

3. À l'aide du texte, reconstituez l'arbre généalogique des dieux depuis le Chaos jusqu'aux Titans.

4. a. Qui sort vainqueur de la guerre entre les dieux ?

b. Quel est le châtiment infligé aux vaincus ?

➡ Approfondir

5. Dans la première phrase, relevez le sujet du verbe : quel est l'intérêt de mettre les mots dans cet ordre ?

6. Relevez tous les adverbes de temps du premier paragraphe. Qu'expriment-ils ?

➡ Pour conclure

7. a. Cherchez dans le dictionnaire le sens du mot *chaos*.

b. Quel mot, ligne 25, s'oppose au mot *chaos* ?

c. Que s'est-il passé entre le début et la fin du texte ? Précisez la place réservée à chaque être dans le monde.

Vocabulaire

1. Cherchez dans le premier paragraphe deux verbes qui signifient *faire naître*.

2. Cherchez dans le dictionnaire des synonymes aux mots suivants :
cime - abîme - flots - ténèbres.

3. Recopiez et complétez les phrases suivantes avec l'un des mots proposés dans la question 2.

a. La lumière s'éteignit d'un seul coup et nous fûmes plongés dans les ...

b. Le navire était malmené par les ... déchaînés.

c. Un merle chantait à la ... de l'arbre.

d. La Terre trembla et sous nos pieds s'ouvrit un ... effroyable.

4. Cherchez dans les lignes 8 à 11 un synonyme du mot *abîme*.

Comment Zeus devint le roi des dieux

Alors ce fut le règne de Cronos, meurtrier de son père[1]. Il épousa la divine Rhéa qui lui donna de nombreux enfants. Mais le dieu prudent savait qu'un des fils illustres nés de lui le dompterait, comme il avait tué lui-même son propre père. Aussi il les dévorait à mesure que la divine Rhéa
5 les avait mis au monde ; il accomplissait ces actions cruelles afin que nul parmi ses fils ne possédât jamais le pouvoir suprême. Et Rhéa était accablée d'une grande douleur. Mais la déesse de la terre enseigna à la femme de son fils Cronos le moyen de conserver ses enfants bien-aimés, à l'insu[2] de leur père. Et ainsi, après que cette ruse lui eut été inspirée, chaque fois que Rhéa
10 mettait au monde un fils ou une fille, elle cachait l'enfant soigneusement. Puis, ayant enveloppé de langes une grosse pierre, elle la présentait à Cronos : celui-ci la saisissait et la dévorait avidement, croyant engloutir un de ses enfants dans son ventre énorme.

C'est grâce à cette ruse habilement combinée que Rhéa put, depuis ce
15 temps, sauver ses fils et ses filles, dieux bienheureux qui règnent dans le ciel et la mer, sur la terre fertile et dans les abîmes souterrains : Zeus, dont le tonnerre ébranle le monde ; Héra, la déesse aux bras blancs, sa sœur et sa femme ; Déméter, qui fait grandir les moissons de blé jaune ; Poséidon, qui apaise ou soulève, suivant sa volonté, les flots retentissants ; Hadès, dont
20 le royaume s'étend au-dessous de la terre, et dont le cœur est impitoyable.

Zeus est caché en Crète où il est nourri par la chèvre Amalthée et élevé par des Nymphes.

Or Zeus grandissait en force et en intelligence, il n'avait plus les membres faibles, ni les vaines pensées d'un jeune enfant ; et, quand les temps furent révolus[3], il revint dans le ciel et dompta par sa force invincible le dieu Cronos, comme celui-ci avait autrefois vaincu par ruse son propre père. [...] Il
25 avait pris pour femme l'irréprochable Héra, la déesse aux bras blancs ; il avait donné à son frère Poséidon le gouvernement des mers immenses, et à son frère Hadès, celui des abîmes souterrains. Tous les dieux et toutes les déesses enfants de Cronos et de Rhéa obéissaient fidèlement à leur frère Zeus, et le secondaient dans ses volontés prudentes.

Contes et légendes de la Grèce antique.

---

1. Cronos, l'un des Titans, a détrôné son père par la violence. Un oracle le condamne à subir à son tour le même sort.

2 À l'insu de leur père : sans que leur père le sache.

3 Révolus : passés.

Rhéa apporte à Cronos une grosse pierre entourée de langes,
relief d'époque romaine (musée national des Thermes, Rome).

Lecture

➡ Comprendre

1. Citez les noms des enfants de Cronos et Rhéa.

2. Qu'est-ce que Cronos fait de ses enfants ? Pourquoi ?

3. Quelle ruse Rhéa invente-t-elle pour sauver ses enfants ?

4. Que fait Zeus une fois devenu adulte ?

➡ Approfondir

5. À votre avis, Cronos est-il un bon roi ? Pourquoi ? Donnez au moins deux raisons.

6. En quoi Zeus est-il un roi différent de Cronos ?

➡ Pour conclure

7. Pourquoi peut-on dire que la mise en ordre de l'univers, commencée avec le récit précédent, se poursuit ici ?

Expression écrite

❶ Dans le premier paragraphe du texte, relevez les conjonctions de coordination et les adverbes qui relient les phrases entre elles, puis expliquez leur emploi.

❷ Recopiez et complétez le résumé du texte avec l'un des mos suivants :

alors – ainsi – aussi – et – mais – or.

Cronos voulait conserver le pouvoir pour lui seul. ... il savait par un oracle qu'un de ses fils devait le détrôner. ... dévorait-il ses enfants les uns après les autres. ... Rhéa ne pouvait plus le supporter. Elle mit ... au point une ruse pour sauver ses enfants : à chaque fois qu'un petit dieu venait au monde, elle enveloppait une pierre dans des langes et la présentait à son époux. ... le dieu cruel dévorait la pierre. ..., Zeus et ses frères furent sauvés.

Prométhée, l'ami des hommes

Au tout début des temps, les hommes vécurent dans un véritable âge d'or. Leur jeunesse était éternelle. Ils se nourrissaient sans avoir besoin de travailler et possédaient le feu pour cuire leurs aliments. Tout aurait pu en rester là. Mais Prométhée, l'ami des hommes[1], alla trop loin.

5 Un jour que Zeus avait ordonné que les humains lui fassent un sacrifice, Prométhée lui tendit un piège grossier. Il apporta un bœuf, le tua et le découpa pour en faire deux parts. Dans l'une, il mit toutes les chairs recouvertes d'une peau malodorante et, dans l'autre, les os et la carcasse cachés sous une mince couche de graisse blanche.

10 – Grand Zeus, lui dit-il, choisis quelle doit être la part des dieux lors des sacrifices !

Zeus tomba dans le piège et désigna la part qui semblait la plus appétissante et qui n'était pourtant qu'un tas d'os. C'est pourquoi, depuis ce jour, les hommes prirent l'habitude de brûler graisse et ossements en l'honneur 15 de la puissance divine.

Mais Zeus n'appréciait guère de s'être fait berner[2] et il ne laissa pas impuni cet acte effronté.

Il fit souffler tous les vents de la Terre et éteignit le feu des hommes. Puis, dans une terrible malédiction, il les condamna à gagner désormais leur pain 20 à la sueur de leur front. L'âge d'or était fini !

Pourtant Prométhée eut encore pitié des hommes, qu'il voyait grelotter en mangeant de la viande crue. Dès que la colère de Zeus fut un peu calmée, 25 il se rendit discrètement dans l'atelier d'Héphaïstos, le dieu forgeron, et déroba une étincelle du feu sacré qu'il cacha dans 30 le creux d'un roseau. Puis il alla l'offrir aux hommes, qui purent à nouveau se chauffer et cuire leur pitance. Mais, du haut de 35 l'Olympe, Zeus gardait un œil sur sa création. Lorsqu'il vit fumer sur la Terre les cheminées des maisons, il entra dans une

1. On attribue parfois à Prométhée la création des hommes. En tout cas, les mythes racontent que, lorsque les différentes qualités (la force, la rapidité, l'agilité...) furent réparties entre les animaux, Épiméthée, chargé de ce partage, oublia les hommes, qui n'avaient plus rien pour se défendre face aux autres espèces. Pour réparer ce tort, Prométhée leur donna l'intelligence et le feu.

2. Berner : duper, tromper.

Jan Cossiers, *Prométhée donne le feu aux hommes*, huile sur toile, 182 × 113 cm, vers 1637 (musée du Prado, Madrid).

40 colère prodigieuse, une colère comme seuls les dieux peuvent en concevoir.

Et il se vengea. D'abord sur Prométhée, car cela ne pouvait être que lui le responsable. Il fit saisir et enchaîner le rebelle au sommet du mont Caucase pour un châtiment qui ne devait pas avoir de fin. Tous les matins, un aigle venait lui dévorer le foie. Et, chaque nuit, ce foie renaissait, rendant sa tor-
45 ture éternelle. Pourtant, malgré sa souffrance, jamais Prométhée n'implora grâce. Ce supplice cessa toutefois lorsque Héraclès, fils de Zeus et d'une mortelle, reçut bien plus tard la permission d'abattre l'aigle.

Mais ce n'est pas tout. Zeus se vengea aussi sur les hommes, et d'une façon bien plus subtile. Il fit venir Héphaïstos, qui était aussi un artiste renommé,
50 et lui demanda de façonner[3] une créature à l'image des hommes, mais plus belle, plus douce, plus gracieuse. Quand Héphaïstos l'eut réalisée, chaque dieu la dota d'une qualité, et cet être merveilleux fut baptisé Pandore, ce qui signifie « ornée de tous les dons ». Ainsi naquit la première femme.

MICHEL PIQUEMAL, *Fables mythologiques des héros et des monstres*, Albin Michel, 2006.

3. Façonner : former, créer.

Lecture

➡ Comprendre

1. Décrivez les deux parts faites par Prométhée : quel aspect les parties comestibles de l'animal ont-elles ? Qu'y a-t-il à l'intérieur de la part grasse et brillante ?

2. Quelle punition Zeus inflige-t-il aux hommes à cause de cette tromperie ?

3. Que fait alors Prométhée ?

4. Comment Zeus se venge-t-il ?

➡ Approfondir

5. Relisez les lignes 12 à 15 : quel rite grec ce mythe explique-t-il ?

6. D'après ce texte, qui crée la première femme ? Dans quel but ?

7. Lignes 48 à 53, relevez tous les adjectifs qui qualifient la femme. Quelle image a-t-on de cette créature ?

8. a. En quoi cette description est-elle étonnante ?
b. À quoi peut-on s'attendre pour la suite ?

➡ Pour conclure

9. a. Comment les hommes vivaient-ils avant ce partage ? Appuyez-vous sur le texte pour répondre.
b. Après le partage de Prométhée, qu'est-ce qui change dans la vie des hommes ?

10. Quelle pourrait être la morale de cette histoire ?

11. Connaissez-vous d'autres récits où la vie des hommes change ainsi brutalement suite à un châtiment divin ?

Vocabulaire

1. a. Qu'est-ce qu'un *châtiment* (l. 43) ?
b. Trouvez un verbe de la même famille et employez-le dans une phrase qui parlera de Zeus et de Prométhée.

2. Cherchez, dans les lignes 41 à 46, un synonyme du mot *supplice* (l. 45)

Expression écrite

❶ Lisez les phrases suivantes.
a. Chacun des mots en gras remplace un nom situé avant dans la phrase : lequel ?
b. Quel est l'intérêt de l'emploi des pronoms en gras ?
Il déroba une étincelle du feu sacré **qu'**il cacha dans le creux d'un roseau.
Puis il alla l'offrir aux hommes, **qui** purent à nouveau se chauffer et cuire leur pitance.

❷ Recopiez et complétez les phrases suivantes avec *qui* **ou** *que*.
a. Rhéa tendit la pierre à Cronos ... la dévora aussitôt.
b. Elle confia le bébé à la chèvre Amalthée ... l'éleva tendrement.
c. Les Cyclopes vainquirent les Titans ... Zeus enferma pour toujours dans le Tartare.
d. Les premiers dieux enfantèrent des monstres ... les Olympiens durent affronter pour survivre.

❸ Transformez chaque couple de phrase en une seule phrase en employant *qui* **ou** *que*.
a. Les hommes avaient offensé les dieux. Les dieux entrèrent dans une grande colère.
b. Les cyclopes forgeaient des éclairs. Zeus précipitait ces éclairs sur la Terre.
c. Aussitôt s'élevèrent les premières flammes. Les flammes s'élancèrent à l'assaut des maisons.

Pandore

Les dieux envoient Pandore (ou Pandora) à Épiméthée, le frère de Prométhée, bien moins intelligent que lui. Épiméthée en tombe aussitôt amoureux et l'épouse malgré les mises en garde de son frère. Il lui fait alors visiter sa maison…

Lorsqu'ils arrivèrent à la dernière pièce de la maison, celle-ci était sombre, sans fenêtre. Une grande jarre était posée dans un coin, et le reste de la pièce était vide. « Que contient cette jarre ? » demanda Pandora. « Je n'en sais rien, répondit gravement Épiméthée, elle appartient à mon frère Pro-
5 méthée. Il m'a demandé de la conserver précieusement ici et m'a fait jurer de ne surtout jamais laisser personne l'ouvrir. » […] Mal à l'aise, il fit jurer à Pandora de ne jamais chercher à ouvrir cette jarre. La jeune femme promit, jura. Épiméthée quitta la pièce rassuré.

Des jours et des jours passèrent. Pandora se plaisait bien dans sa maison.
10 Mais elle était pleine de curiosité et mourait d'envie de savoir ce que conte-nait la jarre mystérieuse. […]

Un matin, comme tous les matins, elle se glissa dans la pièce sombre. Elle emportait toujours avec elle une lampe à huile qui répandait une lumière tremblotante dans la pénombre. Elle s'approcha une nouvelle fois de la jarre
15 et passa ses mains sur les flancs rebondis. Comme Athéna avait eu la bonne inspiration de la doter de l'intelligence, Pandora réfléchissait avant d'agir, mais ce matin-là l'intelligence fut moins forte que la curiosité qu'Hermès lui avait offerte. « Je vais juste soulever un instant le couvercle et vite le refer-mer. Personne n'en saura rien », se dit-elle. D'une main tremblante d'excita-
20 tion, elle tenta d'ôter le bouchon qui fermait la jarre. Elle dut s'y reprendre à deux fois. Lorsque enfin le couvercle fut entrouvert, un tourbillon envahit la pièce, accompagné d'un bruit de tempête. Pandora poussa un cri.

À ce moment-là, Hermès, qui était en mission près de la maison de Pan-dora, entendit le cri. Il accourut et vit surgir de la maison la colère, la jalousie,
25 l'envie, la méchanceté, la folie, la vieillesse et aussi la mort. C'étaient tous les malheurs des hommes. Tous ces malheurs se répandirent aussitôt sur la Terre. Hermès comprit immédiatement : le prudent Prométhée avait enfermé tout ce qui pouvait causer le malheur des hommes, mais Pandora venait de libérer toutes ces souffrances ! Hermès entendit de gros sanglots
30 venant de l'intérieur de la maison. Il entra et trouva Pandora dans la pièce au fond, effondrée sur le sol. La jarre était toujours là. Hermès s'en approcha et vit que Pandora avait refermé le couvercle. « Y a-t-il encore quelque chose à l'intérieur ? » questionna Hermès. La jeune femme en larmes lui répondit : « Lorsque je suis arrivée à remettre le couvercle, il ne restait au fond qu'une
35 seule chose : l'espérance. »

Murielle Suzac, *Le Feuilleton d'Hermès*, Bayard jeunesse, 2011.

Pandore. Planche de l'*Encyclopédia Britannica*.

● J.-W. Waterhouse, *Pandore* (détail), 1896 (collection privée).

Lecture

➜ Comprendre

1. Qui est Pandora ?

2. Qu'est-ce qu'Épiméthée interdit à Pandora ?

3. Pourquoi la jeune femme ne respecte-t-elle pas cette interdiction ?

4. Que contient le vase ?

5. Quelles sont les conséquences du geste de Pandora ?

➜ Approfondir

6. Comment interprétez-vous le fait que seule l'Espérance reste dans le vase ?

➜ Pour conclure

7. a. Quelle image ce récit donne-t-il des femmes ?

b. Connaissez-vous d'autres textes qui attribuent à la femme l'origine du mal ?

8. De nombreux contes reprennent le motif de l'objet ou de la chambre interdite. Pouvez-vous en citer certains ?

Goya, *Saturne dévorant un de ses enfants* (1829-1823)

Francisco Goya, *Saturne dévorant un de ses enfants*, peinture murale transférée sur toile, 1819-1823 (musée du Prado, Madrid).

Lire une image

Goya (1746-1828), peintre et graveur espagnol, dénonça dans ses œuvres expressives, parfois fantastiques, la guerre et la violence humaine.

Puissance et faiblesse

1. Qu'est-ce qui vous frappe tout d'abord dans cette image ?
2. Observez bien les deux personnages et faites la liste de tout ce qui les oppose.
3. Quelle image a-t-on ici des puissants ?

Une mise en scène expressive de la violence

4. Quels sont les détails qui accentuent le caractère bestial de Saturne ?
5. Quel effet produit le fait que le personnage excède le cadre ?
6. Le décor est absent, noyé dans l'obscurité. Quel est l'effet produit ?
À votre avis, où peut se passer la scène ?
7. Que vous évoque la gamme de couleurs utilisée ?

Qu'est-ce qu'un mythe ?

➤ **Définition**

● Le mot mythe vient du grec *mythos* qui signifie fable, **récit imaginaire**. Le mythe est donc **un récit qui cherche à expliquer le monde, son origine**, les **phénomènes naturels** auxquels l'homme est sans cesse confronté (la foudre, les tempêtes, l'alternance du jour et de la nuit, des saisons...) mais aussi les **attitudes humaines** (la coquetterie des femmes, l'orgueil des hommes...).

➤ **Des hommes et des dieux**

● Les mythes mettent ainsi en scène **les hommes et les dieux**. Ils se rattachent aux **cultes d'une civilisation**.

● En effet, les mythes ne se contentent pas d'expliquer le monde, ils illustrent et justifient **les règles et les interdits qui organisent la vie collective** : il faut être juste, modéré. Le crime, la violence, mais aussi la démesure, le non-respect des dieux et de leurs lois sont punis. Voilà ce que l'on comprend à la lecture des mythes. D'après ces récits, les règles sont importantes parce qu'elles assurent l'ordre du monde mais aussi parce qu'elles viennent des dieux.

➤ **Les sources des mythes**

● Nous connaissons les mythes grâce aux auteurs qui, comme **Hésiode**, ont mis par écrit ces récits. Mais les mythes existaient bien avant cela, transmis **oralement** depuis les temps les plus reculés.

Pour aller plus loin

Découvrir et s'exprimer

1. Recherchez l'histoire de Déméter et Perséphone et racontez le mythe avec vos propres mots.
2. Quel phénomène naturel ce mythe explique-t-il ?

Faire une recherche : *mythos* **et** *logos*

➔ Les Grecs distinguaient deux manières d'expliquer le monde : le *mythos*, récit fabuleux, et le *logos*, discours scientifique, rationnel. Ainsi, de nombreuses sciences qui décrivent le monde ont-elles un nom se terminant par la racine –logie.

3. Expliquez la formation des mots suivants : *biologie ; archéologie ; astrologie ; cardiologie ; zoologie ; météorologie ; océanologie ; psychologie...*

4. Quel mot français est formé sur les racines conjointes *mythos* et *logos* ?

Déméter et Perséphone, terre cuite, vers 100 avant J.-C. (British museum, Londres).

Vocabulaire

Le temps

1 a. Sur quelle racine les mots suivants sont-ils construits ? Que signifie cette racine ?

chronomètre – chronologie – chronique – anachronisme – synchroniser.

b. Recherchez le sens de chacun de ces mots.

c. Rappelez le nom du dieu qui dévorait ses enfants. Sachant que ce dieu symbolise le temps, quelle nouvelle signification pouvons-nous donner à ce mythe ?

2 a. D'où vient le nom des *Cyclopes*, que vous avez rencontrés dans le texte d'Hésiode ?

b. Qu'est-ce qu'un *cycle* ? Citez des phénomènes temporels *cycliques*.

c. Recherchez des mots dans lesquels on reconnaît la même racine.

3 Faîtes des recherches et classez les périodes historiques suivantes de la plus ancienne à la plus récente.

Âge classique – Antiquité – Époque contemporaine – Moyen Âge – Préhistoire – Renaissance – Temps modernes.

4 Associez à chaque définition l'adjectif qui lui correspond :

● **Définitions :** *du printemps – de l'été – de l'hiver – du Moyen-Âge – du matin – du soir – du jour – de la nuit – d'un siècle ou plus – de nos ancêtres.*

● **Adjectifs :** *ancestral – diurne – estival – hivernal – matinal – médiéval – nocturne – printanier – séculaire – vespéral.*

5 Quel moment de la journée les mots suivants désignent-ils ?

l'aube – l'aurore – le crépuscule – le passage au zénith – entre chien et loup.

6 Associez chaque mot à son contraire :

● *Antérieur – précéder – permanent – bref.*

● *Long – postérieur – provisoire – succéder.*

7 Formez des adverbes à partir des adjectifs suivants et employez-les dans des phrases. Vérifiez dans le dictionnaire le sens de ces adjectifs et l'orthographe des adverbes.

périodique – ultérieur – long – récent – constant – précédent.

8 « Aujourd'hui », « demain », « la semaine prochaine » ne peuvent être employés que dans les dialogues, pas dans les récits. Recopiez les phrases suivantes en remplaçant les mots soulignés par l'expression qui convient.

1. Il l'avait rencontrée <u>aujourd'hui</u> et voulait l'épouser dès <u>demain</u>.

2. C'était l'homme qu'il avait vu <u>la semaine dernière</u>.

3. <u>Aujourd'hui</u>, Robin était bien sombre : il ne pouvait s'empêcher de penser aux événements d'<u>hier</u>.

4. Il lui donna rendez-vous <u>dans trois jours</u>.

5. Par chance, un bateau partait <u>après-demain</u>.

6. Le mariage fut repoussé au mois <u>prochain</u>.

9 a. Classez les expressions suivantes selon qu'elles désignent le présent, le passé ou l'avenir.

b. Employez dans une phrase celles qui sont soulignées.

actuellement – autrefois – bientôt – <u>d'antan</u> – désormais – dorénavant – jadis – maintenant – <u>naguère</u> – <u>récemment</u>.

10 Expliquez le sens des mots suivants.

a. Qui appelle-t-on : les aïeux – les ancêtres – nos contemporains – des descendants – un prédécesseur – un successeur ?

b. Qu'est-ce que la *postérité* ? Une gloire *posthume* ?

c. Les mythes remontent à des temps *immémoriaux* : que signifie *immémoriaux* ?

11 Recopiez et complétez les phrases avec l'un des mots suivants :

bicentenaire – bimensuel – bimestriel – hebdomadaire – périodes – quotidienne – solstice – trimestres.

1. L'année scolaire est divisée en … – **2.** Le journal télévisé de 20 heures est une émission … – **3.** Un journal qui paraît toutes les semaines est un … – **4.** Ce magazine paraît tous les deux mois : c'est un … ; celui-là paraît tous les quinze jours : c'est un … – **5.** Le 21 décembre, c'est le … d'hiver. – **6.** En 1989, on a fêté le … de la Révolution française. – **7.** La Terre a connu plusieurs … glaciaires.

12 Classez les périodes suivantes de la plus courte à la plus longue.

Siècle – lune – saison – ère – décennie – millénaire – génération – semestre – décade.

Grammaire pour écrire

Structurer un récit

Commencer un récit

1 **Lisez le sujet p. 148 et dites si les débuts proposés conviennent pour ce sujet. Justifiez.**

a. Il était une fois des hommes qui ne respectaient pas les dieux.
b. En ce temps-là, les hommes vivaient dans le confort et l'abondance.
c. C'était au temps où les dieux vivaient non loin des hommes, sur le Mont Olympe.
d. Zeus se mit en colère parce que les hommes ne respectaient pas ses lois.
e. En 750 avant J.-C., les hommes se rebellèrent.
f. Il y a bien longtemps, les hommes déclenchèrent la colère des dieux.

2 **Sur le modèle des phrases correctes de l'exercice précédent, faites trois phrases commençant par trois indices de temps différents, qui pourraient constituer la première phrase de cette rédaction.**

Exprimer dans une même phrase une action et son explication

3 **Transformez les phrases selon ce modèle.**

Zeus était furieux de la cruauté des hommes, alors il décida de les punir. → *Zeus, furieux de la cruauté des hommes, décida de les punir.*

a. Les autres dieux avaient été avertis par Zeus alors ils unirent leurs forces pour l'aider.
b. Les flammes étaient devenues aussi hautes que les plus hauts arbres, alors elles engloutirent tout.
c. Les hommes étaient affolés, alors ils couraient dans tous les sens.

4 **Ajoutez au début des phrases suivantes une précision sur le moyen employé par le personnage en utilisant le participe présent.**

Exemple : Notos fit tomber sur la Terre une pluie diluvienne. → *Pressant entre ses mains les nuages, Notos fit tomber sur la Terre une pluie diluvienne.*

a. Phébus mit le feu aux forêts.
b. Éole attisa les flammes.
c. Héphaïstos réveilla les volcans.

Utiliser des mots de liaison

5 **Recopiez et complétez les phrases par une conjonction de coordination.**

a. Zeus convoqua Prométhée, ... celui-ci refusa d'obéir.
b. Zeus leva sa large main ... le tonnerre se mit à gronder.
c. Zeus avait découvert la supercherie des hommes.

Il décida ... de les punir.
d. Les hommes essayèrent de lutter contre l'incendie. ... les flammes avançaient trop vite.
e. Les hommes, dans leur folie, avaient pillé un temple. ... ce temple était consacré à Zeus.

6 **Recopiez et complétez par :** *ainsi – aussi – avec – mais* **ou** *or.*

Depuis le partage de Prométhée, hommes et dieux semblaient vivre en paix. ... les hommes commençaient à se rebeller secrètement contre les lois des dieux. ..., ils refusaient dorénavant de leur sacrifier les os et les entrailles des animaux. ... c'était là la part qui revenaient aux dieux. ... les dieux se mirent-ils en colère.

7 **a. Dans le texte suivant, relevez les mots qui font progresser l'action.**

D'abord, les hommes pensèrent qu'il s'agissait d'une crue un peu abondante. Mais, très vite, l'eau dépassa les limites de toutes les inondations connues. Peu à peu, elle approcha des premières habitations. Bientôt, une vaste nappe d'eau se répandit dans les rues. Et elle continua de monter. Elle engloutit progressivement les maisons les plus basses. Soudain, la digue qui protégeait le village céda. Alors, une vague immense submergea tout ce qui subsistait.

b. En utilisant les mêmes mots dans le même ordre, rédigez un petit paragraphe racontant l'avancée des flammes au milieu d'une ville.

Soigner le style

8 **Pour donner davantage de rythme à l'action, enchaînez plusieurs verbes dans une même phrase et supprimez la répétition du sujet.**

Exemple : L'homme court. Il tombe. Il se relève. → *L'homme court, tombe, se relève.*

a. Poséidon pousse un cri terrible qui fait trembler la terre. Il saisit son trident. Il en frappe le sol.
b. Les vagues gonflent. Elles roulent sur elles-mêmes. Elles se précipitent hors du fleuve.
c. L'eau se rue sur la ville. Elle pénètre dans les maisons. Elle renverse tout sur son passage.

9 **Sur le modèle ci-dessous, décrivez en trois phrases la réaction des hommes face aux flammes :** *L'un... l'autre... – celui-ci... celui-là... – un autre...*

« **L'un** cherche un asile sur un roc escarpé, **l'autre** se jette dans un esquif, et promène la rame où naguère il avait conduit la charrue ; **celui-ci** navigue sur les moissons, ou sur des toits submergés ; **celui-là** trouve des poissons sur le faîte des ormeaux ; **un autre** jette l'ancre qui s'arrête dans une prairie. »

Faire le récit d'une catastrophe

Sujet

Et si, au lieu de l'eau, Zeus avait utilisé le feu pour détruire la Terre ?
Imaginez et racontez en une page environ le spectacle de cette destruction.
Pour cela, suivez les étapes ci-dessous.

Hans Thoma (1839-1924), *Mars,* gravure colorisée (Leipzig, Allemagne, coll. part.)

A   Choisir son vocabulaire

1. Faites une phrase avec chacun des mots suivants : *flamme – étincelle – braise – brasier – flammèche.*

2. Employez chacun des verbes suivants dans des phrases qui auront pour sujet des mots évoquant le feu : *bondir – s'élever – crépiter – dévorer – lécher – ravager – couver – embraser – jaillir – se consumer.*

B   Organiser son récit

3. Vous respecterez le plan suivant :

● **Paragraphe 1 :** Zeus lance des flammes sur la Terre.

Comment fait-il ? À quels autres dieux fait-il appel ? Quel est le rôle de chacun ?

● **Paragraphe 2 :** le feu se répand sur la Terre.

Pour décrire l'expansion du feu, utilisez des verbes d'action (cf. question 2) ;

● **Paragraphe 3 :** la Terre est livrée aux flammes.

Donnez de nombreux détails sur ce que l'on peut voir, entendre ou sentir.

Boîte à outils

Pour réussir

1. Choisissez habilement la **première phrase** de votre rédaction (voir exercices 1 et 2, p. 147)

2. Paragraphe 1 : donnez des détails sur les moyens utilisés par les dieux pour embraser la Terre (voir exercices 3 et 4, p. 147)

3. Paragraphe 2 : il faut raconter la progression du feu. Ne commencez pas par parler d'un violent incendie. Pour réussir ce paragraphe, vous pouvez commencer par classer du plus faible au plus intense les mots donnés en A1. Ensuite, utilisez les verbes de la question 2 pour expliquer comment on passe, par exemple, des flammèches aux flammes.

Des livres

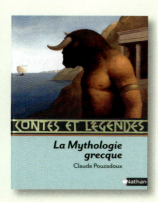

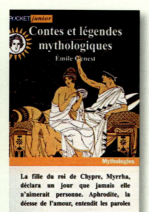

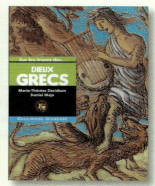

❖ **Contes et Légendes, La mythologie grecque, C. Pouzadoux,** Nathan, 2010.

Retrouvez Pandore, Cronos, Zeus, Cerbère, Hercule et d'autres héros de la mythologie dans sept contes adaptés pour la jeunesse.

❖ **Contes et légendes mythologiques, Émile Genest,** Pocket Junior, 1999.

Ce livre retrace l'histoire de tous les dieux romains, leurs aventures, leurs amours.

❖ **Le Premier Roi du monde. L'épopée de Gilgamesh, J. Cassabois,** Livre de Poche Jeunesse, 2008.

Gilgamesh, le puissant roi d'Ourouk, veut obtenir l'immortalité. Réussira-t-il dans sa quête ?

❖ **Sur les traces des... dieux grecs, Marie-Thérèse Davidson,** Gallimard Jeunesse, 2005.

Découvrez les dieux et déesses de la mythologie grecque à travers 10 récits entrecoupés de pages documentaires sur la civilisation grecque et les récits des origines.

Des films

Le Choc des Titans, Desmond Davis, Metro-Goldwyn-Mayer, 1981, DVD.

Un récit inspiré par le mythe de Persée et Andromède, mettant en scène les dieux de l'Olympe.

Les Aventuriers de l'Arche perdue, Steven Spielberg, 1981, DVD.

Le premier volet des aventures du célèbre Indiana Jones met en scène quête insensée et courroux divin à travers un objet emprunté à la mythologie judéo-chrétienne : l'Arche d'Alliance.

La Guerre du Feu, J.-J. Annaud, 1981, DVD.

Ce film, qui se passe au temps de la Préhistoire, met en scène deux acquisitions fondamentales de l'humanité : le feu et la parole.

Le déluge, un récit entre mythe et histoire

→ Arts du langage et du visuel

Le déluge est un thème universel. Il est présent dans les textes les plus anciens de l'humanité : la Bible, les mythes gréco-romains, mais aussi dans le premier texte littéraire connu : l'histoire de Gilgamesh, une épopée sumérienne (de Mésopotamie) qui date de 2000 ans avant J.-C. et raconte les aventures du prince Gilgamesh. On connaît aussi des récits de déluges chinois, indiens...

2 **L'Arche de Noè,** Miniature extraite d'un manuscrit du Coran, XVIe siècle (Topkapi Palace, Istanbul).

1 **Le Déluge,** mosaïque, XIIIe siècle (Basilique Saint-Marc, Venise).

3 **Walter Crane, Les Chevaux de Neptune,** huile sur toile, 1892 (Nouvelle Pinacothèque, Munich).

Questions

1. Observez les documents 1 à 3 : d'où viennent-ils ? Que représentent-ils ? Quelle impression dégagent-ils ?

2. Qu'appelle-t-on un *déluge* ?

3. Connaissez-vous des récits parlant de déluge ?

4. Ces récits vous paraissent-ils crédibles ? Justifiez votre réponse.

Retenons

● Le déluge est un **thème universel** dans la littérature et les arts.

● On pense que **ce mythe a des fondements réels.** En effet, l'homme, qui s'est d'abord établi à proximité des fleuves, a souvent eu affaire à des inondations. Le mythe du déluge naît de catastrophes particulièrement marquantes. Il y en a probablement eu plusieurs, notamment lorsque la Méditerranée a franchi le Bosphore, donnant naissance à la mer Noire.

Parcours de lecture ❶

Le récit de Gilgamesh

Ut-Napishtim, seul survivant d'un déluge, raconte la catastrophe à Gilgamesh.

Lorsque brilla le point du jour, monta de l'horizon une nuée noire dans laquelle tonnait Adad, le dieu de l'Orage. Le dieu Nergal, maître du monde souterrain et de la mort, arracha les vannes[1] célestes et Ninurta, le délégué des dieux sur la Terre, se
5 mit à faire déborder les barrages, tandis que les dieux infernaux projetaient des torches et, de leurs éclats divins, embrasaient[2] toute la Terre. Adad déploya dans le ciel son silence de mort, réduisant en ténèbres tout ce qui était lumineux. Les assises[3] de la Terre se brisèrent comme un vase. Un jour entier, le premier,
10 l'ouragan se déchaîna et le Déluge déferla. […] Alors, devant ce déluge, les dieux eux-mêmes furent pris d'épouvante. Prenant la fuite, ils grimpèrent jusqu'au plus haut du Ciel, jusqu'au Ciel d'Anu, où, tels des chiots, ils restaient pelotonnés et accroupis au sol. Ishtar poussait des cris comme une femme qui enfante.
15 Belitili, la déesse à la belle voix, se lamentait : « Ce jour funeste, fallait-il que les hommes se transforment en argile, simplement parce que moi, je me suis prononcée contre eux ? Ah ! S'il n'avait jamais existé, ce jour-là ! […] » Et les dieux de haute classe de se lamenter avec elle.

Gilgamesh, traduction de Léo Scheer,
© éditions Léo Scheer, 2006.

DU TEXTE À L'IMAGE

Un châtiment divin

1. a. Quand ce texte à-t-il été écrit ? De quand date l'illustration ?

2. Quelle impression se dégage de cette illustration ?

3. a. Qui sont les personnages du texte ? Relevez leur nom et leurs attributions.

b. Identifiez les deux personnages de l'illustration : qu'est-ce qui permet de reconnaître le dieu ?

4. Les dieux paraissent-ils maîtriser complètement les événements ? Justifiez votre réponse.

5. a. Quelle limite Gilgamesh transgresse-t-il dans la scène représentée sur l'illustration?

b. À quelle suite peut-on s'attendre ? Pourquoi ?

1. Vanne : panneau vertical qui sert à fermer un réservoir.

2. Embraser : incendier.

3. Assises : les bases. Les Mésopotamiens pensaient que la Terre était posée sur des piliers qui la soutenaient.

Gilgamesh, aidé par le dieu Ur-Shanabi, traverse les eaux de la mort. Illustration de Zabelle C. Boyajian, 1924.

Parcours de lecture ❷

Le récit de la Bible

« Yahvé vit que la méchanceté de l'homme était grande sur la terre » : il décide donc de détruire toute vie. « Mais Noé avait trouvé grâce aux yeux de Yahvé » : Dieu ordonne à celui-ci de construire une arche et d'y faire monter un couple de chaque espèce animale. Noé obéit.

Au bout de sept jours, les eaux du déluge vinrent sur la terre. [...] Il y eut le déluge pendant quarante jours sur la Terre ; les eaux grossirent et soulevèrent l'arche, qui fut élevée au-dessus de la Terre. Les eaux montèrent et grossirent beaucoup sur la Terre et l'arche s'en alla à la surface des eaux. Alors périt toute chair
5 qui se meut sur la Terre : oiseaux, bestiaux, bêtes sauvages, tout ce qui grouille sur la Terre, et tous les hommes. Ils furent effacés de la Terre et il ne resta que Noé et ce qui était avec lui dans l'arche. La crue des eaux sur la Terre dura cent cinquante jours.

Alors Dieu se souvint de Noé et de toutes les bêtes sauvages et de tous les
10 bestiaux qui étaient avec lui dans l'arche ; Dieu fit passer un vent sur la Terre et les eaux désenflèrent. Les eaux baissèrent au bout de cent cinquante jours et, au septième mois, au dix-septième jour du mois, l'arche s'arrêta sur les monts d'Ararat.

Au bout de quarante jours, Noé ouvrit la fenêtre qu'il avait faite à l'arche et il lâcha le corbeau, qui alla et vint en attendant que les eaux aient séché sur la Terre.
15 Alors il lâcha d'auprès de lui la colombe pour voir si les eaux avaient diminué à la surface du sol. La colombe, ne trouvant pas un endroit où poser ses pattes, revint vers lui dans l'arche, car il y avait de l'eau sur toute la surface de la Terre ; il étendit la main, la prit et la fit rentrer auprès de lui dans l'arche. Il attendit encore sept autres jours et lâcha de nouveau la colombe hors de l'arche. La colombe revint
20 vers lui sur le soir et voici qu'elle avait dans le bec un rameau tout frais d'olivier ! Ainsi Noé connut que les eaux avaient diminué à la surface de la Terre. Il attendit encore sept autres jours et lâcha la colombe, qui ne revint plus vers lui. C'est en l'an six cent un de la vie de Noé, au premier mois, le premier du mois, que les eaux séchèrent sur la terre.
25 Noé sortit avec ses fils, sa femme et les femmes de ses fils ; et toutes les bêtes sauvages, tous les bestiaux, tous les oiseaux, toutes les bestioles qui rampent sur la Terre sortirent de l'arche, une espèce après l'autre.

Noé construisit un autel à Yahvé, il prit de tous les animaux purs et de tous les oiseaux purs et offrit des holocaustes[1] sur l'autel. Yahvé respira l'agréable odeur
30 et il se dit en lui-même : Je ne maudirai plus jamais la Terre à cause de l'homme, parce que les desseins du cœur de l'homme sont mauvais dès son enfance ; plus jamais je ne frapperai tous les vivants comme j'ai fait.

Dieu parla ainsi à Noé et à ses fils : J'établis mon alliance avec vous : il n'y aura plus de déluge pour ravager la terre. Et Dieu dit : Voici le signe de l'alliance que
35 j'institue[2] entre moi et vous et tous les êtres vivants qui sont avec vous, pour les générations à venir : je mets mon arc dans la nuée et il deviendra un signe d'alliance entre moi et la Terre.

La Bible de Jérusalem, *Genèse 6-9*, traduction de l'école biblique
et archéologique française de Jérusalem, © Éditions du Cerf, 1998.

1. **Holocaustes :** sacrifices.
2. **Instituer :** créer, mettre en place.

...ΚΑΙ ΑΝΕΣΤΡΕΨΕ ΠΡΟΣ ΑΥΤΟΝ Η ΠΕΡΙΣΤΕΡΑ
...ΚΑΙ ΕΙΧΕ ΦΥΛΛΟΝ ΕΛΑΙΑΣ ΚΑΡΦΟΣ
ΕΝ ΤΩ ΣΤΟΜΑΤΙ
ΑΥΤΗΣ.

Η ΚΙΒΩΤΟΣ ΤΟ ΝΩΕ

L'Arche de Noé,
mosaïque,
XIIe-XIIIe siècle
(monastère
de Kykko, Chypre).

DU TEXTE À L'IMAGE

Un univers de symboles

1. a. Relevez les indications de temps dans le texte : lesquelles sont répétées ?
b. Que vous évoquent-elles ?

2. a. À quelle date précise Noé sort-il de l'arche ?
b. Quel effet produit la répétition de l'adjectif *premier* ?

3. D'après le texte, que symbolise l'arc-en-ciel ?

4. Que symbolisent aujourd'hui la colombe et l'olivier ?

5. Observez la mosaïque : qu'est-ce qui permet d'identifier le bateau comme l'arche de Noé ?

6. Comment est suggérée, dans la mosaïque, la destruction de toute vie ?

7. Divisez l'image en deux parties : qu'est-ce qui les oppose ?

Parcours de lecture ❸

Le récit d'un poète latin : Ovide

Les dieux se rendent compte que les hommes respectent de moins en moins les lois et décident de les détruire.

Soudain dans les antres d'Éole [Jupiter chez Ovide] enferme l'Aquilon[1] et tous les vents dont le souffle impétueux dissipe les nuages. Il commande au Notus, qui vole sur ses ailes humides : son visage affreux est couvert de ténèbres ; sa barbe est chargée de brouillards ; l'onde coule de ses cheveux
5   blancs ; sur son front s'assemblent les nuées, et les torrents tombent de ses ailes et de son sein. Dès que sa large main a rassemblé, pressé tous les nuages épars dans les airs, un horrible fracas se fait entendre, et des pluies impétueuses fondent du haut des cieux. La messagère de Junon, dont l'écharpe est nuancée de diverses couleurs, Iris, aspire les eaux de la mer, elle en grossit les
10 nuages. Les moissons sont renversées, les espérances du laboureur détruites, et, dans un instant, périt le travail pénible de toute une année. Mais la colère de Jupiter n'est pas encore satisfaite ; Neptune son frère vient lui prêter le secours de ses ondes ; il convoque les dieux des fleuves, et, dès qu'ils sont entrés dans son palais : « Maintenant, dit-il, de longs discours seraient inutiles.
15 Employez vos forces réunies ; il le faut : ouvrez vos sources, et, brisant les digues qui vous arrêtent, abandonnez vos ondes à toute leur fureur. »

Il ordonne : les fleuves partent, et désormais sans frein, et d'un cours impétueux, ils roulent dans l'océan. Neptune lui-même frappe la Terre de son trident ; elle en est ébranlée, et les eaux s'échappent de ses antres pro-
20 fonds. Les fleuves franchissent leurs rivages, et se débordant dans les campagnes, ils entraînent, ensemble confondus, les arbres et les troupeaux, les hommes et les maisons, les temples et les dieux. Si quelque édifice résiste à la fureur des flots, les flots s'élèvent au-dessus de sa tête, et les plus hautes tours sont ensevelies dans des gouffres profonds.
25   Déjà la Terre ne se distinguait plus de l'océan : tout était mer, et la mer n'avait point de rivages. L'un cherche un asile sur un roc escarpé, l'autre se jette dans un esquif[2], et promène la rame où naguère il avait conduit la charrue : celui-ci navigue sur les moissons, ou sur des toits submergés ; celui-là trouve des poissons sur le faîte[3] des ormeaux[4] ; un autre jette l'ancre qui
30 s'arrête dans une prairie. Les barques flottent sur les coteaux qui portaient la vigne : le phoque pesant se repose sur les monts où paissait la chèvre légère. Les néréides s'étonnent de voir, sous les ondes, des bois, des villes et des palais. Les dauphins habitent les forêts, ébranlent le tronc des chênes, et bondissent sur leurs cimes. Le loup, négligeant sa proie, nage au milieu des
35 brebis ; le lion farouche et le tigre flottent sur l'onde : la force du sanglier, égale à la foudre, ne lui est d'aucun secours ; les jambes agiles du cerf lui deviennent inutiles : l'oiseau errant cherche en vain la terre pour s'y reposer ; ses ailes fatiguées ne peuvent plus le soutenir, il tombe dans les flots.

Ovide est un poète latin né en 43 av. J.-C. et mort en 17 ap. J.-C. Il est célèbre pour ses poèmes d'amour, mais surtout pour son œuvre *Les Métamorphoses* qui rassemble de nombreux mythes grecs et romains.

1. Aquilon : vent d'été, tiède et doux.
2. Esquif : une barque, une embarcation légère.
3. Faîte : le toit, le sommet.
4. Ormeau : un petit orme (l'orme est un arbre).

L'immense débordement des mers couvrait les plus hautes montagnes : alors,
40 pour la première fois, les vagues amoncelées[5] en battaient le sommet. La plus
grande partie du genre humain avait péri dans l'onde, et la faim lente et cruelle
dévora ceux que l'onde avait épargnés.

5. Amoncelées : accumulées.

Ovide, *Les Métamorphoses*, traduction de G. Lafaye, © Gallimard.

Pêcheurs, mosaïque romaine, IIe siècle (musée archéologique, Sousse, Tunisie).

DU TEXTE À L'IMAGE

Un spectacle extraordinaire

1. Faites la liste des différents personnages du texte et expliquez en une
ou deux phrases leur rôle dans le déluge.

2. a. Faites un rapide dessin du dieu Notus : quelle impression se dégage de son portrait ?

b. À quelle image de ce dossier associeriez-vous les fleuves tels qu'ils sont décrits
dans les lignes 17 à 22 ? Justifiez votre choix.

3. Qu'est-ce qui rend spectaculaire la description du troisième paragraphe ?

Pour répondre, mettez en relation cette description et la mosaïque ci-dessus.

Analyse d'une œuvre

Marc Chagall
(1887-1985) est
un peintre français
d'origine russe.
Son œuvre se nourrit
des **récits bibliques**
et de **la tradition
yiddish.**

■ **Marc Chagall, *L'Arche de Noé,*** huile sur toile, 236 × 234 cm,
1961-1966 (musée national Message biblique Marc Chagall, Nice,).

Questions

Une représentation ambiguë ?

1. Au premier coup d'œil, ce tableau vous paraît-il représenter une catastrophe ? Pourquoi ?

2. Quelle est la couleur dominante ? Que symbolise-t-elle ?

3. Quels détails du tableau rappellent la catastrophe en train de s'accomplir ?

Une nouvelle naissance ?

4. Quels éléments donnent une impression de paix et de vie ? Observez en particulier les gestes et expressions des personnages.

5. Quels personnages sont représentés à droite du tableau ?

6. En vous aidant de vos réponses précédentes, dites quels éléments de ce tableau peuvent faire penser à une nouvelle naissance de l'humanité.

Regards croisés

▶ Avez-vous compris ?

Pour chacun des textes que vous avez lus (Gilgamesh, le récit de la Bible et celui d'Ovide), dites si les affirmations suivantes sont vraies ou fausses :

1. Les dieux interviennent dans la vie des hommes pour les punir.

2. Les dieux ont une volonté bien arrêtée.

3. Le texte fait le récit détaillé de ce qui arrive aux êtres vivants.

4. Les dieux ont des relations personnelles avec les hommes.

▶ Avez-vous bien observé ?

Parmi toutes les œuvres représentées dans ce dossier, lesquelles vous semblent avoir aussi pour fonction de faire rêver ?

Michel-Ange, _Le Déluge_, fresque (détail) de la Chapelle Sixtine, 1508-1509 (Vatican, Rome).

Recherche B2i

D'autres récits de châtiments

La Bible et la mythologie montrent sans cesse Dieu ou les dieux punissant les coupables.

Cherchez quelle faute ont commis les personnages suivants et quel a été leur châtiment.

a. Personnages bibliques : la femme de Loth, Samson, Jonas.

b. Personnages mythologiques : Tantale, Sisyphe, les Danaïdes, Atrée, Narcisse, Pygmalion.

Retenons

● Même s'ils racontent le même événement, les trois textes de ce dossier ne le font pas de la même manière.

● Dans **le texte mésopotamien**, le plus ancien, il s'agit avant tout d'**expliquer un phénomène naturel**. Les dieux sont de simples incarnations des forces de la nature et ils ne semblent pas avoir de projet cohérent.

● **La Bible**, au contraire, montre la **puissance d'un Dieu unique** et ses relations avec l'homme.

● Quant à **Ovide**, c'est d'abord **un poète**. Ce qui l'intéresse, c'est de mettre en scène le spectacle du déluge. Ce dernier texte n'est pas seulement le récit d'un mythe, c'est aussi un **poème épique**.

● De la même façon, les œuvres d'art représentant le déluge peuvent avoir **des visées très différentes**. Les œuvres religieuses illustrent fidèlement le texte en réemployant ses **symboles**. D'autres œuvres cherchent plutôt à souligner le **caractère spectaculaire** de la catastrophe.

6

Le héros, des *Métamorphoses* à *L'Énéide*

Odilon Redon, *Persée* et *Andromède,* pastel, 50 × 40 cm vers 1910 (Cabinet des Estampes, SMPK Berlin).

Lire une image

1. Informez-vous sur la légende de Persée et Andromède : comment les deux personnages sont-ils représentés sur ce tableau ?
2. Dans quel décor Persée et Andromède sont-ils mis en scène : terre, ciel, eau ? Justifiez votre réponse.
3. Comment le héros est-il mis en valeur ?
4. Résumez oralement l'histoire évoquée par ce tableau.

Bellérophon

Accusé de crimes qu'il n'a pas commis, Bellérophon, en fuite, arrive chez le roi Iobatès. Ce dernier a reçu un message lui demandant de mettre à mort Bellérophon mais, ne pouvant s'y résoudre, il décide de se débarrasser de lui en lui confiant une mission mortelle : tuer la Chimère, un monstre à trois têtes, mi-lion mi-dragon, qui ravage le pays. Bellérophon accepte sans hésiter. Émue par son courage, Athéna décide de lui venir en aide : elle envoie vers lui Pégase, le cheval ailé, et donne à Bellérophon une bride d'or qui lui permettra de monter la fabuleuse créature.

Dans la soirée, il revint à la source et attendit le retour du cheval. Bientôt il entendit un battement d'ailes et Pégase se posa pour étancher sa soif. Le jeune homme s'approcha avec la bride d'or et, cette fois, l'animal merveilleux ne put lui échapper.

5 Bellérophon le sella, sauta sur son dos et lui indiqua la direction où il devait aller. Aussitôt Pégase s'envola et ils se mirent à planer au-dessus des prés et des bois. Ils tournèrent quelque temps au-dessus du défilé[1] infesté de fumée, puis le héros prit une flèche dans son carquois[2] et descendit à la vitesse d'un éclair pour attaquer le monstre. Il banda son arc et laissa 10 filer le premier trait. Les trois têtes se dressèrent contre lui mais, monté sur Pégase, il était hors de leur portée. L'une après l'autre, ses flèches percèrent la Chimère jusqu'à ce qu'elle perde ses trois vies. Un dernier nuage de fumée s'éleva, puis une dernière flamme, et le monstre tomba au fond du défilé.

Bellérophon dépouilla la Chimère, enfourcha Pégase et retourna chez le 15 roi Iobatès. Celui-ci, tout émerveillé à la vue du cheval ailé et de la peau de l'horrible bête, comprit que son jeune invité était protégé par les dieux et ne pouvait pas être un criminel. Il lui offrit la main de sa fille et bientôt le héros devint roi.

Mais lui aussi[3] se mit bientôt à 20 croire qu'il était capable de jouer des tours aux dieux. « Puisque je possède le cheval ailé, pourquoi n'irais-je pas voir l'Olympe ? » se dit-il un jour. 25 Aussitôt, il enfourcha Pégase et le dirigea vers les hauteurs

1. Défilé : vallée profonde et encaissée.

2. Carquois : étui qui sert à ranger les flèches.

3. Lui aussi : allusion à son ancêtre, Sisyphe, qui s'amusait à se faire passer pour Zeus.

Bellérophon chevauchant Pégase et luttant contre la Chimère, mosaïque du IIᵉ siècle (musée Rolin, Autun).

éternelles. Mais le cheval n'était pas de son avis : lorsqu'il se fut suffisamment élevé dans le ciel, il désarçonna son vaniteux cavalier
30 d'une bonne ruade. À l'issue de ce saut vertigineux, Bellérophon se retrouva dans un marécage qui amortit sa chute et lui sauva la vie. Honteux devant les dieux et devant les hommes, il ne reparut jamais dans son
35 royaume, mais vécut en solitaire et finit par mourir seul.

« Bellérophon », extrait de *Mythes et légendes de la Grèce antique*, d'Eduard Petiska, traduction d'Alain Gründ, © Gründ.

La chimère d'Arezzo,
bronze étrusque, vers 400-380 av. J.-C.
(musée archéologique, Florence).

Lecture

➔ Comprendre

1. Quel est le but de Iobatès lorsqu'il envoie Bellérophon combattre la Chimère ?

2. Comment Bellérophon parvient-il à vaincre la Chimère ?

3. Quelle est la récompense de cette victoire ?

4. En quoi le dernier paragraphe est-il surprenant ?

➔ Approfondir

5. Quels sont les deux animaux fabuleux présents dans ce récit ?

6. Quel personnage vient en aide à Bellérophon ? Pourquoi ? Aidez-vous de l'introduction pour répondre.

7. a. Quel objet magique ce personnage remet-il à Bellérophon ?

b. Quel détail du texte permet de comprendre qu'il s'agit d'un objet magique ?

➔ Pour conclure

8. Quelle est la faute commise par Bellérophon ?

9. Quel est, dans ce récit, le rôle des dieux ?

Vocabulaire

1. « *seller* », « *enfourcher* », « *désarçonner* », « *ruer* » : tous ces verbes se rapportent aux chevaux.

a. Quel est leur sens ?

b. Pour chacun d'eux, donnez un nom de la même famille.

c. Faites une phrase avec chacun de ces verbes.

2. a. Relevez dans le texte un adjectif qui exprime le défaut de Bellérophon.

b. Trouvez le nom correspondant.

Expression écrite

Et si, au lieu de la Chimère, Iobatès avait envoyé Bellérophon combattre Scylla, le monstre marin ? Poséidon aurait alors envoyé à son secours Triton, le dieu dauphin.

Pour raconter cette version, recopiez les deux premiers paragraphes du texte en apportant toutes les modifications nécessaires sur le cadre, les bruits, les personnages et leurs mouvements.

Le vol d'Icare

Ovide

(43 av. J.-C. –17 apr. J.-C.)
Ce poète latin,
contemporain de
l'empereur Auguste, était
très apprécié de la haute
société romaine. Dans
Les Métamorphoses,
il relate de nombreuses
légendes inspirées
de la mythologie, dans
lesquelles les personnages
finissent métamorphosés
en objet, plante ou animal.

Minos, roi de Crète, avait pour fils le Minotaure, un monstre moitié homme, moitié taureau, qu'il tenait enfermé dans le Labyrinthe, un palais aux couloirs inextricables construit par l'architecte Dédale. Il lui faisait régulièrement livrer en pâture des jeunes gens. Mais voilà que Thésée, un prince grec, a tué le Minotaure et s'est enfui avec Ariane, la fille de Minos. Le roi soupçonne Dédale d'avoir aidé Ariane et Thésée : il le fait enfermer dans le Labyrinthe avec son fils Icare.

Mais Dédale était un être de génie. Lorsque les soldats vinrent le prendre pour l'enfermer, il ne protesta pas. Il resta quelques jours dans cette prison à tourner le problème dans sa tête, puis il se dit :

– Nul ne peut sortir de ce labyrinthe, je le sais bien puisque je l'ai moi-
5 même, pour mon malheur, conçu ainsi. Cependant, si l'on ne peut fuir par la terre, l'air et le ciel nous restent ouverts.

Aussi, sous prétexte de faire un cadeau à Minos, il demanda à ses gardiens de lui fournir de la cire. Puis, avec son fils, il ramassa toutes les plumes que les oiseaux laissaient choir dans le labyrinthe. Il les assembla à l'aide de la cire
10 chaude. Ainsi pourvus d'ailes, Dédale et Icare s'envolèrent de leur prison, sous les yeux ébahis des gardiens.

Mais, au moment de quitter le sol, le père, qui savait son fils impétueux, lui recommanda la plus grande prudence :

– Reste toujours près de moi, mon petit. Je m'efforcerai de ne voler ni trop
15 haut ni trop bas. Si nous nous approchions des vagues de la mer, l'humidité rendrait nos plumes trop lourdes. Si nous volions trop haut dans le ciel, la chaleur du Soleil ferait fondre la cire. Et, en disant ces mots, il essuyait quelques larmes de crainte : il songeait à son jeune fils, qu'il allait entraîner vers des cieux jamais conquis.

20 Au début, un peu apeuré, Icare suivit sagement son père. Mais, bientôt, l'ivresse des hauteurs le grisa. Tout en bas, les paysans les regardaient passer comme s'ils étaient des dieux. Aussi, Icare s'éleva majestueusement vers l'Olympe, où demeurent les Immortels. Son père eut beau crier, ses appels se perdirent dans les remous du vent.

25 Hélas, ramollie par la chaleur du Soleil, la cire se mit bientôt à fondre. Les plumes se détachèrent peu à peu… et Icare chuta mortellement vers le sol en agitant vainement les bras.

On dit que son père, désespéré, abandonna à jamais ses inventions.

Michel Piquemal, *Fables mythologiques des héros et des monstres,*
d'après Ovide, *Les Métamorphoses*, livre VIII, Albin Michel, 2006.

Jacob Peter Gowi, *La Chute d'Icare*, XVIIe siècle (musée du Prado, Madrid).

Lecture

➡ Comprendre

1. Quel moyen Dédale invente-t-il pour s'échapper de sa prison ?

2. Quels conseils Dédale donne-t-il à son fils avant de se lancer dans les airs ?

3. Pourquoi Icare désobéit-il à son père ? Pour répondre, appuyez-vous sur des mots précis du texte.

4. Quelle est la conséquence de cette désobéissance ?

➡ Approfondir

5. À quoi Dédale et Icare sont-ils comparés dans les lignes 22-23 ?

6. a. Quelle loi de la nature Dédale transgresse-t-il par son invention ?

b. Pour les Grecs, qui fixe les lois de la nature ?

7. a. Vers quelle région du ciel Icare se dirige-t-il ? Citez le texte pour répondre.

b. Pourquoi est-ce une faute ?

➡ Pour conclure

8. Quelle est la faute commune commise par Dédale et Icare ?

9. Comment chacun d'eux est-il puni ?

Expression écrite

Un autre prisonnier de Minos, enfermé dans une prison qui donne sur la mer, essaie de s'enfuir avec son fils : il imagine un moyen de respirer sous l'eau pour pouvoir s'éloigner des rivages de la Crète sans être vu. Mais cette fois encore, la désobéissance de l'enfant va lui coûter la vie.

Racontez cette histoire en imitant le texte d'Ovide et en respectant le plan ci-dessous.

Plan

– **Paragraphe 1** : le personnage élabore son plan.

– **Paragraphe 2** : il fabrique l'instrument qui lui permettra de respirer sous l'eau.

– **Paragraphe 3** : il donne ses instructions à son fils.

– **Paragraphe 4** : les deux personnages se jettent à l'eau.

– **Paragraphe 5** : des pêcheurs s'étonnent de voir des silhouettes humaines sous l'eau.

– **Dernier paragraphe** : le fils désobéit à son père et se noie.

Phaéton et le char du soleil

Phaéton vient d'apprendre de sa mère que son père n'est autre que le grand Phébus, le dieu Soleil qui conduit son char de feu à travers le ciel. Bouleversé, le jeune homme se rend au palais de Phébus pour demander au dieu une preuve de sa paternité.

Le Soleil enleva les rayons brûlants qui ornaient sa tête et fit signe au jeune homme d'approcher.

« Tu es bien mon fils, lui dit-il en le serrant dans ses bras. Ta mère t'a dit la vérité sur ton origine. Et pour que tu n'en doutes pas, en guise de preuve, 5 demande-moi ce que tu veux, je te l'accorderai. J'en prends pour témoin le Styx, le marais infernal que je ne connais pas et par lequel jurent les dieux.

– Mon père !... Puisqu'il en est ainsi, prête-moi ton char et laisse-moi le conduire toute une journée à travers le ciel. »

Phaéton n'avait pas plus tôt prononcé ces mots que le Soleil se repentait 10 de la promesse qu'il venait de faire si imprudemment.

« Si seulement je pouvais rompre mon serment, fit-il en secouant la tête, c'est la seule chose, mon fils, que je te refuserais. Hélas ! il ne m'est pas permis de revenir sur ma parole ! Je peux du moins te déconseiller une tentative si dangereuse. Toi qui n'es qu'un enfant, tu n'as ni les forces ni l'expérience 15 nécessaires pour accomplir une tâche qu'aucun mortel, aucun dieu – même pas Jupiter – ne peut accomplir à ma place. Tu n'imagines pas comme le chemin à suivre est difficile. Au départ, le matin, la pente est si raide que les chevaux, pourtant fringants[1], ont de la peine à la gravir. Au milieu du jour, la route franchit de tels sommets que moi-même, en voyant la terre et la 20 mer de si haut, j'en tremble d'épouvante. À la fin de la journée, la descente est vertigineuse, et Téthys, l'épouse de l'Océan, qui m'accueille au sein de ses flots, craint chaque soir que je ne me fracasse. [...] Mon enfant, vois dans quelle angoisse tu me plonges ! N'est-ce pas une preuve suffisante de ma paternité ? Renonce à ton projet, demande-moi autre chose, n'importe quoi... 25 Choisis parmi les richesses du monde... Tu ne veux pas ? Pourquoi, jeune fou, te pends-tu à mon cou ? C'est vrai que j'ai promis d'exaucer ta demande. Pourtant, écoute- moi, je t'en prie, montre-toi raisonnable... »

Mais Phaéton ne voulut rien entendre et persista dans son projet. [...] Cependant l'Aurore ouvrait les portes de ses jardins de roses. Lucifer, l'étoile 30 du matin, rassemblait le troupeau des autres étoiles et s'éloignait avec elles. Le croissant de la lune pâlissait, le monde entier prenait une couleur de rose.

Phébus alors ordonna aux Heures d'aller chercher ses chevaux dans leur écurie, où ils s'étaient gorgés d'ambroisie, la nourriture céleste des dieux. Ils sortirent, vomissant des flammes. Phébus enduisit le visage de son fils 35 d'une lotion destinée à le protéger des brûlures et fixa sur sa chevelure une couronne de rayons. Puis il lui fit ses dernières recommandations, en soupirant, car il pressentait un malheur.

« Ne te sers pas de l'aiguillon pour piquer mes chevaux. Ils n'ont pas besoin qu'on les presse, il faut au contraire les freiner. Pour maîtriser leur

1. Fringants : énergiques.

Nicolas Bertin (1668-1736), *Phaéton conduisant le char du soleil,* huile sur toile (musée du Louvre, Paris).

40 fougue, tiens fermement les rênes. Ne traverse pas le ciel en ligne droite. Prends le chemin oblique qui décrit une large courbe. Comme je passe toujours par là, tu n'auras qu'à suivre la trace des roues.

Évite les pôles, ne va ni trop haut, ni trop bas : trop haut, tu risquerais d'incendier les demeures divines, trop bas, de faire flamber la terre... Mais 45 tandis que je parle, la nuit s'achève, l'Aurore luit. Nous ne pouvons attendre plus longtemps. Va, mon enfant, que la Fortune te protège ! »

Phaéton s'élance donc sur le char de son père. Mais, incapable de le maîtriser, il se déroute et, passant trop près de la Terre, embrase celle-ci.

C'est alors que la peau des Éthiopiens noircit, que la Libye se transforme en désert et que le Nil, épouvanté, s'enfuit au bout du monde pour cacher sa source, en laissant ses sept embouchures devenir sept vallées de sable. 50 Tandis que les nymphes pleurent leurs sources perdues, les grands fleuves de l'univers s'assèchent et fument au milieu de leurs eaux taries. Même le Tartare, le pays sombre et souterrain des Morts, est atteint par la lumière qui se faufile par les fissures du sol. Et le roi des Enfers a peur.

[…] Jupiter, le père tout-puissant, prend à témoin les dieux, tous les dieux, 55 même le Soleil, que l'univers est en danger, qu'il doit agir pour le sauver. Il gagne le sommet du ciel, brandit sa foudre et la lance sur Phaéton, lui faisant perdre à la fois l'équilibre et la vie. Puis il arrête l'incendie.

Les chevaux tombent, tentent de se redresser, s'arrachent au joug, s'échappent. Dans l'espace roulent et s'éparpillent rênes, débris du char, rayons des
60 roues brisées, tandis que Phaéton, la chevelure en flammes, dans sa chute traverse toute l'étendue du ciel, en laissant au passage une trace lumineuse, comme le font certaines étoiles.

C'est l'Éridan, un fleuve d'Italie, qui le recueille, loin de sa patrie. Les nymphes des eaux baignent son corps fumant, l'ensevelissent et gravent ces
65 vers sur son tombeau

> *Ci-gît Phaéton l'audacieux,*
> *Qui voulut traverser les cieux*
> *Sur le char du Soleil.*
> *Il ne sut pas le diriger :*
> *Son mérite est d'avoir tenté*
> *Un exploit sans pareil.*

Françoise Rachmuhl,
16 Métamorphoses d'Ovide,
Flammarion, 2003.

James Ward, *La Chute de Phaéton*, huile sur toile, 1808 (Tabley House Collection, University of Manchester).

Lecture

➡ Comprendre

1. Quel vœu Phaéton formule-t-il ?

2. a. Reformulez trois des arguments que Phébus donne à Phaéton pour le faire changer d'avis.

b. Que lui propose-t-il à la place ?

3. Pourquoi finit-il par céder ?

4. Quelles sont les deux conséquences graves de l'obstination du jeune homme ?

5. Qui punit Phaéton ? Comment ?

➡ Approfondir

6. Lignes 28 à 31, quels sont les différents éléments personnifiés ? Expliquez la manière dont sont représentés ces éléments.

7. a. Ce texte est tiré d'une œuvre intitulée *Les Métamorphoses*. Qu'est-ce qu'une métamorphose ?

b. L. 32 à 37, quelle métamorphose le Soleil fait-il subir à son fils ?

c. À quoi le jeune homme ressemble-t-il ainsi ?

➡ Pour conclure

8. De quel défaut Phaéton fait-il preuve dans ce texte ?

9. a. Phaéton et Icare ont tous les deux transgressé un conseil de leur père. Quel est ce conseil répété dans les deux histoires ?

b. Quel est le sens de ce conseil appliqué au comportement dans la vie de quotidienne ?

10. Phaéton a payé son obstination de sa vie. L'image finale que l'on a de lui est-elle positive ou négative ? Donnez votre point de vue en vous appuyant notamment sur le poème final.

Vocabulaire

1. Recherchez dans un dictionnaire des synonymes et des antonymes du verbe *modérer*.

2. Donnez le sens exact du mot *téméraire*, puis cherchez des synonymes et des antonymes. Classez chacun de ces mots selon qu'ils expriment une qualité ou un défaut.

Expression écrite

À la manière d'Ovide dans les lignes 28 à 31, racontez l'arrivée de la nuit en personnifiant les éléments.

Que fait le Soleil de son char, de ses chevaux ?
Que font la Lune, les Heures ?
Que fait la Nuit ? Que fait Lucifer, la première étoile ?

Gustave Moreau, Œdipe et le Sphinx

Gustave Moreau,
Œdipe et le Sphinx,
huile sur toile,
206 x 105 cm, 1864
(The Metropolitan Museum of Art,
New York).

Lire une image

Gustave Moreau (1826-1898)
est l'un des principaux peintres français
du courant symboliste qui cherchait
à mettre en image des idées abstraites.

Un animal ambigu

1. Observez la représentation
   du sphinx : quels éléments évoquent
   la sauvagerie ? Quelle impression
   se dégage de la partie humaine
   du monstre ?
2. À votre avis, quelle type de relation
   se noue entre Œdipe et le sphinx ?
   Justifiez votre réponse.
3. Recherchez ce que peut symboliser
   le sphinx.

Œdipe face à son destin

4. Recherchez comment Œdipe parvient à vaincre le sphinx.
5. **a.** Son attitude est-elle celle d'un combattant ? Justifiez votre réponse.
   b. À votre avis, pourquoi est-il représenté nu ? Développez votre réponse.
6. Suivez la ligne tracée par la lance : vers quel détail conduit-elle le regard du spectateur ?
   Que pouvez-vous en conclure quant à l'issue de cet affrontement ?

Orphée

Orphée, fils de la Muse Calliope, était le musicien le plus extraordinaire que la terre ait jamais porté. Grâce à la lyre que lui avait offerte le dieu Apollon, il attendrissait les bêtes sauvages, et l'on dit même que les arbres se déplaçaient pour suivre sa musique.

5   Mais Orphée n'était pas seulement un musicien. Il était aussi le plus heureux des hommes, car il avait épousé Eurydice, qu'il aimait d'un amour partagé.

    Hélas, un jour qu'Eurydice se reposait dans la forêt, une vipère la piqua au talon, et la jeune femme s'endormit du sommeil des morts.

10   Le désespoir d'Orphée fut immense. Il erra durant des jours, inconsolable, puis il décida d'aller rechercher son aimée au royaume des morts. Tous tentèrent de l'en dissuader. Sa décision fut inébranlable. Si l'on refusait de la lui rendre, il resterait lui aussi parmi les ombres.

    Sa lyre sur l'épaule, il s'aventura dans un étroit passage qui menait, dit-on,
15 jusqu'au Styx, le fleuve qui sépare le monde des vivants de celui des morts. Là il retrouva Charon, qui seul pouvait faire passer sur sa barque les âmes des défunts. Il se saisit de sa lyre et fit confiance aux pouvoirs magiques de sa musique. Et le terrible Charon succomba à son charme.

    – Je ne peux rien refuser à quelqu'un qui joue comme toi, dit-il à Orphée
20 en mettant sa barque à l'eau.

    Sur l'autre rive, il fut conduit jusqu'à Perséphone, la reine du monde souterrain.

    Mais Perséphone lui expliqua que ce qu'il demandait était impossible. Nul ne pouvait revenir du royaume des morts. À nouveau, Orphée chanta
25 son désespoir et son amour en s'accompagnant de sa lyre. Les ombres des défunts s'approchèrent en pleurant. Et la musique d'Orphée était si belle, si émouvante que Perséphone en fut touchée jusqu'au fond du cœur.

    Elle appela Eurydice et mit sa main dans celle d'Orphée :

    – Je t'accorde de la reprendre, lui dit-elle, mais à une condition. Elle te
30 suivra jusqu'au monde d'en haut. Mais si, par malheur, tu te retournes pour la regarder avant qu'elle n'atteigne l'air libre, elle reviendra ici à jamais.

    Orphée retrouva donc son Eurydice et, ensemble, ils reprirent le chemin qui menait à la vie, un sentier escarpé, obscur, enveloppé d'un épais brouillard. Orphée était devant, Eurydice suivait à quelques pas. Sans cesse,
35 Orphée était tenté de se retourner pour s'assurer que son aimée le suivait, mais il se réfrénait.

    Enfin, il atteignit la surface de la terre, et un rayon de soleil éclaira son visage. Il avait réussi. Fou de joie, il se retourna pour embrasser à nouveau son Eurydice. Mais celle-ci, affaiblie par son séjour au pays des morts, était
40 restée quelques pas en arrière. Il la vit confusément tendre son bras vers lui avant de disparaître pour l'éternité.

Michel Piquemal, *Fables mythologiques des héros et des monstres,*
d'après Ovide, *Les Métamorphoses,* livre X, Albin Michel, 2006.

***Orphée charmant
les animaux,*** émail peint,
xviᵉ siècle (musée national
de la Renaissance, Écouen).

Orphée jouant de la lyre et charmant les animaux, bas-relief en marbre, école florentine, vers 1500 (musée du Louvre, Paris).

Lecture

➡ Comprendre

1. a. Qui est Orphée ?

b. Qui est Eurydice ? Que lui arrive-t-il ?

2. a. Où Orphée se rend-il ? Dans quel but ?

b. Qui rencontre-t-il ?

3. a. Orphée obtient-il ce qu'il demande ?

b. Comment s'y prend-il ?

4. Comment se termine cette histoire pour Eurydice ? Et pour Orphée ? Pourquoi ?

➡ Approfondir

5. Relisez le premier paragraphe : qu'est-ce qui fait d'Orphée un être exceptionnel ?

6. « immense », « inconsolable », « inébranlable » (l. 10 à 12) :

a. Vérifiez, si nécessaire, le sens de ces mots.

b. Quel est leur préfixe commun ? Qu'exprime ce préfixe ?

c. Qu'est-ce que ces mots nous apprennent sur l'état d'Orphée ?

7. a. Quelle règle Orphée transgresse-t-il dans la première partie du texte ?

b. Cette transgression est-elle punie ? Pourquoi ?

➡ Pour conclure

8. Que nous apprend ce texte sur la mort ? Et sur la poésie ?

Vocabulaire

1. « *dissuader* » (l. 12)

a. Cherchez dans le dictionnaire le sens de ce mot.

b. Réemployez-le dans une phrase de votre invention.

c. Donnez un verbe de la même famille : que signifie-t-il ?

2. a. Donnez un synonyme du mot « *défunts* » (l. 17).

b. Quelle est ici la classe grammaticale de ce mot ?

3. « *succomber* » (l. 18)

a. Quel est le sens propre de ce verbe ?

b. À quel sens est-il employé ici ? Que signifie-t-il alors ?

4. « *se réfréner* » (l. 36)

a. Sur quel radical ce verbe est-il formé ?

b. À l'aide du contexte, déduisez-en son sens.

5. « *un sentier escarpé* » (l. 33) : recopiez cette expression en remplaçant *escarpé* par un antonyme.

Les armes d'Achille

Homère
(VIIIᵉ s. av. J.-C.).
Ce poète grec a-t-il
vraiment existé ?
La tradition lui attribue
deux longs poèmes
épiques : l'*Iliade*, qui fait
le récit de la guerre
de Troie, et l'*Odyssée*,
qui raconte le retour
du héros Ulysse dans son
île natale (voir chapitre 7).

1. **Styx** : fleuve des Enfers.
2. **Héphaïstos** : le dieu forgeron.
3. **Les Myrmidons** : le peuple d'Achille.
4. **Cnémide** : protège-tibia.
5. **Airain** : bronze.
6. **Séléné** : déesse de la Lune.
7. **Enlevaient** : ici, soulevaient.
8. **Chiron** : le centaure qui a éduqué Achille.

Fils du roi Pélée et de la déesse Thétis, Achille est un guerrier presque invincible : à sa naissance, sa mère l'a plongé dans le Styx[1], dont les eaux rendent immortel. Les Grecs, qui font en vain le siège de Troie depuis dix ans, auraient bien besoin de l'aide de ce vaillant guerrier. Mais celui-ci, en colère contre Agamemnon, leur chef, refuse de se battre à ses côtés. Patrocle, son meilleur ami, propose alors de conduire lui-même l'armée d'Achille au combat. Achille accepte. Mais les Grecs perdent la bataille et Patrocle est tué par Hector. Arrive Thétis…

Elle trouva son fils bien-aimé entourant de ses bras Patrocle et pleurant amèrement. Et, autour de lui, ses compagnons gémissaient. Mais la déesse parut au milieu d'eux, prit la main d'Achille et lui dit :

– Mon enfant, malgré notre douleur, laissons-le, puisqu'il est mort par la
5 volonté des dieux. Reçois d'Héphaïstos[2] ces armes illustres et belles, telles que jamais aucun homme n'en a porté sur ses épaules.

Ayant ainsi parlé, la déesse les déposa devant Achille, et les armes merveilleuses résonnèrent. La terreur saisit les Myrmidons[3], et nul d'entre eux ne put en soutenir l'éclat, et ils tremblèrent ; mais Achille, dès qu'il les vit,
10 se sentit plus furieux, et, sous ses paupières, ses yeux brûlaient, terribles, et pareils à la flamme. […] Ses dents grinçaient, et ses yeux flambaient comme le feu, et une affreuse douleur emplissait son cœur ; et, furieux contre les Troyens, il se couvrit des armes que le dieu Héphaïstos lui avait faites. D'abord, il attacha autour de ses jambes, par des agrafes d'argent, les
15 belles cnémides[4]. Puis, il couvrit sa poitrine de la cuirasse. Il suspendit l'épée d'airain[5] aux clous d'argent à ses épaules, et il saisit le bouclier immense et solide d'où sortait une longue clarté, comme de Séléné[6]. De même que la splendeur d'un ardent incendie apparaît de loin, sur la mer, aux matelots, de même l'éclat du beau et solide bouclier d'Achille montait dans l'air. Et
20 il mit sur sa tête le casque lourd. Et le casque à crinière luisait comme un astre, et les crins d'or qu'Héphaïstos avait posés autour se mouvaient par masses. Et le divin Achille essaya ses armes, présents illustres, afin de voir si elles convenaient à ses membres. Et elles étaient comme des ailes qui enlevaient[7] le prince des peuples. Et il retira de l'étui la lance paternelle, lourde,
25 immense et solide, que ne pouvait soulever aucun des Achéens, et que seul Achille savait manier ; la lance que, du faîte du mont Pélios, Chiron[8] avait apportée à Pélée, pour massacrer les héros.

L'Iliade, chant XIX, trad. adaptée de Leconte de lisle.

Nicolas Gosse et Auguste Vinchon, *Thétis donnant des armes à Achille*, scène homérique en grisaille, XIXᵉ siècle (musée du Louvre, Paris).

Lecture

➡ Comprendre

1. Pourquoi Achille est-il si désespéré au début du texte ?

2. Qui a fabriqué les armes d'Achille ?

3. a. Que fait Achille des lignes 11 à 27 ?

b. Dans ces mêmes lignes, relevez deux adverbes qui permettent d'ordonner ses actions.

4. D'après ce texte, comment imaginez-vous Achille ? Beau ? Fort ? Effrayant ?

➡ Approfondir

5. a. Relevez tous les mots du texte qui soulignent l'éclat du guerrier et indiquez leur classe grammaticale.

b. En plus de la vue, à quel sens l'auteur fait-il appel pour dresser un portrait terrible du héros ?

6. Relevez toutes les comparaisons : qu'apportent-elles au texte ?

7. a. Quels sont les derniers mots du texte ?

b. À quel genre de suite le lecteur s'attend-il après de tels mots ?

➡ Pour conclure

8. Qu'est-ce qui, dans ce texte, montre qu'Achille est un demi-dieu ?

Vocabulaire

Relevez, dans l'ordre du texte, tous les mots qui désignent l'armement d'Achille et, si nécessaire, vérifiez leur sens dans le dictionnaire : quel est l'ordre suivi par le portrait ?

Expression écrite

Remontons un peu dans l'*Iliade* : comme Achille refuse de se battre, Patrocle, son meilleur ami, prend la tête de l'armée grecque. Achille lui prête alors son armure.

En vous aidant du récit que vous venez de lire, racontez le moment où Patrocle revêt cette armure.

– **Faites le plan** : dressez la liste des accessoires que va revêtir Patrocle et ordonnez cette liste.

– **Développez** : à partir de cette liste, faites des phrases et enrichissez la description de chaque détail par des expansions du nom.

– **Soignez l'image du personnage** : réutilisez les mots qui expriment l'éclat (vous pouvez compléter la liste établie en classe à l'aide d'un dictionnaire).

– **Améliorez vos phrases** : remplacez *être* et *avoir* par des verbes d'action en détachant certaines épithètes ; insérez des conjonctions de coordination chaque fois que c'est nécessaire.

– **Enrichissez votre texte** en insérant des comparaisons.

– **Introduisez le portrait** : avant le début du portrait, rédigez quelques phrases qui montreront Achille remettant ses armes à Patrocle : que fait-il ? Que dit-il ?

– **Terminez votre texte** : Patrocle, revêtu de l'armure d'Achille, sort du camp. Comment réagissent les Troyens à sa vue ? Soignez particulièrement votre dernière phrase, de manière à finir sur des mots forts.

La mort d'Hector

Achille, bien décidé à venger Patrocle, marche sur Troie. Hector, le héros des Troyens, et lui, le héros des Achéens, sont enfin face à face et s'affrontent en combat singulier. Achille poursuit Hector devant les murs de Troie...

Ainsi, par trois fois, de leurs pieds rapides, ils font le tour de la ville de Priam[1]. Mais les voici qui reviennent aux fontaines pour la quatrième fois. Cette fois, le père des dieux déploie sa balance d'or ; il y place les deux déesses du trépas[2] douloureux, celle d'Achille, celle d'Hector, le dompteur
5 de cavales[3] ; puis, la prenant par le milieu, il la soulève, et c'est le jour fatal d'Hector qui, par son poids, l'emporte et disparaît dans l'Hadès. Alors Phœbus Apollon l'abandonne. Au contraire, la déesse aux yeux pers, Athéna, s'en vient trouver le Péléide[4] et lui dit ces mots ailés :

– Cette fois, je crois bien qu'à nous deux, illustre Achille cher à Zeus, nous
10 allons rapporter une grande victoire aux Achéens en pourfendant[5] Hector. Arrête-toi donc maintenant et souffle : je m'en vais, moi, le persuader de te combattre face à face.

Le grand Hector au casque étincelant alors, le premier, dit :

– Je ne veux plus te fuir, fils de Pélée : c'est fini. Je t'aurai, ou tu m'auras.
15 Allons ! prenons ici les dieux pour garants. Si Zeus m'octroie[6] de tenir bon et de t'arracher la vie, quand je t'aurai pris tes armes illustres, j'entends rendre ton corps, Achille, aux Achéens. Fais donc, toi, de même.

Achille aux pieds légers sur lui lève un œil sombre et dit :

– Hector, ne viens pas, maudit, me parler d'accords. Il n'est pas de pacte
20 loyal entre les hommes et les lions, pas plus que loups ni agneaux n'ont des cœurs faits pour s'accorder. Rappelle-toi donc toute ta vaillance : c'est bien maintenant qu'il te faut être un guerrier intrépide.

Il dit, et, brandissant sa javeline, il la lance en avant. Mais l'illustre Hector la voit venir et l'évite ; la pique de bronze passe, dans son vol, au-dessus de
25 lui et va se ficher au sol. Pallas Athéna aussitôt la saisit et la rend à Achille, sans être vue d'Hector, le pasteur d'hommes.

– Manqué ! Évite, toi, ma javeline de bronze. Ah ! si tu pouvais donc l'emporter, toute, dans ta peau ! La guerre serait moins lourde aux Troyens, si tu étais mort : pour eux, tu es le pire des fléaux.

30 Il dit, et, brandissant sa longue javeline, il la lance en avant. Et il atteint le Péléide au milieu de son bouclier, sans faute. Mais la lance est rejetée bien loin de l'écu[7], et Hector s'irrite de voir qu'un trait[8] rapide est parti pour rien de sa main. Il n'a plus de pique de frêne. Hector en son cœur comprend, et il dit :

35 – Hélas ! point de doute, les dieux m'appellent à la mort. Eh bien ! non, je n'entends pas mourir sans lutte ni sans gloire, ni sans quelque haut fait, dont le récit parvienne aux hommes à venir.

Il dit, et il tire le glaive aigu suspendu à son flanc ; puis, se ramassant[9], il prend son élan. Achille aussi bondit ; son cœur se remplit d'une ardeur

1. Priam : le roi de Troie, père d'Hector.

2. Le trépas : la mort.

3. Cavales : juments.

4. Péléide : fils de Pélée.

5. Pourfendre : tuer en coupant en deux.

6. M'octroie : m'accorde.

7. Écu : bouclier.

8. Trait : flèche.

9. Se ramassant : se repliant en boule.

La déesse Athéna luttant entre Hector
et Achille, vase grec du VIᵉ s. av. J.-C.
(musée archéologique de Catalogne, Barcelone).

40 sauvage ; il couvre sa poitrine de son bel écu ouvragé ; sur son front oscille
son casque étincelant où voltige la crinière d'or splendide, qu'Héphaïstos
a fait tomber en masse autour du cimier[10]. Comme l'étoile qui s'avance,
entourée des autres étoiles, au plein cœur de la nuit, ainsi luit la pique acérée qu'Achille brandit dans sa droite[11], méditant la perte du divin Hector et
45 cherchant des yeux, sur sa belle chair, où elle offrira le moins de résistance.
Un seul point se laisse voir, celui où la clavicule sépare l'épaule du cou. C'est
là que le divin Achille pousse sa javeline. La pointe va tout droit à travers
le cou délicat. Et cependant qu'Hector s'écroule dans la poussière, le divin
Achille triomphe :

50   – Hector, tu croyais peut-être, quand tu dépouillais Patrocle, qu'il ne
t'en coûterait rien ; j'étais si loin ! Pauvre sot !... Les chiens, les oiseaux te
mettront en pièces outrageusement, tandis qu'à lui les Achéens rendront les
honneurs funèbres.

D'une voix défaillante, Hector au casque étincelant répond :

55   – Je t'en supplie, par ta vie, par tes genoux, par tes parents, ne laisse pas les
chiens me dévorer ; accepte les présents que t'offriront mon père et ma digne
mère ; rends-leur mon corps, afin que les Troyens et femmes des Troyens au

10. Cimier : ornement
placé sur le sommet
du casque.

11. Sa droite : Sa main
droite.

mort que je serai donnent sa part de feu[12].

Achille aux pieds rapides vers lui lève un œil sombre et dit :

60 – Non, chien. Aussi vrai que je voudrais voir ma colère et mon cœur m'induire à[13] couper ton corps pour le dévorer tout cru ; non, quoi qu'on fasse, ta digne mère ne te placera pas sur un lit funèbre, pour pleurer celui qu'elle a mis au monde, et les chiens, les oiseaux te dévoreront tout entier.

Et Hector, mourant, Hector au casque étincelant répond :

65 – Oui, oui, je n'ai qu'à te voir pour te connaître ; je ne pouvais te persuader, un cœur de fer est en toi.

À peine a-t-il parlé : la mort, qui tout achève, déjà l'enveloppe. Son âme quitte ses membres et s'en va, abandonnant la force et la jeunesse.

Achille retire du mort sa pique de bronze, qu'il laisse de côté ; puis, des 70 épaules, il détache les armes sanglantes. Les fils des Achéens de tous côtés accourent. Ils admirent la taille, la beauté enviable d'Hector.

Au divin Hector Achille prépare un sort outrageux. À l'arrière des deux pieds, il lui perce les tendons entre cheville et talon ; il y passe des courroies et il les attache à son char, en laissant la tête traîner. Puis il monte sur le char, 75 emportant les armes illustres ; d'un coup de fouet, il enlève ses chevaux, et ceux-ci, pleins d'ardeur, s'envolent. Un nuage de poussière s'élève autour du corps ainsi traîné ; ses cheveux sombres se déploient ; sa tête gît toute dans la poussière – cette tête jadis charmante et que Zeus maintenant livre à ses ennemis, pour qu'ils l'outragent à leur gré sur la terre de sa patrie.

HOMÈRE, *Iliade*, trad. Paul Mazon, © Les Belles Lettres, 1992.

12. Afin que les Troyens puissent brûler mon corps sur le bûcher après ma mort.

13. M'induire à : me pousser à.

Le corps d'Hector tiré par un char, détail d'un sarcophage en marbre, province de Tyr, IIᵉ siècle (musée National, Beyrouth).

🔴 **Achille s'accrochant à l'ombre de Patrocle,** par J. H. Füssli, crayon, lavis et craie blanche, 1810 (Kunsthaus Zürich).

Lecture

➡ Comprendre

1. À quoi sert la balance d'or de Zeus ?

2. Quels dieux interviennent alors ? Pourquoi ?

3. De chacun des deux combattants, dites s'il est : vaillant - habile - respectueux de son adversaire. Justifiez toutes vos réponses par des références précises au texte.

➡ Approfondir

4. Relevez les épithètes homériques qui caractérisent chacun des deux héros, Hector et Achille, et commentez-les.

5. a. Pour quel personnage la description physique est-elle la plus développée ?

b. Quels sont les moyens employés par l'auteur pour souligner la beauté et la force de ce personnage ?

➡ Pour conclure

6. Qu'est-ce qui, dans la vengeance d'Achille, est démesuré ?

7. Quelles lois sacrées Achille viole-t-il dans ce passage ?

8. D'après la légende, une prophétie liait le destin d'Achille à celui d'Hector, prédisant que le héros grec mourrait peu de temps après le héros troyen. Pourquoi la mort d'Achille est-elle méritée ?

Vocabulaire

1. « Au divin Hector Achille prépare un sort outrageux » (l. 72).

a. Remplacez *outrageux* par un synonyme.

b. Cherchez dans la suite du texte un mot de la même famille : que signifie-t-il ?

2. a. Cherchez dans les lignes 14 à 22 un adjectif de la famille de *loi* signifiant : « qui respecte les lois, les usages et la parole donnée ».

b. Donnez son antonyme.

c. Employez ces adjectifs dans deux phrases qui parleront d'Achille et Hector.

3. Cherchez dans le dictionnaire un nom de la famille de *sacré* qui signifie : « transgression d'une règle sacrée », puis employez-le dans une phrase qui parlera d'Achille.

Expression écrite

En un paragraphe d'une vingtaine de lignes, imaginez le combat qui opposa Hector à Patrocle.
Vous respecterez les étapes suivantes :

a. Les héros s'avancent l'un vers l'autre (une ligne) ;

b. Ils se défient (deux ou trois répliques) ;

c. Ils s'affrontent jusqu'à la mort de Patrocle (une dizaine de lignes).

d. Vous soignerez particulièrement le dernier paragraphe : détaillez bien la succession des actions ; choisissez de préférence des termes forts ; utilisez des épithètes homériques et des comparaisons pour souligner la force et l'éclat des personnages.

Texte 7

Aux Enfers

Énée, fils de Vénus, a fui Troie en flammes. Après de nombreuses aventures, il parvient sur les côtes d'Italie. Énée demande alors à la Sibylle, prêtresse d'Apollon, de lui permettre de descendre aux Enfers pour demander à son père, qui est mort, des conseils au sujet de ce qu'il doit faire désormais. Le voilà devant le Styx, le fleuve qui marque l'entrée du monde des morts.

Publius Vergilius Maro (Virgile)
(70-19 av. J.-C.)
En racontant dans *L'Énéide* les exploits d'Énée, fondateur de Rome, Virgile célèbre la gloire de l'Empire romain, dont la grandeur est présentée comme le résultat d'une volonté divine.

Un horrible passeur, d'une saleté hideuse, garde ces eaux et ce fleuve : Charon. Une longue barbe blanche inculte lui tombe du menton ; ses yeux sont des flammes immobiles ; un sordide morceau d'étoffe attaché par un nœud pend à son épaule. Seul il pousse la gaffe[1] et manœuvre les voiles
5 de la barque couleur de fer où il transporte des ombres de corps, très vieux déjà, mais de la solide et verte vieillesse des dieux. [...] Aussitôt que, des eaux Stygiennes[2], le passeur les aperçut qui traversaient le bois silencieux et tournaient leurs pas vers la rive, sans attendre qu'ils aient ouvert la bouche, il les interpelle en grondant : « [...] C'est ici le séjour des Ombres, du Sommeil et
10 de la Nuit endormeuse. Il m'est défendu de transporter dans la barque des corps vivants. »

Mais la Sibylle tend au passeur un rameau d'or aux pouvoirs magiques qu'Énée a réussi à découvrir avant d'entrer aux Enfers.

Alors, le cœur gonflé de colère du passeur s'apaisa. La Sibylle n'ajoute rien : il s'incline devant le présent vénéré[3], la branche fatale qu'il n'a pas vue depuis si longtemps, et, tournant sa sombre poupe, il l'approche du rivage.
15 Il chasse les autres âmes assises le long des bancs, vide le tillac[4] et reçoit dans sa coque le puissant Énée. La barque faite de pièces rapportées a gémi sous ce poids et par ses crevasses se remplit de l'eau marécageuse. Enfin, on passe, et il dépose sans accident l'homme et la prophétesse sur un informe limon[5] dans les algues glauques.

20 Là, l'énorme Cerbère[6] de ses trois gueules aboyantes fait retentir le royaume des morts, monstre couché dans un antre en face du débarcadère. La Sibylle, voyant déjà les couleuvres se dresser sur son cou, lui jette un mélange assoupissant de graines préparées et de miel. L'animal, affamé et vorace, la triple gueule béante, avale ce qu'on lui jette et détend son dos
25 monstrueux, étalé par terre de tout son long sous l'antre qu'il remplit. Énée se hâte de franchir le seuil dont le gardien est enseveli dans le sommeil et d'un pas rapide s'éloigne des bords du fleuve qu'on ne passe point deux fois.

1. Gaffe : tige de bois sur laquelle on pousse pour faire avancer les embarcations.
2. Stygiennes : du Styx.
3. Vénéré : profondément respecté.
4. Tillac : planche au fond de la barque.
5. Limon : amas de particules déposées sur les rives du fleuve.
6. Cerbère : le monstrueux chien à trois têtes qui garde l'entrée des Enfers.

Enfin, Énée retrouve son père, Anchise, qui lui donne aussi ces conseils :

« Ô mon fils, n'habituez pas vos cœurs à ces abominables guerres ; ne tournez pas vos forces vives contre les entrailles de la patrie ! Et toi, donne
30 l'exemple de la modération, toi qui tires ton origine de l'Olympe[7] ; rejette loin de toi ces armes, ô mon sang[8] ! [...] À toi, Romain, qu'il te souvienne[9] d'imposer aux peuples ton empire. Tes arts à toi seront d'édicter les lois de la paix entre les nations, d'épargner les vaincus, de dompter les superbes. »

Fort de ces conseils, Énée retourne dans le monde des vivants où il fondera une ville qui deviendra un empire : Rome.

VIRGILE, *Énéide*, trad. A. Bellesort, © Les Belles Lettres, 1925.

🔴 *Le Styx*, **de Rose Warnock (née en 1959),** huile sur toile, 1995 (coll. privée).

Arnold Böcklin, **Assassin poursuivi par les Furies,** détail, 1870 (Bayerische Staatsgemäldesammlungen, München).

Lecture

➜ Comprendre

1. Où Énée se rend-il ? Pour quoi faire ?

2. Quels obstacles les voyageurs rencontrent-ils ?

3. Qui permet au héros de surmonter chacun de ces obstacles ? Comment ?

4. Quelle est la fonction de ce personnage ?

➜ Approfondir

5. Quels détails soulignent la monstruosité des gardiens des Enfers (l. 1 à 4 et 20 à 25) ?

6. Ligne 27, relevez le complément du nom *fleuve* : comment comprenez-vous ce complément ?

7. a. Quel exploit Énée accomplit-il ici ?

b. D'après vos lectures, quel autre mortel a accompli pareil exploit ?

c. En quoi la fin est-elle différente pour l'un et l'autre personnage ?

d. À votre avis, pourquoi ?

➜ Pour conclure

8. Quels conseils le père d'Énée donne-t-il à son fils ?

9. a. D'après votre lecture des textes de ce chapitre, quels sont les défauts condamnés par les Anciens ?

b. Quelles qualités encouragent-ils ?

Vocabulaire

1. Recherchez dans le dictionnaire l'étymologie de *sordide* (l. 3) et déduisez-en le sens de ce mot.

2. a. Que signifient les mots *vorace* (l. 24) et *inculte* (l. 2) ?

b. Pour chacun d'eux, proposez plusieurs mots de la même famille.

3. a. L'adjectif *vert* (l. 6) est employé ici au sens figuré : que signifie-t-il ?

b. Faites une autre phrase dans laquelle *vert* aura ce sens figuré.

4. a. Quels sont les deux sens possibles de l'adjectif *glauque* ?

b. À votre avis, quel est son sens dans le texte (l. 19) ?

5. Qui sont « *les superbes* » dont parle le texte ?
Pour répondre, cherchez l'étymologie de ce mot et le sens du mot latin.

Expression écrite

Les Furies étaient d'autres créatures infernales chargées de châtier les âmes des criminels. Elles avaient des ailes hideuses, une chevelure de serpents, des griffes terribles ; elles tourmentaient les damnés de leur fouet et de leurs cris stridents.

Décrivez-les de façon aussi détaillée que possible. Comme dans le texte de Virgile, vous vous efforcerez de varier vos constructions, notamment la place des adjectifs.

Recherche

Les Sibylles étaient des prêtresses d'Apollon douées d'un pouvoir de divination. On venait les consulter de loin pour connaître son avenir. La plus célèbre était la prêtresse du temple de Delphes, surnommée la Pythie. Son sanctuaire était l'un des plus importants au monde.

a. D'où la Pythie tire-t-elle son nom ?

b. Comment délivrait-elle ses oracles ?

c. Quelles étaient les sentences du temple de Delphes ?

Le héros, un être de démesure

➤ L'homme, ni monstre, ni dieu

● Dans le monde grec, chaque créature a sa place : les **dieux** vivent dans l'Olympe, les **monstres** dans le Tartare et l'**homme** au milieu, sur la Terre.

● **La place de l'homme est symbolique :** elle lui rappelle qu'il n'est ni un monstre, ni un dieu. Les hommes, contrairement aux dieux, sont mortels ; ils sont soumis aux lois de la nature et aux règles de la vie en commun. Ils doivent respecter ces limites, ces mesures qui sont les leurs. Respecter ces *mesures*, c'est être *mesuré, modéré*.

➤ Le héros, un homme pas comme les autres

● **Mais le héros n'est pas un homme comme les autres :** c'est souvent **un demi-dieu**, c'est-à-dire le fils d'un dieu et d'une femme (ou d'un homme et d'une déesse). C'est peut-être pour cette raison qu'il est tenté de ne plus respecter les limites humaines et de se croire tout permis.

● **Exceptionnellement doué** (courageux, beau, fort, audacieux, rusé...), il réalise de grandes choses. Mais il arrive toujours un moment où **il perd le sens de la mesure** dans ses actes. Et les dieux punissent ceux qui essaient de rivaliser avec eux. Ainsi finissent les héros.

Pour aller plus loin

Faire une recherche

➔ **Les dieux recourent souvent à la métamorphose pour dispenser châtiments et récompenses. Choisissez l'un des personnages suivants, faites une recherche et présentez à vos camarades son histoire et la métamorphose dont il a fait l'objet :**

Arachné – Tithon – Pyrame et Thisbée – le roi Midas – Narcisse – Actéon – Europe – Pygmalion – Daphné – Lycaon – Deucalion et Pyrrha – Sémélé – Philémon et Beaucis – Danaé – Io – Niobé.

🔴 ***Narcisse se mirant dans l'eau d'un ruisseau,***
détail d'une fresque de Pompéi, Ier siècle av. J.-C..

Vocabulaire

Le vocabulaire de la mythologie

1 a. Qui étaient : les Titans – Hercule – les Harpies – Cerbère – Mentor – les Muses ?

b. Que désignent ces noms quand on les emploie comme des noms communs ?

2 Recopiez et complétez les phrases avec l'un des mots suivants et expliquez le sens des expressions employées : *chimère – dédale – homérique – odyssée – pomme de discorde – talon d'Achille – Titan – tonneau des Danaïdes.*

1. Impossible de retrouver son chemin : ce quartier est un véritable ...

2. Il a accompli un travail de ...

3. Nous ne viendrons jamais à bout de cette tâche : c'est le ...

4. Dans la famille de Sophie, la question de l'argent de poche est une véritable ...

5. Notre voyage a été toute une ...

6. Jacques est très fort mais il se fatigue vite : l'endurance est son ...

7. Tu ne pourras jamais y arriver : ce projet est une ...

8. Marc a un véritable talent de conteur : il transforme le moindre événement en récit ...

3 Retrouvez l'épisode à l'origine des expressions suivantes et donnez-en le sens.

Tomber de Charybde en Scylla – se croire sorti de la cuisse de Jupiter – s'attirer les foudres de quelqu'un.

4 À l'aide de ces explications, essayez de retrouver le sens de certaines expressions.

1. Athéna, déesse de la guerre et de la sagesse, est souvent appelée « Athéna à l'égide » : l'égide est une cuirasse qui sert de bouclier, c'est un des attributs d'Athéna. Que signifie l'expression *se placer sous l'égide de quelqu'un* ?

2. Méduse était une sorcière dont le regard suffisait à changer en pierre ceux qui prétendaient la combattre. Elle fut finalement vaincue par Persée qui utilisa son bouclier comme miroir. Que signifie le verbe *méduser* ?

3. Arachné était une jeune fille qui tissait merveilleusement bien. En fait, elle se vantait de tisser mieux que la déesse Athéna elle-même. Pour punir son insolence, la déesse la métamorphosa en araignée, condamnée à tisser sa toile tout au long de sa vie. Qu'est-ce qu'un ouvrage *arachnéen* ?

5 Retrouvez les noms propres qui sont à l'origine des adjectifs suivants et donnez le sens de ces expressions.

un calme olympien – une humeur joviale – une boisson aphrodisiaque – une allure martiale – un projet chimérique – des cultures céréalières – une force herculéenne – un travail titanesque – un être cupide – une peur panique.

6 Chacun des noms propres suivants a deux définitions possibles : associez chaque nom propre à ce qu'il désigne.

● **Les noms propres :**

Apollon – Chaos – Europe – Faune – Flore – Mégère – Naïade – Zéphyr.

● **Les définitions :**

1. Nom d'un dieu et d'un petit vent doux.

2. Dieu primitif et grand désordre.

3. Nom d'une créature mi-homme, mi-bouc qui désigne aussi l'ensemble des animaux d'une région.

4. Dieu et jeune homme d'une grande beauté.

5. Princesse enlevée par Zeus et région du monde.

6. Déesse et ensemble des végétaux d'une région.

7. Nymphe vivant dans les sources et belle femme à moitié nue.

8. Déesse de la vengeance et femme méchante.

7 Proverbes

● Les Grecs condamnaient toute forme d'excès, de démesure. Ainsi, sur le temple de Delphes figurait le célèbre commandement « *mêden agan* » : « Ne fais rien d'excessif. »

● Les Latins reprendront cette idée avec le proverbe « *aurea mediocritas* » qui veut dire : « Le juste milieu est d'or. »

● Aujourd'hui, plusieurs proverbes reprennent cette idée ancienne qu'il n'est jamais bon de vouloir dépasser certaines limites.

Complétez ces proverbes et expliquez leur sens :

« Qui veut faire l'ange fait... »

« Le mieux est l'ennemi du... »

Grammaire pour écrire

Pour écrire un récit épique (1)

▮ Utiliser les mots de liaison

1 Dans les phrases suivantes, Relevez les mots de liaison, expliquez pourquoi ils ne conviennent pas et proposez d'autres mots de liaison qui conviendront.

1. Il entre dans la maison puis prend une poire ; ensuite le monstre attaque.

2. Ulysse et ses compagnons naviguent en pleine mer. Brutalement surgit des profondeurs un énorme monstre marin.

3. Il ne sait pas quoi faire, donc il s'enfuit.

2 Complétez le texte ci-dessous par des mots de liaison qui conviennent.

Les principaux chefs achéens étaient en train de se partager des prisonniers. …, au milieu de ces prisonniers, Achille reconnut la belle Briséis. …, il conçut pour elle un violent amour. … le roi Agamemnon réclama Briséis pour lui-même. …, Achille entra dans une grande colère : il refusa de combattre aux côtés d'Agamemnon. Il resta … enfermé dans sa tente toute la journée du lendemain. …, les Achéens crurent à un caprice qui ne durerait pas. … les jours passaient et Achille demeurait inflexible. … Agamemnon se résigna-t-il à lui rendre Briséis.

3 Recopiez le texte ci-dessous en remplaçant, chaque fois que c'est nécessaire, le pronom « il » par l'un des groupes nominaux suivants, pour désigner Silène : *le fils d'Hermès – le modeste satyre – notre héros – le malheureux jeune homme.*

Silène était un satyre particulièrement laid. Il était pourtant d'une grande intelligence et d'une belle sensibilité. Un jour, Silène et quelques amis festoyaient près d'une rivière. Soudain, ils entendirent des cris : une belle jeune fille était emportée par une barque dont elle avait perdu les rames. Aussitôt, il se jeta à l'eau pour lui porter secours. Fort comme il était, il ramena sans peine la jeune fille sur le rivage. Mais au lieu de le remercier, celle-ci, en voyant son visage, s'enfuit aussitôt. Il resta seul au milieu des rires de ses camarades. Blessé, il s'enfuit à son tour et se mit à longer la rivière. Le cours d'eau, en cet endroit, était bordé de roseaux. Il en cueillit une tige, la sculpta et y souffla, en tirant des son mélodieux : la flûte venait d'être inventée. Il joua longtemps, apaisant ainsi son chagrin. Zeus entendit cette mélodie et en fut touché. À cause de ses nombreuses qualités, il fut choisi pour devenir le précepteur des petits dieux.

▮ Donner de la force au récit

4 Exprimez dans la même phrase deux actions simultanées : pour cela, transformez chaque couple de phrases en une seule phrase, comme dans l'exemple, en vous servant des conjonctions suivantes : *tandis que - comme - alors que - au moment où.*
Exemple : *Les Troyens dormaient. les Grecs sortirent de leur cachette.*
→ *Tandis que les Troyens dormaient, les Grecs sortirent de leur cachette.*

1. Achille franchit la porte : le sol se met à trembler.

2. Les Troyens étaient en train de festoyer. Achille arriva.

3. Les Grecs s'enfuyaient de tous côtés. Achille fit face aux ennemis.

4. Le navire coulait. Les hommes se jetèrent à la mer.

5 Donnez plus de rythme au récit en enchaînant directement les actions, sans employer « et ». Corrigez la ponctuation en conséquence.

1. La déesse aux yeux bleus sort de l'eau et elle s'avance vers Achille et elle saisit une boucle de ses cheveux et elle la lui donne.

2. Achille s'avance vers le monstre et il se jette sur lui et il lui plante son poignard dans l'œil et il appuie de toutes ses forces et le monstre s'effondre.

▮ Utiliser un vocabulaire adapté

6 Remplacez les mots en gras par un synonyme plus soutenu, choisi dans la liste suivante : *accablé – brava - châtiment – courroux – dessein – encercla – funeste – irrités –naquit – noces – périls – résolu – se répandit.*

1. Le bruit **courut** que cet enfant serait redoutable.

2. Une amitié profonde **débuta** entre les deux garçons.

3. Les dieux **en colère** faisaient souffler des vents contraires.

4. Zeus exigeait la **punition** des coupables.

5. Tout commença avec le **mariage** de Thétis et Pelée.

6. Le roi avait formé le **projet** de se débarrasser du jeune héros.

7. Craignez la **colère** des dieux !

8. Le messager apportait une **mauvaise** nouvelle.

9. Achille était **écrasé** de douleur.

10. Il était **décidé** à venger son ami.

11. Pour la sauver, il **affronta** de nombreux **dangers**.

12. Le petit groupe **entoura** Achille.

Raconter les exploits d'un héros

Sujet

Par groupes, votre classe va réaliser son « Achilléide »,
c'est-à-dire le récit de la vie d'Achille.

A **Choisir son épisode**

1. Chaque groupe va travailler sur un épisode
de la vie d'Achille, qu'il choisira parmi les suivants :

a. Naissance et enfance d'Achille
b. Achille à la cour de Lycomède
c. Iphigénie
d. Achille et Polyxène
e. Achille et Briséis
f. La colère d'Achille
g. La mort de Patrocle
h. Achille se décide à aller combattre
i. Combat entre Achille et Hector
j. La mort d'Achille

Achille soignant son ami Patrocle.
Vase grec, VIᵉ siècle (musée d'État de Berlin).

B **Collecter les informations**

2. Sur Internet, recherchez des informations sur l'épisode que vous devez raconter.
Voici des adresses de sites où vous trouverez des informations fiables :
http://mythologica.fr/
http://fr.wikipedia.org/wiki/Accueil
http://www3.ac-clermont.fr/etabliss/tremonteix/Achille/accueil.htm
http://www.mediterranees.net/
Attention : triez les informations de manière à ne pas répéter ce que vos camarades auront déjà dit.

C **Développer**

3. Les notices documentaires que vous trouverez sur Internet vont à l'essentiel.
À vous de transformer ces notices en récits vivants en vous aidant des conseils ci-dessous.

Boîte à outils

Pour réussir

1. Multipliez les détails concrets, comme dans l'histoire de Bellérophon.
N'hésitez pas à faire appel à votre imagination : à quoi jouaient Achille et Patrocle enfants ?
Que faisait Briséis prisonnière ? Quelle était la couleur des yeux de Polyxène ?

2. Insérez des passages descriptifs pour permettre d'imaginer vos personnages.
N'hésitez pas à accentuer l'image que vous voulez en donner en choisissant habilement
vos mots et en recourant aux comparaisons.

3. Faites parler vos personnages : les guerriers se défient avant de combattre ; les dieux argumentent
pour décider de la mort d'un personnage ; les ennemis s'affrontent verbalement…

4. Ne vous contentez pas de décrire en une phrase les émotions du personnage :
est-il triste ou en colère ? Comment cette colère ou cette tristesse se manifeste-t-elle physiquement ?
Quelle est l'expression, l'attitude du personnage ? Quels gestes fait-il pour exprimer son émotion ?
Comment réagissent les autres autour de lui ?

Des livres

❖ **Contes et Légendes, Les Héros de la mythologie, Christian Grenie**r, Nathan, 2010.

Pour découvrir des héros attachants qui ont accompli des prouesses exemplaires tout en conservant les faiblesses des hommes.

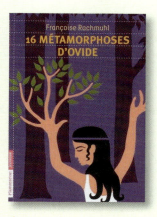

❖ **16 Métamorphoses d'Ovide, Françoise Rachmuhl**, coll. « Castor Poche », Flammarion, 2010.

Réécrits dans une langue adaptée aux jeunes lecteurs, ces seize récits permettent de découvrir les aventures de héros mythologiques tels que Phaéton, Bacchus, Persée, Orphée...

❖ **L'Iliade, Homère,** version abrégée de L'École des Loisirs, 1990.

Une version abrégée du célèbre chant d'Homère qui raconte le siège de Troie par les Grecs. Sur le champ de bataille, sous les yeux des dieux, les héros s'affrontent : Hector, Achille, Agamemnon...

Des films

❖ **Fantasia, Walt Disney,** 1940, DVD.

L'équipe du célèbre réalisateur se livre à des improvisations à partir de grands thèmes de la musique classique, souvent inspirés de contes et mythes populaire, comme l'apprenti sorcier.

❖ **Le Hobbit, Peter Jackson,** 2012.

Bilbo, modeste semi-homme, fort peu héroïque a priori, doit affronter la démesure d'êtres épris de puissance.

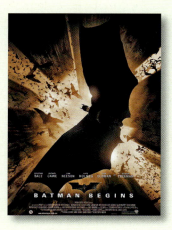

❖ **Batman, le commencement, Christopher Nolan,** 2005, DVD.

Décidé à venger la mort de ses parents, Bruce Wayne s'érige en justicier masqué. Mais cette volonté de lutter contre le crime est animée par un sentiment bien sombre.

Arts et mythologie

→ Arts du visuel

Les aventures des hommes et des dieux, telles qu'elles sont racontées dans la mythologie, ont inspiré de nombreux artistes. Ce dossier vous permettra de découvrir quelques œuvres majeures sur le sujet.

Arbre généalogique des dieux grecs

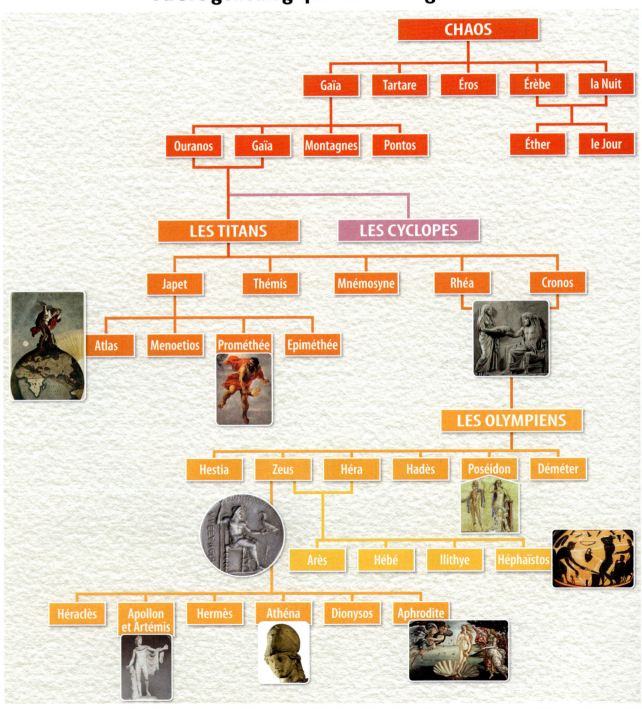

Recherche

Les principaux dieux grecs

Nom du dieu	Domaine	Elément associé	Attribut
Zeus	Déesse de l'amour et de la beauté	Soleil	Trident
Héra	Déesse de la végétation et de la fertilité	Lune	Lyre et laurier
Athéna	Messager des dieux, dieu du commerce et des voleurs		Sceptre et foudre
Poséidon	Roi des dieux, maître du ciel et de l'orage	Colombe	Casque et bouclier
Aphrodite	Dieu du vin et de l'excès	Chouette	Casque et armes
Arès	Dieu du feu et des forgerons		Thyrse, vigne et lierre
Hermès	Dieu des mers et des océans	Biche	Caducée et sandales ailées
Dionysos	Dieu de la guerre	Aigle	Couronne et sceptre
Déméter	Déesse du mariage		Marteau et enclume
Apollon	Dieu des arts, de la musique et de la divination	Paon	Miroir
Artémis	Déesse de la protection armée et de la sagesse	Bouc	Épis de blé
Héphaïstos	Déesse de la chasse et de la nature	Cheval	Arc et flèches

Questions

1. Faites une recherche pour rendre à chaque dieu son domaine et ses attributs : que symbolisent ces derniers ?

2. Recherchez les noms de ces dieux dans la mythologie romaine.

DES TEXTES AUX ŒUVRES

Reconnaître les épisodes mythologiques

1. **Doc. 2 et 3 p. 186 et Doc. 5 et 6 p. 188**
a. À l'aide des textes du chapitre 6, des légendes des documents et de vos connaissances, identifiez l'épisode mythologique et les personnages représentés.
b. Sur le document 2, quels éléments vous permettent de reconnaître l'épisode ?

2. **Doc. 3 p. 186 et Doc. 5 et 6 p. 188**
a. Où se déroule chaque scène ?
b. Qu'est-ce qui permet d'identifier les lieux ?
c. Quelles caractéristiques de Zeus d'une part et d'Aphrodite (Vénus) d'autre part l'artiste a-t-il mises en avant ? Par quels moyens ?

Le Bernin, *Apollon et Daphné,* marbre, hauteur : 243 cm, 1622 (Galerie Borghèse, Rome). **1**

2 Odilon Redon, *Le Char d'Apollon,* huile sur bois, 40 × 78 cm, vers 1908 (musée d'État, Berlin).

Écriture

Choisissez entre les œuvres 1, 4 et 7 p. 189 et inventez, à partir de ces œuvres, un récit de métamorphose.

ÉTUDE THÉMATIQUE

Le motif de la métamorphose : un défi artistique

1. **Doc. 2 p. 186, Doc. 4 et Doc. 7 p. 189**
a. Observez la représentation des personnages, leur mouvement, leurs expressions : quelle est la métamorphose représentée ?
b. À l'aide de vos connaissances sur les rapports entre les hommes et les dieux dans la mythologie, imaginez l'histoire qui a inspiré l'artiste.

2. **Doc. 2 p. 186 et Doc. 7 p. 189**
Quel moment de l'histoire l'artiste a-t-il choisi de représenter ? Pourquoi ?

3. **Doc. 1 à 3 p. 186-187, Doc. 5 p. 188 et Doc. 7 p. 189**
Par quels moyens les artistes ont-ils traduit le mouvement ?

3 Sandro Botticelli, *La Naissance de Vénus*,
huile sur toile, 172,5 cm × 278,5 cm, 1482
(Galerie des Offices, Florence).

4 Antonio Canova,
Amour et Psyché,
marbre, hauteur : 155 cm,
1787-1793 (musée du
Louvre, Paris).

Retenons

● Les nombreuses aventures mythologiques offrent aux artistes **une
grande richesse de sujets.**

● Les personnages, reconnaissables
à **quelques attributs**, se prêtent à
toutes sortes de représentations.

● Peintres et sculpteurs tirent alors
parti des **caractéristiques propres
aux arts visuels** : le choix de l'épisode représenté, la composition des
tableaux, le mouvement de la sculpture contribuent à **animer l'épisode
représenté.**

● Ainsi, quoique figée, l'image suggère la vie, le mouvement, et une
histoire.

5

Jean-Baptiste Corot,
Orphée ramenant Eurydice
des Enfers, huile sur toile,
112 × 138 cm, 1861
(Museum of the Fine Arts,
Houston).

Questions

1. Observez les documents des pages 186 à
189 : quels personnages sont représentés nus ?
Dans quelle posture ? Quelle impression se
dégage de ces corps ?

2. Quelle impression se dégage de chaque
personnage ? Développez votre réponse.

3. Quel trait de caractère le personnage principal
de chacune de ces œuvres incarne-t-il ?

4. Ces œuvres vous semblent-elles décrire
des traits de caractère uniquement attribuables
aux dieux et aux héros ?

Retenons

- La mythologie, tout en parlant des dieux et
des demi-dieux, sert de **miroir à l'homme** et
lui renvoie sa propre image.

- À des époques où la représentation de nus
est encore délicate, ces sujets traditionnels permettent de **célébrer le corps humain**, sa puissance, sa beauté et parfois sa grande sensualité.

- Elles interrogent aussi l'homme sur les
conséquences de passions comme le désir, la
curiosité, la démesure, la mélancolie...

- À travers ces œuvres, la mythologie grecque
nous invite encore aujourd'hui à réfléchir sur les
différentes facettes de la nature humaine.

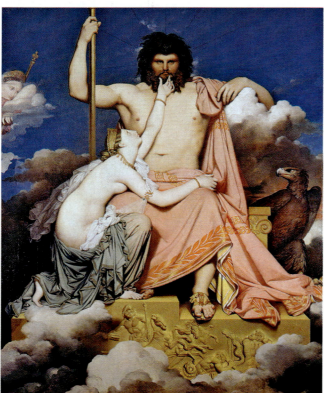

6 **Jean-Auguste-Dominique Ingres,** *Jupiter et Thétis,*
huile sur toile, 327 cm × 260 cm, 1811
(musée Granet, Aix en Provence).

Analyse d'une œuvre

7
Jean-Léon Gérôme,
Pygmalion et Galatée,
huile sur toile,
vers 1890
(The Metropolitan
Museum of Art,
New York).

Questions

La représentation du mythe

1. Qui sont les personnages représentés ? À quoi les reconnaissez-vous ?

2. Quels détails du tableau évoquent l'univers de la Grèce antique ?

3. Quels moments du mythe le peintre a-t-il représentés ? Par quels moyens ?

4. Quels détails donnent l'impression d'une image prise sur le vif ? Pour répondre, observez la posture des personnages, mais aussi les éléments au premier plan.

Une célébration de l'art

5. Où se passe la scène ?

6. Quel objet du tableau ne peut pas exister dans la Grèce antique ? À quelle époque nous renvoie-t-il ?

7. Observez les différents objets dispersés dans la pièce : quels sont les différents arts évoqués ?

8. Quelle image de l'artiste ce tableau donne-t-il ? Discutez vos réponses.

7 L'Odyssée, d'Homère

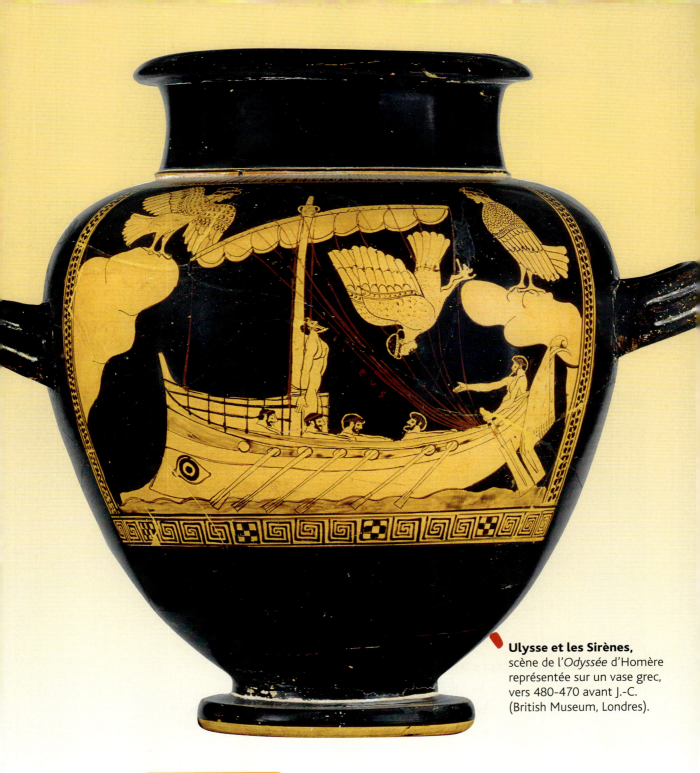

Ulysse et les Sirènes,
scène de l'*Odyssée* d'Homère
représentée sur un vase grec,
vers 480-470 avant J.-C.
(British Museum, Londres).

Lire une image

1. Quel objet sert de support à cette image ? Précisez sa datation
   et son origine.
2. Quelle œuvre littéraire a inspiré cette illustration ?
3. Décrivez l'image : qui sont les différents personnages ?
   Que font-ils ? À quel type de récit pouvez-vous vous attendre ?

La guerre de Troie : de l'Histoire à la légende

● Environ 2000 ans avant J.-C., un peuple indo-européen se répand dans tout le Péloponnèse (en Grèce) : les **Achéens**. Ils fondent un puissant empire dont la capitale est **Mycènes**. Cette civilisation prospère jusqu'au **XIIe siècle av. J.-C.**. À cette époque règne le légendaire roi **Agamemnon**. Mais, de l'autre côté de la Méditerranée, une riche cité, **Troie**, menace la puissance mycénienne. La rivalité entre les deux villes va donner lieu à une guerre sans merci, à l'issue de laquelle Troie sera complètement détruite.

● D'après la légende, la guerre de Troie aurait une autre origine : **Pâris**, prince de Troie, avait séduit **la belle Hélène**, l'épouse du roi achéen Ménélas, frère d'Agamemnon, et avait regagné Troie avec elle. C'est donc pour reprendre la belle Hélène et laver l'honneur de leur chef que les Achéens seraient partis en guerre contre Troie.

Le site d'Hissarlik (Turquie) a été découvert en 1870 par un archéologue allemand, Heinrich Schliemann, et identifié comme celui de la ville de Troie.

Question

❶ À quelle époque a-t-on découvert les ruines de Troie ?

Masque mortuaire en or, dit « masque d'Agamemnon » (1550 av. J.-C.), découvert à Mycènes par Heinrich Schliemann.

Un aède nommé Homère

● **Homère**, qui raconte l'histoire de la guerre de Troie, a vécu au VIIIᵉ **siècle av. J.-C.**, période au cours de laquelle s'organisent progressivement **les cités grecques**. C'était **un aède**, c'est-à-dire un poète qui se déplaçait de ville en ville pour animer les festins par ses récits. On lui attribue la création de l'*Iliade* et de l'*Odyssée*, mais on ne sait presque rien de sa vie.

● Certains disent qu'il était aveugle, d'autres affirment qu'il n'a jamais existé, que l'*Iliade* et l'*Odyssée* sont des œuvres imaginées par différents auteurs. En tout cas, une chose est sûre : ces poèmes ont longtemps été transmis oralement avant d'être **mis par écrit** au VIᵉ **siècle av. J.-C.**

Question

❷ Situez dans le temps les événements suivants :

a. la guerre de Troie ;

b. la vie d'Homère ;

c. la mise par écrit de l'*Odyssée*.

Un héros nommé Ulysse

● L'*Iliade* fait le récit de la **guerre de Troie** : Ulysse, roi d'Ithaque, et l'un des plus valeureux guerriers achéens, y participe aux côtés d'Agamemnon.

● Après cette guerre, qui a duré dix ans, Ulysse aspire à rentrer chez lui. Mais il erre dix années encore et connaît bien des aventures avant de retrouver enfin son pays, sa femme et son fils. C'est ce **long voyage de retour** que raconte l'*Odyssée*.

● Ulysse est un **héros très célèbre**. Il incarnait pour les Grecs des valeurs importantes, aussi les petits écoliers de la Grèce antique étudiaient-ils, comme vous, les œuvres d'Homère.

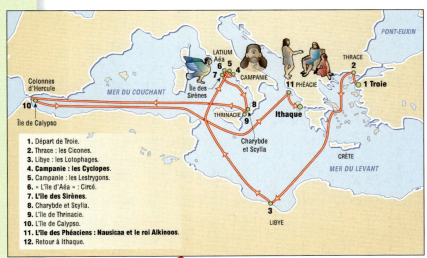

1. Départ de Troie.
2. Thrace : les Cicones.
3. Libye : les Lotophages.
4. **Campanie : les Cyclopes.**
5. Campanie : les Lestrygons.
6. « L'Île d'Aéa » : Circé.
7. **L'île des Sirènes.**
8. Charybde et Scylla.
9. L'île de Thrinacie.
10. L'île de Calypso.
11. **L'île des Phéaciens : Nausicaa et le roi Alkinoos.**
12. Retour à Ithaque.

De Troie à Ithaque : le retour d'Ulysse

Question

❸ Que savez-vous d'Ulysse ?

Aux alentours du XIIᵉ s. av. J.-C.
Guerre de Troie

VIIIᵉ siècle av. J. C.
Homère

VIᵉ siècle av. J. C.
L'*Iliade* et l'*Odyssée* mis par écrit

Texte 1

Au pays des Cyclopes

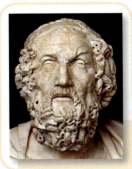

Homère
a peut-être vécu au VIIIᵉ s. avant J.-C., mais il existe surtout par les deux œuvres qu'on lui attribue : l'*Iliade* et l'*Odyssée*. Ces deux longs poèmes épiques sont en effet les premiers connus de la littérature grecque.

Parvenu après un naufrage chez le roi Alkinoos, Ulysse fait le récit de ses aventures. Il raconte son arrivée dans un pays de montagnes et de cavernes habitées par les Cyclopes.

Là séjournait un homme de taille prodigieuse qui, seul et loin de tous, menait paître ses troupeaux, sans fréquenter d'autres gens : il vivait à l'écart et ne connaissait pas la justice. C'était un monstre prodigieux, qui ne ressemblait pas à un homme mangeur de pain, mais au sommet boisé d'une
5 haute montagne, que l'on voit se dresser tout seul, loin des autres sommets.

Ulysse et ses compagnons entrent dans la grotte où vit le Cyclope et y prennent de quoi se restaurer. Arrive le Cyclope : Ulysse le supplie de leur accorder l'hospitalité.

C'est ainsi que je parlai, mais lui, avec son cœur cruel, ne répondit rien. Il se précipita sur mes compagnons, les mains tendues, et en saisit deux qu'il écrasa contre la terre comme des petits chiens. Leur cervelle jaillit et coula sur la terre. Il les découpa membre à membre, et en fit son repas : il les dévora
10 comme un lion nourri sur la montagne, sans rien laisser, ni leurs entrailles, ni leurs chairs, ni leurs os pleins de moelle. Nous pleurions et levions nos mains vers Zeus en voyant ces horreurs.

Quand le Cyclope eut empli son immense panse en mangeant les chairs humaines et en buvant par-dessus du lait non mélangé, il se coucha de tout
15 son long dans l'antre, au milieu des troupeaux.

Le lendemain, tandis que le Cyclope mène paître ses troupeaux, Ulysse et ses compagnons fabriquent un pieu qu'ils dissimulent dans la paille. Le soir, le Cyclope revient.

Il a de nouveau saisi deux de mes compagnons et en a fait son repas. C'est alors que, tenant dans mes mains un vase de vin noir, je me suis approché du Cyclope et lui ai dit :

« Cyclope, prends, bois du vin après avoir mangé de la chair humaine ; tu
20 sauras ainsi quelle boisson contenait notre navire. Je l'avais apportée pour faire une libation¹ en ton honneur, espérant que tu aurais pitié de moi et que tu me ferais escorter jusqu'à mon pays. […] »

Ainsi parlai-je. Il prit le vase et le vida, buvant le doux breuvage avec une délectation suprême. Et il m'en redemanda une seconde fois :
25 « Donne-m'en encore, sois gentil, et dis-moi tout de suite ton nom, pour que je t'offre un cadeau d'hospitalité² qui te fasse plaisir. […] »

Ainsi parla-t-il, et je lui servis de nouveau du vin couleur de feu. Je lui en offris trois fois, et trois fois il le but d'un trait, sans réfléchir. Et dès que le vin eut enveloppé son esprit, je lui adressai ces paroles mielleuses :
30 « Cyclope, tu me demandes mon nom glorieux : eh bien, je vais te le

1. Libation : offrande de vin faite aux dieux.
2. L'hospitalité était un devoir sacré dans la Grèce antique. À cette occasion, l'hôte offrait un cadeau à son invité.

dire. Mais toi, donne-moi le cadeau d'hospitalité que tu m'as promis. Mon nom est " Personne ". Mon père et ma mère, et tous mes compagnons me nomment " Personne ". »

Ainsi parlai-je, et aussitôt, d'un cœur impitoyable, il me répondit : « Eh
35 bien c'est « Personne » que je mangerai en dernier, après ses compagnons, les autres passeront avant lui. Ce sera ton cadeau d'hospitalité ! »

Ainsi parla-t-il, et il tomba à la renverse sur le dos. [...] De sa gorge jaillirent le vin et des morceaux de chair humaine : il vomissait, enivré par le vin. Aussitôt je mis l'épieu sous la cendre pour le chauffer [...]. Quand l'épieu
40 d'olivier, bien qu'encore vert, fut sur le point de s'enflammer dans le foyer et qu'il se mit à briller terriblement, je le retirai du feu et l'apportai en courant. Mes compagnons étaient autour de moi : une divinité ranimait leur courage. Ils saisirent l'épieu d'olivier au bout aiguisé et l'enfoncèrent dans l'œil du Cyclope. Moi, pesant de tout mon poids à l'autre extrémité, je le faisais
45 tourner [...] ; et le sang jaillissait de son œil échauffé ; la vapeur lui brûlait tout autour les paupières et les sourcils pendant que sa prunelle fondait. [...] Le Cyclope poussa un hurlement horrible qui fit retentir les rochers. Épouvantés, nous reculâmes. Pendant ce temps, il arracha de son œil l'épieu tout souillé de sang, et le jeta au loin en agitant furieusement les bras. À grands
50 cris, il appelait les Cyclopes qui habitaient les cavernes des environs [...]. En entendant sa voix, ils accoururent de tous côtés, et, debout autour de l'antre[3], ils lui demandaient quel était son souci :

« Pourquoi donc, Polyphème, pousses-tu de pareils cris de souffrance dans la nuit divine et nous réveilles-tu ? Quelqu'un parmi les mortels t'a-t-il enlevé
55 tes brebis contre ton gré ? Quelqu'un veut-il te tuer par ruse ou par force ? »

3. antre : caverne.

Pellegrino Tibaldi (1527-1596), *Ulysse et Polyphème*, (Palais de l'Université, Bologne).

Le puissant Polyphème leur répondit du fond de son antre :
« "Personne", mes amis, me tue par ruse et non par force. »
Ils lui répondirent en lui adressant ces paroles ailées :
« Si personne ne te fait violence et que tu es seul, c'est donc une maladie
60 envoyée par le grand Zeus, impossible d'y échapper ! C'est à ton père, le
seigneur Poséidon, que tu dois adresser ta prière. »

Ainsi parlèrent-ils et ils s'en allèrent. Moi, je ris de tout mon cœur, en
voyant que mon nom les avait trompés, ainsi que ma ruse irréprochable.

Mais le Cyclope, gémissant et en proie à de cruelles douleurs, tâtonna
65 avec les mains pour ôter le rocher de l'entrée. Lui-même s'assit en travers
de l'entrée, les bras tendus pour attraper celui de nous qui voudrait franchir
l'entrée avec les brebis [...]. Pendant ce temps, je songeais pour ma part à
trouver le moyen le meilleur pour sauver de la mort mes compagnons et
moi-même. [...]

70 Voici alors le plan qui parut le meilleur à mon cœur. Il y avait des béliers
bien nourris, à l'épaisse toison, beaux et grands, avec une laine de couleur
violette. Sans bruit, je les attachai avec l'osier souple sur lequel dormait
le Cyclope monstrueux sans foi ni loi, en les liant trois par trois. Celui du
milieu porterait un de mes compagnons, et les deux autres, de chaque côté,
75 le cacheraient. Ainsi, trois béliers portaient chaque fois un seul homme. Vint
alors mon tour : il y avait là un bélier, le plus vigoureux de tous. Je le saisis
par le dos et me recroquevillai, immobile, sous son ventre laineux. Je m'accrochai de toutes les forces de mes mains à sa laine merveilleuse, et je tins
bon, le cœur patient. Alors, nous attendîmes en gémissant la divine Aurore.

80 Dès qu'apparut Aurore aux doigts de rose, fille du matin, les mâles du
troupeau s'élancèrent au pâturage. [...] Leur maître, accablé de douleurs,
palpait le dos de tous les béliers debout devant lui. Dans sa naïveté, il ne
s'aperçut pas que mes compagnons étaient attachés sous le ventre des béliers
laineux. [...]

85 À peine étions-nous éloignés de la caverne et de la cour, que je me détachai le premier de sous le bélier et détachai mes compagnons. Nous pous-
sâmes devant nous au plus vite les troupeaux aux pattes grêles, chargés
de graisse, en faisant de nombreux détours, pour arriver à notre navire.
[...] Aussitôt mes compagnons embarquèrent et s'assirent sur les bancs de
90 rameurs ; installés en rangs, ils se mirent à frapper de leurs rames la mer
qui blanchissait.

Mais dès que nous fûmes à la distance où la voix porte encore, j'adressai
au Cyclope ces paroles railleuses :
« Cyclope, il n'était pas dit que tu mangerais les compagnons d'un homme
95 sans courage, dans ta caverne creuse, avec violence et brutalité : elle devait
te tomber dessus la punition de tes mauvaises actions, malheureux, puisque
tu n'as pas craint de manger tes hôtes dans ta demeure. C'est pourquoi Zeus
et les autres dieux t'ont puni. »

Fou de colère, Polyphème arrache le sommet d'une montagne qu'il lance dans la
mer, soulevant une vague énorme qui ramène le navire d'Ulysse vers la terre ferme.
Ses compagnons prennent peur.

Ulysse sous le bélier,
détail d'une sculpture
en pierre, art romain,
Iᵉʳ siècle ap. J.-C. (Galerie
Doria Pamphili, Rome)

– Malheureux ! pourquoi veux-tu donc exciter cet homme, un sauvage
100 qui en projetant à l'instant un projectile dans la mer a ramené notre navire
vers la côte ! nous avons bien cru périr sur place ! et s'il t'avait entendu pousser un cri ou émettre une parole, il aurait brisé nos têtes et le bois de notre
navire en projetant un rocher bien pointu, tant il a de force pour lancer loin !

Ainsi parlèrent-ils, mais ils ne persuadèrent point mon cœur vaillant, et
105 je m'adressai de nouveau au Cyclope, le cœur plein d'irritation :

– Cyclope, si quelqu'un parmi les hommes mortels t'interroge sur la
perte de ton œil qui te défigure, dis que c'est Ulysse le destructeur de cités
qui t'a complètement aveuglé, le fils de Laërte qui habite Ithaque.

[…] Ainsi parlai-je, et, aussitôt, il supplia le seigneur Poséidon, en tendant
110 les mains vers le ciel étoilé :

– Entends-moi, Poséidon aux cheveux bleu sombre, maître de la terre !
Si je suis réellement ton fils, et si tu te glorifies d'être mon père, accorde-
moi qu'Ulysse le destructeur de cités, le fils de Laërte, qui habite Ithaque,
ne rentre pas dans sa maison. Mais si sa destinée est de revoir ses amis et
115 de rentrer dans sa maison bien construite et dans la terre de sa patrie, qu'il
mette longtemps à y parvenir, péniblement, après avoir perdu tous ses compagnons, sur un navire étranger, et que même dans sa maison il trouve des
souffrances !

Ainsi parla-t-il en suppliant, et le dieu aux cheveux bleu sombre l'entendit.

HOMÈRE, *Odyssée*, chant IX, trad. Sylvie Perceau © Nathan.

Lecture

➡ Comprendre

1. Qui dit « je » dans ce texte ?

2. À quelle sorte de personnage Ulysse et ses compagnons sont-ils confrontés ?

3. Quelles sont les différentes ruses utilisées par le héros pour vaincre le monstre ?

4. Cet épisode se termine-t-il tout à fait bien pour Ulysse ? Justifiez votre réponse.

➡ Approfondir

5. a. Dans les lignes 7 à 15, comment l'auteur rend-il le récit de la mort des compagnons d'Ulysse particulièrement horrible ?

b. Quel autre passage inspire également de l'horreur ? Pourquoi ?

6. Toujours dans les lignes 7 à 15, relevez une comparaison : quelle image donne-t-elle du Cyclope ?

➡ Pour conclure

7. Dans le premier paragraphe, relevez les détails qui vous sont donnés sur l'apparence physique du Cyclope, ainsi que sur son mode de vie : quelle impression produisent-ils ?

8. Dans les lignes 92 à 98, comment Ulysse explique-t-il sa victoire sur le Cyclope ?

9. a. D'après les croyances des Grecs, il était absolument nécessaire, pour lancer une malédiction, de connaître le nom de la personne que l'on voulait maudire. Montrez que, au dernier moment, Ulysse manque de prudence.

b. Quel défaut conduit Ulysse à cette imprudence et justifie le châtiment qui l'attend ?

Vocabulaire

1. a. Quel est le sens du mot *hôte* (l. 97) ?

b. Le même mot peut avoir un sens quasi opposé : lequel ?

c. Cherchez dans le texte un mot de la même famille.

2. a. Que signifie le verbe *paître* (l. 2) ?

b. Dans les lignes 80 à 84, trouvez un mot de la même famille et expliquez-le.

c. Qu'est-ce qu'un *pâtre* ? Une scène *pastorale* ?

J. W. Waterhouse, *Pénélope et ses prétendants*

J. W. Waterhouse, *Pénélope et ses prétendants,* huile sur toile, 1912, 188 x 130 cm
(musée d'Aberdeen, Écosse).

Lire une image

John William Waterhouse (1849-1917), peintre britannique célèbre pour ses tableaux
de femmes inspirés de la mythologie, appartient au courant préraphaélite qui souhaite retrouver
la fraîcheur des œuvres de la première Renaissance italienne (avant Raphaël).

Une peinture narrative

1. Identifiez les personnages : qu'est-ce qui vous permet de le faire ?

2. Où se trouvent les prétendants ? Pourquoi ?

3. Quelle est l'attitude de Pénélope vis-à-vis des prétendants ? Justifiez votre réponse.

Une scène pleine de fraîcheur

4. a. Observez la Pénélope représentée ici : son visage, sa coiffure, son occupation.

b. En quoi se distingue-t-elle des autres personnages féminins ?

5. Observez les prétendants et leurs attributs : quels sens évoquent-ils ?

6. À votre avis, quelles impressions générales l'artiste a-t-il cherché à rendre ?

Circé la magicienne

Après bien des aventures, Ulysse et ses compagnons abordent l'île de Circé, une terrible magicienne. Les compagnons d'Ulysse partent en reconnaissance.

Circé par Edmond **Dulac (1882-1953)**, *L'Illustration*, 1911.

Dans une vallée ils ont trouvé la maison de Circé, construite en pierres polies dans un lieu découvert. Tout autour vivaient des loups montagnards et des lions que Circé avait ensorcelés avec des drogues nuisibles : au lieu de se jeter sur mes hommes, ils se sont approchés d'eux et les ont
5 caressés de leurs longues queues, comme les chiens entourent et caressent leur maître lorsqu'il revient d'un banquet, car il leur rapporte toujours des douceurs qui plaisent à leur cœur. De même les loups aux griffes robustes et les lions entouraient, caressants, mes compagnons. Eux, pris de peur à la vue de ces terribles bêtes énormes, se sont arrêtés devant la porte de la déesse
10 aux belles tresses et ont entendu Circé chanter à l'intérieur d'une belle voix ; elle tissait une grande toile, immortelle, comme sont les ouvrages légers, gracieux et brillants des déesses. […] Ils se sont fait entendre en appelant. Elle est sortie aussitôt, a ouvert les portes brillantes et les a invités. Tous avec imprudence l'ont suivie. Euryloque[1] est resté seul dehors, car il soup-
15 çonnait le piège. Elle les a fait entrer, les a fait asseoir sur des sièges et des fauteuils et a mixé pour eux du fromage, de la farine et du miel frais dans du vin de Pramnos. Elle a mélangé à cette mixture des drogues aux effets redoutables, pour leur faire oublier complètement leur terre paternelle. Elle leur a offert cette potion, et ils l'ont bue d'un trait. Aussitôt, elle les a frap-
20 pés d'une baguette et les a enfermés dans la porcherie. Ils avaient la tête, la voix, le corps et les soies[2] du porc, mais leur intelligence était restée la même qu'auparavant. Aussi pleuraient-ils d'être ainsi enfermés. […]

Alors Euryloque est revenu vers le noir navire rapide pour nous donner des nouvelles de nos compagnons et pour annoncer leur triste sort.

Ulysse décide alors de se rendre chez Circé pour délivrer ses compagnons.

25 J'étais sur le point d'arriver à la grande demeure de Circé aux multiples drogues quand Hermès[3] à la baguette d'or est venu à ma rencontre, au moment où j'approchais de la demeure. Il avait pris l'apparence d'un jeune homme dont la barbe commence à pousser et qui est dans toute la grâce de l'adolescence. Il m'a pris la main, et m'a dit :
30 « […] Je vais te dire tous les projets pernicieux[4] de Circé : elle va te préparer une potion où elle jettera des drogues, mais elle ne pourra pas t'ensorceler par ce moyen, car la remarquable drogue que je vais te donner ne le permettra pas. Je vais te dire tous les détails. Au moment où Circé te frappera de sa longue baguette, tire du long de ta cuisse ton épée pointue et
35 jette-toi sur elle, comme si tu voulais la tuer. […] »

1. Euryloque : l'un des compagnons d'Ulysse.
2. Soies : poils.
3. Hermès : le messager des dieux.
4. Pernicieux : dangereux.

Alessandro Allori (1535-1607), *La magicienne Circé et les compagnons d'Ulysse transformés en animaux,* fresque du palais Salviati, Florence.

Après ces paroles, le dieu aux rayons lumineux m'a fourni la drogue qu'il a arrachée de terre. [...] Moi, je me suis dirigé vers la demeure de Circé. Tout en marchant, j'avais le cœur qui bouillonnait.

Je me suis arrêté devant la porte de la déesse aux belles tresses et, posté là, j'ai poussé un cri. Elle a entendu ma voix et est sortie aussitôt, a ouvert les portes brillantes et m'a invité. Je l'ai suivie, le cœur affligé. Elle m'a fait entrer, puis asseoir sur un beau fauteuil à clous d'argent, bien travaillé. Un escabeau était posé sous mes pieds. Aussitôt elle a préparé dans une coupe d'or la potion que je devais boire, et, le cœur plein de mauvaises pensées, elle y a jeté la drogue. Elle me l'a offerte et j'ai bu d'un trait, sans que le charme agisse. Elle m'a alors frappé de sa baguette et m'a dit en détachant ses mots : « Va maintenant dans la porcherie coucher avec tes compagnons. »

Ainsi parla-t-elle. Mais moi, tirant mon épée pointue du long de ma cuisse, je me suis jeté sur elle comme si je voulais la tuer. Alors, elle a poussé
50 un grand cri, s'est effondrée et a saisi mes genoux.

Tout se passe comme prévu par Hermès. Circé demande à Ulysse son identité puis lui propose d'aller au lit avec elle. Ulysse lui fait jurer de ne rien tenter contre lui. La déesse l'accueille alors avec hospitalité et lui offre un repas, mais Ulysse pense à ses compagnons.

« Circé, quel homme, s'il a le cœur juste, supporterait d'absorber nourriture ou boisson, avant d'avoir délivré ses compagnons et de les avoir vus de ses propres yeux ? Si c'est de bon cœur que tu veux que je boive et que je mange, délivre mes fidèles compagnons pour que je les voie de mes yeux ! »
55 Ainsi parlai-je. Circé a traversé la salle, sa baguette à la main, et a ouvert les portes de la porcherie. Elle en a fait sortir mes compagnons qui ressemblaient à des porcs gras de neuf ans. Ils se sont mis debout devant elle ; passant parmi eux, elle a frotté chacun avec une nouvelle drogue. Alors, de leurs membres sont tombés les poils qu'avait fait pousser la drogue funeste
60 donnée par la vénérable Circé ; ils sont redevenus des hommes, plus jeunes qu'avant, beaucoup plus beaux et plus grands à voir. Ils m'ont reconnu, et m'ont tous serré la main. Une douce envie de pleurer les a saisis tous ensemble, et la demeure s'est mise à résonner de leurs pleurs.

HOMÈRE, *Odyssée*, chant X, trad. Sylvie Perceau, © Nathan.

Lecture

➔ Comprendre

1. Chez quelle sorte de personnage les compagnons d'Ulysse sont-ils entrés ?

2. Que leur arrive-t-il à cause de ce personnage ?

3. Comment réagit Ulysse quand il est averti de la situation ?

4. Qui lui vient en aide ? Comment ?

5. Comment se termine cette aventure pour les compagnons d'Ulysse ?

➔ Approfondir

6. Pour aller chercher ses compagnons, Ulysse doit se rendre à son tour chez la magicienne. Cherchez dans le texte des parties de phrases qui sont répétées afin de montrer que la même scène se reproduit.

7. Dans cet épisode, en quoi Ulysse se distingue-t-il de ses compagnons ?

➔ Pour conclure

8. a. Quels animaux entourent la demeure de Circé ?

b. En quoi leur attitude est-elle inattendue ?

c. Que pouvez-vous en conclure sur l'identité réelle de ces animaux ?

9. L'apparence de Circé est-elle celle d'une sorcière ? Et ses gestes, son accueil ?

10. Pourquoi peut-on dire que, dans cet épisode, Ulysse ramène l'ordre dans un univers bouleversé ?

Vocabulaire

1. Quel est ici le sens du mot *charme* (l. 45) ? Répondez en proposant plusieurs synonymes.

2. a. Quels mots du texte désignent les substances magiques que fabrique Circé ?

b. Cherchez dans le dictionnaire d'autres mots qui désignent des boissons magiques.

3. a. Recopiez la deuxième phrase du texte en remplaçant *nuisible* par un mot de sens proche.

b. Sur quel verbe est formé l'adjectif *nuisible* ? Vérifiez le sens de ce verbe et employez-le dans une phrase qui parlera de Circé.

Texte 3

Chez Alkinoos

Au terme de nombreuses aventures, Ulysse, dont le navire a été détruit par une tempête, échoue seul, nu et sale, au pays des Phéaciens. Le roi Alkinoos lui offre l'hospitalité.

Alors Alkinoos prit la parole et dit :

« Écoutez, chefs et conseillers des Phéaciens. Notre hôte me semble plein de sagesse. Allons ! Il convient de lui offrir les cadeaux d'hospitalité. Douze rois des plus remarquables, douze chefs commandent ce peuple,
5 et moi-même je suis le treizième. Apportez-lui, chacun, un manteau bien lavé, une tunique et un talent[1] d'or précieux. Apportons vite ces présents tous ensemble : ainsi notre hôte, quand il les aura en sa possession, pourra aller au repas le cœur en joie. »

Les chefs phéaciens apportent alors de magnifiques cadeaux d'hospitalité à Ulysse.

Alkinoos dit à Arètè[2] :

10 « Femme, apporte ici un coffre remarquable entre tous, le meilleur que tu aies. Place toi-même dedans un manteau bien lavé et une tunique. [...] Moi, je lui offrirai cette très belle coupe d'or, afin qu'il se souvienne de moi tous les jours, quand il fera, dans sa grande salle, des libations en l'honneur de Zeus et des autres dieux. »

15 Ainsi parla-t-il. Arètè demanda aux servantes de mettre au plus vite un grand trépied[3] sur le feu. [...] Puis, l'intendante[4] invita Ulysse à entrer dans la baignoire pour prendre un bain. C'est le cœur plein de joie qu'il vit l'eau chaude, car il y avait longtemps qu'on ne s'était pas occupé de lui [...]. Les servantes le baignèrent, le frottèrent d'huile et le revêtirent d'une tunique
20 et d'un beau manteau. Il sortit alors de la baignoire et revint au milieu des hommes buveurs de vin. [...]

Il s'assit sur un siège près du roi Alkinoos. Déjà les hommes distribuaient les parts et mélangeaient le vin. Le héraut[5] s'approcha, conduisant le fidèle aède Dèmodokos, honoré par le peuple. Il le fit asseoir au milieu des convives,
25 appuyé contre une haute colonne. Alors Ulysse aux multiples ruses coupa un gros morceau du dos d'un porc aux blanches dents, qui était enveloppé de graisse des deux côtés[6] et il dit au héraut :

« Prends, héraut, et donne ce morceau de viande à manger à Dèmodokos. Moi aussi, malgré mon affliction, je veux lui montrer mon amitié. Les
30 aèdes reçoivent leur part d'honneur et de respect parmi tous les hommes qui vivent sur la terre, car la Muse leur a enseigné le chant, et elle aime la race des aèdes. » [...]

Alors, tous étendirent les mains vers la nourriture toute prête placée devant eux.

---

1. Talent : pièce de monnaie.

2. Arètè : la femme d'Alkinoos.

3. Trépied : chaudron à trois pieds.

4. Intendante : servante chargée de la bonne marche de la maison.

5. Héraut : serviteur chargé d'introduire les invités.

6. C'est l'un des meilleurs morceaux.

Pour animer le festin, Dèmodokos se met à chanter les héros de la guerre de Troie. Mais ses chants ravivent chez Ulysse des souvenirs douloureux…

35 Mais Ulysse se décomposait, et, sous ses paupières, les larmes lui arrosaient les joues, tout comme une femme effondrée pleure son mari bienaimé tombé devant sa cité, devant son peuple, alors qu'il tentait de repousser le jour fatal pour sa ville et ses enfants [...] ; de même Ulysse versait des larmes pitoyables sous ses paupières. C'est donc à l'insu de tous qu'il versait
40 des larmes. Seul Alkinoos le vit, car il était assis près de lui et l'entendit pousser de lourds gémissements. Aussitôt, il dit aux Phéaciens habiles à manier les avirons :

« Écoutez, chefs et conseillers des Phéaciens ! Il faut que Dèmodokos arrête sa phorminx[7] au son clair. Ce qu'il chante ne plaît peut-être pas à tout
45 le monde. Depuis que nous avons soupé et que le divin aède a commencé à chanter, notre hôte n'a pas cessé de sangloter de désespoir ; l'affliction semble avoir envahi son cœur. Que Dèmodokos arrête donc, pour que nous qui accueillons notre hôte, et notre hôte lui-même, ayons tous un plaisir égal. [...] Un hôte, un suppliant[8], sont comme un frère pour tout homme qui
50 a un minimum de sagesse. Aussi, ne me cache rien, par ruse, de tout ce que je vais te demander : il vaut mieux que tu me parles. Dis-moi comment te nommaient ta mère, ton père, ceux qui habitaient ta ville et les environs. [...] Dis-moi aussi quel est ton pays, ton peuple, ta cité, afin que nos navires qui voguent avec intelligence puissent t'y conduire. »

Ulysse lui fait alors le récit de ses aventures, que vous venez de lire. Ensuite, l'ayant comblé de cadeaux, Alkinoos équipe un navire pour ramener chez lui le héros d'Ithaque.

HOMÈRE, *Odyssée*, chant VIII, trad. Sylvie Perceau, © Nathan.

7. Phorminx : instrument de musique à cordes.

8. Suppliant : personne qui supplie qu'on lui porte secours.

Flûtiste, détail d'une scène de banquet, vase grec du IVe s. av. J.-C. (Paris, musée du Louvre).

Lecture

→ Comprendre

1. Quels sont les points communs à la situation d'Ulysse quand il se présente au Cyclope (p. 194) et quand il arrive à la cour d'Alkinoos ?

2. Comment chacun des deux personnages accueille-t-il le suppliant ? Comparez, en particulier, les cadeaux d'hospitalité faits par chacun d'eux à Ulysse.

3. Les deux épisodes racontent un repas. Comparez les deux scènes : quel en est le cadre ? Que mange-t-on ? Que boit-on ? Quels détails font du repas chez Alkinoos un festin raffiné ? Quels détails font du repas du Cyclope un horrible carnage ?

4. Que représentent le Cyclope d'une part, Alkinoos d'autre part ?

→ Approfondir

L'épisode du Cyclope se situe au début des aventures d'Ulysse, celui-ci à la fin.

5. Dans quel état Ulysse arrive-t-il chez Alkinoos ?

6. Peut-on dire que l'orgueil du héros a été puni ? Pourquoi ?

7. Pourquoi peut-on dire que, dans ce passage, Ulysse revient dans le monde des humains ?

Texte 4

La ruse de Pénélope

Ulysse est enfin rentré chez lui, mais sans révéler son identité : désireux de savoir ce qu'est devenu son royaume, il se présente comme un simple mendiant et demande l'hospitalité. Pénélope, sa propre femme, le reçoit. Ulysse salue la beauté et la générosité de la reine.

Alors la très sage Pénélope lui répondit :

— Étranger, pour ce qui est de ma valeur, de ma beauté et de mon allure, les Immortels les ont détruits quand les Argiens[1] se sont embarqués pour Ilion, car avec eux se trouvait mon mari Ulysse. Ah, si ce dernier reve-
5 nait pour prendre soin de ma vie, ma renommée serait alors et plus grande et plus belle. Mais aujourd'hui, je ne suis que douleur, tant la divinité m'a chargée de malheurs. Car tous les nobles qui ont le pouvoir sur les îles[2], […] tous prétendent m'épouser contre mon gré et ruinent ma maison. […] Ces hommes précipitent mon mariage, mais moi je trame des ruses. Pour
10 commencer, c'est une pièce de toile qu'une divinité a inspiré à mon esprit de tisser […] ; et aussitôt j'ai dit ces mots aux prétendants :

— Jeunes gens, qui êtes mes prétendants puisque le divin Ulysse est mort, vous pressez mon mariage, mais attendez jusqu'à ce que j'aie achevé ma pièce de toile […] ; c'est un linceul destiné au héros Laërte[3], pour le jour où
15 la Moire[4] funeste viendra le prendre dans la mort aux longues douleurs ; il ne faut pas qu'une des Achéennes puisse me faire des reproches devant tout le peuple s'il gisait sans linceul, alors qu'il possédait tant de biens.

Ainsi parlai-je, et leur cœur si viril s'est laissé persuader. Dès lors, pendant le jour, je tissais la grande toile, et la nuit, je la défaisais, à la lumière
20 des torches. C'est ainsi que pendant trois ans, j'ai agi à l'insu des Achéens ; mais quand est venue la quatrième année, […] à cause de mes servantes, ces chiennes sans bienveillance pour moi, ils sont venus me prendre sur le fait et m'ont interpellée à grands cris ; c'est ainsi que bien malgré moi, j'ai dû mettre un terme à ma toile sous la contrainte. Aujourd'hui je ne peux plus
25 échapper au mariage.

HOMÈRE, *Odyssée*, chant XIX, trad. Sylvie Perceau, © Nathan.

1. Les Argiens : les Grecs.
2. Les îles du royaume d'Ithaque.
3. Laërte : le père d'Ulysse.
4. La Moire : la divinité qui préside au destin des humains.

Lecture

➜ Comprendre

1. Quels sentiments Pénélope exprime-t-elle vis-à-vis d'Ulysse ?

2. En quoi la situation est-elle bouleversante ?

3. Avec vos propres mots, expliquez en quoi consiste la ruse de Pénélope.

➜ Approfondir

4. a. Dans ce passage, quelle image a-t-on de Pénélope ?

b. Quelles qualités font d'elle la digne femme d'Ulysse ?

Texte **5**

L'épreuve de l'arc

Pénélope, qui ne peut plus repousser les prétendants, décide, pour les départager, de les soumettre à une épreuve.

« – Écoutez-moi, fougueux prétendants qui vous êtes installés dans cette demeure pour manger et boire, plantés là depuis que dure l'absence de mon mari, sans autre prétexte que votre désir de m'épouser et de faire de moi votre femme. Eh bien, prétendants, voici venir la compétition. Je vais poser le
5 grand arc du divin Ulysse. Celui qui, dans ses mains, tendra le plus facilement cet arc et fera passer une flèche à travers les douze haches dans leur totalité, je pourrai le suivre en abandonnant cette demeure conjugale si belle et pleine de richesses, dont je me souviendrai, je pense, même dans mes songes. »

Ainsi parla-t-elle, et elle ordonna à Eumée, le divin porcher, de poser devant
10 les prétendants l'arc et le fer poli. En pleurant, Eumée les prit et vint les poser ;
le bouvier[1] pleura aussi de son côté en voyant l'arc de son maître.

Télémaque, le fils d'Ulysse, manque de peu l'épreuve. Puis les prétendants essaient en vain l'un après l'autre.

Déjà Eurymaque tenait l'arc dans ses mains, et le chauffait de tous les côtés à la flamme éclatante du feu ; mais il ne put le tendre, et son cœur glorieux gémit intensément. En s'emportant il prit la parole et dit en détachant
15 les mots :

« – Hélas ! je ressens une grande affliction[2] pour moi-même et pour nous tous assurément. Je ne souffre pas seulement à cause du mariage, bien que

1. Bouvier : serviteur qui s'occupe des bœufs.

2. Affliction : profond chagrin.

Thomas Degeorge, ***Ulysse tire la corde de l'arc,*** huile sur toile, 1812 (musée Roger Quillot, Clermont-Ferrand).

cela m'afflige, car il y a beaucoup d'autres Achéennes ici même à Ithaque entourée des flots ou dans les autres cités ; mais je souffre surtout de voir
20 que nous manquons tant de force en comparaison d'Ulysse égal aux dieux, puisque nous ne pouvons tendre son arc. Ce sera une honte pour nos descendants quand ils l'apprendront. »

Antinoos propose de remettre au lendemain la suite du concours. Ulysse demande alors la permission d'essayer de tendre l'arc. Furieux, Antinoos le menace de mort, mais Pénélope prend sa défense. Télémaque intervient à son tour et demande à sa mère de retourner dans sa chambre. Celle-ci obéit et Euryclée ferme discrètement les portes, enfermant ainsi les prétendants…

Ulysse manipulait l'arc, le tournait de tous les côtés, examinant ici et là si les vers n'avaient pas rongé la corne pendant l'absence du maître. […] Puis,
25 comme lorsqu'un homme, expert à la phorminx[3] et au chant tend facilement une corde autour de la cheville neuve en attachant des deux bouts le boyau bien tordu d'un mouton, de même Ulysse tendit sans effort le grand arc ; de la main droite il prit la corde et l'essaya. Elle se mit alors à chanter d'une voix semblable à l'hirondelle. Une grande affliction saisit les prétendants, et ils
30 changèrent tous de couleur. Zeus tonna fortement : c'était manifestement un signe. Alors le divin Ulysse tant éprouvé se réjouit parce que le fils de Cronos aux pensées tortueuses lui avait envoyé ce signe. […] Alors donc, il saisit la flèche qu'il plaça sur le coude de l'arc, il tira la corde et l'encoche de la flèche sans quitter son siège ; visant le but, il lança la flèche et ne manqua pas le pre-
35 mier manche de la série des haches ; la flèche alourdie par sa pointe de bronze traversa tous les manches, avant de ressortir. Alors, Ulysse dit à Télémaque :

« Télémaque, l'étranger assis dans ton palais ne te fait pas honte ! Je n'ai pas manqué le but et je ne me suis pas fatigué longtemps à tendre cet arc. Ma vigueur est encore intacte. […] »
40 Ainsi parla-t-il, et il fit un signe avec ses sourcils. Télémaque, le cher fils du divin Ulysse, ceignit son épée pointue, saisit une lance dans sa main, et se plaça, armé du bronze flamboyant, près du fauteuil d'Ulysse. Alors, se dépouillant de ses haillons, Ulysse aux multiples ruses sauta sur le grand seuil, tenant dans ses mains l'arc et le carquois plein de flèches. […]
45 « Voilà cette compétition décisive accomplie ! Maintenant, je viserai un autre but qu'aucun homme n'a jamais touché. J'espère pouvoir l'atteindre et qu'Apollon me donne la gloire de ce succès ! »

Il dit, et contre Antinoos il dirigea une flèche amère. Celui-ci allait soulever une belle coupe d'or à deux anses et déjà il la tenait dans ses mains pour boire
50 le vin, sans avoir dans le cœur le moindre souci de sa fin. Qui aurait cru en effet qu'en plein milieu des convives, un homme seul contre tous, même très fort, allait lui envoyer la mort mauvaise et le noir trépas ? Mais Ulysse le frappa de sa flèche à la gorge, et la pointe traversa de part en part le cou délicat. Antinoos tomba à la renverse, et la coupe s'échappa de sa main, sous le coup ; aussitôt
55 un flot épais sortit de sa narine : du sang humain ; un coup lancé par son pied repoussa brusquement la table loin de lui et les aliments se répandirent à terre : pain et viandes rôties, tout était gâché.

Athéna casquée,
sculpture grecque
du IVᵉ siècle av. J.-C.
(musée du Louvre, Paris).

3. Phorminx :
instrument de musique
à cordes.

Les regardant par en-dessous, Ulysse aux multiples ruses leur dit :

« Chiens ! vous ne pensiez pas que je reviendrais du pays des Troyens. Et
60 c'est pourquoi vous dévoriez ma maison, vous couchiez de force avec mes
servantes, et moi vivant, vous courtisiez ma femme, sans redouter les dieux
qui occupent le large Ciel, ni l'indignation des hommes à venir ! Maintenant,
la mort fatale est au-dessus de vous tous ! »

Ainsi parla-t-il, et une peur verte s'empara de tous : chacun regardait de
65 tous côtés, cherchant par où échapper au précipice de la mort.

*Eurymaque tente de négocier avec Ulysse, en vain. Il se lance alors sur Ulysse en
invitant ses compagnons à le suivre.*

Il tira son épée pointue en bronze, aiguisée des deux côtés, et se rua sur
Ulysse en poussant un cri horrible ; mais le divin Ulysse prévint le coup et
lança une flèche qui lui perça la poitrine près du sein ; le trait rapide s'enfonça
dans le foie. L'épée tomba de sa main à terre, et tournoyant sur lui-même, il
70 s'écroula sur une table, et les aliments se répandirent à terre, avec la coupe à
deux anses ; il heurta du front le sol, le cœur tourmenté, et les coups lancés par
ses deux pieds repoussèrent le fauteuil. L'obscurité se répandit sur ses yeux. […]

Télémaque se range courageusement aux côtés de son père.

Alors Athéna, du haut du plafond, secoua l'égide[4] tueuse d'hommes, et
l'esprit des prétendants fut pris d'épouvante. Effrayés, ils se dispersèrent
75 dans la salle comme un troupeau de bœufs que harcèle de ses assauts un
taon[5] au vol rapide, au printemps, quand les jours sont longs. […] C'est ainsi
que les compagnons d'Ulysse se ruaient à travers la demeure sur les prétendants et frappaient dans tous les sens. Un horrible gémissement s'élevait des
têtes fracassées ; et partout le sol bouillonnait de sang.

HOMÈRE, *Odyssée*, chant XXII, trad. Sylvie Perceau, © Nathan.

4. Égide : cuirasse qui sert de bouclier.
5. Taon : insecte qui pique et suce le sang des animaux.

Lecture

→ Comprendre

1. a. Qui sont les prétendants ?

b. Quelle épreuve Pénélope imagine-t-elle pour les départager ?

2. a. Dans cette scène, quels hommes sont les alliés d'Ulysse ?

b. Lesquels sont ses ennemis ?

3. Quels dieux interviennent aux côtés d'Ulysse ?

→ Approfondir

4. Dans les lignes 66 à 79, relevez les verbes : quelle impression donnent-ils ?

5. a. Que voit-on dans ce passage ?

b. Qu'entend-on ?

6. Voici quelques mots tirés de ce passage : *se ruer – horrible – épouvante – bouillonner – fracasser.* Ces mots sont-ils banals ? Justifiez votre réponse.

→ Pour conclure

7. Sous quelle apparence Ulysse se présente-t-il devant les prétendants ?

8. Quelles différentes humiliations Ulysse doit-il subir dans ce passage ?

9. a. En vous appuyant sur le texte, montrez que, au moment où il révèle son identité, Ulysse reprend une apparence royale.

b. En quoi son attitude, dans la suite du récit, est-elle digne d'un roi ?

10. Connaissez-vous d'autres récits où le héros – ou l'héroïne – après avoir été humilié (e), reprend la place qui lui est due ?

Texte 6

Les retrouvailles

Ulysse retrouve donc Pénélope. Mais celle-ci hésite à le reconnaître. En effet, Athéna a rendu à Ulysse l'apparence qu'il avait au moment de son départ pour Troie, vingt ans auparavant. Pénélope demande alors à la nourrice de dresser leur lit hors de la chambre.

Ainsi parla-t-elle pour mettre à l'épreuve son mari ; mais Ulysse, indigné, s'adressa à sa femme aux pensées prudentes :

« Femme ! Qui donc a déplacé mon lit ? Même pour un homme tout à fait habile, il aurait été très difficile de le faire. […] Ce lit, c'est moi qui l'ai fabri-
5 qué, et personne d'autre. Un buisson d'olivier au long feuillage poussait dans l'enceinte, vigoureux, plein de force ; il était épais comme un pilier. Eh bien moi, j'ai disposé autour de l'olivier des pierres bien emboîtées pour construire la chambre à la perfection ; puis je l'ai bien recouverte avec un toit ; j'ai ajouté des portes soudées, ajustées et bien emboîtées. Alors, j'ai coupé les branches
10 de l'olivier au long feuillage, j'ai taillé le tronc à partir de la racine […]. Je suis parti de ce pied pour fabriquer le lit à la perfection, l'ornant d'or, d'argent et d'ivoire. […] Voilà le signe secret que je révèle pour toi. Mais je ne sais pas, femme, si mon lit est encore fixé à sa place, ou si un autre homme l'a déjà déplacé, après avoir coupé par en-dessous le tronc de l'olivier. »

15 Ainsi parla-t-il. Alors le cher cœur et les genoux de Pénélope se brisèrent en reconnaissant les signes que lui révélait Ulysse avec exactitude. Elle se mit à pleurer et courut vers Ulysse, jeta ses bras autour de son cou, couvrit sa tête de baisers […].

[Ulysse] pleurait en serrant dans ses bras la femme de son cœur, aux pen-
20 sées si prudentes. Quand la terre apparaît, elle fait la joie des naufragés dont Poséidon a détruit en mer le navire bien construit, battu par le vent et par les vagues énormes. […] Comme la terre pour ces naufragés, la vue de son mari faisait la joie de Pénélope qui ne pouvait détacher ses bras blancs de son cou.

Aurore aux doigts de rose serait apparue au milieu de leurs sanglots, si
25 la déesse Athéna aux yeux clairs n'avait eu une autre idée. Elle retint la nuit au bord extrême du ciel pour l'allonger et elle arrêta dans l'océan Aurore au trône d'or, en l'empêchant d'atteler ses chevaux rapides qui portent la lumière aux hommes.

Odyssée, chant XXIII, trad. Sylvie Perceau, © Nathan.

Les retrouvailles d'Ulysse et de Pénélope, gravure d'Isaac Taylor, XIXᵉ siècle.

Lecture

➜ Comprendre

1. Pourquoi Pénélope hésite-t-elle à reconnaître Ulysse ?

2. Comment s'assure-t-elle de son identité ? De quelles qualités fait-elle preuve ?

➜ Approfondir

3. En quoi l'histoire du lit complète-t-elle le portrait d'Ulysse ?

4. Le couple que forment Ulysse et Pénélope vous semble-t-il bien assorti ? Justifiez votre réponse.

Qu'est-ce qu'une épopée ?

➤ Définition et fonction de l'épopée

🟣 Une épopée fait le **récit des exploits d'un héros** aux prises avec des êtres fabuleux. **Les dieux interviennent** directement dans ces aventures où le **merveilleux** tient une place importante.

🟣 Une telle œuvre permet à un peuple de rendre **hommage à ses dieux** tout en célébrant les **valeurs** importantes pour lui : respect des dieux, des règles de la Cité, justice, courage...

➤ La langue de l'épopée

🟣 Si cela n'apparaît pas dans votre traduction, il faut garder à l'esprit que les épopées sont des **textes en vers** – on parle aussi de **poèmes épiques**. Elles sont composées et chantées par des aèdes au cours de fêtes religieuses ou privées.

🟣 La langue de l'épopée est donc **une langue poétique**. Les **nombreuses répétitions** donnent sa **musicalité** au poème, comme autant de refrains. **L'action se voulant saisissante, elle est rendue dans toute sa violence** : les mots sont choisis pour leur intensité ; les détails parfois crus et les nombreuses comparaisons rendent le r**écit épique très vivant et très imagé.**

Pour aller plus loin

Résumer un épisode de l'*Odyssée* d'Homère.

➡ Choisissez l'un des épisodes suivants de l'*Odyssée* d'Homère. Lisez-le et résumez-le en une quinzaine de phrases.

- Ulysse et les sirènes
- Ulysse et les Lotophages
- Ulysse aux Enfers
- Calypso
- Nausicaa
- Les outres d'Éole
- Charybde et Scylla
- Les bœufs du Soleil

Scylla, plaque en terre cuite, Mélos, 460 - 450 av. J.-C. (British Museum, Londres).

→ Arts du visuel et du quotidien

L'*Iliade* et l'*Odyssée* sont au cœur de la culture grecque mais aussi romaine. Les thèmes et les personnages de l'œuvre d'Homère se retrouvent dans tous les arts.

1

La mise à mort des prétendants de Pénélope. Gobelet attique à figure rouge, 440 av J.-C. (SMPK, Antikensammlung, Berlin). **Face A :** Ulysse tenant un arc. **Face B :** les prétendants tentant de se protéger.

2

Ulysse et les sirènes, urne, art étrusque, IIe siècle av. J.-C. (musée archéologique, Florence).

Questions

Documents 1 à 4

1. a. Quelles scènes reconnaissez-vous sur ces œuvres ?

b. Repérez les différents personnages.

2. Quelle est la fonction de chacun des objets présentés ?

a. Qu'est-ce qu'un vase à libation ?

b. Qu'est-ce qu'une urne ?

c. Où la mosaïque était-elle placée ?

3. Que peut-on en déduire sur la place qu'occupaient l'*Iliade* et l'*Odyssée* dans la culture antique.

Document 2

4. a. Qualifiez le personnage représenté sur l'urne.

b. Quel point commun a-t-il avec les sirènes ? À votre avis, pourquoi les avoir associés ?

c. Quels autres personnages féminins de l'*Odyssée* présentent la même ambiguïté ?

Documents 2 et 4

5. Comparez les deux documents.

a. Qu'est-ce qui rapproche et différencie les deux compositions ?

b. Laquelle des deux images vous paraît la plus vivante ? Justifiez votre réponse.

3 **Le retour d'Ulysse,** plaque de terre cuite, 18,7 x 27,8 cm, vers 460-450 av. J.-C. (The Metropolitan Museum of Art, New York).

Ulysse et les sirènes, mosaïque d'une maison de Dougga (Tunisie), IIIᵉ siècle ap. J.-C. (musée du Bardo, Tunis).

4

L'influence d'Homère dans l'art

L'influence d'**Homère transforme l'art grec.** Avec lui, l'art subit une profonde mutation due à l'influence de la narration homérique. L'art perd sa fonction magique de perpétuer le présent et incorpore l'**idée du temps** (les exploits du passé à commémorer dans l'avenir).

Retenons

● L'*Iliade* et l'*Odyssée* constituent la **base de la culture pour les Grecs,** mais également **pour les Romains** qui diffusèrent ses thèmes dans tout le pourtour méditerranéen.

● Des représentations d'épisodes tirés de ces œuvres ornent des **objets du quotidien**, objets de culte ou funéraires, en particulier des céramiques, mais aussi des intérieurs.

● Les thèmes homériques imprègnent ainsi la vie quotidienne et prennent une **valeur métaphorique** : la sirène devient le symbole de la séduction dangereuse.

● Aujourd'hui encore, les personnages de l'*Odyssée* restent des **références** dans tout l'**imaginaire occidental**.

Vocabulaire

La langue de l'épopée

1 **a.** Retrouvez dans le texte de l'*Odyssée* tous les termes relatifs à l'armement.

b. Quel autre mot désigne la flèche ?

2 Trouvez dans les textes de ce chapitre un équivalent des mots suivants dans la langue soutenue :

craindre – mortel – brouter – caverne – boisson – habitation – invité – enlever – bateau – chagrin – hypocrites – force – cadeau.

3 Complétez les phrases avec un des mots suivants que vous accorderez comme il convient :

blâmer – errer – impitoyable – nuire - pâturage – prétendant.

a. Ulysse a dû … de longues années avant de pouvoir rentrer chez lui.

b. Ulysse a beaucoup … la sottise de ses compagnons.

c. Le Cyclope était vraiment …

d. Le berger conduit ses troupeaux dans les …

e. Pénélope avait de nombreux …

f. Circé a d'abord cherché à … à Ulysse.

4 Les épithètes homériques sont utilisées pour désigner les personnages et mettre en valeur une de leurs caractéristiques.

Exemple : *Ulysse aux multiples ruses.*

Voici des épithètes homériques : associez chacune d'elles au nom qu'elle qualifie :

● *à la baguette d'or – aux cheveux bleus – aux belles tresses – aux doigts de rose – ailées – amère – divin – haute – profonde – sage.*

● Le … Ulysse – la … Pénélope – Poséidon … – Hermès … – la déesse … – la flèche … – une … caverne – une … montagne – des paroles … – Aurore aux … .

5 L'épopée se caractérise par le choix de mots forts. Pour chacun des mots suivants, en vous aidant d'un dictionnaire, proposez un ou plusieurs mots de sens proche, mais plus intense.

Exemple : *peur → terreur, épouvante.*

le bruit – le noir – un cri – le mouvement – détruire – tuer – tomber – pleurer – courir – manger – jaillir – briller – effrayant – grand – beau – fort – brillant – dangereux – triste – choqué – méchant.

6 Testez votre connaissance de la culture grecque : faites correspondre chaque mot à sa définition.

Des mots familiers à Ulysse	Définitions
1. Muse	**a.** Offrande de vin faite aux dieux
2. Suppliant	**b.** Devoir sacré dans la Grèce antique
3. Libation	**c.** Instrument de musique
4. Hospitalité	**d.** Divinité inspiratrice des poètes
5. Phorminx	**e.** Cuirasse d'Athéna servant de bouclier
6. Aède	**f.** Personne qui demande la pitié
7. Égide	**g.** Poète

7 Recopiez cette grille de mots croisés et complétez-la.

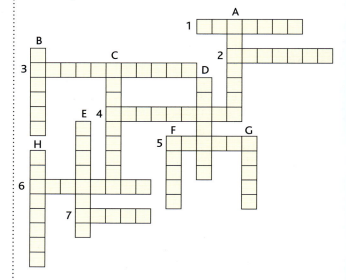

Horizontalement

1. monstre qui s'attaque à Ulysse et ses compagnons.

2. se moquer.

3. devoir obligeant à porter assistance aux étrangers de passage.

4. grande peur.

5. repas de fête.

6. d'une douceur trompeuse.

7. berger.

Verticalement

A. massacre.

B. sortilège.

C. fils d'Ulysse.

D. qui annonce la mort.

E. femme d'Ulysse.

F. mortel.

G. faire du mal.

H. rabaisser plus bas que terre.

Grammaire pour écrire

Pour écrire un récit épique (2)

Faire le portrait d'un monstre

1 Pour décrire votre monstre, associez chaque sujet donné dans la liste **a** à un verbe de la liste **b** et poursuivez les débuts de phrases ainsi obtenus.

a. Sa gueule – ses yeux – ses dents – sa queue – ses griffes – son corps.

b. Battre – frapper – cracher – se dresser – flamboyer – lancer des éclairs – luire – tournoyer.

2 Ajoutez aux phrases que vous avez rédigées un adjectif choisi parmi les suivants. Accordez-les comme il convient après avoir vérifié leur sens dans le dictionnaire.

acéré – sanguinolent – démesuré – repoussant – étincelant – difforme – crochu – gigantesque – pestilentiel – vorace – hideux – aiguisé.

3 Imaginez des comparaisons pour décrire votre monstre.

a. Quelle partie du corps de votre monstre pourriez-vous comparer à une montagne ? à un fouet ? à une épée tranchante ? à un gouffre sans fond ?

b. Intégrez au moins deux de ces comparaisons dans votre portrait.
Variez les outils de comparaison utilisés : *tel, pareil à, ressembler à, comme…*

Enchaîner les actions d'un récit

4 Dans chacune des phrases ci-dessous, expliquez le problème posé par l'emploi du pronom souligné puis recopiez la phrase en le corrigeant.

1. Au moment où la bataille va s'achever, un centaure assomme Ulysse. <u>Il</u> est fait prisonnier.

2. Ulysse s'élance, il tranche une des têtes du monstre, alors <u>il</u> pousse un hurlement horrible.

3. Éole, de son souffle puissant, dirige Ulysse vers un pieu très pointu, qui <u>le</u> saisit.

4. Ulysse et Euryloque se séparent. <u>Il</u> prend le chemin de gauche et <u>lui</u>, il prend le chemin de droite.

5 Complétez les phrases suivantes par un pronom qui convient : *celui-ci – il – le – l'un (d'eux) – l'autre – les autres – qui* (utilisé plusieurs fois).

1. Le monstre se précipite sur Euryloque … n'a pas le temps de réagir.

2. Zeus et Poséidon sont en désaccord : … veut libérer Ulysse, … veut augmenter ses souffrances.

3. Ulysse rassemble son courage, … s'élance et frappe le monstre de toutes ses forces. Mais la créature … repousse violemment.

4. Ulysse réunit tous ses compagnons. Il prend … avec lui, il envoie … en direction du navire.

5. Télémaque attaque alors Antinoos, mais … se jette sur l'enfant … tombe à terre.

6 Évitez les répétitions en remplaçant les noms soulignés par des pronoms.

Le monstre attaque les compagnons d'Ulysse. Il arrache le bras d'<u>un compagnon d'Ulysse</u>. <u>Un autre compagnon</u> attaque alors le monstre. Mais le <u>monstre</u> lui arrache la tête.

7 Recopiez et complétez les phrases avec un des mots de liaison suivants : *alors – d'abord – et – mais – puis – soudain.*

Ulysse supplie le Cyclope de les laisser repartir, ses compagnons et lui. … le Cyclope reste impitoyable. … Ulysse recourt à la ruse. … il enivre le Cyclope. … il fabrique une arme en secret. … Ulysse pousse un cri de guerre. … voilà ses hommes qui se lancent à l'assaut du monstre.

8 Recopiez ce texte en ajoutant des mots de liaison entre les phrases.

Ulysse et ses compagnons débarquent sur une île pour chercher de l'eau. Ils ne trouvent pas de source. Ils aperçoivent une maison entourée d'un petit jardin planté de magnifiques pommiers. Ils appellent. Personne ne répond. Un groupe d'hommes décide d'entrer dans le jardin. L'un des compagnons y prend une pomme. Un monstre surgit de la maison.

9 Recopiez la phrase suivante en remplaçant les « alors » par des mots de liaison mieux choisis.

Ulysse s'élance, il tranche une des têtes du monstre alors celui-ci pousse un hurlement horrible. Alors il se jette sur Ulysse alors l'un des compagnons d'Ulysse lui coupe une autre tête. Alors le monstre se retourne contre lui et le tue. Alors Ulysse décide de faire appel à la ruse.

Inventer un épisode de l'*Odyssée*

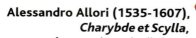
Sujet

Ulysse et ses compagnons vont devoir affronter un nouveau monstre. Imaginez et racontez cet épisode du début à la fin.

Alessandro Allori (1535-1607), *Charybde et Scylla*, fresque du cycle d'Ulysse, vers 1575 (Palais Salviati, Florence).

A Le premier paragraphe : la rencontre d'un nouveau monstre

1. Décrivez la situation de départ. Où sont Ulysse et ses compagnons lorsqu'ils rencontrent le monstre ? Sont-ils en mer ? Sur une île ? Pourquoi ? Que font-ils ? Comment rencontrent-ils le monstre ?

2. Faites un portrait détaillé de celui-ci.

B Le deuxième paragraphe : le monstre attaque

3. Décrivez l'attaque du monstre avec force et avec de nombreux détails. Aidez-vous des exercices préparatoires (p. 213).

C Le troisième paragraphe : Ulysse vainc le monstre

4. Comment Ulysse combat-il le monstre : par force ou par ruse ?

5. Qui vient l'aider ? Comment ? Ce personnage lui dévoile-t-il un secret pour vaincre le monstre ? Lui donne-t-il un objet magique ?

6. Racontez la scène jusqu'à la mort du monstre et au départ d'Ulysse.

Boîte à outils

1. Voici une série de verbes : employez-en dix dans des phrases en rapport avec le sujet. Vous pouvez vous appuyer sur les images.

Se ruer – agripper – tournoyer – se tordre – jaillir – bouillonner – se hisser – plonger – assaillir – s'effondrer – se tendre – se raidir – onduler – fondre sur – lacérer – percer – repousser – heurter – sombrer – saisir – percer – déchirer – arracher.

2. **Vous raconterez cet épisode au passé** en réutilisant autant que possible le **langage fort, propre à l'épopée** (voir p. 212). N'hésitez pas à **réemployer les épithètes homériques et les répétitions de phrases.** Vous pouvez même en inventer.

Des livres

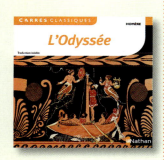

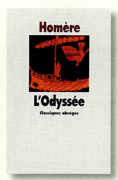

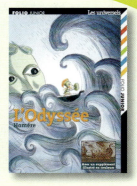

L'*Odyssée*,
traduit par Sylvie Perceau, Nathan, coll. « Carrés classiques », 2013.

Des extraits choisis – d'où sont tirés ceux de votre manuel – qui vous permettront de découvrir l'ensemble des aventures d'Ulysse, mais aussi de Télémaque.

❖ **L'*Odyssée*,**
L'École des Loisirs, 1987.

Une version abrégée et adaptée pour la jeunesse de l'épopée d'Ulysse, traduite du grec par Leconte de Lisle.

❖ **L'*Odyssée*,** bande dessinée, illustrations de Sébastien Ferran, éd. Emmanuel Proust, 2002 (3 volumes).

Une adaptation très libre des aventures d'Ulysse, qui met véritablement à la portée des jeunes lecteurs ce texte fondateur de notre patrimoine.

❖ **L'*Odyssée* d'Homère,** collection Folio Junior, Gallimard Jeunesse, 2007.

Des encarts thématiques et des cartes pour éclairer la lecture. Un cahier en couleurs pour décrypter les œuvres artistiques que l'*Odyssée* a inspirées au fil des siècles.

Des films et CD audio

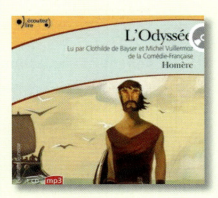

❖ **Le Septième voyage de Sinbad**, réalisé par l'Américain Nathan Juran, 1958, DVD.

Si le film prend des libertés avec le récit original, il n'en demeure pas moins l'une des plus belles adaptations de l'odyssée du marin oriental.

❖ **Princesse Mononoké**, réalisé par le Japonais Miyazaki, 1997, DVD.

Après avoir tué le démoniaque dieu-sanglier, le prince Ashitaka est chassé de son village. Il entreprend un long voyage ponctué d'aventures pour échapper à la malédiction qui pèse désormais sur lui.

❖ **L'*Odyssée* d'Homère,** lue par Clothilde de Bayser et Michel Vuillemoz de la Comédie-Française, Gallimard Jeunesse, 2009, CD audio.

Les voix de Clotilde de Bayser et de Michel Vuillermoz nous transportent dans une lecture captivante de l'épopée légendaire d'Ulysse.

Giovanni di Paolo, *La Création du monde*, et *Adam et Ève chassés du Paradis terrestre*, peinture sur bois, xvᵉ siècle (The Metropolitan Museum of Art, New York).

Lire une image

1. Observez l'image : quelles sont les différentes parties qui la composent ? Que voit-on dans chaque partie ? Selon vous, que représente le grand cercle ?

2. Combien de personnages distinguez-vous ? Sont-ils tous humains ? Justifiez votre réponse.

3. À votre avis, qui est le personnage en haut du cercle ? Que fait-il ? Pour répondre, appuyez-vous sur des détails précis de l'image.

Qu'est-ce que la Bible ?

Bible hébraïque, Livre d'Esther, écrit sur peau et roulé sur un axe de bois, XVIIe siècle (Bibliothèque nationale de France, Paris).

Questions

1 Cherchez dans le dictionnaire la définition du mot *genèse* : que peut raconter cette partie de la Bible ?

2 Recherchez combien il y a de commandements dans la Bible. À qui Dieu remet-il les tables de la Loi ?

Ancien et Nouveau Testaments

● En grec, *biblia* signifie « livres ». **La Bible est donc un ensemble de livres.**

● La Bible comporte **deux grandes parties** : L'**Ancien Testament**, commun aux juifs et aux chrétiens, et le **Nouveau Testament**, qui n'est reconnu que par les chrétiens.

● La partie la plus importante de L'Ancien Testament est constituée **par la Torah**, c'est-à-dire, en hébreu, « la Loi ». Il s'agit donc d'un ouvrage moral fondé sur les commandements de Dieu.

● Le Nouveau Testament se compose principalement des **quatre Évangiles** qui relatent la vie et l'enseignement de **Jésus**, considéré par les chrétiens comme l'envoyé de Dieu.

L'histoire des patriarches

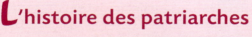

● La Bible raconte aussi l'**histoire du peuple Hébreu et des grands prophètes.** Les principaux personnages de la Bible sont choisis par Dieu pour guider son peuple : Noé, Abraham, Moïse, Salomon... Ils sont appelés **les patriarches** car ils sont considérés comme les pères du judaïsme, mais aussi des deux autres grandes religions **monothéistes** : le christianisme et l'islam.

● On retrouve d'ailleurs dans le Coran les principaux personnages de la Bible, y compris Jésus qui porte alors le nom d'Issa.

Question

3 Sur quelles racines le mot *patriarche* est-il formé ?

Fra Angelico, les Prophètes, détail, 1447 (Cathédrale d'Orvieto).

Qui a écrit la Bible ?

- La tradition attribue la rédaction de L'Ancien Testament à **Moïse**, mais on sait que ces textes furent mis à l'écrit entre le VIIe et le IIIe siècle avant notre ère, alors que les Hébreux étaient en **exil à Babylone** : ce peuple qui avait tout perdu – sa terre, son roi, son temple – avait besoin d'affirmer sa culture. À partir de récits antérieurs, il a écrit son histoire, fondée sur l'idée qu'un dieu le soutenait à travers ses épreuves.

- De même, dans les Évangiles, **les apôtres**, disciples de Jésus, écrivent la vie de ce dernier moins d'un siècle après sa mort, alors que les premiers chrétiens sont persécutés.

Scène du film *Les Dix Commandements, de Cecil B. Demille,* 1956, avec Charlton Heston dans le rôle de Moïse.

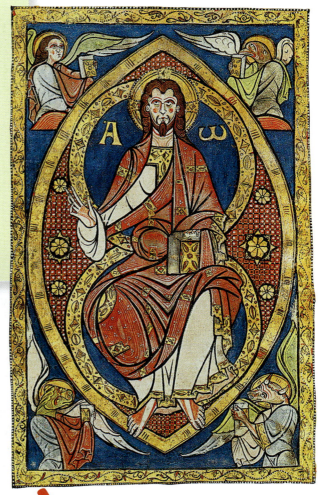

Christ en Majesté entouré des symboles des quatre Évangélistes : de haut en bas et de gauche à droite, Matthieu, Jean, Marc et Luc ; miniature du XIe s. (Bibliothèque nationale de France, Paris).

Question

4 Qui sont les quatre évangélistes ?

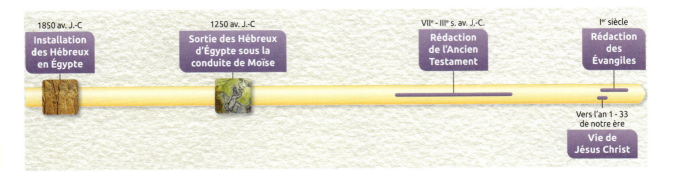

1850 av. J.-C
Installation des Hébreux en Égypte

1250 av. J.-C
Sortie des Hébreux d'Égypte sous la conduite de Moïse

VIIe - IIIe s. av. J.-C.
Rédaction de l'Ancien Testament

Ier siècle
Rédaction des Évangiles

Vers l'an 1 - 33 de notre ère
Vie de Jésus Christ

La Genèse

Au commencement, Dieu créa les cieux et la terre. La terre était informe et vide : il y avait des ténèbres à la surface de l'abîme, et l'esprit de Dieu se mouvait au-dessus des eaux.

Dieu dit : Que la lumière soit ! Et la lumière fut. Dieu vit que la lumière
5 était bonne ; et Dieu sépara la lumière d'avec les ténèbres. Dieu appela la lumière jour, et il appela les ténèbres nuit. Ainsi, il y eut un soir, et il y eut un matin : ce fut le premier jour.

Dieu dit : Qu'il y ait une étendue entre les eaux, et qu'elle sépare les eaux d'avec les eaux. Et Dieu fit l'étendue, et il sépara les eaux qui sont au-dessous
10 de l'étendue d'avec les eaux qui sont au-dessus de l'étendue. Et cela fut ainsi. Dieu appela l'étendue ciel. Ainsi, il y eut un soir, et il y eut un matin : ce fut le second jour.

Dieu dit : Que les eaux qui sont au-dessous du ciel se rassemblent en un seul lieu, et que le sec paraisse. Et cela fut ainsi. Dieu appela le sec terre, et il
15 appela l'amas des eaux mers. Dieu vit que cela était bon. Puis Dieu dit : Que la terre produise de la verdure, de l'herbe portant de la semence, des arbres fruitiers donnant du fruit selon leur espèce et ayant en eux leur semence sur la terre. Et cela fut ainsi. La terre produisit de la verdure, de l'herbe portant de la semence selon son espèce, et des arbres donnant du fruit et ayant en
20 eux leur semence selon leur espèce. Dieu vit que cela était bon. Ainsi, il y eut un soir, et il y eut un matin : ce fut le troisième jour.

Dieu dit : Qu'il y ait des luminaires dans l'étendue du ciel, pour séparer le jour d'avec la nuit ; que ce soient des signes pour marquer les époques, les jours et les années ; et qu'ils servent de luminaires dans l'étendue du ciel,
25 pour éclairer la terre. Et cela fut ainsi. Dieu fit les deux grands luminaires, le plus grand luminaire pour présider au jour, et le plus petit luminaire pour présider à la nuit ; il fit aussi les étoiles. Dieu les plaça dans l'étendue du ciel, pour éclairer la terre, pour présider au jour et à la nuit, et pour séparer la lumière d'avec les ténèbres. Dieu vit que cela était bon. Ainsi, il y eut un soir,
30 et il y eut un matin : ce fut le quatrième jour.

Le cinquième jour, Dieu crée les animaux.

Puis Dieu dit : Faisons l'homme à notre image, selon notre ressemblance,
35 et qu'il domine sur les poissons de la mer, sur les oiseaux du ciel, sur le bétail, sur toute la terre, et sur tous les reptiles qui rampent sur la terre. Dieu créa l'homme à son image, il le créa à l'image de Dieu, il créa l'homme et la femme. Dieu les bénit, et Dieu leur dit: Soyez féconds, multipliez, remplissez la terre, et l'assujettissez[1] ; et dominez sur les poissons de la mer, sur
40 les oiseaux du ciel, et sur tout animal qui se meut sur la terre. Et Dieu dit : Voici, je vous donne toute herbe portant de la semence et qui est à la surface de toute la terre, et tout arbre ayant en lui du fruit d'arbre et portant de la semence : ce sera votre nourriture. Et à tout animal de la terre, à tout oiseau

1. Assujettir : réduire à l'état de sujet, c'est-à-dire de personne qui doit obéir ; soumettre, dominer.

du ciel, et à tout ce qui se meut sur la terre, ayant en soi un souffle de vie, je
⁴⁵ donne toute herbe verte pour nourriture. Et cela fut ainsi. Dieu vit tout ce
qu'il avait fait et voici, cela était très bon. Ainsi, il y eut un soir, et il y eut un
matin : ce fut le sixième jour.

La Bible de Jérusalem, Genèse, traduction de l'École biblique et archéologique française
de Jérusalem, © Éditions du Cerf, 1998.

**Atelier de Raphaël,
*Séparation des eaux
et de la terre*, fresque,**
siècle (Loges de Raphaël,
Rome, Vatican).

Lecture

➡ Comprendre

1. a. Combien de jours la création de l'Univers dure-t-elle ?

b. Faites la liste de tout ce qui est créé jour après jour.

2. Comment Dieu fait-il pour créer une nouvelle chose ?

➡ Approfondir

3. a. Quelles phrases sont répétées d'un paragraphe à l'autre ?

b. Que mettent-elles en avant ?

4. « Dieu dit : Que la lumière soit ! Et la lumière fut. »

a. Relevez dans cette phrase une conjonction de coordination.

b. Qu'exprime cette conjonction ?

5. Relevez, dans le premier paragraphe du texte, un adjectif qui qualifie la Terre, analysez-le et déduisez-en son sens.

6. Lignes 4 à 12, quelle action permet à Dieu de former les différents éléments ? Pour répondre, observez les répétitions.

➡ Pour conclure

7. Quelle est la caractéristique de l'homme qui le différencie des autres êtres vivants ?

8. Comparez avec le récit de la naissance du monde par Hésiode (p. 136) : quels sont les points communs et les différences ?

Vocabulaire

1. Rappelez le sens des mots *ténèbres* et *abîme* (l. 2).

2. a. Donnez l'infinitif et le sens du verbe *se mouvait* (l. 3).

b. Retrouvez ce verbe dans le dernier paragraphe du texte : à quel temps est-il employé ?

3. Cherchez un synonyme et un antonyme de *fécond*. Faites une phrase avec le mot *fécond* et une avec son antonyme.

Expression écrite

Le cinquième jour, Dieu crée les animaux.

Racontez cette création en quelques lignes, en respectant la structure des paragraphes du texte.

Adam et Ève

Dieu place l'homme et la femme dans un jardin merveilleux, le jardin d'Éden, où ils trouvent en abondance tout ce dont ils ont besoin. Seul le fruit d'un arbre leur est interdit.

Le serpent était le plus rusé de tous les animaux des champs, que le Seigneur Dieu avait faits. Il dit à la femme : *Dieu a-t-il réellement dit : Vous ne mangerez pas de tous les arbres du jardin ? La femme répondit au serpent : Nous mangeons du fruit des arbres du jardin. Mais quant au fruit de l'arbre qui est au*
5 *milieu du jardin, Dieu a dit : Vous n'en mangerez point et vous n'y toucherez point, de peur que vous ne mouriez.* Alors le serpent dit à la femme : *Vous ne mourrez point ; mais Dieu sait que, le jour où vous en mangerez, vos yeux s'ouvriront, et que vous serez comme des dieux, connaissant le bien et le mal.* La femme vit que l'arbre était bon à manger et agréable à la vue, et qu'il était précieux pour
10 ouvrir l'intelligence ; elle prit de son fruit, et en mangea ; elle en donna aussi à son mari, qui était auprès d'elle, et il en mangea. Les yeux de l'un et de l'autre s'ouvrirent, ils connurent[1] qu'ils étaient nus, et ayant cousu des feuilles de figuier, ils s'en firent des ceintures. Alors ils entendirent la voix du Seigneur Dieu, qui parcourait le jardin vers le soir, et l'homme et sa femme
15 se cachèrent loin de la face du Seigneur Dieu, au milieu des arbres du jardin. Mais le Seigneur Dieu appela l'homme, et lui dit : *Où es-tu ?* [...] *Est-ce que tu as mangé de l'arbre dont je t'avais défendu de manger ?* L'homme répondit : *La femme que tu as mise auprès de moi m'a donné de l'arbre, et j'en ai mangé.* Et le Seigneur Dieu dit à la femme : *Pourquoi as-tu fait cela ?* La femme répondit : *Le*
20 *serpent m'a séduite, et j'en ai mangé.* Le Seigneur Dieu dit au serpent : *Puisque tu as fait cela, tu seras maudit entre tout le bétail et entre tous les animaux des champs, tu marcheras sur ton ventre, et tu mangeras de la poussière tous les jours de ta vie.*

Il dit à la femme : *J'augmenterai la souffrance de tes grossesses, tu enfanteras avec douleur, et tes désirs se porteront vers ton mari, mais il dominera sur toi.* Il dit
25 à l'homme : [...] *C'est à la sueur de ton visage que tu mangeras du pain, jusqu'à ce que tu retournes dans la terre, d'où tu as été pris[2] ; car tu es poussière, et tu retourneras dans la poussière.*

Le Seigneur Dieu fit à Adam et à sa femme des habits de peau, et il les en revêtit. Le Seigneur Dieu dit : *Voici, l'homme est devenu comme l'un de nous,*
30 *pour la connaissance du bien et du mal. Empêchons-le maintenant d'avancer sa main, de prendre de l'arbre de vie, d'en manger, et de vivre éternellement.* Et le Seigneur Dieu le chassa du jardin d'Éden, pour qu'il cultivât la terre, d'où il avait été pris.

La Bible de Jérusalem, Genèse 3,
traduction de l'École biblique et archéologique française
de Jérusalem, © Éditions du Cerf, 1998.

1. Connurent : découvrirent.
2. Dieu a créé l'homme avec de la terre.

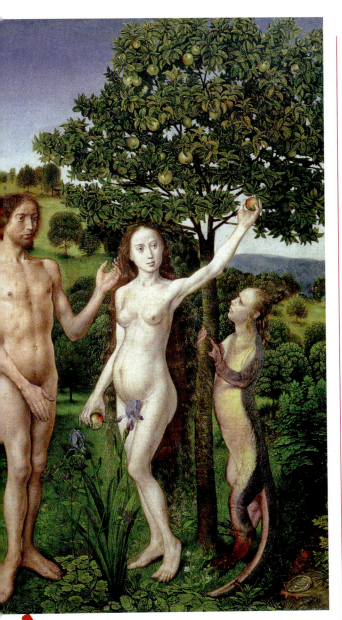

Hugo van der Goes, **La Chute,** huile sur toile, vers 1480 (Kunsthistorisches Museum, Vienne).

➜ Comprendre

1. Qu'est-ce que Dieu a formellement interdit à l'homme et à la femme ?

2. Quel animal va les convaincre de désobéir ?

3. Quelle punition Dieu inflige-t-il au serpent ? À la femme ? À l'homme ?

➜ Approfondir

4. Recopiez et complétez le tableau suivant :

	Avant la consommation du fruit	Après la consommation du fruit
Quelle est la tenue de l'homme et de la femme ?		
Comment trouvent-ils leur nourriture ?		
Que comprennent-ils du bien et du mal ?		
Que savez-vous de la manière dont ils naissent, vivent et meurent… ?		

➜ Pour conclure

5. En quoi ce texte se rapproche-t-il d'un conte explicatif ?

6. Comparez la faute d'Adam et Ève et celle de Prométhée (voir p. 140) : quels sont les points communs ?

Recherche

1. Au Moyen Âge, les hommes représentaient souvent le serpent du jardin d'Eden avec des pattes : à votre avis, pourquoi ?

2. Aujourd'hui, que symbolise le serpent ?

3. Recherchez des informations sur la légende de Saint George ou de Saint Michel : quel animal combattent-ils ? Pourquoi ? Quel point commun cet animal a-t-il avec le serpent ?

Expression écrite

Le texte ne relate pas le dialogue entre l'homme et la femme, au moment où la femme convainc son mari de manger du fruit.

Écrivez ce dialogue en quelques lignes.

a. Pour imaginer ce que la femme dit à l'homme, vous pouvez vous aider des arguments que donne le serpent.

b. Faites très attention à la ponctuation.

Une figure de patriarche : Abraham

Abraham est considéré comme le père du peuple juif : c'est lui qui, sur ordre de Dieu, emmène sa famille dans le pays appelé Canaan, l'actuel Israël. Dieu lui a promis de lui donner un fils, mais il est maintenant bien vieux…

Lorsqu'Abram fut âgé de quatre-vingt-dix-neuf ans, l'Éternel apparut à Abram, et lui dit : [...] On ne t'appellera plus Abram ; mais ton nom sera Abraham, car je te rends père d'une multitude de nations. J'établirai mon alliance entre moi et toi, et tes descendants après toi, selon leurs généra-
5 tions : ce sera une alliance perpétuelle, en vertu de laquelle je serai ton Dieu et celui de ta postérité[1] après toi. […] Vous vous circoncirez ; et ce sera un signe d'alliance entre moi et vous. […] Sara, ta femme, t'enfantera un fils ; et tu l'appelleras du nom d'Isaac.

L'enfant annoncé naît et grandit. C'est maintenant un jeune homme très aimé de son père.

Après ces choses, Dieu mit Abraham à l'épreuve, et lui dit : Abraham !
10 Et il répondit : Me voici ! Dieu dit : Prends ton fils, ton unique, celui que tu aimes, Isaac ; va t'en au pays de Morija[2], et là offre-le en holocauste sur l'une des montagnes que je te dirai. Abraham se leva de bon matin, sella son âne, et prit avec lui deux servi-teurs et son fils Isaac. Il fendit du bois pour l'holocauste, et partit pour aller
15 au lieu que Dieu lui avait dit. […] Abraham prit le bois pour l'holocauste, le chargea sur son fils Isaac, et porta dans sa main le feu et le couteau. Et ils marchèrent tous deux ensemble. Alors Isaac, parlant à Abraham, son père, dit : Mon père ! Et il répondit : Me voici, mon fils ! Isaac reprit : Voici le feu et le bois ; mais où est l'agneau pour l'holocauste ? Abraham répondit : Mon
20 fils, Dieu se pourvoira[3] lui-même de l'agneau pour l'holocauste. Et ils mar-chèrent tous deux ensemble. Lorsqu'ils furent arrivés au lieu que Dieu lui avait dit, Abraham y éleva un autel, et rangea le bois. Il lia son fils Isaac, et le mit sur l'autel, par-dessus le bois. Puis Abraham étendit la main, et prit le couteau, pour égorger son
25 fils. Alors l'ange de l'Éternel l'appela des cieux, et dit : Abraham ! Abraham ! Et il répondit : Me voici ! L'ange dit : N'avance pas ta main sur l'enfant, et ne lui fais rien ; car je sais maintenant que tu crains Dieu, et que tu ne m'as pas refusé ton fils, ton unique. Abraham leva les yeux, et vit derrière lui un bélier retenu dans un buisson
30 par les cornes ; et Abraham alla prendre le bélier, et l'offrit en holocauste à la place de son fils.

Bible de Louis Segon (1910), Genèse 17 et 22.

1. Ta postérité : ta descendance.

2. Nom de la région de Jérusalem.

3. Se pourvoira : se munira.

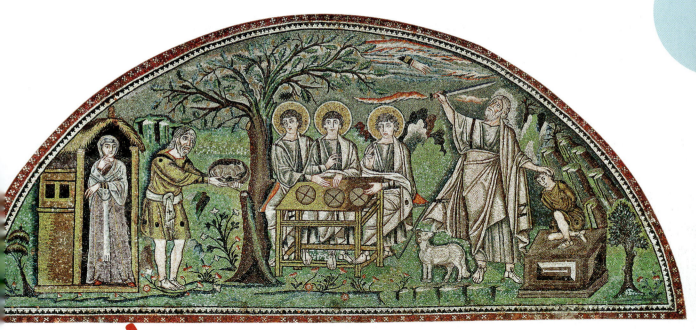

Hospitalité d'Abraham et sacrifice d'Isaac,
mosaïque byzantine, VIe siècle (Basilique San Vitale, Ravenne).

Lecture

➡ Comprendre

1. Qui est L'Éternel ?

2. Quels sont les deux signes de l'alliance de Dieu avec Abraham ?

3. Quel miracle Dieu accomplit-il pour bénir Sara et Abraham ?

4. Quelle épreuve Dieu inflige-t-il à Abraham ?

➡ Approfondir

5. « Prends ton fils, ton unique, celui que tu aimes, Isaac. »

a. Quelles sont les différentes expressions qui qualifient « ton fils » ?

b. Quel effet produit cette accumulation ?

6. Quelles paroles sont répétées au début et à la fin de l'histoire d'Isaac ?

7. De quelle attitude Abraham fait-il preuve dans ses réponses à Dieu ?

➡ Pour conclure

8. À votre avis, pourquoi dieu met-il ainsi Abraham à l'épreuve ? Que veut-il vérifier ? Pourquoi ?

Vocabulaire

1. Donnez un synonyme du mot *holocauste*.

2. Qu'est-ce qu'un *autel* (l. 23) ?

3. Dieu *fait subir une épreuve* à Abraham : recopiez cette phrase en remplaçant l'expression en italique par un verbe de la famille d'*épreuve*.

Expression écrite

Recopiez le paragraphe qui va des lignes 13 à 21 en l'enrichissant.

a. Vous donnerez des précisions sur le cadre, les circonstances, les sentiments ou les sensations des personnages, l'apparence des objets mentionnés.

b. N'ajoutez pas de phrases mais intégrez ces éléments dans les phrases existantes : ajoutez des propositions subordonnées, des participes passés ou présents, des adjectifs qualificatifs, des compléments du nom...

Recherche

1. Les Grecs racontaient une histoire assez proche de celle d'Isaac : cherchez pourquoi Agamemnon voulut sacrifier sa propre fille, Iphigénie. La jeune fille fut-elle finalement sacrifiée ? Pourquoi ?

2. Quelle grande fête musulmane commémore le sacrifice d'Abraham (Ibrahim dans le Coran) ?

Moïse et la Pâque juive

Les Hébreux sont prisonniers des Égyptiens et réduits en esclavage. Dieu charge Moïse de se rendre auprès de Pharaon, roi des Égyptiens et de lui ordonner de libérer son peuple, mais Pharaon s'y refuse. Pour démontrer sa puissance, Dieu envoie alors aux Égyptiens une série de fléaux. Neuf fois, la colère de Dieu s'abat sur l'Égypte, mais les neuf fois, Pharaon refuse de céder. Dieu prépare alors un dixième châtiment.

L e Seigneur dit à Moïse et à Aaron[1] dans le pays d'Égypte : « Parlez ainsi à toute la communauté d'Israël : le dix de ce mois, que l'on prenne une bête par famille, une bête par maison. […] Toute l'assemblée de la communauté d'Israël l'égorgera au crépuscule. On prendra du sang ; on en mettra
5 sur les deux montants et sur le linteau[2] des maisons où on la mangera. On mangera la chair cette nuit-là. On la mangera rôtie au feu, avec des pains sans levain et des herbes amères. […] Je traverserai le pays d'Égypte cette nuit-là. Je frapperai tout premier-né au pays d'Égypte, de l'homme au bétail. Et je ferai justice de tous les dieux d'Égypte. C'est moi le Seigneur. Le sang vous servira
10 de signe, sur les maisons où vous serez. Je verrai le sang. Je passerai par-dessus vous et le fléau destructeur ne vous atteindra pas quand je frapperai le pays d'Égypte. Ce jour-là vous servira de mémorial. Vous ferez ce pèlerinage pour fêter le Seigneur. D'âge en âge – loi immuable[3] – vous le fêterez. »

1. Aaron : frère de Moïse.

2. Linteau : montant horizontal formant la partie supérieure d'une ouverture (porte ou fenêtre).

3. Immuable : ici, que l'on ne peut changer, éternelle.

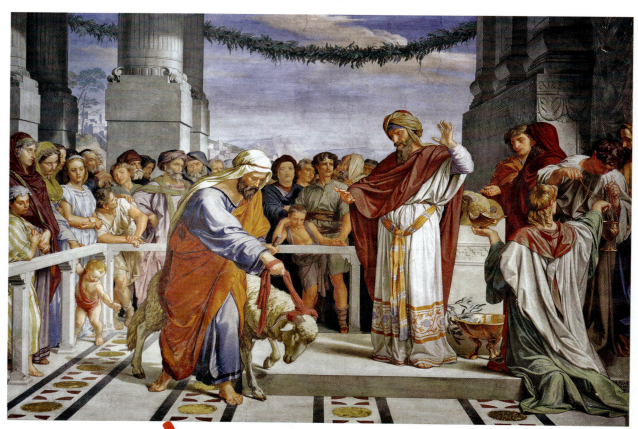

▌ **Alessandro Franchi** (1838-1914), *Sacrifice juif,* fresque (Prato, cathédrale).

Moïse appelle les chefs d'Israël et leur transmet ces volontés.

« Quand vous serez entrés dans le pays que le Seigneur vous donnera
15 comme il l'a dit, vous observerez ce rite. Quand vos fils vous diront :
" Qu'est-ce que ce rite que vous faites ? ", vous direz : " C'est le sacrifice de la
Pâque pour le Seigneur, lui qui passa devant les maisons des fils d'Israël en
Égypte, quand il frappa l'Égypte et délivra nos maisons. " » Le peuple s'age-
nouilla et se prosterna. Les fils d'Israël s'en allèrent et se mirent à l'œuvre ;
20 ils firent exactement ce que le Seigneur avait ordonné à Moïse et à Aaron.

À minuit, le Seigneur frappa tout premier-né au pays d'Égypte, du premier-né du Pharaon, qui devait s'asseoir sur son trône, au premier-né du
captif dans la prison et à tout premier-né du bétail. Le Pharaon se leva cette
nuit-là, et tous ses serviteurs et tous les Égyptiens, et il y eut un grand cri en
25 Égypte car il ne se trouvait pas une maison sans un mort. Il appela de nuit
Moïse et Aaron et dit : « Levez-vous ! Sortez du milieu de mon peuple, vous
et les fils d'Israël. Allez et servez le Seigneur comme vous l'avez dit. Et votre
bétail, le petit comme le gros, prenez-le comme vous l'avez dit et allez. Et
puis, faites-moi vos adieux ! » Les Égyptiens pressèrent le peuple et le laissè-
30 rent bien vite partir du pays, car ils disaient : « Nous allons tous mourir ! »

Exode, chapitre 12, TOB, © éditions du Cerf.

Lecture

➡ Comprendre

1. Quelle est la situation des Hébreux au début du texte ? Aidez-vous de l'introduction pour répondre.

2. Qui est Moïse ? Complétez à l'aide de vos connaissances personnelles.

3. Pour quelles raisons Dieu veut-il punir les Égyptiens ? Quel est leur châtiment ?

4. a. En quoi l'attitude des Hébreux est-elle différente de celle des Égyptiens ? Appuyez-vous sur le texte pour répondre.

b. Qu'est-ce qui récompense cette attitude ?

➡ Approfondir

5. Reformulez les différents commandements donnés par Dieu dans le premier paragraphe.

6. Quel signe permet à Dieu de reconnaître les maisons des Hébreux afin de les épargner ?

7. a. Expliquez le sens du mot *mémorial,* l. 12, et donnez des mots de la même famille.

b. En quoi ce jour devient-il un jour spécial pour les Hébreux ?

➡ Pour conclure

8. D'après vous, quelle est la fonction de ce texte ?

Choisissez l'une des propositions suivantes et justifiez votre réponse.

a. Commémorer un moment important de l'histoire du peuple Hébreu.

b. Expliquer et justifier le rituel de la Pâque.

c. Montrer la toute-puissance du Dieu d'Israël.

d. Montrer la protection accordée à ceux qui obéissent à Dieu et les châtiments qui attendent ceux qui lui désobéissent.

Vocabulaire

Cherchez le sens des mots suivants puis réemployez chacun d'eux dans une phrase de votre invention : *communauté – fléau – rite – pèlerinage – se prosterner.*

Recherche

On appelle les dix plaies d'Égypte les dix fléaux envoyés par Dieu pour punir Pharaon de sa désobéissance.

Cherchez quels sont les neuf autres fléaux et présentez-les rapidement par écrit.

La tour de Babel

Tout le monde se servait d'une même langue et des mêmes mots. Comme les hommes se déplaçaient à l'orient[1], ils trouvèrent une vallée au pays de Shinéar et ils s'y établirent. Ils se dirent l'un à l'autre : Allons ! Faisons des briques et cuisons-les au feu ! La brique leur servit de pierre et le bitume
5 leur servit de mortier. Ils dirent : Allons ! Bâtissons-nous une ville et une tour dont le sommet pénètre les cieux ! Faisons-nous un nom et ne soyons pas dispersés sur toute la terre ! Or Yahvé[2] descendit pour voir la ville et la tour que les hommes avaient bâties. Et Yahvé dit : Voici que tous font un seul peuple et parlent une seule langue, et tel est le début de leurs entreprises !
10 Maintenant, aucun dessein[3] ne sera irréalisable pour eux. Allons ! Descendons ! Et là, confondons[4] leur langage pour qu'ils ne s'entendent plus les uns les autres. Yahvé les dispersa de là sur toute la face de la terre et ils cessèrent de bâtir la ville. Aussi la nomma-t-on Babel, car c'est là que Yahvé confondit le langage de tous les habitants de la terre et c'est de là qu'il les dispersa sur
15 toute la face de la terre.

La Bible de Jérusalem, Genèse 11, traduction de l'École biblique et archéologique française de Jérusalem, © éditions du Cerf, 1998.

1. À l'orient : à l'est.
2. Yahvé : nom donné à Dieu dans la Bible.
3. Dessein : projet.
4. Confondons : mélangeons.

Peter Brueghel l'Ancien,
La Tour de Babel,
huile sur bois, 1563
(Kunsthistorisches Museum, Vienne).

Lecture

➡ Comprendre

1. D'après ce texte, quelle est la situation de l'ensemble des hommes au début du récit ?

2. Pourquoi Dieu se met-il en colère contre les hommes ?

3. Quel est le châtiment infligé aux hommes ?

➡ Approfondir

4. De quel défaut les hommes font-ils preuve dans leur projet ?

5. Connaissez-vous d'autres personnages bibliques ou d'autres héros antiques qui font preuve du même défaut ? Que leur arrive-t-il ?

6. Observez le tableau de Brueghel : comment le peintre traduit-il ce défaut ?

➡ Pour conclure

7. En quoi ce texte ce rapproche-t-il d'un conte explicatif ? En quoi s'en distingue-t-il ?

David et Goliath

Les Israélites sont en guerre contre les Philistins.

Les Philistins réunirent leurs armées pour une expédition [...]. De leur côté, Saül[1] et l'armée d'Israël se rassemblèrent et campèrent dans la vallée du Térébinthe ; puis ils se rangèrent en ordre de bataille face aux Philistins.

5   Un soldat philistin s'avança hors des rangs, pour lancer un défi aux Israélites. Il était de la ville de Gath et s'appelait Goliath. Il mesurait près de trois mètres ; il avait mis un casque et des jambières de bronze, ainsi qu'une cuirasse à écailles pesant soixante kilos. Il portait en bandoulière un sabre de bronze. Il avait aussi une lance dont le bois était gros comme le cylindre
10 d'un métier à tisser et dont la pointe de fer pesait plus de sept kilos. Devant lui, marchait son porteur de bouclier. Goliath s'arrêta et cria aux soldats israélites : « Pourquoi vous êtes-vous mis en ordre de bataille ? Je suis un Philistin ; vous, des sujets de Saül. Choisissez parmi vous un homme qui vienne me combattre. S'il peut me vaincre et me tuer, nous serons vos esclaves ; mais
15 si c'est moi qui peux le vaincre et le tuer, c'est vous qui serez nos esclaves. Aujourd'hui, je lance un défi à votre armée, ajouta-t-il. Envoyez-moi donc un homme pour que nous nous battions. » Lorsque Saül et toute son armée entendirent ces paroles du Philistin, ils furent écrasés de terreur.

Quarante jours se passent sans que personne n'ose relever le défi du géant. Le quarantième jour, David, un simple berger, arrive au camp pour y porter de la nourriture au moment où Goliath répète ses provocations.

    David l'entendit. Tous les Israélites reculèrent quand ils virent Goliath,
20 car ils avaient très peur ; on disait : « Vous voyez cet homme ! C'est pour nous provoquer qu'il s'avance ainsi. Eh bien, celui qui réussira à le tuer, le roi le comblera de richesses, lui donnera sa propre fille en mariage et accordera des privilèges à sa famille en Israël. »

    David demanda aux soldats qui étaient près de lui : « Quelle récompense
25 recevra celui qui tuera ce Philistin et qui vengera ainsi l'insulte infligée à Israël ? Et qui est donc ce Philistin païen qui ose insulter l'armée du Dieu vivant ? » On répondit à David en lui répétant ce qui était promis au vainqueur. [...] Tout le monde entendit parler de l'intérêt de David pour cette affaire. Saül lui-même en fut informé. Il fit aussitôt venir David, qui lui dit :
30 « Majesté, personne ne doit perdre courage à cause de ce Philistin. J'irai, moi, me battre contre lui. » – « Non, répondit Saül, tu ne peux pas aller le combattre. Tu n'es qu'un enfant, alors qu'il est soldat depuis sa jeunesse. » – « Majesté, reprit David, quand je garde les moutons de mon père, si un lion ou un ours vient et emporte un mouton du troupeau, je le poursuis, je le
35 frappe et j'arrache la victime de sa gueule. S'il se dresse contre moi, je le saisis à la gorge et je le frappe à mort. C'est ainsi que j'ai tué des lions et des ours. Eh bien, je ferai subir le même sort à ce Philistin païen, puisqu'il a insulté

1. Saül : premier roi des Israélites en Terre d'Israël d'après la Bible.

l'armée du Dieu vivant. Le Seigneur qui m'a protégé des griffes du lion et de l'ours saura aussi me protéger des attaques de ce Philistin. » – « Vas-y donc,
40 répondit Saül, et que le Seigneur soit avec toi. »

Saül prêta son équipement militaire à David : il lui mit son casque de bronze sur la tête et le revêtit de sa cuirasse. David fixa encore l'épée de Saül par-dessus la cuirasse, puis il essaya d'avancer, mais il en fut incapable, car il n'était pas entraîné. Alors il déclara qu'il ne pouvait pas marcher avec cet
45 équipement, par manque d'habitude, et il s'en débarrassa. Il prit son bâton et alla choisir cinq pierres bien lisses au bord du torrent ; il les mit dans son sac de berger, puis, la fronde à la main, il se dirigea vers Goliath. De son côté, Goliath, précédé de son porteur de bouclier, s'approchait de plus en plus de David. Il examina David et n'eut que mépris pour lui, car David,
50 jeune encore, avait le teint clair et une jolie figure. Goliath lui cria : « Me prends-tu pour un chien, toi qui viens contre moi avec des bâtons ? Maudit sois-tu, par tous les dieux des Philistins ! Viens ici, que je donne ta chair en nourriture aux oiseaux et aux bêtes sauvages. » – « Toi, répondit David, tu viens contre moi avec une épée, une lance et un sabre ; moi je viens armé du
55 nom du Seigneur de l'univers, le Dieu des troupes d'Israël, que tu as insulté. Aujourd'hui même, le Seigneur te livrera en mon pouvoir ; je vais te tuer et te couper la tête. Aujourd'hui même, je donnerai les cadavres des soldats philistins en nourriture aux oiseaux et aux bêtes sauvages. Alors tous les peuples sauront qu'Israël a un Dieu, et tous les Israélites ici rassemblés sau-
60 ront que le Seigneur n'a pas besoin d'épée ni de lance pour donner la victoire. Il est le maître de cette guerre et il va vous livrer en notre pouvoir. » Goliath se remit à marcher en direction de David. Celui-ci courut rapidement à la rencontre du Philistin, prit une pierre dans son sac, la lança avec sa fronde et l'atteignit en plein front. La pierre s'y enfonça et l'homme s'écroula, la
65 face contre terre.

Ainsi David triompha de Goliath et le tua, sans épée, grâce à sa fronde et à une pierre. Il courut jusqu'à Goliath, lui tira son épée du fourreau et lui coupa la tête. Alors les Philistins, voyant que leur héros était mort, s'enfui-rent. Les soldats d'Israël et de Juda poussèrent leur cri de guerre et les pour-
70 suivirent jusqu'aux abords de Gath et jusqu'à l'entrée d'Écron. Des cadavres de Philistins jonchaient la route de Chaaraïm jusqu'à Gath et Écron. Les Israélites abandonnèrent la poursuite et revinrent piller le camp philistin. David prit la tête de Goliath pour l'amener à Jérusalem ; quant aux armes du géant, il les garda dans sa propre tente.

David deviendra roi d'Israël à la mort de Saül. Il est le père de Salomon, qui construisit le Temple de Jérusalem.

Bible en français courant, Premier livre de Samuel, 17,
© Société Biblique Française, 1997.

Le Caravage, *David et la tête de Goliath,* huile sur toile, 125 × 101 cm, vers 1599 (Galerie Borghèse, Rome)

➡ Comprendre

1. Quel défi Goliath a-t-il lancé aux Israélites ?

2. Quelle est la récompense promise au vainqueur ?

3. Pourquoi personne ne se présente-t-il ?

4. En quoi la victoire de David est-elle extraordinaire ?

➡ Approfondir

5. a. Quel est l'intérêt des chiffres utilisés pour faire le portrait de Goliath ?

b. Dans ce même portrait, relevez une comparaison : qu'apporte-t-elle au texte ?

6. Par quels procédés l'auteur souligne-t-il la faiblesse de David ?

➡ Pour conclure

7. a. Pour quelle raison David veut-il affronter Goliath ? Répondez en citant le texte.

b. D'après David, quelle est son arme la plus puissante ?

8. Relevez une phrase qui prouve que les Philistins sont polythéistes.

9. Pour les Israélites, que démontre la victoire de David ?

10. a. Dans quel type de récit les personnages se défient-ils ainsi avant de s'affronter, après qu'on a décrit leurs armes avec précision ?

b. Ici, le combat est-il long ou bref ? À votre avis, pourquoi ? Aidez-vous de vos réponses précédentes.

Vocabulaire

1. a. Cherchez dans le dictionnaire les différentes définitions du mot *foi*.

b. Cherchez différentes expressions avec le mot *foi* et donnez-en le sens.

2. Le mot *foi* vient du latin *fides* qui a aussi donné le mot *fidèle*. Qui sont, pour les chrétiens, les fidèles ? les infidèles ?

3. Cherchez dans le texte un synonyme de *polythéiste*.

Lucas Cranach, *La Loi et la Grâce*

Lucas Cranach l'Ancien, *La Loi et la Grâce,* huile sur bois, 1529 (National Gallery, Prague).

Lire une image

Lucas Cranach l'Ancien (1472-1553) est un artiste de la Renaissance allemande, peintre et graveur, qui représenta de nombreux sujets mythologiques et religieux.

Ancien et Nouveau Testaments
1. Quelles scènes bibliques reconnaissez-vous dans ce tableau ?

2. Lesquelles appartiennent à l'Ancien Testament ? Les autres appartiennent au Nouveau Testament.

3. Comment sont-elles réparties dans le tableau ? Pourquoi cette répartition d'après vous ?

L'alliance avec Dieu
4. Repérez les deux personnages dans des attitudes opposées. Qu'est-ce qui, dans la composition du tableau, permet de passer de l'un à l'autre ?

5. Quel est le cheminement humain et spirituel ainsi suggéré ?

6. Que montrent les personnages du premier plan ? Pourquoi ?

La Bible ou l'histoire d'une alliance

➤ La mise en scène d'un Dieu unique et tout-puissant

● Contrairement aux récits mythologiques, La Bible, livre sacré des juifs et des chrétiens, se présente comme la parole même de Dieu. Elle met en scène **un Dieu unique et tout-puissant**, et les relations de celui-ci avec les hommes.

● Cette relation est placée sous le signe d'**une alliance sans cesse brisée par les fautes des hommes et sans cesse renouvelée**. Le Nouveau Testament, ajouté à la Bible des Hébreux par les chrétiens, raconte comment cette alliance est réaffirmée par Jésus, considéré comme le fils de Dieu (voir dossier histoire des arts p. 238).

➤ Un contrat moral entre Dieu et les hommes

● Contrairement aux dieux de la mythologie gréco-romaine, le dieu de la Bible établit avec les hommes une relation fondée sur **un contrat moral** : la **notion de Bien et de Mal** y est essentielle. Dieu intervient dans la vie des hommes par **des miracles ou des épreuves**, il leur impose sa Loi et attend leur obéissance. En échange, il leur promet sa protection.

➤ Un « modèle de vie » pour les hommes

● La Bible – comme le Coran – ne se contente donc pas d'expliquer l'ordre du monde : elle se veut **un modèle de vie** pour les hommes.

Pour aller plus loin

Découvrir des personnages bibliques

➜ **Faites une recherche et un exposé sur l'un des personnages bibliques suivants :**
Judith et Holopherne – Samson et Dalila – Salomé – Caïn et Abel – Isaac et Rebecca – Jacob et Rachel – Joseph et Putiphar – David et Samuel – Salomon et la reine de Saba – Esther et Assuérus – Daniel – Jonas – Job – Suzanne et les vieillards – le jugement de Salomon.

Orazio Gentileschi,
Judith et Holopherne,
huile sur toile, 134 × 157 cm,
XVIIe siècle
(bibliothèque du Vatican, Rome).

Vocabulaire

Le vocabulaire religieux

1 Recopiez puis complétez cette grille de mots croisés.

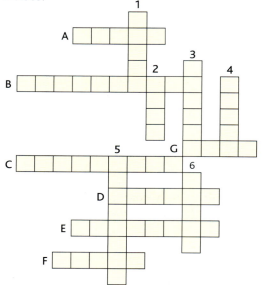

Horizontalement

A. Grand malheur.

B. Voyage vers un lieu sacré.

C. L'Ancien et le Nouveau composent la Bible.

D. Sauveur attendu.

E. Soumettre à la torture.

F. Livre sacré des musulmans.

G. Jardin merveilleux.

Verticalement

1. Polythéiste.

2. Premier homme.

3. Premier livre de la Bible, qui raconte la naissance du monde.

4. Dieu lui remet les tables de la Loi.

5. Monument destiné à rappeler un souvenir important.

6. Ensemble des pratiques traditionnelles accomplies lors d'une cérémonie religieuse.

2 Associez chacun des mots suivants à sa définition.

- Apôtre
- Fidèles
- Évangéliste
- Messie
- Prophète
- Saint

- Personnage choisi par Dieu pour parler en son nom.
- Envoyé par Dieu pour sauver l'humanité.
- Auteur des Évangiles.
- Ensemble des croyants.
- Disciple de Jésus.
- Personne donnée en modèle par l'Église.

3 Recopiez et complétez les phrases avec un des verbes suivants : *châtier – condamner – enfreindre – enjoindre – éprouver – observer – se repentir – réprimander.*

1. Adam et Ève ... de leur faute.

2. Ils ont été ... à travailler à la sueur de leur front.

3. Avec le déluge, Dieu a voulu ... les hommes de leur désobéissance.

4. La jeune mère ... son enfant désobéissant.

5. Adam et Ève ont ... les lois divines.

6. Dieu veut ... la fidélité d'Abraham.

7. Il lui ... de sacrifier son fils.

8. Il faut ... les commandements de Dieu.

4 Pour chacun des mots suivants, proposez un verbe de la même famille :

damnation – salut – coupable – châtiment – injonction – épreuve – croix .

5 Recopiez et complétez les phrases avec un mot de la famille de pieux : *pieux – impie – piété – impiété – expier – expiation.*

1. La qualité d'un homme qui respecte Dieu est la ...

2. Dieu a puni les hommes de leur ...

3. Il leur a fait ... leurs fautes.

4. Il a sauvé Noé parce que celui-ci était ...

5. Un blasphème est une parole ...

6. Dieu ordonna à Aaron de sacrifier un bouc en ... de ses fautes.

6 Recopiez et complétez la pyramide de l'Église depuis son chef jusqu'à ses membres les plus ordinaires.

abbés – cardinaux – évêques – moines – le pape – prêtres.

7 Formez des adjectifs à partir des noms suivants et employez-les dans une phrase de votre invention.

Dieu – prophète – Enfer – Paradis – ciel – ange – démon – déluge.

8 Complétez comme il convient les expressions de la première colonne à l'aide des mots de la 2e colonne.

Aidez-vous d'un dictionnaire des noms propres.

- Vieux comme...
- Fort comme...
- Sage comme...
- Pauvre comme...
- Pleurer comme...
- Être attendu comme...

- Job
- une Madeleine
- Mathusalem
- Salomon
- Samson
- le Messie

Pour enrichir un récit

▮ Varier les manières d'exprimer un ordre

① **Mettez les phrases suivantes à l'impératif.**

Exemple : *Tu dois m'écouter, faire ce que je dis.*
➜ *Écoute-moi, fais ce que je dis.*

1. Tu dois prendre ton bâton, le jeter devant Pharaon.
2. Demain matin, tu dois aller le trouver et te tenir devant lui.
3. Nous devons obéir, laisser nos maisons et partir dans le désert.
4. Vous devez emporter tous vos biens et fuir au plus vite.

② **Employez le futur pour exprimer les ordres suivants.**

Exemple : *Demande-lui de l'aide.* ➜ *Tu lui demanderas de l'aide.*

1. Dis-lui de laisser partir ton peuple.
2. Entends le courroux de Dieu et tremble de terreur.
3. Rassemblez vos familles et prenez la route.
4. Obéis aux ordres divins et sois sauvé.

③ **Employez le subjonctif présent pour exprimer les ordres suivants.**

Exemple : *Il doit partir sur-le-champ.* ➜ *Qu'il parte sur-le-champ !*

1. Ton bâton doit devenir un serpent.
2. La fureur divine vous anéantira.
3. Les ténèbres doivent envahir l'Égypte tout entière.
4. Tes enfants seront maudits, et les enfants de tes enfants.

▮ Utiliser des figures de style pour amplifier

④ *L'accumulation.* **Recopiez les phrases suivantes en complétant les groupes de mots soulignés selon le modèle suivant :**

Étends la main sur les eaux d'Égypte ➜ *Étends la main sur les eaux d'Égypte, sur ses fleuves et sur ses canaux, sur ses marais et sur tous ses réservoirs d'eau.*

Vous pouvez vous aider des mots donnés entre parenthèses.

1. Les grenouilles monteront et entreront <u>dans ta maison</u> ... (chambre, lit, salon, cuisine, cave, grenier).
2. La pluie s'infiltrera à travers <u>les toits</u> ... (murs, fenêtres, portes, tuiles, briques, pierres, crépis).
3. Les sauterelles grimperont <u>sur toi</u> ... (femme, enfants, amis, peuple, serviteurs).
4. La lave recouvrira <u>tout ton pays</u> ... (villes, campagnes, forêts, champs, montagnes, déserts, rivières, fleuves).

⑤ *L'hyperbole*, **avec un superlatif. Transformez les phrases selon le modèle suivant :**

Cet orage fut effrayant pour Moïse et son peuple.
➜ *Cet orage fut le plus effrayant que Moïse et son peuple eurent jamais à supporter.*

Vous utiliserez les verbes donnés entre parenthèses. Attention, vous ne pouvez pas utiliser « que » !

1. Cette grêle fut dévastatrice pour les terres d'Égypte. (subir)
2. Le dernier fléau fut terrifiant pour les Égyptiens. (éprouver)
3. La défaite fut humiliante pour l'armée de Pharaon. (essuyer)
4. Cette famine fut impitoyable pour le peuple. (endurer)
5. Ce nuage de sauterelles fut ravageur pour les récoltes. (souffrir)

⑥ *L'hyperbole*, **avec un comparatif. Complétez les phrases en ajoutant une comparaison aux adjectifs en gras.**

Exemple : *Le froid était mordant.* ➜ *Le froid était <u>plus mordant que la dent acérée du crocodile</u>.*

1. Le bruit que le sable faisait en retombant était **assourdissant** ...
2. Malgré les ravages, Pharaon continua de se montrer **entêté** ...
3. Les ulcères qui apparaissaient sur les visages étaient **répugnants** ...
4. La colère de Dieu s'abattit sur tout le pays en une grêle **violente** ...

▮ Utiliser une ponctuation expressive

⑦ **Transformez ces phrases déclaratives en phrases exclamatives en utilisant le mot exclamatif indiqué entre parenthèses.**

Exemple : *La houle s'enfla à l'horizon.*
➜ *Comme la houle s'enfla à l'horizon !*

1. Le nuage noir enflait à vue d'œil. (Que)
2. Un bruit épouvantable leur transperça les tympans. (Quel)
3. Le galop des vagues se rua sur la jetée. (Comme)
4. La terre gronda lugubrement. (Que)
5. Une flamme immense surgit du ciel. (Quelle)

⑧ **Observez ce vers de Victor Hugo :**
La mer ! Partout la mer ! Des flots, des flots encore !

Sur le même modèle, rédigez des phrases exprimant la crainte :

1. en entendant le grondement des vagues
2. en apercevant une tempête de sable s'approchant
3. en entendant une nuée d'abeilles
4. en apercevant une foule affolée

Imaginer une onzième plaie d'Égypte

Sujet

**Un manuscrit vient d'être découvert : le récit jusque-là inconnu d'une onzième plaie d'Égypte.
Imaginez quelle a pu être cette plaie et racontez comment elle s'est manifestée.**

A Choisir la plaie

1. Imaginez le fléau que Dieu a choisi : une tempête de sable, un froid glacial, une nuée de guêpes, une invasion de fourmis, les troupeaux qui deviennent fous, une pluie de cendres, un tremblement de terre, les humains qui perdent la parole...

2. Imaginez de quelle manière ce fléau se manifeste : les différents dégâts qu'il cause, la réaction des Égyptiens, l'état dans lequel se trouve alors le pays...

Cole Thomas, *The Course of Empire Destruction*, huile sur toile, 1836 (New York Historical Society, New york).

B Organiser le récit à l'aide d'un plan

3. Votre récit devra suivre le plan suivant :

- **1er paragraphe :** Dieu donne ses instructions à Moïse et Aaron.
- **2e paragraphe :** les deux frères se rendent chez Pharaon et déclenchent le fléau.
- **3e paragraphe :** le fléau s'abat sur toute l'Égypte sans toucher Moïse et son peuple.
- **4e paragraphe :** Pharaon s'obstine à ne pas laisser partir Moïse et son peuple. L'Égypte est ravagée.

Boîte à outils

Pour réussir

1. Dans les dialogues entre Dieu et Moïse ou Pharaon et Moïse, vous veillerez à :
– varier les manières d'**exprimer un ordre** (exercices 1 à 3 p. 235) ;
– respecter la **ponctuation du dialogue** (voir Fiche 48 p. 382).

2. Montrez le caractère épouvantable du fléau et des ravages qu'il cause :
– en utilisant des **figures de styles qui amplifient** (exercices 4 à 6 p. 235) ;
– en employant une **ponctuation expressive** (exercices 7 et 8 p. 235).

3. Pour donner plus de force à votre récit, soyez attentifs au vocabulaire que vous employez :
– cherchez des **verbes** qui évoquent précisément les manifestations du fléau ;
– choisissez des **adjectifs** ayant un sens fort pour qualifier le fléau et les dégâts causés.
Aidez-vous notamment du vocabulaire donné dans les exercices de la page 234.

Des livres

  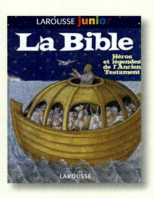 

❖ **Contes et légendes de la Bible,** tomes 1 et 2, **Michèle Kahn,** Pocket Jeunesse, 2003.

Retrouvez, sous la forme d'un récit vivant, toute l'histoire des patriarches (Noé, Isaac, Jacob, Moïse), des rois et des prophètes.

❖ **Une Bible en bande dessinée,** Moliterni et Blasco, Dargaud.

Une bande dessinée fidèle au texte original et aux données historiques du récit.

❖ **La Bible en 15 récits,** Françoise Rachmühl et Frédéric Sochard, Flammarion 2011.

Une belle plume au service de la découverte des personnages bibliques les plus célèbres.

Des films

❖ **Les Dix Commandements,** réalisé par Cécil B. DeMille,** 1956, DVD.

Un récit épique de la vie de Moïse.

❖ **Ben Hur,** réalisé par William Wyler,** 1959, DVD.

L'histoire se passe en Judée au début de notre ère. Trahi par son meilleur ami et jeté aux galères, le prince Ben Hur rêve de vengeance. Sa route va croiser celle d'un certain Jésus de Nazareth.

❖ **Jésus de Nazareth,** réalisé par Franco Zeffirelli,** 1977, DVD

Une adaptation très littérale des Évangiles.

❖ **Monty Python, La Vie de Brian,** réalisé par Terry Jones,** 1979, DVD

Une parodie de la vie de Jésus, servie par l'humour inénarrable des Monthy Python.

Le personnage de Jésus à travers les art

→ Arts du langage et du visuel

Le personnage de Jésus a profondément marqué les sociétés occidentales. De nombreux artistes ont représenté les principaux épisodes de sa vie. Ce dossier vous permettra de découvrir ces scènes et vous donnera les clés essentielles pour déchiffrer l'art religieux.

La naissance de Jésus

Jésus serait né à Bethléem en Judée (Palestine), entre 7 et 5 avant l'ère qui porte son nom. Il serait le fils de Marie et de Joseph. Mais les Évangiles professent une conception « par la vertu du Saint-Esprit » (voir p. 240). Considéré comme le Fils de Dieu par les chrétiens, il est le fondateur de la religion chrétienne.

Le baptême de Jésus

Vers l'âge de 30 ans, Jésus est baptisé par Jean le Baptiste. On considère que ce baptême marque le début de sa vie publique.

Le message et les miracles de Jésus

Jésus, entouré de ses 12 disciples, parcourt la Galilée, la Samarie et la Judée annonçant la venue prochaine du « Royaume de Dieu ». Il se fait aussi connaître par plusieurs miracles qu'il aurait accomplis (voir p. 242).

L'entrée triomphale à Jérusalem

Les Évangiles racontent, qu'à proximité de la fête de la Pâque juive (le dimanche des Rameaux), Jésus fait une entrée solennelle à Jérusalem, monté sur un âne.

La trahison de Judas

Judas est l'un des 12 apôtres de Jésus. D'après les Évangiles, il trahit Jésus pour de l'argent et le vend aux grands prêtres de Jérusalem.

Le dernier repas (la Cène)

L'avant-veille de la Pâque juive, Jésus prend un dernier repas avec ses disciples : c'est la « Cène » (voir p. 244). Il est ensuite arrêté.

La Pentecôte

50 jours après Pâques, l'Esprit Saint aurait été envoyé pour diffuser aux apôtres la parole du Christ.

L'Ascension

Le 40e jour après Pâques, Jésus se serait élevé dans le ciel. Les chrétiens célèbrent cet événement le jeudi de l'Ascension (voir p. 243).

La résurrection

Pour les chrétiens, trois jours après sa crucifixion et sa mise au tombeau, Jésus aurait été ressuscité. Ils célèbrent cet événement le dimanche de Pâques.

La crucifixion

Après avoir porté sa propre croix, Jésus est crucifié. Cet épisode est une grande source d'inspiration artistique (voir p. 239 et 241).

Le jugement de Jésus

Jugé par le préfet romain Ponce-Pilate, Jésus est condamné à la flagellation et à la crucifixion. On lui pose une couronne d'épines sur la tête.

1 **Les grandes étapes de la vie de Jésus d'après les Évangiles.** Au centre, *Le Visage du Christ*, papier-mâché peint, fin du XVe siècle (musée du Catharijnconvent, Utrecht). À gauche, Donatello, *Vierge à l'Enfant*, terre cuite, 1440 (Museo Nationale del Bargello, Florence). *Le Baptême du Christ*, mosaïque byzantine, vers 520 (Baptistère des Ariens, Ravennes).

Questions

1. a. Observez les œuvres de cette double page : à quoi reconnaissez-vous Jésus ?
b. Quels sont les moments de sa vie représentés ?
2. À quelles fêtes du calendrier ces moments correspondent-ils ?

Analyse d'une œuvre

2 **Andrea Mantegna,** *La Crucifixion,*
dite « *Le Calvaire* », 1457-1459,
huile sur bois, 76 x 96 cm
(musée du Louvre, Paris).

Questions

3. a. À l'aide de recherches et du texte p. 241,
identifiez les différents personnages du tableau
ci-dessus.
b. Quelle place Jésus occupe-t-il ?
Qui sont les personnages à sa droite ?
à sa gauche ? À votre avis, pourquoi ?

4. Quelle est la ville à l'arrière-plan ?

5. a. Relevez tous les éléments du tableau
qui évoquent la mort.
b. Observez les expressions des personnages :
quelle impression se dégage de ce tableau ?

Retenons

● Jésus est **un Juif de Galilée** (région de Palestine), né
au début de notre ère. On sait peu de choses sur le personnage historique. À cette époque, la Galilée, occupée
par les Romains, attend le Sauveur annoncé par l'Ancien
Testament : de nombreux prédicateurs sillonnent la
région, suivis de **disciples**. Jésus sera l'un d'eux.

● Jésus se rend célèbre par **des miracles**. Son enseignement, fondé sur la notion d'**amour du prochain**, et
ses critiques des prêtres juifs suscitent l'enthousiasme
des foules mais aussi la colère des autorités religieuses.
Jésus est finalement condamné à mort par **crucifixion**.
Les chrétiens affirment qu'il est ressuscité trois jours
après sa mort.

● La naissance de Jésus a été retenue comme **origine
de notre calendrier.** L'année est organisée autour des
fêtes chrétiennes qui célèbrent les principaux événements de sa vie.

Naissance et mort de Jésus

1. La Nativité

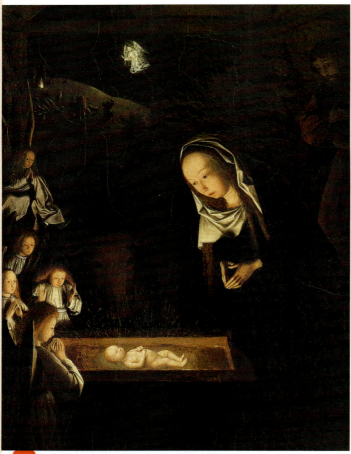

Gérard de Saint-Jean, *La Nativité de nuit,*
huile sur chêne, 34 x 25,3 cm, vers 1490,
(The National Gallery, Londres).

D'après les textes, Jésus naît d'une vierge, Marie, rendue enceinte par la puissance de Dieu. Alors que Marie est à la fin de sa grossesse, son mari Joseph et elle doivent se rendre à Bethléem.

Or, pendant qu'ils étaient là, le jour où elle devait accoucher arriva ; elle accoucha de son fils premier-né, l'emmaillota et le déposa dans une mangeoire, parce qu'il n'y avait pas de place pour eux dans la salle d'hôtes. Il y avait dans le même pays des bergers qui vivaient aux champs et montaient la garde pendant la nuit auprès de leur troupeau. Un ange du Seigneur se présenta devant eux, la gloire du Seigneur les enveloppa de lumière et ils furent saisis d'une grande crainte. L'ange leur dit : « Soyez sans crainte, car voici, je viens vous annoncer une bonne nouvelle, qui sera une grande joie pour tout le peuple : il vous est né aujourd'hui, dans la ville de David, un Sauveur qui est le Christ Seigneur ; et voici le signe qui vous est donné : vous trouverez un nouveau-né emmailloté et couché dans une mangeoire. Tout à coup, il y eut avec l'ange l'armée céleste en masse qui chantait les louanges de Dieu et disait : « Gloire à Dieu au plus haut des cieux et sur la terre paix pour ses bien-aimés. Or, quand les anges les eurent quittés pour le ciel, les bergers se dirent entre eux : « Allons donc jusqu'à Bethléem et voyons ce qui est arrivé, ce que le Seigneur nous a fait connaître. » Ils y allèrent en hâte et trouvèrent Marie, Joseph et le nouveau-né, couché dans la mangeoire. Après avoir vu, ils firent connaître ce qui leur avait été dit au sujet de cet enfant.

Évangile selon saint Luc, 1-2, TOB,
© Éditions du Cerf, 1998.

DU TEXTE À L'IMAGE

1. Qui sont le père et la mère de Jésus ?

2. Où Jésus naît-il ? Pourquoi ?

3. À quel moment se produit la naissance de Jésus ? Justifiez votre réponse en vous appuyant sur le texte.

4. a. Quel phénomène surnaturel accompagne cette naissance ?
b. Quel sens pouvez-vous donner à ce prodige ?

5. À votre avis, pourquoi les premiers chrétiens ont-ils fixé la fête de Noël au 24 décembre ?

6. Observez le tableau de Gérard de Saint-Jean : d'où la lumière vient-elle ? Pourquoi ce choix ?

Le symbolisme de la lumière

● Pour les chrétiens, Jésus est un **Sauveur** : il promet aux hommes la **résurrection** après la mort et la vie **éternelle au Paradis**. Il est donc associé à la **lumière**, à la victoire sur la mort, l'obscurité.

● Dans la peinture religieuse, les peintres jouent souvent sur ce **symbolisme** : Jésus y devient alors la **source de la lumière**.

2. La mort du Christ

Le soir de la Pâque juive, Jésus, trahi par un de ses disciples, Judas, est arrêté et livré à la justice romaine.

[Les soldats] le revêtent de pourpre et ils lui mettent sur la tête une couronne. Ils lui frappaient la tête avec un roseau, ils crachaient sur lui et, se mettant à genoux, ils se prosternaient devant lui. Après s'être moqués de lui, ils lui enlevèrent la pourpre et lui remirent ses vêtements. [...] Il était neuf heures quand ils le crucifièrent. [...] À midi, il y eut des ténèbres sur toute la terre jusqu'à trois heures. Et à trois heures, Jésus cria d'une voix forte : « Eloï, Eloï, lama sabaqthani ? » ce qui signifie : « Mon Dieu, mon Dieu, pourquoi m'as-tu abandonné ? » Certains de ceux qui étaient là disaient, en l'entendant : « Voilà qu'il appelle Elie ! » Quelqu'un courut, emplit une éponge de vinaigre et, la fixant au bout d'un roseau, il lui présenta à boire en disant : « Attendez, voyons si Elie va venir le descendre de là. » Mais, poussant un grand cri, Jésus expira. Et le voile du sanctuaire se déchira en deux du haut en bas.

Évangile selon saint Marc, 14-15, TOB, © Éditions du Cerf, 1998.

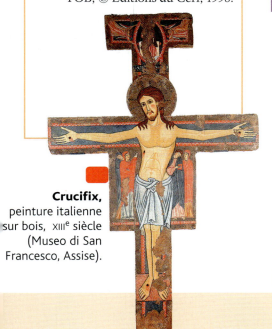

Crucifix, peinture italienne sur bois, XIIIᵉ siècle (Museo di San Francesco, Assise).

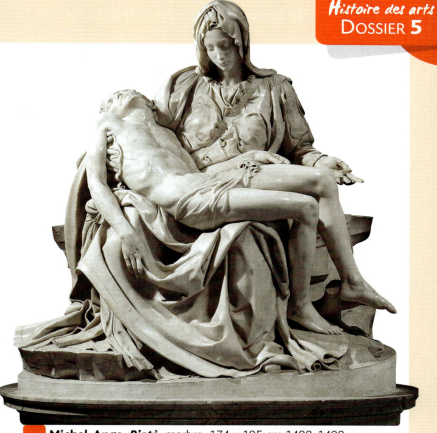

Michel-Ange, *Pietà*, marbre, 174 x 195 cm, 1498-1499, (Basilique Saint-Pierre, Cité du Vatican).

Deux grands types de représentations

- Certains artistes mettent en avant le **caractère glorieux du Christ** qui dépasse la mort.
- D'autres, au contraire, vont souligner son **humanité à travers la mise en scène de sa souffrance.**

DU TEXTE À L'IMAGE

7. À quel moment a lieu la mort de Jésus ? Citez le texte.

8. Quels prodiges accompagnent cette mort ?

9. Comparez avec le récit de la naissance de Jésus (p. 240) : que remarquez-vous ?

10. a. Quelle sorte de couronne les soldats placent-ils sur sa tête ? Dans quel but ?
b. Observez les œuvres p. 238 : laquelle illustre ce détail ? Que cherche-t-elle à mettre en avant ?

11. a. Qui sont les deux personnages représentés par Michel-Ange ci-dessus ?
b. Quel sentiment se dégage de son œuvre ? Pourquoi ?

12. Comparez la représentation des deux Christ en croix, ci-contre et p. 239 : que constatez-vous ?

13. Cherchez l'étymologie du mot *passion*. Qu'appelle-t-on la « Passion du Christ » ?

Les miracles de Jésus

1. La marche sur l'eau

À la quatrième veille de la nuit, Jésus alla vers eux, marchant sur la mer. Quand les disciples le virent marcher sur la mer, ils furent troublés, et dirent : « C'est un fantôme ! » Et, dans leur frayeur, ils poussèrent des cris. Jésus leur dit aussitôt : « Rassurez-vous, c'est moi ; n'ayez pas peur ! » Pierre lui répondit : « Seigneur, si c'est toi, ordonne que j'aille vers toi sur les eaux. » Et il dit : « Viens ! » Pierre sortit de la barque, et marcha sur les eaux, pour aller vers Jésus.

Évangile selon Matthieu, 14.

Duccio di Buoninsegna, *La Pêche miraculeuse,* peinture sur bois, 36,5 x 47,5 cm, entre 1308 et 1311, (musée de l'Œuvre de la cathédrale, Sienne).

2. La résurrection de Lazare

Jésus vient d'apprendre la mort de son ami Lazare.

Alors Jésus, frémissant à nouveau en lui-même, se rend au tombeau. C'était une grotte, avec une pierre placée par-dessus. Jésus dit : « Enlevez la pierre ! » Marthe, la sœur du mort, lui dit : « Seigneur, il sent déjà : c'est le quatrième jour. » Jésus lui dit : « Ne t'ai-je pas dit que si tu crois, tu verras la gloire de Dieu ? » On enleva donc la pierre. Jésus s'écria d'une voix forte :
« Lazare, viens dehors ! » Le mort sortit, les pieds et les mains liés de bandelettes, et son visage était enveloppé d'un suaire.

Évangile selon Jean, 11.

Giotto di Bondone, *Résurrection de Lazare* (détail), fresque, 200 x 185 cm, 1304-1306, (Padoue).

DU TEXTE À L'IMAGE

1. Quelles sont les différentes scènes représentées ci-dessus et leurs principaux personnages ?

2. Quels détails vous permettent d'identifier Jésus ?

3. a. Quelles sont, le plus souvent, les couleurs des vêtements de Jésus ?
b. Dans le tableau p. 243, pourquoi Jésus est-il représenté en blanc ? Que symbolise cette couleur ?

Les symboles dans la peinture religieuse

• Jésus et les saints sont le plus souvent reconnaissables à **leur auréole** lumineuse. Celle de Jésus comprend parfois un rappel de **la croix**.

• **Les couleurs** aussi jouent un **rôle symbolique** : **le rouge** est la couleur du sang, de la Passion. **Le bleu** rappelle le ciel et Dieu : ces deux couleurs sont donc associées à Jésus.

La résurrection

Après le sabbat, à l'aube du premier jour de la semaine, Marie de Magdala et l'autre Marie allèrent voir le sépulcre. Et voici, il y eut un grand tremblement de terre ; car un ange du Seigneur descendit du ciel, vint rouler la pierre, et s'assit dessus. Son aspect était comme l'éclair, et son vêtement blanc comme la neige. Les gardes tremblèrent de peur, et devinrent comme morts. Mais l'ange prit la parole, et dit aux femmes : « Pour vous, ne craignez pas ; car je sais que vous cherchez Jésus qui a été crucifié. Il n'est point ici ; il est ressuscité, comme il l'avait dit. »

Évangile selon Matthieu, 28.

DU TEXTE À L'IMAGE

4. a. Quel événement le tableau de Rembrandt représente-t-il ?
b. Par quels moyens l'artiste a-t-il exprimé le caractère victorieux du Christ ?

5. a. D'après les textes, page 242, quels sont les différents prodiges accomplis par Jésus ?
b. Recherchez d'autres miracles célèbres.

6. a. Dans la mythologie, quelle sorte de personnages connaissent une naissance extraordinaire et accomplissent des exploits ?
b. Les circonstances de la naissance et de la mort de Jésus sont-elles en accord avec la puissance du personnage ? Justifiez votre réponse.

4 Rembrandt, *L'Ascension du Christ,* huile sur toile, 93 x 68,7 cm, 1636, (Alte Pinakothek, Munich).

Jésus, héros biblique ?

● À certains égards, le personnage de Jésus rappelle les **grandes figures mythiques :** comme les héros antiques, il connaît une naissance fabuleuse et accomplit des prodiges.

● Mais Jésus défend **de nouvelles valeurs,** fondées sur l'amour des hommes, le service, l'humilité, le sacrifice. En cela, il rompt avec la figure orgueilleuse des héros, soucieux d'abord de leurs propres exploits. Et ces valeurs qu'il incarne marqueront profondément tout l'Occident.

Analyse d'une œuvre

■ **Léonard de Vinci, *La Cène*,** 1495-1498, tempera sur gesso, poix et mastic, 460 x 880 cm (Couvent dominicain Santa Maria delle Grazie, Milan).

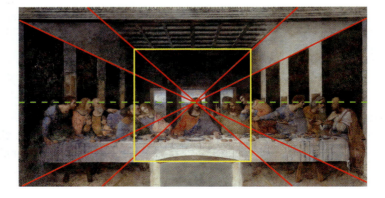

Questions

1. Que représente cette œuvre ? Aidez-vous du dictionnaire pour répondre.

2. a. Où se situe Jésus ? À quoi le reconnaissez-vous ?
b. Qui sont les personnages qui l'entourent ?

3. Observez le jeu des lumières et de la perspective : où conduit-il le regard du spectateur ?

4. a. Quelles formes géométriques observez-vous dans le tableau ? Comment sont-elles disposées ?
b. Quelle impression s'en dégage-t-il ?

5. a. Regroupez les personnages par trois : qu'est-ce qui vous permet de le faire aisément ?
b. En quoi Jésus se distingue-t-il des autres ? Pour répondre, observez sa posture, son expression.

Les symboles chrétiens

1 **ICHTUS, initiales de Jésus-Christ en grec.** Croix et poisson (dauphin) sont les emblèmes des premiers chrétiens, (musée du Louvre, Paris).

2 Pietro Ivaldi dit Le Muet, *Vierge écrasant le serpent du péché,* fresque, XIXᵉ siècle (Musée d'art sacré, église de San Michele, Panzone).

3 **Jan Van Eyck,** *L'Adoration de l'Agneau mystique* (détail d'un polyptyque), huile sur bois, 1432 (Cathédrale Saint-Bavon, Gand).

Questions

1. Quel est aujourd'hui le symbole des chrétiens le plus répandu ? D'où vient-il ?

2. Quel animal pouvez-vous voir sur le tableau de Van Eyck (doc. 3) , sur celui de Rembrandt p. 243 et sur la mosaïque p. 238 ? Que symbolise-t-il ?

3. a. Dans la Bible, quel animal représente le Mal ?
b. Où retrouvez-vous cet animal dans le document 2 ? À votre avis, pourquoi ?

4. Le baptême, principal sacrement des chrétiens, se déroulait à l'origine dans une piscine. Cherchez l'étymologie du mot *piscine* pour découvrir le symbole des premiers chrétiens.

5. a. Sous quelle forme Van Eyck a-t-il représenté Jésus ?
b. Quel rôle cet animal joue-t-il dans la Bible ?
c. À votre avis, pourquoi est-il associé à Jésus ?

Exposés

Voici quelques thèmes fréquents de la peinture religieuse :
Vierge à l'enfant – crucifixions – miracles.

Choisissez un tableau que vous aimez en rapport avec l'un de ces thèmes et présentez-le à vos camarades.
a. Vous présenterez rapidement l'artiste et la scène représentée.
b. Utilisez vos connaissances sur le rôle des symboles, des couleurs, de la lumière, la manière dont on représente Jésus…

9 La fable, des origines à La Fontaine

« **La Grenouille qui se veut faire aussi grosse que le bœuf »,** fable de La Fontaine mise en scène par Robert Wilson (Comédie-Française, Paris, 28 janvier 2004).

Lire une image

1. À quoi voit-on que le bœuf est présenté comme un être humain ?
2. Relevez tout ce qui différencie les deux personnages représentés : dimensions, couleurs, position... Quelle impression en résulte ?
3. D'après cette image et le titre de la fable, imaginez oralement la trame d'un récit.

La Fontaine et ses sources

« Le Lion et le Moucheron », fable d'Ésope illustrée par Arthur Rackham, dessin, 1912 (collection privée).

Qu'est-ce qu'une fable ?

● La fable est un genre très ancien qui remonte à l'Antiquité. À cette époque, on contait déjà ces histoires dont les personnages sont souvent des **animaux**. À la fois fantaisistes et exemplaires, ces récits qui mettent en scène des renards flatteurs et des lions prétentieux **amusaient** le lecteur tout **en l'instruisant** sur les comportements des hommes. On trouve d'ailleurs, au début ou à la fin de chaque fable, une leçon de vie délivrée par l'auteur : c'est ce qu'on appelle **la morale**.

● La fable est également un **genre universel** que l'on retrouve, par exemple, dans la littérature arabe, africaine ou hindoue.

Question

❶ Quelles caractéristiques des fables que vous connaissez trouve-t-on déjà dans celles de l'Antiquité ?

Aux origines de la fable

● Le père de la fable serait **Ésope**, qui vivait en Grèce au VIe siècle avant J.-C. On raconte que cet esclave, prisonnier de guerre, laid et boiteux, bossu et bègue, se mit un jour à conter des fables et des récits familiers. Il fut acheté par un philosophe qu'il amusa par ses astuces et ses récits pleins d'esprit. Il parvint ensuite à se faire libérer et à se mettre au service de Crésus, roi de Lydie, qui prenait plaisir aux histoires du fabuliste.

● Les fables d'Ésope sont un avant-goût de **la farce** : on rit des puissants et des maîtres au profit du faible, souvent habile à retourner les situations.

Questions

❷ D'après la tenue vestimentaire et les objets qui entourent Ésope, quel aspect du personnage le peintre veut-il mettre en évidence ?

❸ Ésope a-t-il l'air joyeux ou grave ? Pourquoi le peintre a-t-il choisi de lui donner cette expression selon vous ?

Diego Velázquez, *Ésope,* huile sur toile, 1639-1641 (musée du Prado, Madrid).

Jean de La Fontaine et son époque

● Né en 1621 à Château-Thierry, **Jean de La Fontaine** passe son enfance et son adolescence en Champagne : il restera pour toujours attaché aux beautés de la **nature**, dans laquelle il puise son inspiration. Mais il va également étudier à Paris et découvre alors la littérature, la poésie de l'Antiquité grecque et latine, et la **vie culturelle des salons**.

● À partir de 1658, La Fontaine entre au service de **Fouquet**, haut responsable des finances du royaume, mais surtout grand **mécène** qui s'entoure, dans son magnifique château de Vaux-le-Vicomte, des artistes les plus brillants. C'est dans ce milieu que Jean de la Fontaine remporte ses premiers succès.

● Lorsque **Louis XIV** arrive au pouvoir en 1661, il n'apprécie pas l'éclat et la splendeur qui rayonnent autour de Fouquet. Aussi le fera-t-il vite emprisonner. Très ému par cette arrestation, La Fontaine reste pour toujours **méfiant envers le pouvoir des grands**. Il ne sera d'ailleurs jamais reçu à la cour de Louis XIV…

Le château de Vaux-le-Vicomte (Seine-et-Marne), construit pour Fouquet entre 1657 et 1661 sur les plans de l'architecte Louis le Vau ; Le Nôtre en dessina les jardins.

Questions

4 Cherchez dans le dictionnaire la définition du mot *mécène*.

5 Pourquoi, à votre avis, La Fontaine se donne-t-il souvent pour but de dénoncer les puissants qui tyrannisent les plus faibles ?

VIe siècle av. J.-C.
Ésope, « père » de la fable

1621-1695
Jean de La Fontaine

Parution des *Fables* de La Fontaine

1668   1678   1694

1661-1715
Règne personnel de Louis XIV

Le Lion et le Lièvre

Les animaux des fables d'Ésope.
Illustration d'Arthur Rackham, vers 1900.

Un Lion, étant tombé sur un lièvre endormi, allait le dévorer ; mais entre-temps il vit passer un cerf : il laissa le lièvre et donna la chasse au cerf. Or le lièvre, éveillé par le bruit, prit la fuite ; et le lion, ayant poursuivi le cerf au loin, 5 sans pouvoir l'atteindre, revint au lièvre et trouva qu'il s'était sauvé lui aussi.

« C'est bien fait pour moi, dit-il, puisque lâchant la pâture[1] que j'avais en main, j'ai préféré l'espoir d'une plus belle proie[2]. »

Ainsi parfois les hommes, au lieu de se contenter de profits 10 modérés[3], poursuivent de plus belles espérances, et lâchent imprudemment ce qu'ils ont en main.

ÉSOPE, *Fable 204*, trad. Émile Chambry, © Les Belles Lettres, 1996.

---

1. Pâture : nourriture des animaux.

2. Proie : être vivant qui est capturé pour être dévoré.

3. Modéré : qui n'est pas exagéré, sans excès.

➜ Comprendre

1. Délimitez la partie qui raconte une histoire. À quoi sert l'autre partie du texte ?

2. Pourquoi le lion ne dévore-t-il pas le lièvre endormi ?

3. Quelle est la situation du lion à la fin de l'histoire ?

➜ Approfondir

4. a. Quel temps est employé dans la partie qui raconte l'histoire ?

b. Quel temps est employé dans la seconde partie du texte ? Quelle est la valeur de ce temps ?

5. Relevez la phrase dans laquelle le lion exprime ses regrets. Se montre-t-il agacé ou résigné ?

➜ Pour conclure

6. Pourquoi le nom *Lion* porte-t-il une majuscule ? Qu'incarne cet animal d'après vous ?

7. a. Que veut nous apprendre Ésope ?

b. Comment s'y prend-il pour généraliser à tous les êtres humains l'exemple qui vient de nous être conté ?

Expression orale

Les conseils donnés dans les fables se retrouvent aujourd'hui encore dans les proverbes, ces formules qu'on utilise pour rappeler à quelqu'un une vérité tirée de l'expérience quotidienne.

Expliquez les proverbes suivants et imaginez dans quelle situation ils peuvent être énoncés.

1. « Tout vient à point à qui sait attendre. »

2. « C'est en forgeant qu'on devient forgeron. »

3. « Lâcher la proie pour l'ombre. »

4. « Il ne faut pas vendre la peau de l'ours avant de l'avoir tué. »

5. « Qui aime bien châtie bien. »

6. « L'habit ne fait pas le moine. »

La Grenouille qui se veut faire aussi grosse que le Bœuf

Jean de La Fontaine

(1621-1695) a su donner
une forme poétique
et surtout un naturel
remarquable à ses fables,
inspirées d'Ésope,
de Phèdre et de la sagesse
hindoue.

Une Grenouille vit un Bœuf
　　Qui lui sembla de belle taille.
Elle qui n'était pas grosse en tout comme un œuf,
Envieuse s'étend, et s'enfle, et se travaille[1]
5　　　Pour égaler l'animal en grosseur,
　　　　Disant : « Regardez bien, ma sœur ;
Est-ce assez ? dites-moi : n'y suis-je point encore ?
– Nenni[2]. – M'y voici donc ? – Point du tout. – M'y voilà ?
– Vous n'en approchez point. » La chétive pécore[3]
10　　　S'enfla si bien qu'elle creva.

Le monde est plein de gens qui ne sont pas plus sages :
Tout bourgeois veut bâtir comme les grands seigneurs,
　　Tout petit prince a des ambassadeurs ;
　　　Tout marquis veut avoir des pages[4].

LA FONTAINE, *Fables*, Livre I, fable 3.

1. Se travaille : se tourmente, se force.

2. Nenni : non, certainement pas.

3. Pécore : femme prétentieuse et sotte.

4. Page : jeune homme, d'origine noble, que l'on place au service
des rois et des princes (et d'eux seuls).

Lecture

➡ Comprendre

1. a. Quels sont les deux personnages de cette fable ?
Qu'est-ce qui les oppose ?

b. Quel est le rôle du troisième personnage ?

2. a. Quel sentiment anime la grenouille ?

b. Quel est son objectif ? Y parvient-elle ? Pourquoi ?

3. Jouez cette fable à trois en vous répartissant les
rôles. Quel ton donnerez-vous à ce texte ?

➡ Approfondir

4. Avec quel mot *bœuf* rime-t-il ? Quel rapport la rime
met-elle en évidence entre ces deux termes ?

5. Comment l'auteur insiste-t-il sur les efforts que
fournit la grenouille ?

6. Que nous montre la répétition des phrases interrogatives dans la partie dialoguée ?

7. La fin de cette histoire est-elle présentée comme
tragique ou drôle ? Justifiez votre réponse.

➡ Pour conclure

8. a. Dans quel but la grenouille interroge-t-elle sans
cesse sa consœur ?

b. Que pensez-vous des réponses de cette dernière ?

9. « Tout bourgeois », « tout petit prince », « tout
marquis » : en quoi ces personnages se comportent-ils
comme la grenouille ?

10. « Le monde est plein de gens qui ne sont pas plus
sages » (v. 11) : en quoi consisterait ici la sagesse ?

11. a. Citez des personnages de la mythologie qui, eux
aussi, furent tentés par la démesure : que leur arrive-t-il
à la fin de l'histoire ?

b. En quoi la grenouille de la fable est-elle cependant
différente de ces héros ?

Le Loup et l'Agneau

La raison du plus fort est toujours la meilleure :
    Nous l'[1]allons montrer tout à l'heure[2].

            Un Agneau se désaltérait[3]
            Dans le courant d'une onde[4] pure.
5 Un Loup survient à jeun qui cherchait aventure,
            Et que la faim en ces lieux attirait.
    « Qui te rend si hardi de troubler mon breuvage[5] ?
            Dit cet animal plein de rage :
    Tu seras châtié de ta témérité.
10 – Sire, répond l'Agneau, que votre Majesté
            Ne se mette pas en colère ;
            Mais plutôt qu'elle considère
            Que je me vas[6] désaltérant
                Dans le courant,
15   Plus de vingt pas au-dessous d'Elle,
    Et que par conséquent, en aucune façon,
            Je ne puis troubler sa boisson.
    – Tu la troubles, reprit cette bête cruelle,
            Et je sais que de moi tu médis[7] l'an passé.
20 – Comment l'aurais-je fait si[8] je n'étais pas né ?
    Reprit l'Agneau, je tette encor ma mère.
            – Si ce n'est toi, c'est donc ton frère.
            – Je n'en ai point. – C'est donc quelqu'un des tiens :
                Car vous ne m'épargnez guère,
25   Vous, vos bergers, et vos chiens.
    On me l'a dit : il faut que je me venge. »
            Là-dessus, au fond des forêts
            Le Loup l'emporte, et puis le mange,
            Sans autre forme de procès.

LA FONTAINE, *Fables*, Livre I, fable 10.

1. Nous l'allons montrer : nous allons le montrer.

2. Tout à l'heure : tout de suite.

3. Se désaltérer : calmer sa soif.

4. Onde : terme poétique pour désigner l'eau.

5. Breuvage : boisson.

6. Je me vas (= vais) **désaltérant :** « je suis en train de me désaltérer »

7. Médire : dire du mal.

8. Si = puisque.

Illustration de **Le Rallic,** vers 1938.

Lecture

➡ Comprendre

1. a. Pourquoi les noms communs *Agneau* et *Loup* portent-ils des majuscules ?

b. Quel est le rapport habituel entre ces deux animaux ?

2. Comparez les pronoms personnels employés par l'un et par l'autre. Que remarquez-vous ?

3. a. Que fait l'agneau avant l'arrivée du loup ? Quelle impression se dégage des vers 3 et 4 ?

b. Dans quel état le loup se trouve-t-il au moment où il arrive ?

4. Relevez dans les paroles du loup le vers qui condamne l'agneau dès le départ.

➡ Approfondir

5. a. Quel est le temps du verbe « se désaltérait » au vers 3 ? Justifiez son emploi.

b. Quel est le temps du verbe « survient » au vers 3 ? Expliquez ce choix.

6. Le loup accuse l'agneau : quels sont les trois reproches qu'il formule ?

7. a. L'agneau tente de se défendre : comment répond-il à chacune des accusations ?

b. Peut-il répondre au dernier reproche qui lui est fait ? Pourquoi ?

➡ Pour conclure

8. a. Lequel des deux personnages est du côté de la vérité ? Lequel tient des propos mensongers ?

b. Qui des deux l'emporte ?

9. a. Relevez la morale de cette fable.

b. En quoi le récit qui vient de nous être fait illustre-t-il parfaitement cette morale ?

10. a. La Fontaine met en scène des animaux qui se comportent comme des hommes : à quelles personnes, dans la société de cette époque, le loup et l'agneau peuvent-ils nous faire penser ?

b. Quelle injustice sociale de son temps La Fontaine dénonce-t-il ?

Le Loup et l'Agneau. Illustration de Bouchot, XIXᵉ siècle.

Vocabulaire

1. Faites correspondre chaque expression à sa définition, puis employez chaque expression dans une phrase.

Expressions	Définitions
1. Perdre raison	**a.** Vaincre quelqu'un
2. Faire entendre raison à quelqu'un	**b.** Se résigner
3. Se faire une raison	**c.** Pousser quelqu'un à devenir plus raisonnable
4. Avoir raison de quelqu'un	**d.** Devenir fou

2. a. Donnez pour chacun des mots suivants un mot de la même famille : *châtier – témérité – hardi – à jeun.*

b. Utilisez ces mots dans les phrases suivantes en les recopiant :

1. Pour avoir volé un pain, Jean Valjean fut envoyé au bagne : ce fut un terrible ... !

2. Les musulmans observent un ... pendant le Ramadan.

3. Il montra beaucoup de ... en osant prendre la parole devant ce public impressionnant.

4. Cet alpiniste a fait preuve de ... en partant tout seul escalader ce pic.

Le Loup et le Chien

Un Loup n'avait que les os et la peau,
    Tant les chiens faisaient bonne garde.
Ce Loup rencontre un dogue aussi puissant que beau,
Gras, poli[1], qui s'était fourvoyé[2] par mégarde.
5   L'attaquer, le mettre en quartiers[3],
        Sire Loup l'eût fait volontiers ;
        Mais il fallait livrer bataille,
        Et le mâtin[4] était de taille
        À se défendre hardiment.
10   Le Loup donc, l'aborde humblement,
Entre en propos[5], et lui fait compliment
        Sur son embonpoint, qu'il admire.
        « Il ne tiendra qu'à vous, beau sire,
D'être aussi gras que moi, lui repartit le Chien.
15   Quittez les bois, vous ferez bien :
        Vos pareils y sont misérables,
        Cancres[6], hères[7], et pauvres diables,
Dont la condition est de mourir de faim.
Car quoi ? rien d'assuré ; point de franche lippée[8] ;
20   Tout à la pointe de l'épée.
Suivez-moi, vous aurez un bien meilleur destin. »
        Le Loup reprit : « Que me faudra-t-il faire ?
– Presque rien, dit le Chien : donner la chasse aux gens
        Portants bâtons et mendiants ;
25 Flatter ceux du logis, à son maître complaire :
        Moyennant quoi votre salaire
Sera force[9] reliefs[10] de toutes les façons :
        Os de poulets, os de pigeons,
        Sans parler de mainte[11] caresse. »
30 Le Loup déjà se forge une félicité[12]
        Qui le fait pleurer de tendresse
Chemin faisant, il vit le col[13] du chien pelé.
« Qu'est-ce là ? lui dit-il. – Rien. – Quoi ? rien ? – Peu de chose.
Mais encor ? – Le collier dont je suis attaché
35 De ce que vous voyez est peut-être la cause.
    – Attaché ? dit le Loup : vous ne courez donc pas
        Où vous voulez ? – Pas toujours ; mais qu'importe ?
    – Il importe si bien, que de tous vos repas
        Je ne veux en aucune sorte,
40 Et ne voudrais pas même à ce prix un trésor. »
Cela dit, maître Loup s'enfuit, et court encor.

LA FONTAINE, *Fables*, Livre I, fable 5.

1. Poli : le poil luisant, signe de bonne santé.

2. Se fourvoyer : se tromper de chemin.

3. Le mettre en quartiers : le massacrer, le mettre en pièces.

4. Mâtin : gros chien de ferme.

5. Entrer en propos : engager la conversation.

6. Cancre : se dit d'un homme pauvre qui n'est plus capable de faire ni bien ni mal.

7. Hère : s'utilise dans l'expression « pauvre hère » et signifie « misérable ».

8. Lippée : bon repas qui ne coûte rien.

9. Force : beaucoup (de).

10. Reliefs : restes d'un repas.

11. Mainte (invariable) **:** très nombreuses.

12. Se forge une félicité : s'imagine un grand bonheur.

13. Col : cou.

Lecture

➜ Comprendre

1. Cette fable est-elle plutôt composée de récit ou de dialogue ? Où s'arrête le passage de récit ?

2. Quelle image a-t-on du loup dans cette fable ? En quoi est-elle différente de celle qui nous est donnée dans *Le Loup et l'Agneau* (p. 252) ?

3. Relevez les quatre adjectifs qui qualifient « le dogue ». À quelle expression du vers 1 s'opposent-ils ?

4. De quelle manière le loup aborde-t-il le chien ? Pourquoi ?

5. a. Quel genre de vie le chien mène-t-il ? Pourquoi le loup l'envie-t-il ?

b. Quel détail essentiel vient renverser l'opinion du loup à la fin de la fable ?

➜ Approfondir

6. Comptez le nombre de syllabes des vers 5 à 9. Pourquoi l'auteur a-t-il choisi des vers plus courts dans ce passage ?

7. Quels noms viennent préciser « vos pareils » (v. 16) ? Qu'ont en commun tous ces personnages ?

8. Relevez trois actions que le loup devrait accomplir pour obtenir « son salaire » (v. 22 à 25). À quel mode sont les verbes qui expriment ces actions ?

9. Comment le chien s'y prend-il pour montrer les avantages de sa situation (v. 26 à 29) ?

➜ Pour conclure

10. Lequel des deux personnages parle le plus ? Quel est le but de son discours ? Parvient-il à ses fins ?

11. À partir du vers 33, de quelle manière le chien répond-il au loup ? Pourquoi ?

12. a. D'après vous, quelle catégorie de la population le chien incarne-t-il à l'époque de La Fontaine ?
b. Que symbolise le collier qui l'attache ?

13. a. L'auteur n'exprime pas la morale de la fable. Quelle parole du loup pourrait en tenir lieu ?
b. Formulez vous-même la morale de cette histoire.

Le Loup et le Chien. Illustration de Charles H. Bennett, 1857 (British Library, Londres).

Vocabulaire

1. a. *Hardiment, humblement* : repérez le suffixe dans ces deux mots, et donnez leur nature.

b. À partir des mots suivants, construisez des adverbes en utilisant le même suffixe : *gras – poli – admirable – misérable*.

2. Cherchez dans le dictionnaire la définition de *humblement* et donnez trois mots de la même famille.

3. Trouvez le nom, puis l'adjectif qui correspondent à chacun de ces verbes : *mentir – envier – médire – mépriser – calomnier – se vanter – dédaigner – railler*.

Expression écrite

Après cette conversation avec le loup, le chien réfléchit à sa condition. Imaginez son monologue.
a. Recherchez pour commencer des antonymes du mot *libre*.
b. Utilisez des phrases interrogatives.

Le Laboureur et ses enfants

Travaillez, prenez de la peine ;
C'est le fonds[1] qui manque le moins.

Un riche Laboureur[2], sentant sa mort prochaine,
Fit venir ses Enfants, leur parla sans témoins.
5 « Gardez-vous, leur dit-il, de vendre l'héritage
Que nous ont laissé nos parents :
Un trésor est caché dedans.
Je ne sais pas l'endroit ; mais un peu de courage
Vous le fera trouver : vous en viendrez à bout.
10 Remuez votre champ dès qu'on aura fait l'oût[3].
Creusez, fouillez, bêchez ; ne laissez nulle place
Où la main ne passe et repasse. »
Le Père mort, les Fils vous retournent le champ,
Deçà, delà, partout ; si bien qu'au bout de l'an
15 Il en[4] rapporta davantage.
D'argent, point de caché. Mais le père fut sage
De leur montrer, avant sa mort,
Que le travail est un trésor.

JEAN DE LA FONTAINE, *Fables*, Livre V, fable 9.

1. Fonds : capital, propriété.
2. Laboureur : paysan aisé, qui possède des terres.
3. Oût : août, mois des récoltes.
4. En : « grâce à cela », c'est-à-dire au travail des enfants.

Lecture

➜ Comprendre

1. En quoi les personnages de cette fable sont-ils différents de ceux que vous avez rencontrés dans les précédentes ?

2. Relevez un adjectif qualificatif épithète du nom « laboureur ».

3. Dans quelle circonstance particulière ce laboureur convoque-t-il ses enfants ? Que leur révèle-t-il ?

4. Les enfants découvrent-ils un trésor ? Pourquoi se sont-ils enrichis ? À quel endroit de la fable la morale se trouve-t-elle ?

➜ Approfondir

5. Relevez dans les paroles du père les verbes à l'impératif. Quelle est la valeur de ce mode ?

6. Comment les verbes du vers 11 sont-ils reliés ? Quel effet cette succession de verbes produit-elle ?

7. Pourquoi l'auteur fait-il une répétition au vers suivant ?

8. Relevez dans la suite de la fable des adverbes de lieu qui produisent le même effet.

➜ Pour conclure

9. a. Quelle expression montre l'absence de tout trésor ?

b. Laquelle montre que les enfants se sont enrichis ?

10. Expliquez le dernier vers du texte.

11. Quel sens peut-on donner au groupe nominal « nos parents » (v. 6) ?

12. a. Quel « héritage » nos ancêtres ont-ils laissé à l'humanité ?

b. D'après Jean de la Fontaine, que convient-il de faire de cet héritage ?

c. Quel est, selon lui, le moyen de le faire fructifier ?

Alphonse et Julien Yèmadjè, *Sagesse, sagesse,*
hommage d'Afrique à Jean de La Fontaine (Bénin, 1995).

Vocabulaire

Classez ces expressions en deux colonnes selon que le mot en italique est utilisé au sens propre ou au sens figuré.

a. une terre *fertile* – une imagination *fertile*.

b. la *sécheresse* de sa réponse – la *sécheresse* du sol.

c. *cultiver* un champ – se *cultiver*.

d. un écrivain en *herbe* – arracher les mauvaises *herbes*.

e. une pensée *stérile* – une terre *stérile*.

f. un travail en *germe* – enlever les *germes* des pommes de terre.

Expression écrite

Modifiez les phrases suivantes de manière à remplacer chacune d'elles par deux propositions indépendantes dont l'une sera à l'impératif.

Exemple : *Je désire que tu cueilles ces roses.* → *Cueille ces roses, je le désire.*

1. Je veux que tu cultives ton jardin.

2. Je souhaite bien sincèrement que tu réussisses dans tes entreprises.

3. Pour vous cultiver, il est nécessaire que vous lisiez davantage.

4. Il faut absolument que tu persévères dans cette tâche délicate.

5. J'interdis formellement que tu abandonnes ce projet en cours de route.

Étude de l'image

Grandville, *La Grenouille qui se veut faire aussi grosse que le Bœuf*

La Grenouille qui se veut faire aussi grosse que le Bœuf,
gravure de Grandville (1803-1847).

Lire une image

J.-J. **Grandville** (1803-1847) est un caricaturiste français. Il s'est rendu célèbre grâce à ses caricatures d'hommes à tête d'animaux.

Une époque et un contexte

1. a. Cherchez dans le dictionnaire la définition du mot *caricature*.
b. Dans quelles occasions avez-vous déjà rencontré des caricatures ?
2. D'après les costumes, à quelle époque situez-vous les personnages ? Que représentent-ils ?
À quelle catégorie sociale appartiennent-ils ?
3. Que voit-on en arrière-plan ? Que veut montrer l'illustrateur à travers ce décor ?

Une interprétation de la fable

4. Qu'est-ce qui rend le bœuf imposant ? Comment pourriez-vous qualifier l'attitude de ce personnage ?
5. Comment se tient la grenouille ? Qu'est-ce que cela montre ?
6. Expliquez comment Grandville s'y prend pour mettre en évidence le ridicule de la situation.
7. Quelle catégorie de la population est visée par cette caricature ?

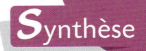

L'univers de la fable

➤ Définition

🔴 La fable est un **texte court** qui, sous une forme cocasse et légère, relate un **petit drame de la vie** : elle nous raconte aussi bien les folies des princes que les mésaventures des misérables et des naïfs. Ces petites histoires nous incitent à la **réflexion** et cherchent à nous **éduquer tout en nous amusan**t.

➤ D'Ésope à La Fontaine

🔴 Si Ésope écrit de la manière la plus brève qui soit, **sans prétention littéraire**, comme on pourrait le faire quand on se raconte des histoires entre amis, La Fontaine, lui, donne à ses textes une forme **poétique très expressive**. Il travaille la langue de manière à faire naître en peu de mots des **tableaux évocateurs**.

➤ La personnification des animaux

🔴 Dans la plupart des fables, les personnages sont des **animaux**, ce qui permet d'évoquer de manière plaisante les **défauts humains**. La Fontaine associe au nom de l'animal un titre qui ne peut convenir qu'à des êtres humains, de sorte que les animaux sont **personnifiés** de la manière la plus naturelle possible :
« Un fier Lion, <u>seigneur</u> du voisinage… »

🔴 Les personnages de La Fontaine ne sont jamais longuement décrits, mais plutôt **montrés dans une situation précise** :
« Maître Corbeau sur un arbre perché,
 Tenait en son bec un fromage. »

🔴 Comme au théâtre, **la partie dialoguée** est souvent la plus importante. D'ailleurs, à Paris, on jouait les fables de Jean de la Fontaine dans « **un théâtre de poche** ».

🔴 Les personnages mis en scène ont souvent des intérêts opposés : il en résulte un conflit, une mise en concurrence, une jalousie… C'est à partir de ce **conflit** que l'auteur nous invite à **réfléchir sur la condition de l'homme**. Cette réflexion est brièvement formulée dans la partie du texte que nous appelons « **morale** ».

Pour aller plus loin

Mettre en scène une fable

➡ **Choisissez une fable du corpus que vous mettrez en scène.**
   – Déterminez le nombre de personnages, sans oublier le narrateur.
   – Faites des choix de mise en scène : vous pouvez transposer cette fable à notre époque, choisir de la jouer de manière tragique ou, au contraire, de manière grotesque.

Vocabulaire

La langue classique (1)

On appelle langue classique la langue de la Cour et des personnes éduquées du XVIIᵉ et du XVIIIᵉ siècles. C'est donc la langue de Molière, de Perrault et de La Fontaine. C'est une langue parfois difficile pour le lecteur d'aujourd'hui.

1 a. Quel est le sens de *malhonnête* et d'*honnêtetés* dans ces deux phrases ?

● « La cadette, qui n'était pas si *malhonnête* que son aînée, l'appelait Cendrillon. »
● « Elle alla s'asseoir auprès de ses sœurs et leur fit mille *honnêtetés*. »

b. Déduisez-en le sens d'*honnête* dans la phrase suivante :

« Enfin tout alla si bien, que la Cadette commença à trouver que le Maître du logis n'avait plus la barbe si bleue, et que c'était un fort *honnête* homme. »

2 a. Par quel autre mot pourrait-on remplacer *civilités* dans la phrase suivante ?

« Elle nous a fait mille *civilités*, elle nous a donné des oranges et des citrons. »

b. Qu'appelle-t-on des *incivilités* ?

3 a. Donnez l'infinitif et le sens du verbe souligné :

« Ne vous *affligez* point, mon maître », dit le Chat Botté.

b. Cherchez dans le dictionnaire un synonyme du nom *affliction*.

4 Rappelez le sens de l'expression être *bien aise de*, puis employez-la dans une phrase de votre invention :

« Cendrillon, *serais-tu bien aise* d'aller au bal ? »
– « Vous chantiez, *j'en suis fort aise*. »

5 a. Donnez un synonyme du mot *raillerie* dans la phrase suivante :

« Cette *raillerie* ne me plaît pas. »

b. Cherchez un verbe de la même famille et employez-le dans une phrase.

6 Recopiez cette phrase en remplaçant le mot *dessein* par un synonyme :

« Nous avons eu *dessein* de prendre la fuite tous les deux. »

7 a. Donnez un synonyme du mot *logis* dans l'expression suivante :

« Flatter ceux du *logis*. » (« Le Loup et le Chien », p. 254, v. 25).

b. Recherchez un mot de la même famille.

8 a. Recopiez la phrase suivante en remplaçant *promptement* par un synonyme :

« Il est nécessaire de trouver *promptement* un remède à ce mal. »

b. Trouvez un adjectif de la même famille et employez-le dans une phrase.

9 Donnez deux mots de la famille d'*onde* :

« Dans le courant d'une *onde* pure ».
(« Le Loup et l'Agneau », p. 252, v. 4).

10 a. Remplacez l'expression *faire compliment* par un verbe de même sens :

« Il lui fait *compliment* de son succès. »

b. Donnez un antonyme du verbe *complaire* en changeant le préfixe.

« Il ne cherche qu'à vous *complaire*. »

11 Donnez un synonyme du mot *félicité* dans la phrase suivante :

« Le loup déjà se forge une *félicité*. »
(« Le Loup et le Chien », p. 254, v. 30).

12 Dans les phrases suivantes, remplacez le mot *fortune* par l'un des équivalents proposés :

richesse – hasard – chance – adversité – improvisé.

1. La *fortune* lui sourit.

2. Ses repas dépendaient des caprices de la *fortune*.

3. La *mauvaise fortune* s'abattit sur le domaine.

4. Il répara le toit de sa cabane avec des moyens de *fortune*.

5. Le vieillard légua sa *fortune* à ses enfants.

Grammaire pour écrire

Caractériser un personnage et lui donner la parole

▌ Caractériser des personnages

1 Pour caractériser un personnage et le personnifier, on peut employer des groupes apposés (qui apportent une information sur le nom en question).

Exemple : *Plein d'importance, la queue étalée, l'échine hérissée, les ailes traînantes, le* <u>dindon</u> *avance, comme une grosse commère qui a mal attaché son tablier.*

a. Dans l'exemple ci-dessus, relevez les groupes qui sont apposés au nom *dindon*.

b. Dans chacune des phrases suivantes, imaginez trois groupes apposés pour caractériser le nom souligné.

1. ..., ..., ..., la <u>fouine</u> prépare un mauvais coup.
2. ..., ..., ..., le vieux <u>loup</u> erre comme un vagabond affamé.
3. ..., ..., ..., le <u>lion</u> salue ses courtisans.
4. ..., ..., ..., le <u>coq</u> se querelle une nouvelle fois avec le chat.
5. ..., ..., ..., le <u>paon</u> se promène crânement au milieu de la basse-cour.

2 Pour souligner les caractères physiques ou moraux d'un personnage, on peut détacher l'adjectif qui le caractérise en le plaçant en tête de phrase.

Exemple : *La poule est infatigable. Elle trotte, deux fois par semaine, jusqu'au marché pour y vendre ses œufs.* →
Infatigable, la poule trotte deux fois par semaine jusqu'au marché pour y vendre ses œufs.

Sur le modèle de l'exemple ci-dessus, transformez les phrases suivantes en plaçant le ou les adjectif(s) en tête de phrase.

1. La pie est indifférente aux heures qui passent. Elle jacasse avec ses voisines jusque tard dans la matinée.
2. L'éléphant est vieux et épuisé. Il avance dignement vers le lieu où reposent ses ancêtres.
3. Le lièvre est honteux d'avoir dormi. Il se dissimule derrière ses grandes oreilles.
4. Le chien est puissant et beau. Il monte la garde à l'entrée du domaine.

3 Une autre manière de caractériser un personnage consiste à employer l'adjectif, juste après le verbe, en le détachant entre virgules.

Exemple : *Un homme sommeillait,* <u>paisible</u>*, le souffle égal.*

Modifiez les phrases suivantes en imitant la construction donnée en exemple.

1. La longue queue du lion se balance ; elle est légère.
2. La chanson des alouettes s'élance dans le ciel bleu ; elle est aigrelette et claire.
3. Les yeux fixés sur le pont levis, le veilleur écoute le bruit des pas ennemis ; il est attentif.
4. Le marchand s'avance vers les clientes qui se bousculent dans la boutique ; il est aimable et empressé.

▌ Faire parler les personnages

4 **a.** Dans les phrases ci-dessous, complétez les verbes de parole par un complément circonstanciel approprié. Choisissez dans la liste suivante : *avec amabilité, d'un ton évasif, en colère, avec plus de douceur, dépité.*

1. Te décideras-tu enfin à me dire quand tu comptes t'embarquer sur l'*Esperanza* ! lança, ... le père du jeune homme
2. J'ignore à quel moment je partirai. Peut-être vers la fin du mois, répondit-il...
3. Dans ce cas, tu peux m'aider à préparer les moissons, reprit le père, ...
4. Ce serait avec plaisir, mais j'ai promis au capitaine de l'aider à décharger, répondit le fils ....
5. Va au diable ! rétorqua-t-il...

b. Reprenez ces mêmes compléments circonstanciels dans un dialogue que vous inventerez.

5 **a.** Observez la transformation ci-dessous.
Exemple : *L'agneau ne savait que dire à ces raisons et répondit :*
— Je n'y suis pour rien, Sire.
→ *L'agneau, ne sachant que dire à ces raisons, répondit :*
— Je n'y suis pour rien, Sire.

b. Sur le même modèle, transformez les phrases ci-dessous.

1. Le Renard croisa commère la Cigogne et l'interpella :
— Que diriez-vous d'un dîner entre amis ?
2. Le chêne se désespérait de voir le roseau ainsi malmené par le vent et lui dit :
— Vous avez bien raison d'accuser la Nature !
3. Le renard se défendait d'avoir volé et plaida ainsi sa cause :
— Je jure sur la tête du Loup que je suis innocent !
4. Sire Rat aperçut le Lion empêtré dans ses liens et lui murmura :
— Ne vous inquiétez pas, Messire.

Écrire une fable
à partir d'une morale

Sujet

Vous allez, à votre tour, écrire une fable en partant de la morale à illustrer.

Benjamin Rabier (1864-1939), page de garde d'un recueil de fables de La Fontaine (coll. privée).

A · La morale de votre histoire

1. Choisissez parmi les morales suivantes celle que vous vous proposez d'illustrer :

a. « On a toujours besoin d'un plus petit que soi. »

b. « Les délicats sont malheureux : rien ne saurait les satisfaire. »

c. « Hélas ! On voit que de tout temps Les petits ont pâti des sottises des grands. »

2. Que signifie la morale sur laquelle vous allez travailler ? Exprimez oralement plusieurs situations de la vie quotidienne qui pourraient illustrer la maxime que vous avez choisie.

B · La présentation des personnages

3. Rappelez-vous que les animaux de la fable doivent apparaître comme des êtres humains :

Exemples : « Maître Corbeau, sur son arbre perché » – « Le Lion dit, croyant rugir »

a. Comment présenterez-vous vos personnages ? Comment les nommerez-vous ?

b. Quelle caractéristique humaine chacun de ces animaux va-t-il incarner ?

4. Les personnages de la fable ne doivent pas être longuement décrits, mais plutôt montrés en situation.
Dans quelle situation vos personnages se trouvent-ils au début de la fable ?

C · Le développement de l'action

5. Les personnages entrent en relation et un état de crise en résulte : un conflit, une mise en concurrence, une jalousie.

6. Observez les citations suivantes et dites quelle classe de mot sera privilégiée pour montrer les personnages en action.
– « La grenouille s'étend, s'enfle et se travaille. »
– « Ils entendirent du bruit.
Le rat de ville détale
Son camarade le suit. »

7. Vous pouvez choisir d'écrire votre texte au présent pour le rendre plus vivant.

8. Allez-vous plutôt privilégier le dialogue ou le récit ?

Des livres

❖ Fabuleux fabulistes, anthologie établie par Dominique Moncond'huy, Seghers Jeunesse, 2006.

Un recueil qui permet de voyager à travers les grandes périodes de l'histoire, depuis l'Antiquité avec Ésope jusqu'à l'âge classique avec La Fontaine, tout en proposant des poètes et des écrivains plus récents comme Prévert ou Queneau.

❖ Kalila et Dimna, d'Abdallah Ibn Al Muqaffa, fables choisies, Albin Michel, « Ipomée », 1997.

Au pays des Mille et Une Nuits, on racontait aussi des fables : découvrez les héros de ces aventures et les enseignements qu'elles dispensent.

❖ Fables d'Ésope, Folio Junior, Gallimard Jeunesse, 2010.

Des histoires d'animaux, pleines de malice et d'ironie où l'on s'amusera à découvrir les travers des hommes.

❖ Fables, La Fontaine illustré par… Ouest-France, 2012.

Les Fables de La Fontaine illustrées par les plus grands.

Des films et des pièces

❖ Le Monde magique de Ladislas Starewitcz, Cinema Public Films, DVD.

Un rat des villes, fou du volant, convie son cousin à festoyer à Paris ; un vieux monarque clopinant se souvient des jours heureux où il jouait les Roméo auprès de sa lionne. Ainsi s'animent les marionnettes de Starewitcz, pour nous conter ses curieuses petites fables.

❖ Fables de La Fontaine par Robert Wilson, Comédie française, DVD.

Voici une mise en scène des fables : des comédiens masqués, métamorphosés en toutes sortes de bêtes, font surgir l'univers plein d'humour et de justesse de La Fontaine.

❖ Lecture de fables choisies, par Fabrice Luchini, DVD.

Connu pour ses talents de conteur, Fabrice Lucchini nous donne à entendre, sur un ton toujours enlevé, les histoires du grand fabuliste.

10 Médecins de comédie

Le Malade imaginaire, mise en scène de Jean Vilar,
avec Daniel Sorano (Sganarelle), TNP, 1957.

Lire une image

1. Décrivez le personnage. À votre avis, qui est-ce ?
2. Que tient-il dans ses mains ? Quelle est son expression ?
3. D'après tous ces éléments, que pouvez-vous imaginer de ce personnage ?

Molière et son héritage

Molière dans sa dernière représentation du *Malade imaginaire*, lithographie de Maurice Leloir, 1904.

Molière (1622-1673)

- Né à Paris en 1622, **Jean-Baptiste Poquelin** est le fils d'un marchand aisé. Il a tout juste dix ans quand sa mère meurt de maladie.

- Destiné par son père au métier d'avocat, il étudie le droit ; mais il rencontre une comédienne, **Madeleine Béjart**, et décide de consacrer sa vie au théâtre. En 1643, il prend le nom de Molière, crée sa propre troupe, **l'Illustre-Théâtre**, et part sur les routes de France.

- Après des années difficiles, Molière connaît enfin le succès. En 1658, il joue **devant le roi Louis XIV** qui, conquis, le fait installer dans son propre théâtre.

- Dès lors, le succès de Molière ne connaîtra plus de fin... auprès de certains. Car d'autres se sentent visés par les moqueries de ses **comédies qui attaquent les hypocrites**, les avares, les prétentieux... Les prêtres l'accusent de ne respecter ni la religion ni la morale.

- Molière a des **protecteurs puissants**, mais aussi des **ennemis acharnés**. Peu à peu, l'intérêt du roi diminue. Molière, attaqué, épuisé, tombe malade. Un soir de 1673, il est pris de convulsions sur scène et meurt aussitôt après. Comme l'Église condamne les mœurs des comédiens, il est enterré de nuit, en cachette.

Questions

❶ Qui est ce roi de France contemporain de Molière ?

❷ Cherchez des titres de pièces de Molière.

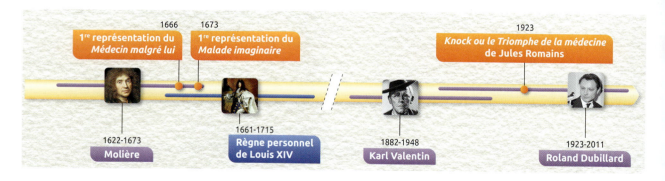

1666 — 1re représentation du *Médecin malgré lui*

1673 — 1re représentation du *Malade imaginaire*

1923 — *Knock ou le Triomphe de la médecine* de Jules Romains

1622-1673 **Molière**

1661-1715 **Règne personnel de Louis XIV**

1882-1948 **Karl Valentin**

1923-2011 **Roland Dubillard**

Le genre de la comédie

- La **comédie** est un **genre théâtral** qui existe **depuis l'Antiquité** (voir p. 290). Elle utilise **le rire** pour **se moquer des comportements ridicules des hommes**, mais aussi pour régler ses comptes avec **les représentants du pouvoir** : riches marchands, juges et avocats... Ainsi les médecins sont-ils des personnages traditionnels de la comédie.

- Au XVIIᵉ siècle, les Italiens ont mis à la mode la *Commedia dell'arte* : sur un scénario très simple, des comédiens masqués – le docteur, le vieil avare, Arlequin, Colombine – improvisent. Il y a **peu de paroles**, le comique consistant surtout en **gesticulations**, grimaces et coups de bâton.

- Molière s'inspirera d'eux pour écrire, mais aussi pour jouer, développant une forme de comédie qui fait la part belle aussi bien au **burlesque** qu'aux **jeux sur la langue** et sur les **situations**.

Les masques de la *commedia dell'arte*, peinture anonyme, XVIIᵉ siècle (Museo Scala, Milan,). Sganarelle est le personnage principal du *Médecin malgré lui*. Son nom vient de la *commedia dell'arte* où il incarne un valet sans scrupules. C'est Molière lui-même qui interprétait ce rôle.

Questions

❸ Qu'appelle-t-on le comique burlesque ?

❹ Observez l'image ci-contre. Comment imaginez-vous le caractère de Sganarelle dans la pièce que vous allez lire ?

Mise en scène du *Dindon* de Georges Feydeau. Mise en scène de Philippe Adrien au Théâtre de la Tempête (Vincennes), 2010.

Question

❺ Qu'appelle-t-on le comique verbal ?

Les comédies au XXᵉ siècle

- L'art de Molière a profondément marqué le théâtre occidental. Au début du XXᵉ siècle, **des auteurs comme Feydeau ou Labiche perpétuent la tradition** d'une comédie fondée sur des situations burlesques, des quiproquos, des rebondissements multiples, et des jeux de mot.

- Mais peu à peu, la comédie évolue. Dès 1923, **Jules Romains** donne à son médecin de comédie, **Knock**, un tour plus inquiétant que celui des charlatans de Molière (voir p. 282). **Jean Tardieu, Roland Dubillard** (p. 287) ou, en Allemagne, **Karl Valentin** (p. 284) délaissent le burlesque au profit du **comique verbal** : ils explorent toutes les possibilités du langage pour nous faire rire, mais aussi faire jaillir l'étrangeté dans notre quotidien. **La comédie devient alors grinçante, voire quelque peu inquiétante**, quand elle remet en cause nos repères.

Texte 1

LE MÉDECIN MALGRÉ LUI
Une scène de ménage

LECTURE SUIVIE

Acte I, scène 1

Sganarelle, Martine, en se querellant.

Sganarelle. – Non je te dis que je n'en veux rien faire, et que c'est à moi de parler et d'être le maître.

Martine. – Et je te dis moi, que je veux que tu vives à ma fantaisie[1], et que je ne me suis point mariée avec toi pour souffrir tes fredaines.[2]

5 Sganarelle. – Ô la grande fatigue que d'avoir une femme ! et qu'Aristote[3] a bien raison, quand il dit qu'une femme est pire qu'un démon !

Martine. – Voyez un peu l'habile homme, avec son benêt[4] d'Aristote !

Sganarelle. – Oui, habile homme : trouve-moi un faiseur de fagots[5], qui sache, comme moi, raisonner des choses, qui ait servi six ans un fameux

10 médecin, et qui ait su, dans son jeune âge, son rudiment[6] par cœur.

Martine. – Peste du fou fieffé[7] !

Sganarelle. – Peste de la carogne[8] !

Martine. – Que maudit soit l'heure et le jour, où je m'avisai d'aller dire oui !

Sganarelle. – Que maudit soit le bec cornu[9] de notaire qui me fit signer

15 ma ruine !

Martine. – C'est bien à toi, vraiment, à te plaindre de cette affaire. Devrais-tu être un seul moment, sans rendre grâces au Ciel de m'avoir pour ta femme ? et méritais-tu d'épouser une personne comme moi ?

Sganarelle. – Il est vrai que tu me fis trop d'honneur, et que j'eus lieu de

20 me louer la première nuit de nos noces ! Hé ! morbleu[10] ! ne me fais point parler là-dessus, je dirais de certaines choses…

Martine. – Quoi ? que dirais-tu ?

Sganarelle. – Baste[11], laissons là ce chapitre, il suffit que nous savons ce que nous savons, et que tu fus bien heureuse de me trouver.

25 Martine. – Qu'appelles-tu bien heureuse de te trouver ? Un homme qui me réduit à l'hôpital[12], un débauché[13], un traître qui me mange tout ce que j'ai ?

Sganarelle. – Tu as menti, j'en bois une partie.

Martine. – Qui me vend, pièce à pièce, tout ce qui est dans le logis.

Sganarelle. – C'est vivre de ménage.[14]

30 Martine. – Qui m'a ôté jusqu'au lit que j'avais.

Sganarelle. – Tu t'en lèveras plus matin.[15]

Martine. – Enfin qui ne laisse aucun meuble dans toute la maison.

Sganarelle. – On en déménage plus aisément.

Martine. – Et qui du matin jusqu'au soir, ne fait que jouer, et que boire.

35 Sganarelle. – C'est pour ne me point ennuyer.

Martine. – Et que veux-tu pendant ce temps, que je fasse avec ma famille ?

Sganarelle. – Tout ce qu'il te plaira.

Martine. – J'ai quatre pauvres petits enfants sur les bras.

Sganarelle. – Mets-les à terre.

40 Martine. – Qui me demandent à toute heure, du pain.

Molière (1622-1673)
voir p. 266-267.

1. À ma fantaisie : selon mon désir.

2. Fredaines : folies.

3. Aristote : philosophe grec du IVe siècle av. J.-C.

4. Benêt : idiot.

5. Faiseur de fagots : bûcheron, mais aussi beau parleur.

6. Rudiment : connaissances élémentaires.

7. Fieffé : complet.

8. Carogne : charogne, c'est-à-dire ici : « sale bête ».

9. Bec cornu : imbécile.

10. Morbleu : juron.

11. Baste : ça suffit.

12. L'hôpital : la charité.

13. Débauché : personne qui ne pense qu'à son plaisir.

14. Vivre de ménage : vivre avec ce que l'on a.

15. Plus matin : plus tôt.

SGANARELLE. – Donne-leur le fouet. Quand j'ai bien bu, et bien mangé, je veux que tout le monde soit saoul dans ma maison.

MARTINE. – Et tu prétends, ivrogne, que les choses aillent toujours de même ?

SGANARELLE. – Ma femme, allons tout doucement, s'il vous plaît.

45 MARTINE. – Que j'endure éternellement, tes insolences, et tes débauches ?

SGANARELLE. – Ne nous emportons point, ma femme.

MARTINE. – Et que je ne sache pas trouver le moyen de te ranger à ton devoir ?

SGANARELLE. – Ma femme, vous savez que je n'ai pas l'âme endurante, et que j'ai le bras assez bon.

50 MARTINE. – Je me moque de tes menaces.

SGANARELLE. – Ma petite femme, ma mie[16], votre peau vous démange, à votre ordinaire.

MARTINE. – Je te montrerai bien que je ne te crains nullement.

SGANARELLE. – Ma chère moitié, vous avez envie de me dérober[17] quelque 55 chose.

MARTINE. – Crois-tu que je m'épouvante de tes paroles ?

SGANARELLE. – Doux objet de mes vœux, je vous frotterai les oreilles.

MARTINE. – Ivrogne que tu es !

SGANARELLE. – Je vous battrai.

60 MARTINE. – Sac à vin !

SGANARELLE. – Je vous rosserai.

MARTINE. – Infâme !

SGANARELLE. – Je vous étrillerai.

MARTINE. – Traître, insolent, trompeur, lâche, coquin, pendard, gueux, 65 bélître, fripon, maraud, voleur… !

SGANARELLE. – *Il prend un bâton, et lui en donne.* – Ah ! vous en voulez, donc.

MARTINE, *criant.* – Ah, ah, ah, ah.

SGANARELLE. – Voilà le vrai moyen de vous apaiser.

MOLIÈRE, *Le Médecin malgré lui*, Acte I, scène 1.

16. Mie : femme aimée.
17. Dérober : ici, prendre quelque chose (de moi).

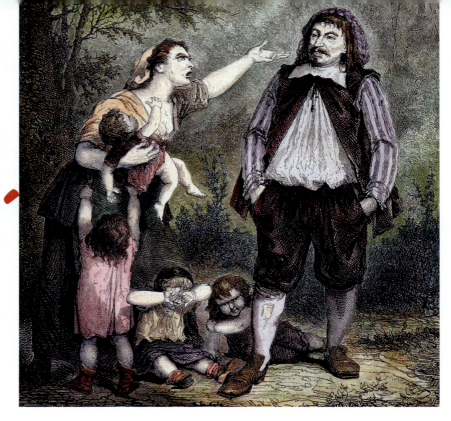

Le Médecin malgré lui.
Dessin de Bertail,
paru dans le périodique
Musée des familles, 1863.

Lecture

➜ Comprendre

1. Quels liens unissent Martine et Sganarelle ?

2. Relisez la troisième réplique de Sganarelle : quelles informations apporte-elle sur ce personnage ?

3. Quel est le ton employé par les personnages dès le début de la scène ?

4. De quel événement les personnages parlent-ils aux lignes 13 à 20 ?

5. Faites la liste des reproches que Martine adresse à Sganarelle.

➜ Approfondir

6. a. À quoi la femme est-elle comparée (l. 6) ?

b. Que désigne l'expression « ma ruine » (l. 15) ?

7. a. « J'ai quatre pauvres petits enfants sur les bras », dit Martine (l. 38) : que signifie cette expression ?

b. Quel sens Sganarelle donne-t-il à cette expression quand il répond : « Mets-les à terre » (l. 39) ?

8. a. Expliquez le sens de ces deux répliques de Sganarelle : « Ma petite femme, ma mie, votre peau vous démange, à votre ordinaire » (l. 51-52). « Ma chère moitié, vous avez envie de me dérober quelque chose » (l. 54-55).

b. Le sens de ces paroles est-il en accord avec les mots affectueux qui désignent Martine ?

9. À la fin de la scène, en quoi consistent les échanges entre les deux personnages ?

10. Repérez les didascalies (indications scéniques) : que doivent faire les personnages ?

➜ Pour conclure

11. a. Récapitulez tout ce que cette scène vous a appris sur les personnages.

b. À votre avis, quel est l'intérêt de donner ces informations au début de la pièce ?

12. Qu'est-ce qui vous fait rire, dans cette scène ?

Vocabulaire

1. Recherchez le sens du mot *fagots* (l. 8) : quel est le métier de Sganarelle ?

2. Qu'est-ce que le *logis* (l. 28) ? Donnez deux mots de la même famille.

3. Recopiez les lignes 16-18 en remplaçant l'expression *rendre grâces* à par un verbe de même sens.

4. a. Quel est le sens du verbe *se louer* (l. 20) ?

b. Employez-le dans une phrase où il aura le même sens.

5. Recherchez un synonyme du verbe *s'emporter* (l. 46).

Expression écrite

Cherchez d'autres expressions permettant de jouer entre sens propre et figuré et ajoutez à la scène six ou huit répliques à insérer entre les lignes 42 et 43.

Respectez la présentation du texte de théâtre.

La consultation

Décidée à se venger, Martine rencontre deux hommes (Valère et Lucas) à la recherche d'un médecin pour soigner Lucinde, la fille de leur maître, qui a subitement perdu la parole. Elle a alors l'idée de faire croire que Sganarelle est médecin, mais qu'il n'exerce que s'il est battu. Roué de coups par Valère et Lucas, Sganarelle est forcé de se rendre chez Géronte pour examiner la malade.

Acte II, scène 4

Lucinde, Valère, Géronte, Lucas, Sganarelle, Jacqueline.

Sganarelle. – Est-ce là la malade ?

Géronte. – Oui, je n'ai qu'elle de fille ; et j'aurais tous les regrets du monde, si elle venait à mourir.

Sganarelle. – Qu'elle s'en garde bien ! il ne faut pas qu'elle meure sans l'or-
5 donnance du médecin.

Géronte. – Allons, un siège.

Sganarelle, *assis entre Géronte et Lucinde.* – Voilà une malade qui n'est pas tant dégoûtante[1], et je tiens qu'un homme bien sain s'en accommoderait assez.

Géronte. – Vous l'avez fait rire, Monsieur.

10 Sganarelle. – Tant mieux, lorsque le médecin fait rire le malade, c'est le meilleur signe du monde. (*À Lucinde.*) Eh bien ! de quoi est-il question ? qu'avez-vous ? quel est le mal que vous sentez ?

Lucinde *répond par signes, en portant sa main à sa bouche, à sa tête, et sous son menton.* – Han, hi, hon, han.

15 Sganarelle. – Eh ! que dites-vous ?

Lucinde *continue les mêmes gestes.* – Han, hi, hon, han, han, hi, hon.

Sganarelle. – Quoi ?

Lucinde. – Han, hi, hon.

Sganarelle, *la contrefaisant[2].* – Han, hi, hon, han, ha. Je ne vous entends
20 point. Quel diable de langage est-ce là ?

Géronte. – Monsieur, c'est là, sa maladie. Elle est devenue muette, sans que jusques ici, on en ait pu savoir la cause ; et c'est un accident qui a fait reculer son mariage.

Sganarelle. – Et pourquoi ?

25 Géronte. – Celui qu'elle doit épouser veut attendre sa guérison, pour conclure les choses.

Sganarelle. – Et qui est ce sot-là, qui ne veut pas que sa femme soit muette ? Plût à Dieu que la mienne eût cette maladie ! je me garderais bien de la vouloir guérir.

30 Géronte. – Enfin, Monsieur, nous vous prions d'employer tous vos soins, pour la soulager de son mal.

Sganarelle. – Ah ! ne vous mettez pas en peine. Dites-moi un peu : ce mal l'oppresse-t-il beaucoup ?

Géronte. – Oui, Monsieur.

---

1. Qui n'est pas tant dégoûtante : qui est plutôt jolie.

2. Contrefaire : imiter.

SGANARELLE. – Tant mieux. Sent-elle de grandes douleurs ?

GÉRONTE. – Fort grandes.

SGANARELLE. – C'est fort bien fait. Va-t-elle où vous savez ?

GÉRONTE. – Oui.

SGANARELLE. – Copieusement ?

GÉRONTE. – Je n'entends rien à cela.

SGANARELLE. – La matière est-elle louable ?

GÉRONTE. – Je ne me connais pas à ces choses.

SGANARELLE, *se tournant vers la malade.* – Donnez-moi votre bras. *(À Géronte.)* Voilà un pouls qui marque que votre fille est muette.

GÉRONTE. – Eh ! oui, Monsieur, c'est là son mal ; vous l'avez trouvé tout du premier coup.

SGANARELLE. – Ah ! ah !

JACQUELINE. – Voyez, comme il a deviné sa maladie !

SGANARELLE. – Nous autres grands médecins, nous connaissons d'abord[3] les choses. Un ignorant aurait été embarrassé, et vous eût été dire : « C'est ceci, c'est cela » ; mais moi, je touche au but du premier coup, et je vous apprends que votre fille est muette.

GÉRONTE. – Oui, mais je voudrais bien que vous me pussiez dire d'où cela vient.

SGANARELLE. – Il n'est rien plus aisé. Cela vient de ce qu'elle a perdu la parole.

GÉRONTE. – Fort bien. Mais la cause, s'il vous plaît, qui fait qu'elle a perdu la parole ?

SGANARELLE. – Tous nos meilleurs auteurs vous diront que c'est l'empêchement de l'action de sa langue.

GÉRONTE. – Mais, encore, vos sentiments sur cet empêchement de l'action de sa langue ?

SGANARELLE. – Aristote là-dessus dit… de fort belles choses.

GÉRONTE. – Je le crois.

SGANARELLE. – Ah ! c'était un grand homme !

GÉRONTE. – Sans doute.

SGANARELLE. – Grand homme tout à fait… *(levant son bras depuis le coude.)* Un homme qui était plus grand que moi, de tout cela. Pour revenir, donc, à notre raisonnement, je tiens que cet empêchement de l'action de sa langue, est causé par de certaines humeurs[4] qu'entre nous autres savants nous appelons humeurs peccantes, peccantes ; c'est-à-dire… humeurs peccantes ; d'autant que les vapeurs formées par les exhalaisons[5] des influences qui s'élèvent dans la région des maladies, venant… pour ainsi dire… à… Entendez-vous[6] le latin ?

GÉRONTE. – En aucune façon.

SGANARELLE, *se levant avec étonnement.* – Vous n'entendez point le latin ?

GÉRONTE. – Non.

SGANARELLE, *en faisant diverses plaisantes postures.* – *Cabricias arci thuram, catalamus, singulariter, nominativo hæc Musa,* « la Muse », *bonus, bona, bonum, Deus sanctus, estne oratio latinas ? Etiam,* « oui », *Quare,* « pourquoi ? » *Quia substantivo et adjectivum concordat in generi, numerum, et casus.*

Le personnage du Docteur, masque de la comédie italienne. Peinture anonyme du XVIIIe siècle (Bibliothèque et musée théâtral de Burcardo, Rome).

3. D'abord : immédiatement.

4. Humeur : liquide fabriqué par l'organisme, comme la salive ou le sang.

5. Exhalaison : vapeur.

6. Entendre : comprendre.

GÉRONTE. – Ah ! que n'ai-je étudié !

JACQUELINE. – L'habile homme que velà !

LUCAS. – Oui, ça est si biau, que je n'y entends goutte.

SGANARELLE. – Or ces vapeurs, dont je vous parle, venant à passer du côté
gauche, où est le foie, au côté droit, où est le cœur, il se trouve que le poumon
que nous appelons en latin *armyan*, ayant communication avec le cerveau,
que nous nommons en grec *nasmus*, par le moyen de la veine cave, que nous
appelons en hébreu *cubile*, rencontre, en son chemin, lesdites vapeurs qui
remplissent les ventricules de l'omoplate ; et parce que lesdites vapeurs…
comprenez bien ce raisonnement je vous prie : et parce que lesdites vapeurs
ont une certaine malignité[7]… Écoutez bien ceci, je vous conjure.

GÉRONTE. – Oui.

SGANARELLE. – Ont une certaine malignité qui est causée… Soyez attentif,
s'il vous plaît.

GÉRONTE. – Je le suis.

SGANARELLE. – Qui est causée par l'âcreté des humeurs, engendrées dans la
concavité du diaphragme, il arrive que ces vapeurs… *Ossabandus, nequeys,
nequer, potarinum, quipsa milus.* Voilà justement, ce qui fait que votre fille est
muette.

JACQUELINE. – Ah que ça est bian dit, notte homme !

LUCAS. – Que n'ai-je la langue aussi bian pendue !

GÉRONTE. – On ne peut pas mieux raisonner sans doute. Il n'y a qu'une seule
chose qui m'a choqué : c'est l'endroit du foie et du cœur. Il me semble que
vous les placez autrement qu'ils ne sont. Que le cœur est du côté gauche, et
le foie du côté droit.

SGANARELLE. – Oui, cela était, autrefois, ainsi : mais nous avons changé tout
cela, et nous faisons maintenant la médecine d'une méthode toute nouvelle.

GÉRONTE. – C'est ce que je ne savais pas, et je vous demande pardon de mon
ignorance.

SGANARELLE. – Il n'y a point de mal ; et vous n'êtes pas obligé d'être aussi
habile que nous.

GÉRONTE. – Assurément. Mais Monsieur, que croyez-vous qu'il faille faire à
cette maladie ?

SGANARELLE. – Ce que je crois, qu'il faille faire ?

GÉRONTE. – Oui.

SGANARELLE. – Mon avis est qu'on la remette sur son lit, et qu'on lui fasse
prendre pour remède quantité de pain trempé dans du vin.

GÉRONTE. – Pourquoi cela, Monsieur ?

SGANARELLE. – Parce qu'il y a dans le vin et le pain, mêlés ensemble, une vertu
sympathique, qui fait parler. Ne voyez-vous pas bien qu'on ne donne autre
chose aux perroquets : et qu'ils apprennent à parler en mangeant de cela ?

GÉRONTE. – Cela est vrai ! Ah ! le grand homme ! Vite, quantité de pain et
de vin.

SGANARELLE. – Je reviendrai voir sur le soir, en quel état elle sera. (*À la nourrice.*) Doucement vous. (*À Géronte.*) Monsieur, voilà une nourrice à laquelle
il faut que je fasse quelques petits remèdes.

7. Malignité : dangerosité.

JACQUELINE. – Qui, moi ? Je me porte le mieux du monde.

SGANARELLE. – Tant pis nourrice ; tant pis. Cette grande santé est à craindre, et il ne sera pas mauvais de vous faire quelque petite saignée amiable, de
130 vous donner quelque petit clystère dulcifiant[8].

GÉRONTE. – Mais, Monsieur, voilà une mode que je ne comprends point. Pourquoi s'aller faire saigner, quand on n'a point de maladie ?

SGANARELLE. – Il n'importe, la mode en est salutaire ; et comme on boit pour la soif à venir, il faut se faire, aussi, saigner pour la maladie à venir.

135 JACQUELINE, *en se retirant.* – Ma fi ! je me moque de ça, et je ne veux point faire de mon corps une boutique d'apothicaire[9].

SGANARELLE. – Vous êtes rétive[10] aux remèdes ; mais nous saurons vous soumettre à la raison. (*Parlant à Géronte.*) Je vous donne le bonjour[11].

GÉRONTE. – Attendez un peu, s'il vous plaît.

140 SGANARELLE. – Que voulez-vous faire ?

GÉRONTE. – Vous donner de l'argent, Monsieur.

SGANARELLE, *tendant sa main derrière, par-dessous sa robe, tandis que Géronte ouvre sa bourse.* – Je n'en prendrai pas, Monsieur.

GÉRONTE. – Monsieur…

145 SGANARELLE. – Point du tout.

GÉRONTE. – Un petit moment.

SGANARELLE. – En aucune façon.

GÉRONTE. – De grâce !

SGANARELLE. – Vous vous moquez.

150 GÉRONTE. – Voilà qui est fait.

SGANARELLE. – Je n'en ferai rien.

GÉRONTE. – Eh !

SGANARELLE. – Ce n'est pas l'argent qui me fait agir.

GÉRONTE. – Je le crois.

155 SGANARELLE, *après avoir pris l'argent.* – Cela est-il de poids ?

GÉRONTE. – Oui, Monsieur.

SGANARELLE. – Je ne suis pas un médecin mercenaire[12].

GÉRONTE. – Je le sais bien.

SGANARELLE. – L'intérêt ne me gouverne point.

160 GÉRONTE. – Je n'ai pas cette pensée.

MOLIÈRE, *le Médecin malgré lui*, Acte II, scène 4.

---

8. **Clystère dulcifiant :** lavement ; la saignée et le clystère sont des traitements courants au XVIIᵉ siècle.

9. **Apothicaire :** ancêtre du pharmacien.

10. **Rétif :** réticent.

11. **Je vous donne le bonjour :** je vous dis au revoir.

12. **Mercenaire :** qui ne travaille que pour l'argent.

Lecture

➡ Comprendre

1. Sganarelle doit exercer un métier qu'il ne connaît pas : comment essaie-t-il de gagner du temps ?

2. a. Quelle erreur manque de trahir son incompétence ?
b. Comment Sganarelle justifie-t-il cette erreur ?

3. a. Pourquoi Sganarelle se met-il à parler latin ?
b. Quel est l'effet de ces paroles sur les autres personnages ?

4. Quel remède Sganarelle prescrit-il finalement à la malade ? À votre avis, quel sera son effet ?

5. À quel autre personnage fait-il une ordonnance ? Pourquoi ?

6. Quelle est la réaction de Sganarelle quand Géronte veut le payer ? Pour répondre, appuyez-vous sur les répliques mais aussi sur les didascalies.

Abraham Bosse (1602-1676), ***La Saignée,*** gravure colorisée.

➡ Approfondir

7. Quelles sont, dans cette scène, les répliques qui font rire ? Pourquoi ?

8. Quels sont les autres procédés employés pour faire rire ?

9. Pourquoi Sganarelle dit-il que le futur mari de Lucinde est un sot ? Quelle image cette réplique donne-t-elle des femmes ?

➡ Pour conclure

10. Cherchez ce qu'est une satire et listez les éléments de cette scène qui contribuent à la satire de la médecine.

11. Comparez les ressorts comiques de cette scène à ceux de la première scène de la pièce ou de l'acte II scène 4 : en quoi cette scène est-elle différente ? Quels sont les procédés répétés ?

12. Comment Sganarelle se tire-t-il de son rôle de médecin ? Quelle image a-t-on de lui dans cette scène ? Quelle image a-t-on des autres personnages ?

Vocabulaire

1. Donnez un nom de la famille de *sain* (l. 8).

2. a. Donnez le sens du mot *vertu* (l. 120).

b. Réemployez-le dans une phrase où il aura un sens différent.

Expression orale

Par petits groupes, apprenez et jouez cette scène. Faites ressortir les « plaisantes postures » et autres jeux de scènes.

Une guérison miraculeuse

Un certain Léandre apprend à Sganarelle que, en fait, la maladie de Lucinde est une ruse destinée à empêcher un mariage dont elle ne veut pas. En effet, Lucinde et Léandre s'aiment mais Géronte a promis sa fille à un homme riche – ce que Léandre n'est pas. Comme Léandre le supplie de l'aider, Sganarelle a l'idée de l'introduire dans la maison de Géronte en le faisant passer pour son apothicaire (c'est-à-dire son assistant).

Acte III, scène 6
JACQUELINE, LUCINDE, GÉRONTE, LÉANDRE, SGANARELLE.

1. **Doctes :** savants.
2. **Incongruité :** étrangeté.
3. **Darde :** jette (mot rare et poétique).

JACQUELINE. – Monsieu, velà votre fille qui veut un peu marcher.

SGANARELLE. – Cela lui fera du bien. (*À Léandre.*) Allez-vous-en, Monsieur l'Apothicaire, tâter un peu son pouls, afin que je raisonne tantôt, avec vous, de sa maladie. (*En cet endroit, il tire Géronte à un bout du théâtre, et lui passant*
5 *un bras sur les épaules, lui rabat la main sous le menton, avec laquelle il le fait retourner vers lui, lorsqu'il veut regarder ce que sa fille et l'apothicaire font ensemble, lui tenant, cependant, le discours suivant pour l'amuser.*) Monsieur, c'est une grande et subtile question entre les doctes[1], de savoir si les femmes sont plus faciles à guérir que les hommes. Je vous prie d'écouter ceci, s'il vous plaît.
10 Les uns disent que non, les autres disent que oui : et moi je dis que oui, et non ; d'autant que l'incongruité[2] des humeurs opaques, qui se rencontrent au tempérament naturel des femmes, étant cause que la partie brutale veut toujours prendre empire sur la sensitive, on voit que l'inégalité de leurs opinions dépend du mouvement oblique, du cercle de la lune : et comme le
15 soleil qui darde[3] ses rayons sur la concavité de la terre, trouve…

LUCINDE, *à Léandre.* – Non, je ne suis point du tout capable de changer de sentiment.

GÉRONTE. – Voilà ma fille qui parle ! Ô grande vertu du remède ! Ô admirable médecin ! Que je vous suis obligé, Monsieur, de cette guérison mer-
20 veilleuse ! et que puis-je faire pour vous, après un tel service ?

SGANARELLE, *se promenant sur le théâtre et s'essuyant le front.* – Voilà une maladie qui m'a bien donné de la peine !

LUCINDE. – Oui, mon père, j'ai recouvré la parole ; mais je l'ai recouvrée pour vous dire que je n'aurai jamais d'autre époux que Léandre, et que c'est
25 inutilement que vous voulez me donner Horace.

GÉRONTE. – Mais…

LUCINDE. – Rien n'est capable d'ébranler la résolution que j'ai prise.

GÉRONTE. – Quoi… ?

LUCINDE. – Vous m'opposerez en vain de belles raisons.

30 GÉRONTE. – Si…

LUCINDE. – Tous vos discours ne serviront de rien.

GÉRONTE. – Je…

LUCINDE. – C'est une chose où je suis déterminée.

Un personnage de la *commedia dell'arte* : le Dottor Balanzone (docteur de Bologne), sculpture de bois polychrome, école italienne, XVIIIᵉ siècle (musée Carnavalet, Paris).

GÉRONTE. – Mais…

35 LUCINDE. – Il n'est puissance paternelle, qui me puisse obliger à me marier malgré moi.

GÉRONTE. – J'ai…

LUCINDE. – Vous avez beau faire tous vos efforts.

GÉRONTE. – Il…

40 LUCINDE. – Mon cœur ne saurait se soumettre à cette tyrannie.

GÉRONTE. – La…

LUCINDE. – Et je me jetterai plutôt dans un couvent que d'épouser un homme que je n'aime point.

Géronte. – Mais…

45 LUCINDE, *parlant d'un ton de voix à étourdir.* – Non. En aucune façon. Point d'affaires. Vous perdez le temps. Je n'en ferai rien. Cela est résolu.

GÉRONTE. – Ah ! quelle impétuosité de paroles ! Il n'y a pas moyen d'y résister. (*À Sganarelle.*) Monsieur, je vous prie de la faire redevenir muette.

SGANARELLE. – C'est une chose qui m'est impossible. Tout ce que je puis faire

50 pour votre service est de vous rendre sourd, si vous voulez.

GÉRONTE. – Je vous remercie. (*À Lucinde.*) Penses-tu donc…

LUCINDE. – Non. Toutes vos raisons ne gagneront rien sur mon âme.

GÉRONTE. – Tu épouseras Horace, dès ce soir.

55 LUCINDE. – J'épouserai plutôt la mort.

SGANARELLE. – Mon Dieu ! arrêtez-vous, laissez-moi médicamenter cette affaire. C'est une maladie qui la tient, et je sais le remède qu'il y faut apporter.

GÉRONTE. – Serait-il possible, Monsieur, que vous

60 puissiez aussi guérir cette maladie d'esprit ?

SGANARELLE. – Oui, laissez-moi faire, j'ai des remèdes pour tout ; et notre apothicaire nous servira pour cette cure[4]. *(Il appelle l'apothicaire et lui parle.)* Un mot. Vous

65 voyez que l'ardeur qu'elle a pour ce Léandre est tout à fait contraire aux volontés du père, qu'il n'y a point de temps à perdre, que les humeurs sont fort aigries,

70 et qu'il est nécessaire de trouver promptement un remède à ce mal

4. Cure : soin.

Costume de médecin
dessiné par Jacques Marillier
pour *Le Malade imaginaire*, 1970.

qui pourrait empirer par le retardement. Pour moi, je n'y en vois qu'un seul, qui est une prise de fuite purgative, que vous mêlerez comme il faut, avec deux drachmes de *matrimonium* en pilules. Peut-être fera-t-elle quelque difficulté à prendre ce remède : mais comme vous êtes habile homme dans votre métier, c'est à vous de l'y résoudre, et de lui faire avaler la chose du mieux que vous pourrez. Allez-vous-en lui faire faire un petit tour de jardin, afin de préparer les humeurs, tandis que j'entretiendrai ici son père ; mais surtout, ne perdez point de temps. Au remède, vite ! au remède spécifique !

MOLIÈRE, le Médecin malgré lui, Acte III, scène 6.

Sganarelle, gravure colorisée, début du XIXᵉ du siècle.

Lecture

➜ Comprendre

1. À l'acte II, scène 4, Géronte et les siens s'émerveillaient de la facilité avec laquelle Sganarelle avait identifié la maladie. Quelle nouvelle victoire du médecin admirent-ils ici ?

2. Quel nouveau service étrange le médecin Sganarelle propose-t-il alors à Géronte ?

3. a. Qui est l'apothicaire à qui s'adresse Sganarelle à la fin de la scène ?

b. Pourquoi l'envoie-t-il « tâter le pouls » de Lucinde à sa place ?

4. Quel est le but du long discours que Sganarelle tient à Géronte (l. 7 à 15) ?

5. a. Quel est le nom du remède que Sganarelle prescrit à Lucinde ?

b. Qui est censé lui administrer ce remède ? Que comprend alors l'apothicaire ?

c. Que croit Géronte ?

d. Pourquoi la situation est-elle comique ?

➜ Approfondir

6. Montrez, en vous aidant des didascalies, qu'au début de la scène, Sganarelle manipule littéralement Géronte.

7. Quel est le premier mot prononcé par Lucinde ?

8. Dans le dialogue entre le père et la fille, qu'est-ce qui montre à quel point Lucinde est déterminée ? Pour répondre, observez bien la ponctuation.

9. Quel est le ton employé par la jeune fille ? Justifiez votre réponse en relevant une didascalie.

➜ Pour conclure

10. Quelle image a-t-on de Géronte, dans cette scène ? Et de Lucinde ?

11. Pourquoi peut-on dire que cette scène montre la victoire de Sganarelle ?

Vocabulaire

1. « Que je vous suis obligé, Monsieur, de cette guérison merveilleuse » (l. 18-19) : à l'aide du contexte, expliquez le sens de cette phrase.

2. « Oui, mon père, j'ai recouvré la parole » (l. 22) : remplacez le verbe *recouvrer* par un synonyme.

3. Donnez le sens du mot *résolution* (l. 26) et relevez, dans la suite de la scène, un adjectif et un verbe de la même famille.

Expression écrite

Récrivez les répliques lignes 47 à 64 en y insérant quatre à six didascalies.

Le poumon !

Argan, quoiqu'en parfaite santé, se croit gravement malade et ne vit qu'entouré de médecins. Il en est à ce point obsédé qu'il a décidé de marier sa fille à l'un deux, contre la volonté de celle-ci, pour avoir toujours un médecin près de lui. Pour venir en aide à la jeune fille, Toinette, la servante, se déguise en médecin et offre ses services à Argan.

TOINETTE, en médecin, ARGAN, BÉRALDE[1].

TOINETTE. - Qui est votre médecin ?

ARGAN. - Monsieur Purgon.

TOINETTE. - Cet homme-là n'est point écrit sur mes tablettes entre les grands médecins. De quoi dit-il que vous êtes malade ?

5 ARGAN. - Il dit que c'est du foie, et d'autres disent que c'est de la rate.

TOINETTE. - Ce sont tous des ignorants: c'est du poumon que vous êtes malade.

ARGAN. - Du poumon ?

TOINETTE : Oui. Que sentez-vous ?

10 ARGAN : Je sens de temps en temps des douleurs de tête.

TOINETTE : Justement, le poumon.

ARGAN : Il me semble parfois que j'ai un voile devant les yeux.

TOINETTE : Le poumon.

ARGAN : J'ai quelquefois des maux de cœur.

15 TOINETTE : Le poumon.

ARGAN : Je sens parfois des lassitudes par tous les membres.

TOINETTE : Le poumon.

ARGAN : Et quelquefois il me prend des douleurs dans le ventre, comme si c'était des coliques.

20 TOINETTE : Le poumon. Vous avez appétit à ce que vous mangez ?

ARGAN : Oui, Monsieur.

TOINETTE : Le poumon. Vous aimez à boire un peu de vin ?

ARGAN : Oui, Monsieur.

TOINETTE : Le poumon. Il vous prend un petit sommeil après le repas, et 25 vous êtes bien aise de dormir ?

ARGAN : Oui, Monsieur.

TOINETTE : Le poumon, le poumon, vous dis-je. Que vous ordonne votre médecin pour votre nourriture ?

ARGAN : Il m'ordonne du potage.

30 TOINETTE : Ignorant.

ARGAN : De la volaille.

TOINETTE : Ignorant.

ARGAN : Du veau.

TOINETTE : Ignorant.

35 ARGAN : Des bouillons.

1. Béralde : frère d'Argan.

Félix Lorioux,
illustration pour
***Le Malade
imaginaire***, 1928.

TOINETTE : Ignorant.

ARGAN : Des œufs frais.

TOINETTE : Ignorant.

ARGAN : Et le soir de petits pruneaux pour lâcher le ventre.

40 TOINETTE : Ignorant.

ARGAN : Et surtout de boire mon vin fort trempé.

TOINETTE : *Ignorantus, ignoranta, ignorantum.* Il faut boire votre vin pur; et pour épaissir votre sang, qui est trop subtil, il faut manger de bon gros bœuf, de bon gros porc, de bon fromage de Hollande, du gruau[2] et du riz, et des

45 marrons et des oublies[3], pour coller et conglutiner. Votre médecin est une bête. Je veux vous en envoyer un de ma main, et je viendrai vous voir de temps en temps, tandis que je serai en cette ville.

ARGAN : Vous m'obligez beaucoup.

TOINETTE : Que diantre faites-vous de ce bras-là ?

50 ARGAN : Comment ?

TOINETTE : Voilà un bras que je me ferais couper tout à l'heure, si j'étais que de vous.

ARGAN : Et pourquoi ?

2. Gruau : bouillie de grains d'avoine.

3. Oublie : petite gaufre en forme de cornet.

TOINETTE : Ne voyez-vous pas qu'il tire à soi toute la nourriture, et qu'il
55 empêche ce côté-là de profiter ?

ARGAN : Oui ; mais j'ai besoin de mon bras.

TOINETTE : Vous avez là aussi un œil droit que je me ferais crever, si j'étais
en votre place.

ARGAN : Crever un œil ?

60 TOINETTE : Ne voyez-vous pas qu'il incommode l'autre, et lui dérobe sa
nourriture ? Croyez-moi, faites-vous-le crever au plus tôt, vous en verrez
plus clair de l'œil gauche.

ARGAN : Cela n'est pas pressé.

TOINETTE : Adieu. Je suis fâché de vous quitter si tôt ; mais il faut que je
65 me trouve à une grande consultation qui se doit faire pour un homme qui
mourut hier.

ARGAN : Pour un homme qui mourut hier ?

TOINETTE : Oui, pour aviser, et voir ce qu'il aurait fallu lui faire pour le guérir. Jusqu'au revoir.

70 ARGAN : Vous savez que les malades ne reconduisent[4] point.

BÉRALDE : Voilà un médecin vraiment qui paraît fort habile.

ARGAN : Oui, mais il va un peu bien vite.

BÉRALDE : Tous les grands médecins sont comme cela.

ARGAN : Me couper un bras, et me crever un œil, afin que l'autre se porte
75 mieux ? J'aime bien mieux qu'il ne se porte pas si bien. La belle opération,
de me rendre borgne et manchot !

MOLIÈRE, *Le Malade imaginaire*, Acte III, scène 10.

4. Ne reconduisent point : ne raccompagnent pas leurs invités.

Lecture

➡ Comprendre

1. a. Qui sont les personnages présents sur scène ?
b. Quel est le but de Toinette ? Aidez-vous de l'intro-duction pour répondre.

2. a. Pourquoi Argan ne reconnaît-il pas Toinette ?
b. En quoi cette situation est-elle comique pour le spec-tateur ?

3. a. Quelle est d'abord l'attitude d'Argan face au médecin ?
b. À quel moment cette attitude change-t-elle ? Pour-quoi ?

➡ Approfondir

4. a. Lignes 10 à 39, quel procédé Toinette utilise-t-elle dans ses répliques ?
b. À votre avis, pourquoi use-t-elle de ce procédé ?
c. Quel est l'effet produit sur le spectateur ?

5. a. Que prescrit Toinette à Argan ?
b. Que pensez-vous de ce régime ?
c. Quels procédés renforcent l'abondance de cette prescription ? Soyez attentif aux figures de styles employées lignes 42 à 45 et aux sonorités.

➡ Pour conclure

6. Quel personnage est ici ridiculisé ? Lequel est sym-pathique ? Pourquoi ?

Expression écrite

Un faux médecin donne des conseils saugrenus à une personne qui a du mal à marcher.

Rédigez cette courte scène en douze à vingt répliques.

Pensez à utiliser différents procédés comiques : conseils absurdes, énumérations, jeux de mots, répétitions, réactions du malade, comique de gestes...

Ça vous chatouille ou ça vous gratouille ?

Le docteur Knock vient de s'installer dans un petit village où son prédécesseur n'a pas réussi à faire fortune, les paysans étant habitués à se soigner tout seuls. Mais Knock prétend exercer la médecine selon une méthode toute nouvelle, et a juré de changer tout cela. Pour commencer, il demande au tambour[1] de la ville d'annoncer que, tous les lundis matin, les consultations seront gratuites. Or, nous sommes justement lundi…

Acte II, scène 1

Jules Romains
(1885-1972) est l'auteur d'un grand ensemble romanesque :
Les Hommes de bonne volonté, mais aussi de plusieurs pièces satiriques.

LE TAMBOUR, *après plusieurs hésitations.* – Je ne pourrai pas venir tout à l'heure, ou j'arriverai trop tard. Est-ce que ça serait un effet de votre bonté de me donner ma consultation maintenant ?

KNOCK. – Heu… Oui. Mais dépêchons-nous. J'ai rendez-vous avec M. Ber-
5   nard, l'instituteur, et avec M. le pharmacien Mousquet. Il faut que je les reçoive avant que les autres arrivent. De quoi souffrez-vous ?

LE TAMBOUR. – Attendez que je réfléchisse. (*Il rit.*) Voilà. Quand j'ai dîné, je sens une espèce de démangeaison ici. (*Il montre le haut de son épigastre[2].*) Ça me chatouille, ou plutôt, ça me grattouille.

10 KNOCK, *d'un air de profonde concentration.* – Attention. Ne confondons pas. Est-ce que ça vous chatouille, ou est-ce que ça vous grattouille ?

LE TAMBOUR. – Ça me grattouille. (*Il médite.*) Mais ça me chatouille bien un peu aussi.

KNOCK. – Désignez-moi exactement l'endroit.

15 LE TAMBOUR. – Par ici.

KNOCK. – Par ici… où cela, par ici ?

LE TAMBOUR. – Là. Ou peut-être là… Entre les deux.

KNOCK. – Juste entre les deux ?… Est-ce que ça ne serait pas plutôt un rien à gauche, là, où je mets mon doigt ?

20 LE TAMBOUR. – Il me semble bien.

KNOCK. – Ça vous fait mal quand j'enfonce mon doigt ?

LE TAMBOUR. – Oui, on dirait que ça me fait mal.

KNOCK. – Ah ! ah ! (*Il médite d'un air sombre.*) Est-ce que ça ne vous grattouille pas davantage quand vous avez mangé de la tête de veau vinaigrette ?

25 LE TAMBOUR. – Je n'en mange jamais. Mais il me semble que si j'en mangeais, effectivement, ça me grattouillerait plus.

KNOCK. – Ah ! ah ! très important. Ah ! ah ! Quel âge avez-vous ?

LE TAMBOUR. – Cinquante et un, dans mes cinquante-deux.

KNOCK. – Plus près de cinquante-deux ou de cinquante et un ?

30 LE TAMBOUR, *il se trouble peu à peu.* – Plus près de cinquante-deux. Je les aurai fin novembre.

KNOCK, *lui mettant la main sur l'épaule.* – Mon ami, faites votre travail aujourd'hui comme d'habitude. Ce soir, couchez-vous de bonne heure. Demain matin, gardez le lit. Je passerai vous voir. Pour vous, mes visites

1. Tambour : personne chargée de faire des annonces à travers la ville ; il tire son nom du tambour dont il se sert pour attirer l'attention du public.

2. Épigastre : creux de l'estomac.

³⁵ seront gratuites. Mais ne le dites pas. C'est une faveur.

LE TAMBOUR, *avec anxiété*. – Vous êtes trop bon, docteur. Mais c'est donc grave, ce que j'ai ?

KNOCK. – Ce n'est peut-être pas encore très grave. Il était temps de vous soigner. Vous fumez ?

⁴⁰ LE TAMBOUR, *tirant son mouchoir*. – Non, je chique.

KNOCK. – Défense absolue de chiquer. Vous aimez le vin ?

LE TAMBOUR. – J'en bois raisonnablement.

KNOCK. – Plus une goutte de vin. Vous êtes marié ?

LE TAMBOUR. – Oui, docteur.

⁴⁵ *Le Tambour s'essuie le front.*

KNOCK. – Sagesse totale de ce côté-là, hein ?

LE TAMBOUR. – Je peux manger ?

KNOCK. – Aujourd'hui, comme vous travaillez, prenez un peu de potage. Demain, nous en viendrons à des restrictions plus sérieuses. Pour l'instant,
⁵⁰ tenez-vous-en à ce que je vous ai dit.

LE TAMBOUR *s'essuie à nouveau*. – Vous ne croyez pas qu'il vaudrait mieux que je me couche tout de suite ? Je ne me sens réellement pas à mon aise.

KNOCK, *ouvrant la porte*. – Gardez-vous-en bien ! Dans votre cas, il est mauvais d'aller se mettre au lit entre le lever et le coucher du soleil. Faites vos annonces
⁵⁵ comme si de rien n'était, et attendez tranquillement jusqu'à ce soir.

Le Tambour sort, Knock le reconduit.

JULES ROMAINS, *Knock ou Le Triomphe de la médecine*, © Gallimard, 1923.

Jean Dratz, illustration pour ***Knock,***
XXe siècle (collection privée).

Lecture

➜ Comprendre

1. Pourquoi le tambour demande-t-il une consultation au docteur Knock ? Est-il malade ?

2. Comment le tambour se sent-il à la fin de la consultation ? Pourquoi ?

3. Relevez la phrase qui fait comprendre au tambour qu'il est gravement malade.

➜ Approfondir

4. a. Que pensez-vous des questions du médecin ?

b. À votre avis, quelle sera la conséquence des restrictions imposées par le médecin ?

5. a. Pourquoi le docteur, malgré la gravité supposée de la maladie du tambour, lui dit-il de faire son travail normalement ce jour-là ?

b. Pourquoi Knock donne-t-il des consultations gratuites ?

➜ Pour conclure

6. Lisez le sous-titre de la pièce : qu'est-ce qui triomphe véritablement avec Knock ?

7. Knock et Sganarelle sont deux faux médecins. Lequel vous paraît le plus sympathique ? Pourquoi ?

Expression orale

Sans apprendre le texte avec exactitude, mais en improvisant à partir de sa trame, jouez la scène. Montrez, par votre jeu, l'évolution des émotions du tambour.

À la pharmacie

Pièce en un acte

Les personnages : VALENTIN, KARLSTADT

Karl Valentin
(1882-1948) est
un humoriste allemand.
Son théâtre repose
souvent sur des situations
absurdes ou des jeux
de mots qui font voler
en éclats la cohérence
du quotidien.

VALENTIN. – Bonjour, Monsieur le pharmacien.

KARLSTADT. – Bonjour, monsieur, vous désirez ?

VALENTIN. – Ben, c'est difficile à dire.

KARLSTADT. – Ah ! ah !, sûrement un mot latin ?

5 VALENTIN. – Non, non, je l'ai oublié.

KARLSTADT. – Bon, on va bien le retrouver, vous n'avez pas d'ordonnance ?

VALENTIN. – Non !

KARLSTADT. – Qu'est-ce que vous avez ?

VALENTIN. – Eh bien, c'est l'ordonnance, c'est l'ordonnance que je n'ai pas.

10 KARLSTADT. – Non, je veux dire, vous êtes malade ?

VALENTIN. – D'où vous vient cette idée. Est-ce que j'ai l'air malade ?

KARLSTADT. – Non, je veux dire, le médicament est-il pour vous ou pour une autre personne ?

VALENTIN. – Non, pour mon enfant.

15 KARLSTADT. – Ah bon, pour votre enfant. C'est votre enfant qui est malade. Qu'est-ce qu'il a, cet enfant ?

VALENTIN. – L'enfant, c'est sa mère qu'il n'a pas.

KARLSTADT. – Ah, l'enfant n'a pas de mère ?

VALENTIN. – Si, mais pas une vraie mère.

20 KARLSTADT. – Ah bon, l'enfant a une belle-mère.

VALENTIN. – Oui, oui, hélas, la mère est belle, mais ce n'est pas la vraie et c'est pour ça qu'il aura pris froid.

« À la pharmacie »,
mise en scène
de Gérald Karrer
et Bele Turka
au Valentinkarlstadt
Theater (Munich).

KARLSTADT. – Il tousse, cet enfant ?

VALENTIN. – Non, il crie seulement.

25 KARLSTADT. – Peut-être a-t-il des douleurs ?

VALENTIN. – Possible, mais c'est compliqué. L'enfant ne dit pas où ça lui fait mal. Sa belle-mère et moi, on se donne la plus grande peine. Aujourd'hui j'ai dit à l'enfant: si tu dis bien gentiment où ça te fait mal, plus tard tu auras une belle moto.

30 KARLSTADT. – Et puis ?

VALENTIN. – L'enfant ne le dit pas, il est complètement borné.

KARLSTADT. – Quel âge a-t-il donc, cet enfant ?

VALENTIN. – Six mois.

KARLSTADT. – Voyons, à six mois un enfant ne sait pas encore parler.

35 VALENTIN. – Ça non, mais il pourrait tout de même montrer où il a des douleurs, si un enfant sait crier comme ça, il devrait pouvoir montrer où se trouve le foyer de la maladie, pour qu'on le sache.

KARLSTADT. – Peut-être qu'il a toujours les doigts dans la bouche ?

VALENTIN. – Oui, exact !

40 KARLSTADT. – Alors, c'est qu'il est sur le point d'avoir ses premières dents.

VALENTIN. – Les avoir de qui ?

KARLSTADT. – De la nature.

VALENTIN. – De la nature, c'est bien possible, mais alors il n'a pas besoin de crier, parce que quand on va avoir quelque chose on ne crie pas, on se 45 réjouit. Non, non, l'enfant est malade et ma femme a dit : va à la pharmacie et rapporte… ?

KARLSTADT. – De la camomille ?

VALENTIN. – Non, c'est pas quelque chose qui se boit.

KARLSTADT. – Peut-être a-t-il des vers, l'enfant ?

50 VALENTIN. – Non, non, on les verrait.

KARLSTADT. – Non, je veux dire, à l'intérieur.

VALENTIN. – Ah bon, à l'intérieur, là on n'a pas encore regardé.

KARLSTADT. – Ah, mon cher monsieur, c'est une affaire difficile pour un pharmacien quand on ne lui dit pas ce que veut le client !

55 VALENTIN. – Ma femme m'a dit, si je ne sais plus le nom, je dois vous donner le bonjour de l'enfant, de ma femme plutôt, et l'enfant ne peut pas dormir, il est toujours terriblement agité.

KARLSTADT. – Agité ? Mais alors prenez un calmant. Le mieux peut-être : Isopropilprophemilbarbituracidphénfldiméthildimenthylaminophirazolon.

60 VALENTIN. – Vous dites ?

KARLSTADT. – Isopropilprophemilbarbituracidphénildiméthildimenthyla-minophirazolon.

VALENTIN. – Comment ça s'appelle ?

KARLSTADT. – Isopropilprophemilbarbituracidphénfldiméthildimenthyla-65 minophirazolon.

VALENTIN. – Ouiii ! C'est bien ça ! Si simple et on n'arrive pas à s'en souvenir !

KARL VALENTIN, *Théâtre complet*, traduit par Jean-Louis Besson et Jean Jourdheuil,
© Éditions Théâtrales.

L'Apothicaire et le Pharmacien, Honoré Daumier, lithographie colorisée, 1840 (Ordre National des Pharmaciens, Paris).

Lecture

➜ Comprendre

1. Où se passe la scène ?

2. Qui sont les personnages ?

3. Résumez la situation en une phrase.

➜ Approfondir

4. Relisez les lignes 1 à 20 : pourquoi les réponses du client sont-elles inadaptées ?

5. a. Ligne 20, quel est le sens du mot *belle-mère* ?

b. Comment le client comprend-il ce mot ?

c. Dans les lignes 1 à 14, trouvez un autre exemple de mot dont le sens est ainsi distordu.

6. Relisez la phrase l. 21 à 22 : l'enchaînement des propositions paraît-il logique ? Pourquoi ?

7. Quels autres effets comiques percevez-vous à la lecture de la scène ?

➜ Pour conclure

8. Quelle image a-t-on des personnages – en particulier du père – à la lecture de cette pièce ?

9. Le langage semble-t-il ici favoriser la communication entre les hommes ?

Justifiez votre réponse en vous appuyant sur votre étude de la scène.

Expression écrite

Imaginez des réponses décalées aux questions suivantes puis rédigez un petit dialogue humoristique entre un médecin et son patient à partir de ces questions et réponses :

– Comment vous portez-vous ?

– Que sentez-vous exactement ?

– Où souffrez-vous ?

– Mangez-vous comme il faut ?

– Dormez-vous bien ?

Vous pouvez inventer d'autres échanges décalés.

Le compte-gouttes

Roland Dubillard
(1923-2011)
est un écrivain français.
S'il s'est illustré dans tous
les genres, il reste célèbre
pour *Les Diablogues*,
recueil de sketches écrits
pour la radio dans les
années 1950, et adapté
en spectacle de cabaret.

UN. – 1, 2, 3, 4, 5, 6, 7, 8, 9 et 10. Dix gouttes, il m'a dit le docteur. Dans un peu d'eau sucrée, avant les deux principaux repas.

DEUX.– Vous êtes sûr que vous en avez mis dix ? Moi, j'en ai compté douze.

UN. - Vous êtes sûr ? […]

5 DEUX. – Moi, à votre place, je recompterais, parce que sur le flacon, c'est marqué : « Ne pas dépasser la dose prescrite ».

UN. – Ben oui, mais comment voulez-vous que je les recompte, moi ! les gouttes, maintenant, on ne les voit plus. Elles se sont mélangées dans le verre.

DEUX. – Oh, ben alors, ça fait rien.

10 UN. – Comment, ça fait rien ?

DEUX. – Ben oui, du moment qu'elles se sont mélangées, c'est plus des gouttes. C'est une flaque. Il peut pas y en avoir douze… Il ne peut pas y en avoir dix non plus d'ailleurs.

UN. – Alors je me demande vraiment pourquoi je me serais donné la peine

15 de les compter avec mon compte-gouttes !

DEUX. – Ah moi aussi ! C'est des drôles de gouttes ! Je ne sais pas comment vous avez pu les compter, parce que dans le flacon, j'en vois pas non plus.

UN. – Mais mon pauvre ami, c'est dans le compte-gouttes qu'elles étaient ! D'ailleurs c'est bien simple, je vais les remettre dedans.

20 DEUX. – Oh, elles voudront pas y retourner.

UN. – Je voudrais bien voir ça ! […] Et puis regardez bien, parce que je vous préviens que ça va plus vite dans ce sens-là que dans l'autre.

DEUX. – Allez-y. Je suis curieux de voir ça.

UN. – Youpe !

25 DEUX. – Non, pas youpe. Ffuite, ça a fait. Ffuite.

UN. – Voilà ce que j'appelle un compte-gouttes. Un outil soigné comme ça, je vous jure qu'on peut faire du bon boulot avec.

DEUX. – Oui, seulement elles sont remontées trop vite, vos gouttes. Vous n'avez pas eu le temps de les compter.

30 UN. – J'ai pas essayé. Un compte-gouttes, si vous saviez un peu ce que c'est, ça ne fonctionne que dans un sens.

DEUX. – […] Il me semble qu'un compte-gouttes vraiment perfectionné, ça devrait compter les gouttes dans les deux sens : quand elles rentrent et quand elles sortent.

35 UN. – Je vous demande un peu à quoi ça servirait de les compter deux fois, les gouttes, pour un compte-gouttes. Et puis ça aurait l'air malin si on trouvait pas le même compte la deuxième fois.

DEUX. – C'est pourtant ce que vous êtes obligé de faire en ce moment, de les compter une deuxième fois, vos gouttes.

40 UN. – Oui, mais ça, c'est de ma faute. Quand on compte quelque chose, faut faire attention ; si j'avais fait attention, j'aurais pas besoin de les compter une deuxième fois.

DEUX. – Ah bon, parce qu'en plus, c'est vous qui devez faire attention. C'est

vous qui devez les compter, vos gouttes. Le compte-gouttes, lui, il ne compte
45 rien du tout. […]

UN. – Vous permettez que je compte mes billes. Mes gouilles ? Mes gouttes ?

DEUX. – Ça ne me gêne pas. Une, deux, trois (etc.)… douze…

UN. – Une, deux, trois (etc.)… dix. Dix.

DEUX. – Douze.

50 UN. – Vous êtes sûr ?

DEUX. – Non.

UN. – Je vais tout de même en retirer deux. C'est plus prudent.

DEUX. – C'est avec votre compte-gouttes que vous comptez les retirer ?

UN. – Oui.

55 DEUX. – Vous savez bien que vous ne savez pas les compter à reculons, vos
gouttes, c'est vous qui l'avez dit.

UN. – Vous avez raison. Eh bien je vais les compter directement. Avec ma
bouche.

DEUX. – Oh, non ! C'est pas prudent ! Surtout ne dépassez pas la dose pres-
60 crite ! Attendez, je vais compter avec vous.

*(UN boit le contenu du verre avec des bruits de déglutition à chaque goulée. DEUX
les compte en observant les mouvements de la pomme d'Adam.)*

DEUX. – Une, deux, trois (etc)… onze ! J'en ai compté onze !

UN. – Dix. La onzième… *(il rote)*… c'était une bulle.

ROLAND DUBILLARD, « Le compte-gouttes » in *Les diablogues
et autres inventions à deux voix,* © Gallimard, 1976.

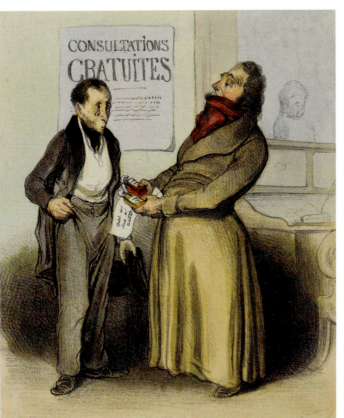

Honoré Daumier, lithographie colorée et gommée,
1836-1838 (Maison de Balzac, Paris).

Lecture

➜ Comprendre

1. Sur quel sujet les personnages s'opposent-ils ?

2. À votre avis, pourquoi les personnages de cette pièce
sont-ils désignés par des numéros ?

➜ Approfondir

3. Lignes 11 à 16 : quelle est la logique suivie par le second
personnage ? Que pensez-vous de cette logique ?

4. Lignes 31 à 41 : relevez les mots de liaison logique
employés par les personnages. Pourquoi sont-ils si
nombreux ?

5. Quel est ici le rôle du second personnage :

– il aide le premier à bien prendre son traitement ?

– il critique tout ce qu'il voit et contredit systématiquement le premier personnage ?

6. Comment réagit le premier personnage ? Est-il
inquiet ? agacé ? perdu ? Justifiez vos réponses.

➜ Pour conclure

7. Comparez ce texte au sketch de Karl Valentin (p. 284
à 286) : quels sont les points communs ?

8. Connaissez-vous d'autres auteurs qui prennent
les mots à la lettre pour créer un univers absurde ?

La comédie, un art de la scène

➤ Un art de la scène

● **Le théâtre est un art de la scène.** Le texte théâtral, destiné à être joué par des comédiens, est donc exclusivement constitué d'un enchaînement de **répliques**.

● Des **didascalies** précisent le ton, les gestes des personnages, mais aussi toute information utile sur le décor, les objets...

➤ Le découpage en actes et en scènes

● **Une pièce de théâtre est généralement divisée en actes et en scènes.**
On change **de scène** chaque fois qu'un acteur entre sur scène ou en sort.
Les scènes sont regroupées en **actes** qui correspondent à une étape de l'histoire :
– le premier acte est celui de **l'exposition** : il présente les personnages et leur situation ;
– le deuxième acte est celui de **l'action** ;
– le troisième acte est celui du **dénouement**.

➤ La comédie

● On appelle **comédies** les pièces de théâtre qui visent à faire rire. La comédie use de nombreux moyens pour susciter le rire : **comique de caractère** (mise en scène de personnages ridicules) **et de situation** (quiproquos...), **comique de gestes** (coups, grimaces, poses et gesticulations), **comique verbal** ou comique de mots (jeux de mots, jurons, charabia...). On parle de **satire** quand la comédie se moque d'une catégorie de personnes : Molière a souvent fait la satire des médecins.

Pour aller plus loin

Découvrir d'autres satires

La satire est un genre encore très pratiqué de nos jours : satire des hommes politiques, des sportifs, des professeurs, de la jeunesse, de la société de consommation, de certaines classes sociales...

➜ **Cherchez et présentez un exemple de satire contemporaine. Vous pouvez chercher dans la littérature, mais aussi le cinéma, l'univers des comiques, la publicité, le dessin, l'art de l'affiche, la bande dessinée...**

« Le tout par précaution », caricature, gravure du XVIIIᵉ siècle (musée Carnavalet, Paris).

Le théâtre occidental remonte à l'Antiquité grecque. Il s'agissait au départ de cérémonies sacrées en l'honneur du dieu Dionysos.

1 **Le théâtre antique de Delphes (Grèce) qui dominait le sanctuaire d'Apollon.**

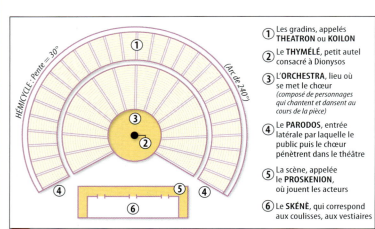

① Les gradins, appelés **THEATRON** ou **KOILON**

② Le **THYMÉLÉ**, petit autel consacré à Dionysos

③ L'**ORCHESTRA**, lieu où se met le chœur *(composé de personnages qui chantent et dansent au cours de la pièce)*

④ Le **PARODOS**, entrée latérale par laquelle le public puis le chœur pénètrent dans le théâtre

⑤ La scène, appelée le **PROSKENION**, où jouent les acteurs

⑥ Le **SKÉNÈ**, qui correspond aux coulisses, aux vestiaires

2 **L'architecture du théâtre grec.** D'après André Degaine, *Histoire du théâtre dessinée*, Nizet, 1992.

Questions

1. Doc. 1 a. Quelles remarques pouvez-vous faire sur le théâtre représenté (situation, architecture, structure…) ?
b. Connaissez-vous un autre théâtre antique célèbre ?

2. a. Doc. 2. Que trouve-t-on au centre du théâtre grec ?
b. Faites une recherche sur Dionysos : quelles sont les particularités de ce dieu ?

3. Doc. 3 et 4 Cherchez l'origine des mots *tragédie* et *comédie* : à quoi font-ils référence ?

Retenons

Une fête sacrée

● Le théâtre occidental naît **en Grèce** au cours des **VIe et Ve siècles avant J.-C.** Il s'agissait à l'origine de **cérémonies religieuses** : des fêtes (« les « dionysies ») étaient données en l'honneur de **Dionysos** plusieurs fois par an.

● Présidées par un prêtre, ces fêtes débutaient par une **grande procession**, où de jeunes hommes, déguisés en satyres, traversaient la ville en transportant une statue du dieu. Ensuite, on buvait et on sacrifiait un bouc sur un autel. Les villageois tournaient alors autour de l'autel, piétinant en cadence et braillant des chants sur Dionysos.

● Peu à peu, **ces cérémonies se sont transformées en pièces de théâtre** : un **chœur** de citoyens, accompagné d'un flûtiste, venait chanter et danser. Puis un chanteur s'est détaché des autres pour leur répondre. Ensuite, un acteur a été introduit pour donner la réplique au chœur. Enfin, un deuxième et un troisième acteurs ont été ajoutés.

3 **Masque de comédie.** Masque de théâtre satirique, art grec, retrouvé en Italie du Sud. VIᵉ- Vᵉ siècle av. J.-C.

4 **Masque de tragédie.** Masque en bronze (musée archéologique, Le Pirée, Athènes).

5 **Aristophane, premier auteur de comédies.**
Né en - 450 et mort en - 386 à Athènes, Aristophane fut le premier auteur de comédies. Il en composa plus de 40, mais 11 seulement sont parvenues jusqu'à nous. Son style inédit, un mélange de poésie, d'humour et de grossièreté, rendit ses pièces très populaires.
Il y prônait des valeurs telles que la paix ou la sagesse tout en se moquant des travers ridicules de ses contemporains, raillant les faiblesses des hommes, la malice des femmes, les dysfonctionnements de la justice…

6 **Acteur de tragédie,** lithographie en couleur de Victor Duruy, xxᵉ siècle (collection privée).

Questions

4. a. Doc. 3 et 4 Observez les deux masques : expriment-ils les mêmes sentiments ?
b. Doc. 6. Observez la figurine : quels accessoires l'acteur portait-il ?
5. Doc. 5 a. Qui était Aristophane ? Quels points communs a-t-il avec Molière ?
b. À votre avis, quels enseignements ses pièces pouvaient-elles apporter ?
6. *Prométhée enchaîné* d'Eschyle, *Œdipe Roi* de Sophocle, *Les Troyennes et Hélène* d'Euripide : d'où sont, à votre avis, tirés les sujets de ces pièces ? S'attend-on à des spectacles joyeux ou tristes ?

Retenons

Un spectacle civique

● **Exclusivement masculins**, les acteurs jouaient plusieurs rôles et portaient des **masques** dont les **traits grossis** permettaient d'identifier les différents personnages (vieillard, esclave, roi…) et leurs émotions (haine, colère, pitié…). Leurs **costumes** étaient **riches et voyants**. Des cothurnes, chaussures à semelles très hautes (25 cm), et une coiffure très en hauteur servaient à évoquer la **grandeur des dieux ou des héros incarnés**.

● Le théâtre n'était pas seulement une activité religieuse ou un divertissement, il avait un **rôle pédagogique**. Par le biais de la mythologie, il se penchait sur des problèmes de la **vie de la cité** et visait à transmettre des **valeurs morales** aux citoyens. Les tragédies, par le biais du chœur, louaient la démocratie et apprenaient la crainte des dieux. Les comédies dénonçaient certains défauts humains, se moquant même des hommes politiques ou des dieux.

● Si **Aristophane** est resté célèbre pour ses comédies, **Sophocle, Eschyle et Euripide** le sont pour leurs tragédies. Tous ont eu une grande influence sur le théâtre que nous connaissons aujourd'hui.

La langue classique (2)

1 Martine et Sganarelle paraissent sur le théâtre en se *querellant* (Acte I, 1).

a. Donnez le sens du mot *se quereller*.

b. Proposez un nom de la même famille.

2 « MARTINE. – Va, quelque mine que je fasse, je n'oublie pas mon *ressentiment* » (Acte I, 1).

Donnez le sens du mot *ressentiment*.

3 « Rien n'est capable d'ébranler la *résolution* que j'ai prise », dit Lucinde à Géronte. « C'est une chose où je suis déterminée [...]. Je n'en ferai rien. Cela est *résolu*. » (Acte III, 6).

a. Qu'est-ce qu'une *résolution* ?

b. À quel moment de l'année prend-on de bonnes résolutions ? Que signifie cette expression ?

c. Déduisez-en le sens de *résolu*.

d. Relevez, dans le passage cité, un synonyme de *résolu*.

4 « Que je vous suis *obligé*, Monsieur, de cette guérison merveilleuse ! »

a. Quel est ici le sens d'*obligé* ?

b. Que signifie l'expression *obliger quelqu'un*, quand ce n'est pas « le forcer à faire quelque chose » ?

c. *Auriez-vous l'obligeance de...* ? Complétez la phrase et expliquez son sens.

5 « LÉANDRE. – Vous saurez donc, Monsieur, que cette maladie que vous voulez guérir est une *feinte* maladie [...] et que Lucinde n'a trouvé cette maladie que pour se délivrer d'un mariage dont elle était *importunée*. » (Acte II, 5).

a. Que signifie *importuner* quelqu'un ?

b. Employez le verbe *importuner* dans une phrase.

c. Qu'est-ce qu'une *feinte* ?

d. Recopiez la phrase de Léandre en remplaçant *feinte* par un synonyme.

e. Déduisez-en le sens du verbe *feindre* de et employez-le dans une phrase.

6 Voici une série de verbes qui proviennent du *Médecin malgré lui*.

Associez chacun des verbes de la liste 1 à son synonyme dans la liste 2.

> **Liste 1**
>
> Quérir – se résoudre à – consentir à – ouïr – gager – entendre – recouvrer – ôter – dérober – s'entretenir avec – dissimuler – incommoder.

> **Liste 2**
>
> Accepter quelque chose – cacher – chercher – comprendre – se décider à – discuter avec – enlever – entendre – gêner – parier – retrouver – voler.

7 La langue employée par Molière est la même que celle employée par Perrault.

a. Voici, extraites du début de *Cendrillon*, deux phrases avec le verbe *souffrir* : quel est le sens de ce mot au XVIIe siècle ?

« Elle [la belle-mère] ne put *souffrir* les bonnes qualités de cette jeune enfant, qui rendaient ses filles encore plus haïssables. » – « La pauvre fille *souffrait* tout avec patience et n'osait s'en plaindre à son père, qui l'aurait grondée. »

b. Quel est le sens du verbe *prier* dans les extraits ci-dessous ?

« Il arriva que le fils du roi donna un bal et qu'il en *pria* toutes les personnes de qualité. » – « Mais comme chacun prenait sa place à table, on vit entrer une vieille fée qu'on n'avait point *priée*. »

c. Employez dans une phrase, avec leur sens classique, les verbes *quérir*, *souffrir et prier*.

Molière en habit de Sganarelle, gravure de Claude Simonin, vers 1635-1721 (Bibliothèque nationale de France, Paris).

Grammaire pour écrire

Présenter un texte théâtral et jouer une scène de théâtre

▌ Présenter un texte théâtral

1 **a.** Récrivez ce passage de manière à retrouver la présentation d'un texte théâtral.

b. Soulignez toutes les didascalies.

Scène X GAILLARDON, HENRIETTE, Mme RÉPIN, MARIE, puis RÉPIN. La porte de la cuisine s'ouvre en silence. Mme RÉPIN et MARIE paraissent dans l'encadrement. Mme RÉPIN, anxieuse, à mi-voix : Qu'est-ce qu'il t'a dit, mon Henriette ? MARIE, de même : Oui, qu'est-ce qu'il t'a dit ? HENRIETTE : Il m'a rien dit. MARIE, les bras croisés, à sa mère : Eh bien, tu crois ! Eh bien, tu crois ! Mme RÉPIN, haut : J'vas servir le café. HENRIETTE, va appeler ton père. Gaillardon allume sa pipe. HENRIETTE, à la porte de gauche : Papa ! papa ! RÉPIN, paraissant aussitôt, bas à HENRIETTE : Qu'est-ce qu'il t'a dit, mon Henriette ?

JULES RENARD, *La Demande*, 1890.

2 Transposez cet extrait en un dialogue de théâtre. Votre texte devra comporter la présentation des personnages présents sur scène et des didascalies expliquant leurs gestes et attitudes.

– Je parie, dit Mme Lepic, qu'Honorine a encore oublié de fermer les poules.

C'est vrai. On peut s'en assurer par la fenêtre. Là-bas, tout au fond de la grande cour, le petit toit aux poules découpe, dans la nuit, le carré noir de sa porte ouverte.

– Félix, si tu allais les fermer ? dit Mme Lepic à l'aîné de ses trois enfants.

– Je ne suis pas ici pour m'occuper des poules, dit Félix, garçon pâle, indolent et poltron.

– Et toi, Ernestine ?

– Oh ! moi, maman, j'aurais trop peur ! Grand frère Félix et sœur Ernestine lèvent à peine la tête pour répondre. Ils lisent, très intéressés, les coudes sur la table, presque front contre front.

JULES RENARD, *Poil de carotte*, 1894.

▌ Jouer une scène de théâtre

3 Travaillez l'écoute et la concentration.

1. *L'aveugle et son guide.* Deux par deux.
L'un est aveugle (yeux fermés ou bandés), l'autre est le guide. Sans le toucher, le guide fait suivre un parcours à l'aveugle en lui indiquant les obstacles à contourner. Après quelques minutes, inversez les rôles.

2. *Miroir, mon beau miroir.* Deux par deux.
Assis face à face, sur des chaises distantes de deux ou trois mètres, regardez-vous attentivement : sans vous parler ni vous faire aucun signe, vous devez vous lever en même temps, marcher l'un vers l'autre sans vous quitter du regard ni rire ; arrivés au milieu, croisez-vous en pivotant, de façon à aller vous asseoir en marche arrière sur la chaise précédemment occupée par votre camarade, toujours en même temps, et toujours sans vous lâcher du regard.

4 Travaillez la voix.

1. *Articulons !* Tous ensemble ou tour à tour.
Prenez un stylo dans la bouche et parlez de manière à vous faire comprendre.

2. *Bonjour !* Tous ensemble.
Dispersez-vous dans l'espace, chacun à votre tour, dites bonjour à chaque camarade en faisant varier votre voix en fonction de la distance qui vous sépare.

5 Travaillez les émotions.

1. *La Lettre.* Tour à tour.
Sur scène, jouez un personnage qui lit silencieusement une lettre. Les expressions de votre visage, la posture de votre corps d'abord, puis, dans un second temps, des déplacements et des gestes, doivent permettre aux autres de deviner quel sentiment cette lettre fait naître en vous : joie, tristesse, colère, reconnaissance, peur, jalousie…

2. *La dissonance.* Tour à tour.
Lisez un court texte de votre choix sur un ton en désaccord complet avec son contenu. *Exemple* : un poème triste sur un ton joyeux et désinvolte, avec des passages mimant le fou-rire ; un extrait du *Petit Nicolas* sur un ton désespéré ; un lettre d'amour avec rage et colère…

6 Interprétez les personnages

1. *Où suis-je ?* Par groupes de quatre.
Improvisez une scène où quatre personnes qui ne se connaissent pas se réveillent ensemble dans un même lieu (île déserte, hôpital, planète inconnue, train…).

2. *Identité secrète.* Par groupes de quatre.
Des papiers ont été préparés sur lesquels sont notés divers personnages : un juge, un professeur, un médecin, un militaire, un peintre, un éboueur, etc. Chacun tire un personnage au hasard et le garde secret. Chaque groupe de quatre improvise alors une scène où chacun doit jouer en fonction du personnage qui lui est assigné, sans le révéler aux autres.

Écrire et mettre en scène une satire de la médecine

Sujet

Knock reçoit un nouveau patient.
Écrivez la scène. Ensuite, avec l'ensemble des textes rédigés par votre classe, montez un petit spectacle sur la satire de la médecine.

Félix Lorioux, caricature des médecins charlatans de Molière, 1928.

 A ## Trouver des idées et préparer le travail d'écriture

1. Qui est le nouveau patient de Knock : est-ce une vieille dame un peu sourde ? Un enfant accompagné de sa mère ? Une personne blessée ?

2. Pensez aux procédés comiques que les caractéristiques de ce personnage vous permettront d'exploiter : une personne sourde comprend mal et répète de travers, etc.

3. La consultation comprend plusieurs étapes : l'accueil du patient, son interrogatoire, l'auscultation, le diagnostic et la prescription. Comment Knock se comporte-t-il à chacune de ces étapes ? Par quels moyens va-t-il tenter d'effrayer son patient ?

4. Comment le patient réagit-il ? A-t-il peur ? Se soumet-il au médecin ? Veut-il s'enfuir ? Se met-il en colère ? Comment ses sentiments se manifestent-ils ?

B ## Rédiger et enrichir le dialogue

5. Rédigez le dialogue en respectant scrupuleusement la présentation du texte théâtral.

6. N'oubliez pas d'insérer des didascalies pour préciser, chaque fois que c'est nécessaire, le ton ou les gestes des personnages. Et pensez que des passages entiers peuvent être muets, consacrés aux jeux de scène (notamment au moment de la consultation).

7. Recherchez des effets comiques à insérer dans votre scène : jeux de mots, répétitions, comique de gestes, comique de situation...

C ## Mettre en scène

8. Quand votre dialogue a été validé par votre professeur, apprenez-le, avec un camarade, et commencez à le jouer.

9. En jouant votre texte, avec l'aide du reste de la classe, cherchez des idées de jeux de scène (grimaces, poursuites, gesticulations...) à développer pour en accentuer le comique. Ajoutez alors ces jeux de scène à votre texte, sous forme de didascalies. N'hésitez pas à utiliser des accessoires.

10. Enchaînez toutes vos scènes dans l'ordre qui vous paraîtra le plus judicieux et présentez votre spectacle à une autre classe du collège.

Des livres

❖ **Molière, *L'Amour Médecin*,** Gal.imard.

Une autre satire de la médecine, tout aussi joyeuse.

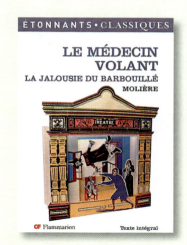

❖ **Molière, *La Jalousie du Barbouillé*,** Flammarion, 2006.

« Étonnants Classiques ». Une farce sur un autre thème, celui de la jalousie.

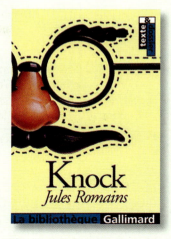

❖ **Jules Romains, *Knock*,** Gallimard, 1998.

Un médecin estime que ses patients ne tombent pas assez malades...

Des films et des pièces

❖ ***Le Malade imaginaire*, mise en scène de Georges Werler**, 2009, DVD.

Une autre pièce de Molière fondée sur la satire de la médecine.

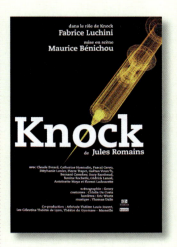

❖ ***Knock ou le triomphe de la médecine*, mise en scène de Maurice Bénichou,** 2002.

La célèbre pièce de Jules Romains, servie par le talent de Fabrice Lucchini qui compose un docteur Knock inquiétant à souhait.

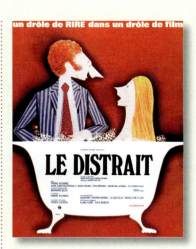

❖ ***Le Distrait*, réalisé par Pierre Richard,** 1970, DVD.

Ce film, qui a consacré Pierre Richard dans les rôles de grand étourdi, est aussi une satire de la publicité.

Paul Klee, *Route principale et routes latérales,* 1929, huile sur toile, 83 x 67 cm
(Cologne, Wallraf-Richartz Museum).

Proposition de progression grammaticale

Conformément aux nouveaux programmes qui spécifient que « les séances consacrées à la langue sont conduites selon une progression méthodique », *Terre des lettres* vous propose une **progression annuelle** allant du simple au complexe. Il s'agit d'**alterner les différents domaines d'apprentissage** (grammaire, conjugaison, orthographe, vocabulaire), de manière à faciliter l'acquisition des notions en les réinvestissant systématiquement d'une leçon à l'autre.

Afin de consolider l'apprentissage, des **leçons de révisions** sont également proposées.

Tout au long de l'année, les leçons de vocabulaire seront introduites en lien avec le travail sur les textes et les règles d'orthographe d'usage progressivement assimilées.

Le verbe

Pour commencer

Il voulut peindre une rivière ;
Elle coula hors du tableau.

[...]

Il peignit ensuite une étoile ;
Elle mit le feu à la toile.

Alors, il peignit une porte
Au milieu même du tableau.

Elle s'ouvrit sur d'autres portes,
Et il entra dans le château.

Maurice Carême, « L'Artiste ».

1. Relevez les mots qui disent ce que font les différents personnages. Quelle est la classe grammaticale de ces mots ?

2. Ce texte est-il au présent ou au passé ? Quelle est la partie du verbe qui vous permet de répondre ?

3. a. Quel verbe est répété ? Relevez les différentes formes de ce verbe dans le poème.
b. Comment s'appelle ce verbe ?

Leçon

❶ Le verbe est le noyau de la proposition

• **La proposition est un groupe de mots dont le verbe est le noyau**, qui permet de dire ce que fait le sujet.

• On distingue **verbes d'action** et **verbes d'état** :
– le **verbe d'action** exprime ce que fait le sujet → *Le soleil brille.*
– les **verbes d'état** expriment un état du sujet → *Le soleil était brillant.*
Ce sont *être, paraître, sembler, devenir, rester, demeurer, avoir l'air, passer pour.*

❷ Le verbe se conjugue

• Le verbe est un **mot variable**. Il varie :
– en **personne** et en **nombre**, en fonction du sujet (1re, 2e, 3e personne du sing. ou du pl.). On dit qu'**il s'accorde avec le sujet**.
– en **temps** (c'est-à-dire selon le moment où se situe l'action) et en **mode** (c'est-à-dire selon la **manière dont on présente l'action**).
L'ensemble des formes du verbe constitue **la conjugaison**.

• Le verbe comprend un **radical** et une **terminaison**. C'est la terminaison qui porte les marques de conjugaison. Le radical, en général, ne change pas.
→ *je pass-e ; nous pass-ons ; ils pass-aient ; pass-er.*

❸ L'infinitif

• Un verbe qui n'est **pas conjugué** est à **l'infinitif**. C'est la forme qu'on utilise pour **nommer le verbe** → *Je vais, nous irons* et *vous allâtes* sont trois formes du même verbe qu'on appelle le verbe *aller*.

• Il existe **4 terminaisons possibles pour l'infinitif** : *-er, -ir, -oir, -re.*
Ces terminaisons permettent de classer les verbes en **trois groupes**.
– **1er groupe** : les verbes en **-er** → *aimer, rester, jouer...*
– **2e groupe** : les verbes en **-ir** qui font **-issons** à la 1re pers. du pluriel → *rougir, nous rougissons ; finir, nous finissons...*
– **3e groupe** : tous les **autres verbes** → *dire, prendre, faire, vouloir, peindre, partir...*

Exercices

1 À l'oral, conjuguez au présent les verbes suivants, à toutes les personnes : manger – danser – finir – dormir – entendre.

2 Dites si les mots suivants sont, ou non, des verbes. Si vous avez un doute, essayez de le conjuguer.

aller – voir – connaître – miroir – prendre – recevoir – couloir – vendre – manger – gloire – boire – dormir – marcher – escalier – pleurer – dire – perdre – berger – venir – revoir – égouttoir – sortir – donner – écrire – faire – apprendre – filmer – prisonnier – effacer – plaisir – finir – asseoir – mare – lire – tourner – bonsoir – voir.

3 Recopiez le texte suivant, puis entourez les verbes.

Sur la pointe des pieds, M. Lepic s'approche le plus près possible, le fusil au creux de l'épaule. Poil de Carotte s'immobilise et l'émotion l'étrangle. Des perdrix partent et un lièvre déboule. Et M. Lepic manque ou tue.

D'après J. RENARD, *Poil de Carotte.*

4 Lisez le texte suivant, puis relevez les verbes conjugués et donnez leur infinitif.

– C'est là que j'ai rencontré Podcol, raconta Hannah. Je dormais sous un arbre et au petit matin, à l'heure où d'habitude on ressent la fraîcheur, je me suis étonnée d'avoir si chaud, d'être si bien. J'ai une couverture en laine, mais tout de même… Puis j'ai entendu ronfler à quelques centimètres de mon visage. J'ai ouvert les yeux. C'était Podcol. Tu comprendras vite pourquoi je l'ai nommé ainsi !

J.-C. MOURLEVAT, *La Rivière à l'envers*, Pocket jeunesse, 2000.

5 Dans les phrases suivantes, relevez le verbe noyau de la proposition (qui indique ce que fait le sujet).

1. Les voitures se bousculaient au carrefour. – **2.** La mouette, rapide comme l'éclair, plongea. – **3.** Le soleil, caché par les nuages, répandait une lumière grise. – **4.** Le jeune garçon bouleversé sortit de la pièce en larmes. – **5.** Le trésor volé étincelait sous mes yeux. – **6.** Le navire disparu en mer revenait parfois hanter les côtes bretonnes.

6 Dites si le mot en gras est un verbe ou pas.

1. J'aime la **marche**. – **2.** Je **marche** tous les jours. – **3.** La **rouille** attaque le fer. – **4.** Le fer **rouille** à l'humidité. – **5.** Le chien **garde** la maison. – **6.** Le **garde** a surpris un voleur. – **7.** Le roi **chasse** le sanglier. – **8.** Il est parti à la **chasse**. – **9.** La mère **veille** sur ses enfants endormis. – **10.** Nous faisons la fête la **veille** du Jour de l'an.

7 a. Dans le texte suivant, relevez les verbes en les classant en deux colonnes : les verbes à l'infinitif d'une part, et les verbes conjugués d'autre part.

b. **Dictée** Préparez ce texte pour la dictée.

Il me fallut lever le camp. À cinq heures de marche de là, je n'avais toujours pas trouvé d'eau, et rien ne pouvait me donner l'espoir d'en trouver. C'était partout la même sécheresse, les mêmes herbes ligneuses. Il me sembla apercevoir dans le lointain une petite silhouette noire, debout. C'était un berger. Une trentaine de moutons couchés sur la terre brûlante se reposaient près de lui. Il me fit boire à sa gourde et, un peu plus tard, me conduisit à sa bergerie.

J. GIONO, *L'Homme qui plantait des arbres*, 1953.

8 Lisez ce texte, puis relevez les verbes en classant d'un côté les verbes d'action, de l'autre les verbes d'état.

Le jardin se remet lentement d'une longue journée de chaleur, dont les molles feuilles du tabac demeurent évanouies. Nonoche a senti passer l'ombre d'un oiseau ! Elle ne sait pas bien ce qui lui arrive. Elle a ouvert trop vite ses yeux japonais. Elle a l'air bête comme une jeune fille très jolie, et ses taches de chatte portugaise semblent plus en désordre que jamais. Contre elle, roulé en escargot, sommeille son fils. Elle s'écarte, creuse le ventre avant de se lever, pour que son fils ne s'éveille pas. En dépit de nombreuses maternités, Nonoche conserve un air enfantin qui trompe sur son âge. Sa beauté solide restera longtemps jeune, et rien dans sa démarche, dans sa taille svelte et plate, ne révèle qu'elle fut, en quatre portées, dix-huit fois mère.

D'après COLETTE.

9 Indiquez le groupe auquel appartiennent les verbes suivants.

chanter – asseoir – finir – dire – sortir – partir – grandir – murmurer – voir – envoyer – faire – mourir – ralentir – dormir – sauter – courir – s'enfuir – bondir – agir – mentir.

10 a. Recopiez les formes verbales de la liste ci-dessous en séparant par un trait le radical et la terminaison. → *chantes* → *chant / es*.

b. Dites à quelle personne est conjugué chacun de ces verbes.

c. Précisez le temps de chacun des verbes.

sonne – partiez – sortent – avançait – voles – trouaient – traînèrent – coiffas – fends – vaux – irons.

11 Recopiez les phrases en les complétant par un verbe qui convient.

1. Les feuilles ... lentement. – **2.** Le vent ... – **3.** Le loup ... l'agneau. – **4.** Les élèves ... dans le couloir. – **5.** Nous ... de partir en vacances. – **6.** Tu ... ton frère. – **7.** L'inspecteur ... les habitants. – **8.** Mes parents ... mon carnet.

2 Le nom et le groupe nominal

Pour commencer

Une pauvre veuve vivait solitaire dans une <u>chaumière</u> devant laquelle il y avait un <u>jardin</u> où fleurissaient deux petits <u>rosiers</u>, l'un qui portait des <u>roses</u> blanches et l'autre des roses rouges ; et elle avait deux enfants qui ressemblaient aux deux petits rosiers, et l'une s'appelait Blancheflore et l'autre Rosemonde.

GRIMM, *Blancheflore et Rosemonde*, trad. de Myriam Viliker, © éditions de la Renaissance, 1967.

1. Dans le texte ci-dessus, relevez tous les mots ou expressions qui servent à nommer les personnages. Lesquels commencent par une majuscule ? Pourquoi ?

2. a. Que désignent les mots soulignés ?
b. Quelle sorte de mot précède chacun d'eux ?
c. Quelle est la nature (ou classe grammaticale) des mots soulignés ?

Leçon

Un nom est un mot qui **sert à nommer les êtres, les animaux, les objets, les idées.**

❶ Nom propre, nom commun

• On distingue **les noms communs**, qui désignent les êtres ou les choses en général → *un enfant*, et **les noms propres** qui désignent des êtres ou des choses en particulier → *Jeannot, Margot*

• Un **nom propre** commence par une **majuscule**.

❷ Un mot variable

• Le nom a un **genre** indiqué dans le dictionnaire. Ce genre peut varier quand le nom désigne un être vivant → *un danseur, une danseuse*

• Les noms sont généralement variables en **nombre** : ils peuvent être employés au singulier ou au pluriel → *un enfant, des enfants ; l'animal, les animaux*

❸ Le groupe nominal

• Un nom est rarement employé seul. Il est généralement précédé d'un **déterminant**
→ *une reine, quatre frères*, et parfois accompagné d'un **adjectif qualificatif**
→ *un serviteur fidèle*

L'ensemble de ces mots forme un **groupe nominal** dont **le nom est le noyau.**

Exercices

1 Recopiez chacune des listes suivantes et complétez-la par cinq noms supplémentaires.
a. **Noms désignant des personnes :** Jeanne, charcutier, parrain…
b. **Noms d'animaux :** escargot, souris, hippopotame…
c. **Noms désignant des choses matérielles :** porte, chaussure, forêt…
d. **Noms désignant des idées :** intelligence, amour, pensée…

2 Lisez le texte suivant, puis relevez les noms.
Elles allaient souvent se promener dans la forêt où elles cueillaient des fraises, mais aucune bête ne leur faisait de mal, au contraire elles s'approchaient familièrement : le petit lièvre venait manger une feuille de choux dans leur main, le chevreuil paissait à côté d'elles, le cerf bondissait devant elles joyeusement et les oiseaux restaient perchés sur les branches à chanter tant qu'ils pouvaient. Il ne leur arrivait rien de

fâcheux : quand par hasard elles s'étaient attardées dans la forêt et qu'elles étaient surprises par la nuit, elles s'étendaient côte à côte sur la mousse et dormaient jusqu'au matin, et comme leur mère le savait, elle était sans inquiétude à leur sujet.

GRIMM, *Blancheflore et Rosemonde.*

3 **Dites si les mots soulignés sont des noms ou des verbes et justifiez votre réponse.**

1. Il est rare qu'il <u>neige</u> dans la région. – **2.** La <u>neige</u> a tout recouvert. – **3.** Le joueur a fait un magnifique <u>lancer</u>. – **4.** Tu dois <u>lancer</u> la balle comme ceci. – **5.** Il existe de nombreuses <u>sortes</u> de papillons. – **6.** Je veux que tu <u>sortes</u>. – **7.** J'ai fait une <u>tache</u> sur mon chemisier. – **8.** <u>Tâche</u> de te dépêcher. – **9.** Il ne put s'empêcher de <u>sourire</u>. – **10.** Elle ne put retenir un <u>sourire</u>.

4 **Donnez des noms de la famille des adjectifs suivants.**

beau – doux – brûlant – difficile – ébloui – fier – malheureux – inquiet – sensible – malade – agité – joyeux – affectueux – délicat – colérique – ému – furieux – timide – brave – terrifié – paresseux – étonné – effrayé – désespéré – humilié – agressif – stupéfait.

5 **a. Dans l'extrait ci-dessous, relevez les noms et classez-les en distinguant les noms propres et les noms communs.**

b. Précisez le genre et le nombre des noms communs.

c. *Dictée* **Préparez ce texte pour la dictée.**

Je suis né dans la ville d'Aubagne, sous le Garlaban couronné de chèvres au temps des derniers chevriers. C'était une bourgade de dix mille habitants, nichée sur les coteaux de la vallée de l'Huveaune, et traversée par la route poudreuse qui allait de Marseille à Toulon. Mon père, qui s'appelait Joseph, était alors un jeune homme brun, de taille médiocre, sans être petit. Il rencontra un jour une petite couturière brune qui s'appelait Augustine, et il la trouva si jolie qu'il l'épousa aussitôt.

M. PAGNOL, *La Gloire de mon père*, 1957.

6 **Donnez le féminin des noms suivants.**

voisin – chanteur – menteur – acteur – orphelin – amoureux – apprenti – patron – élève – instituteur – servante – gendre – voleur – spectateur – comte – lecteur – hôte – héros – français – breton – grec – traître – cochon – bélier – cheval – âne – chameau – grain – rivage – feuillage.

7 **Recopiez les noms suivants en les faisant précéder d'un déterminant qui convient. Si nécessaire, aidez-vous du dictionnaire pour vérifier le genre des noms.**

... amie – ... sauterelles – ... alcool – ... abîme – ... pétale – ... dauphins – ... orque – ... café – ... chrysanthèmes – ... éclair – ... oasis – ... après-midi.

8 **Sur quel nom les verbes suivants sont-ils formés ?**

venter – souhaiter – encadrer – aliter – fleurir – déborder – saler – ciseler.

9 **Formez des noms à partir des verbes suivants. Recopiez-les et entourez le suffixe qui vous a permis de former ce nom.** *éplucher → épluch*ure.

décoller – cultiver – griffer – produire – diriger – garder – coiffer – gouverner – désintégrer – achever.

10 **Recopiez les groupes nominaux soulignés et entourez leur noyau.**

1. <u>Mes deux grandes sœurs</u> seront là demain. – **2.** La sorcière vivait dans <u>une petite maison de pain d'épices et de pâte d'amandes</u>. – **3.** <u>Ulysse aux mille ruses</u> a vaincu le Cyclope. – **4.** <u>Un dragon énorme et menaçant</u> gardait l'<u>entrée de la caverne</u>. – **5.** <u>La belle Marie</u> éclata de rire.

11 **a. Employez les mots ci-dessous comme noms dans des phrases.**

b. Réemployez les sept premiers mots dans une autre phrase où ils seront des verbes.

porte – coucher – trouble – remarque – livre – danse – dîner – bleu – malade – rose.

12 **Recopiez le texte suivant en rétablissant les majuscules manquantes (attention en particulier aux noms propres), puis soulignez en bleu tous les noms et en rouge les verbes.**

dès l'aube, tout tarascon était sur pied, encombrant le chemin d'avignon. toute cette foule se pressait devant la porte de tartarin qui s'en allait tuer des lions chez les teurs. tartarin de tarascon[1], en effet, avait cru de son devoir, en allant en algérie, de prendre le costume algérien : large pantalon bouffant en toile blanche, petite veste collante à boutons de métal, deux pieds de ceinture rouge autour de l'estomac, le cou nu, le front rasé, sur sa tête une gigantesque chéchia.

A. DAUDET, *Tartarin de Tarascon*, 1872.

1. Ville du Sud de la France.

Les articles

« Sire, dans **la** capitale d'**un** royaume de la Chine, très riche et d'une vaste étendue, il y avait un tailleur nommé Mustafa. Mustafa **le** tailleur était fort pauvre, et son travail lui produisait à peine de quoi le faire subsister lui et sa femme, et un fils que Dieu leur avait donné. **Le** fils, qui se nommait Aladdin, avait été élevé d'une manière très négligée. [...] **La** mère d'Aladdin qui vit que son fils ne prenait pas le chemin d'apprendre **le** métier de son père, ferma la boutique, et fit **de** l'argent de tous **les** ustensiles de son métier, pour l'aider à subsister. »

« Histoire d'Aladdin », *Les Mille et Une Nuits*, trad. d'A. Galland.

1. a. Devant quelle classe de mots les mots en gras sont-ils placés ?

   b. À quelle classe grammaticale ces mots en gras appartiennent-ils ?

2. Expliquez la différence entre « un tailleur » et « le tailleur », puis entre « un fils » et « le fils ».

3. Lequel de ces mots en gras pouvez-vous remplacer par « un peu de » ?

Leçon

Les articles font partie des **déterminants**. Ils sont placés **devant un nom** (ou un groupe nominal) et en indiquent **le genre et le nombre**.

❶ Les articles indéfinis

- **Les articles indéfinis sont :** *un, une, des*.

- L'article indéfini est employé pour parler **d'une chose ou d'une personne quelconque**, encore inconnue, sans plus de précision.
  - → *Donne-moi un stylo.* (N'importe quel stylo).
  - → *Un homme vivait dans cette forêt.* (On ne sait pas qui est cet homme.)

- **Attention :** quand un adjectif précède le nom, *des* devient *de* → *Tu as de beaux yeux.*

❷ Les articles définis

- **Les articles définis sont :** *le, la, les*.

- L'article défini est employé pour parler **d'une chose ou d'une personne précise**, clairement identifiée.
  - → *L'homme sortit un jour de sa cabane pour aller chercher du bois.* (Il s'agit de l'homme dont on a déjà parlé.)

- **Attention :** devant un mot commençant par une voyelle ou un h aspiré, les articles *le* et *la* s'élident → *l'homme ; l'herbe*

- Avec les prépositions *à* ou *de*, les articles *le* et *les* se transforment pour former **les articles contractés :** *au* (à + le), *aux* (à + les), *du* (de + le), *des* (de + les).

❸ Les articles partitifs

- **Les articles partitifs sont :** *du, de la, des*.

- Ils indiquent que l'on ne considère qu'une partie d'un ensemble. On peut les remplacer par « un peu de » → *Je voudrais de la salade.* (= un peu de salade)

Exercices

1 **Lisez le texte suivant, puis relevez les articles et précisez si ce sont des articles définis ou indéfinis. Expliquez l'emploi de ces articles.**

Il était une fois un Roi et une Reine qui étaient si fâchés de n'avoir point d'enfants, si fâchés qu'on ne saurait dire. [...] Enfin pourtant la Reine devint grosse, et accoucha d'une fille : on fit un beau Baptême ; on donna pour Marraines à la petite Princesse toutes les Fées qu'on pût trouver dans le Pays.

C. PERRAULT, *La Belle au Bois dormant.*

2 **Recopiez les phrases suivantes et entourez les articles contractés.**

1. Je me souviens du temps passé, lorsqu'en hiver, nous nous hâtions de rentrer au château. – **2.** Au Nord se trouvait la demeure du roi. – **3.** Les affaires des enfants sont restées au collège. – **4.** La force du vent avait encore augmenté ; seule la lueur des éclairs illuminait de temps en temps le ciel obscurci.

3 **Recopiez les phrases suivantes et entourez les articles partitifs.**

1. Il faut du courage pour faire face aux difficultés. – **2.** Sa peau est douce comme de la soie, fine comme de la porcelaine. – **3.** La pauvre femme n'avait pour toute nourriture que du pain sec et de l'eau. – **4.** Le géant absorbait à son petit déjeuner des œufs, du bacon, des céréales avec du lait et des saucisses.

4 **Dites si les mots en gras sont des articles partitifs ou contractés.**

1. Le bûcheron coupa **du** bois. – **2.** Ils arrivèrent à l'orée **du** bois. – **3.** Il y avait **du** sang sur la clé. – **4.** Le loup sentit l'odeur **du** sang. – **5.** C'est demain le début **des** vacances. – **6.** Nous prendrons bientôt **des** vacances.

5 **Dans les phrases suivantes, relevez les articles et donnez leur nature exacte.**

1. Après les cérémonies du Baptême toute la compagnie revint au Palais du Roi, où il y avait un grand festin pour les Fées. (PERRAULT, *La Belle au Bois dormant.*)

2. Bientôt elle eut une petite fille qui était aussi blanche que la neige, avec des joues rouges comme du sang et des cheveux noirs comme l'ébène. (GRIMM, *Blanche-Neige.*)

3. Le Chat continua ainsi, pendant deux ou trois mois, à porter de temps en temps au roi du gibier de la chasse de son maître. (PERRAULT, *Le Chat botté.*)

6 **Recopiez le texte suivant, puis entourez en bleu les articles définis, en noir les articles indéfi-**

nis, en rouge les articles contractés et en vert les articles partitifs.

C'est à ce moment-là que Georges eut une inspiration géniale. Les médicaments de l'armoire à pharmacie de la maison lui étaient interdits, certes, mais les médicaments que son père gardait dans un hangar près du poulailler... étaient-ils interdits, eux ? Personne ne lui avait interdit d'y toucher.

« Reprenons le problème, se dit Georges. De la laque, de la mousse à raser et du cirage, très bien. Ça fera tourner la vieille toupie. Mais il faut de vrais médicaments dans la potion magique. »

R. DAHL, *La Potion magique de Georges Bouillon,*
trad. M.-R. Farré, © Gallimard, 1982.

7 **Recopiez et complétez les phrases suivantes avec l'article qui convient.**

1. Peux-tu me donner ... feuille, s'il te plaît ?

2. Louis, prends ... livre de Sophie.

3. Nous avons ouvert toutes ... fenêtres parce qu'... élève se sentait mal. Maintenant, ... élève va mieux.

4. ... principale ... collège est entrée dans ... classe.

5. Vous ferez ... théâtre ... jeudi.

6. On joue ... pièce de Molière ... théâtre Montparnasse.

8 **Mettez les groupes nominaux suivants au pluriel.**

la lettre d'Annie – une clé magique – le pauvre paysan – une longue année – un incroyable événement.

9 **Remplacez l'article indéfini par un article défini que vous éliderez si nécessaire. Vous pouvez vous aider du dictionnaire.**

un hibou – un haricot magique – une heure – un habitant – un handicapé – un hiver rude – un héros populaire – une héroïne célèbre.

10 **Recopiez et complétez le texte avec les articles qui conviennent.**

... marchand vivait dans ... confortable aisance, possédant ... argent, ... domestiques, ... troupeaux, ... moutons, ... chameaux – sans compter ... épouse et ... enfants en bas âge. Il habitait ... campagne et s'occupait de faire valoir ses terres. Il comprenait ... langage ... animaux mais ne pouvait révéler son secret à personne sous peine de mourir. Ainsi avait-il reçu ... bêtes maintes confidences qu'il se gardait bien de dévoiler, car il avait peur de ... mort.

« Histoire de l'âne, du taureau et du laboureur »,
Les Mille et Une Nuits, trad. R. Khawam, éditions Phébus.

11 **ÉCRITURE En cinq à huit phrases, imaginez le début d'un conte. Vous utiliserez au moins un article partitif et un article contracté.**

Les adjectifs qualificatifs

Pour commencer

Une pauvre **veuve** vivait solitaire dans une chaumière devant laquelle il y avait un jardin où fleurissaient deux petits **rosiers**, l'un qui portait des **roses** blanches et l'autre des **roses** rouges ; et elle avait deux enfants qui ressemblaient aux deux petits rosiers, et l'une s'appelait Blancheflore et l'autre Rosemonde. [Les deux **fillettes**] étaient aussi bonnes et pieuses, aussi actives et assidues que deux enfants le furent jamais en ce monde : **Blancheflore** était seulement plus calme et plus douce que Rosemonde.

Grimm, *Blancheflore et Rosemonde*, Contes, © éditions de la Renaissance.

1. Quels termes permettent de qualifier les noms soulignés ?

2. Quelle est leur classe grammaticale ?

3. Justifiez l'orthographe des mots que vous avez relevés.

Leçon

L'adjectif qualificatif est un mot qu'on ajoute à un nom pour apporter des précisions sur ce nom.

❶ L'adjectif s'accorde en genre et en nombre avec le nom

L'adjectif qualificatif prend le **genre** et le **nombre** du nom qu'il qualifie : on dit qu'**il s'accorde avec le nom.** → *les deux fillettes, actives et assidues*

❷ Le participe passé employé comme adjectif

Le participe passé d'un verbe peut s'employer **comme adjectif** pour **qualifier un nom.** Il **s'accorde** alors **avec ce nom** tout comme un adjectif → *des fleurs fanées*

Exercices

1 À l'oral, proposez le plus d'adjectifs possibles pour qualifier l'enfant qui regarde la pendule. Les qualificatifs peuvent porter sur son apparence ou sur ce que vous imaginez de son caractère.

2 Recopiez les groupes nominaux suivants, puis entourez le nom noyau et soulignez l'adjectif qualificatif.

un exercice difficile – un caractère violent – de hautes tours – l'incroyable histoire – un énorme rire – l'amoureux passionné – un vieillard amoureux.

3 Ajoutez un adjectif aux groupes nominaux suivants.

une chanson – des élèves – des oiseaux – un dessin – un mets – des salles – une brise – des nuages.

4 Lisez le texte suivant, puis relevez les adjectifs et dites quel nom ils qualifient.

Sire, sous le règne de ce même calife Haroun al-Rachid, dont je viens de parler, il y avait à Bagdad un pauvre porteur qui se nommait Hindbad. Un jour qu'il faisait une chaleur excessive, il portait une charge très pesante d'une extrémité de la ville à une autre. Comme il était fort fatigué du chemin qu'il avait déjà fait, et qu'il lui en restait encore beaucoup à faire, il arriva dans une rue où régnait un doux zéphir, et dont le pavé était arrosé d'eau de rose. Ne pouvant désirer un vent plus favorable pour se reposer et reprendre de nouvelles forces, il posa sa charge à terre et s'assit dessus auprès d'une grande maison.

« Sindbad le marin », *Les Mille et Une Nuits.*

5 Recopiez et complétez le texte ci-dessous avec les adjectifs suivants, en vous aidant des accords : caillouteux – égal – étroites – grande – grenat – illimitée – immenses – maigre – noué – noueuse – petites – riches – rudes – tannée.

Dans trois ou quatre ... maisons du village on confiait à Om Jamil les travaux les plus ... . Elle raclait les dallages, lavait à ... eau terrasses et vérandas, lessivait les draps, frottait les vitres ... . et ... comme une racine, son endurance était ... . Dès qu'ils rentraient de l'école, les enfants se groupaient autour d'elle, allant jusqu'à se déchausser pour apprendre à marcher – comme elle – d'un pas ..., sur un tapis ou sur un chemin .... Elle serrait ses cheveux dans un mouchoir ..., ... en triangle, sous lequel deux ... nattes – ... comme des cordons – se balançaient sagement. À cause de sa peau ..., de l'habitude qu'elle avait de chiquer du tabac, les petits l'appelaient « le dernier des Mohicans ».

A. Chédid, « L'écharpe », dans *La Femme en rouge et autres nouvelles*, Flammarion, 1978.

6 Remplacez les groupes en gras par des adjectifs qualificatifs de même sens, dont vous analyserez la formation.

1. Goliath est un ennemi **qu'on ne peut pas vaincre**. – **2.** Les mythes font le récit des amours **des dieux**. – **3.** Il portait une tunique **d'un blanc sale**. – **4.** Rien ne remplace l'amour **d'une mère**. – **5.** Les légendes **de Rome** sont souvent inspirées des mythes grecs ; elles sont aussi influencées par les récits **de l'Égypte**. – **6.** L'atmosphère **de la Terre** est surtout composée d'azote. – **7.** Voilà un plat **qu'on ne peut pas manger**.

7 Recopiez les phrases suivantes en mettant le nom souligné au féminin et en faisant les accords nécessaires.

1. Ton <u>cousin</u> est amusant et moqueur. – **2.** Deux <u>champions</u> renommés entrèrent dans la boutique. – **3.** Le <u>frère</u> de Julie est très gentil. – **4.** Ce <u>prince</u> était fier, même arrogant. – **5.** C'est mon <u>acteur</u> favori ! – **6.** Nous attendons un mystérieux <u>inconnu</u>. – **7.** Ce <u>chien</u> est agressif. – **8.** Cet <u>homme</u> est un peu fou. – **9.** C'était un <u>lion</u> cruel. – **10.** Mon <u>directeur</u> était furieux.

8 Cherchez si les adjectifs suivants se terminent par une consonne muette en les mettant dans votre tête au féminin, puis recopiez la terminaison qui convient.

un fruit pourri... – un chien assi... – un pays conqui... – un devoir bien écri... – un travail réussi... – un résultat préci... – un élève sérieu... – un vélo bleu... – un chemin creu... – un corbeau confu... – un renard déçu....

9 Faites une phrase complète avec chacun des groupes nominaux suivants en accordant comme il convient l'adjectif entre parenthèses.

des roses (rouge) → *Je lui ai offert des roses rouges.*

une musique (doux) – les feuilles (blanc) – la forêt (lointain) – des pâtisseries (délicieux) – une fillette (vif) – des résultats (satisfaisant) – une fumée (noir) – une tempête (destructeur) – des bruits (anormal) – les océans (profond) – un (nouveau) élève.

10 **a.** Recopiez le texte suivant, soulignez les adjectifs qualificatifs et les participes passés employés comme adjectifs, et reliez-les par une flèche au nom qu'ils qualifient.

b. Dictée Préparez ce texte pour la dictée.

Elle était grande comme un chien épagneul, les cuisses longues et musclées attachées à un rein large, l'avant-train plus étroit, la tête assez petite, coiffée d'oreilles fourrées de blanc, peintes, au-dehors, de dessins noirs et gris rappelant ceux qui décorent les ailes des papillons crépusculaires. Une mâchoire petite et dédaigneuse, des moustaches raides comme l'herbe sèche des dunes, et des yeux d'ambre enchâssés de noir, des yeux au regard aussi pur que leur couleur, des yeux qui ne faiblissaient jamais devant le regard humain, des yeux qui n'ont jamais menti…

Colette, *La Maison de Claudine,* 1922.

11 Mettez les groupes nominaux suivants au singulier.

ses yeux lumineux – les généraux célèbres – des vaisseaux spatiaux – des feux ardents – ses premiers vœux – des chemins creux – de beaux enfants.

12 Recopiez le texte suivant en mettant le mot *maison* au pluriel.

La vieille maison était là, accroupie au bord de l'eau, faiblement éclairée par la lune. Elle était paisible et rassurante.

J.-C. Noguès, *Le Faucon déniché.*

13 Recopiez les phrases suivantes, en plaçant les adjectifs après le nom : le sens de la phrase est-il toujours le même ? Développez votre réponse.

1. Aristote était un grand homme. – **2.** Mon voisin est un brave homme. – **3.** C'est une femme d'un certain âge. – **4.** Il lui donna sa propre chemise. – **5.** Quel pauvre homme ! – **6.** C'était vraiment un très curieux enfant. – **7.** Il habite une ancienne ferme.

14 ÉCRITURE Recopiez le texte suivant en ajoutant des adjectifs qualificatifs aux endroits marqués d'un astérisque, de manière à créer l'impression d'un jardin merveilleux ou, au contraire, d'un jardin horrible et effrayant.

Des grilles * ouvraient sur une allée *. De chaque côté, des * statues se dressaient sur le ciel * parsemé de nuages *. Des arbres * jetaient leur ombre * sur les cailloux * de l'allée. Au centre du jardin, une fontaine * rassemblait des oiseaux *.

Les natures de mots : bilan

Pour commencer

Voici une liste de mots :

chaise – brune – méchant – parler – délicat – ami – continuer – finir – vitesse – sauvage – plier – intelligence – bouton – lion.

1. Classez ces mots en trois colonnes :
– dans la première colonne, les mots qui désignent des personnes, des choses ou des idées ;
– dans la deuxième colonne, les mots que l'on peut conjuguer ;
– dans la troisième, les mots qu'on utilise avec un nom pour apporter une précision.
2. Indiquez la nature des mots de chaque colonne.

Leçon

❶ Natures de mots ou classes grammaticales

• **On classe les mots en fonction de leur nature.** La nature d'un mot, c'est aussi sa **classe grammaticale.**

• **Tous les mots d'une même classe partagent certaines caractéristiques** qui permettent de les reconnaître : un verbe se conjugue ; un nom nomme des objets ou des personnes ; un adjectif s'emploie avec un nom, etc.

• Tous les mots ont une nature, **qui ne change jamais** et qui est inscrite dans le **dictionnaire.**

❷ 10 classes grammaticales

Il existe dans la langue française **10 classes grammaticales** :

– **5 classes de mots variables :** les noms, les pronoms, les déterminants, les adjectifs qualificatifs et les verbes ;

– **5 classes de mots invariables :** les adverbes, les prépositions, les conjonctions de coordination, les conjonctions de subordination et les interjections.

Exercices

1 **Apprenez par cœur les 5 classes de mots variables et les 5 classes de mots invariables.**

2 **Classez les mots suivants en deux colonnes : mots variables d'une part, mots invariables d'autre part.**

beaucoup – écrivain – mais – et – est – sur – terre – savoir – de – par – part – heure – sont – sans – sous – sou – moins – rat – écrire – dorénavant – lorsque – durablement – parmi – a – à.

3 **Dans les phrases suivantes, relevez seulement les mots invariables.**

Elle n'arrêta sa course que lorsque la respiration lui manqua, mais elle n'interrompit point sa marche. Elle allait devant elle, éperdue. Tout en courant elle avait envie de pleurer.

V. Hugo, *Les Misérables*, 1862.

4 **Cherchez dans le dictionnaire la nature des mots suivants.**

a. à – je – abbaye – commencer – puisque – extraordinaire – ici – dans – très – on – punir – beaucoup – donc – lent – allô.

b. puis – pulpe – ironie – péjoratif – sans – ou – debout – hein – désoler – lorsque – eux – car – blond – hier – lui – permettre.

5 **Classez les mots suivants en trois colonnes : noms, verbes, adjectifs qualificatifs.**

amour – fragile – rédiger – journaliste – parfait – aller – sale – chambre – essayer – coiffure – falloir – hautes – inhabité – dégourdir – valise – affectueux.

6 **Donnez la nature des mots suivants : nom, verbe ou adjectif qualificatif. Quand il peut y avoir plusieurs possibilités, expliquez-les.**

jacinthe – beignet – oublie – dîner – pauvre – marin – partager – tendre – bois – rare – marche.

Les mots variables (révisions)

Leçon

Les mots variables se répartissent en cinq classes.

● **Le nom permet de nommer les personnes, les animaux et les choses.**
On distingue le **nom commun**, qui varie en nombre et parfois en genre, et le **nom propre**, qui est invariable et commence par une majuscule → *un élève, Marie*

● **Le déterminant introduit un nom** avec lequel il forme le groupe nominal.
Il varie en genre, nombre et parfois en personne → *mon stylo, un cahier*

On distingue **les articles** (*un, une, des, le, la, les*) **des autres déterminants**
(*mon, ma, ces, cette, trois, quatre…*).

● **L'adjectif qualificatif** apporte une précision sur le nom qu'il qualifie, avec lequel **il s'accorde** en genre et en nombre → *un petit garçon, de jolies fleurs*

● **Le pronom remplace un nom.** Il varie en genre, nombre et personne.
Le pronom est généralement placé devant un verbe.
Les principaux pronoms sont : *je, tu, il(s), elle(s), on, nous, vous* mais aussi *lui, eux, moi, toi, le, la, les…*

● **Le verbe exprime une action ou un état** du sujet.
Il varie en personne, en temps et en mode : **il se conjugue** → *je parle, tu parlais, nous avons parlé…*

Exercices

1 **Classez les mots suivants en quatre colonnes : noms, verbes, adjectifs qualificatifs, pronoms, déterminants.**

mentir – nettoyage – on – trois – pantalon – doux – ma – je – joli – comprendre – papier – aimer – boulanger – nous – noir – cette – ses – vouloir – couloir – des – triste – ils.

2 **a. Recopiez sans fautes le texte suivant puis entourez les noms.**
b. Soulignez en bleu les verbes conjugués et en rouge les verbes à l'infinitif.

Alice regarda pensivement le champignon pendant une bonne minute, en essayant de distinguer où se trouvaient les deux côtés ; mais, comme il était parfaitement rond, le problème lui parut bien difficile à résoudre. Néanmoins, elle finit par étendre les deux bras autour du champignon aussi loin qu'elle le put, et en détacha du bord, un morceau de chaque main.

L. CARROLL, *Alice au Pays des merveilles*.

3 **Dans le texte de l'exercice 2, relevez :**
a. trois pronoms et précisez ce qu'ils désignent.
b. deux adjectifs, en précisant quel nom ou pronom ils qualifient.

4 **Dans chacune des phrases suivantes, dites si le mot souligné est un pronom ou un article. Justifiez votre réponse.**

1. Je les ai vus.
2. J'aime les musiques de films.
3. Il ne le sait pas encore.
4. Je la connais bien.
5. Je ne connais pas la suite.
6. J'ai rencontré l'ami de Diane.

5 **a. Lisez le texte ci-dessous et donnez la nature des mots soulignés.**
b. Relevez un pronom qui désigne la petite sirène.
c. Relevez un pronom qui désigne le chemin qu'elle emprunte.
d. Relevez deux adjectifs non soulignés et dites quels noms ils qualifient.

Et la petite sirène sortit de son jardin et se dirigea vers les tourbillons mugissants derrière lesquels habitait la sorcière. Jamais elle n'avait suivi ce chemin, il n'y poussait ni fleurs ni herbes marines.

ANDERSEN, *La Petite Sirène*.

6 **Donnez la nature des mots soulignés.**

Quand l'épieu d'olivier, bien qu'encore vert, fut sur le point de s'enflammer dans le foyer et qu'il se mit à briller terriblement, je le retirai du feu et l'apportai en courant. Mes compagnons étaient autour de moi : une divinité ranimait leur courage. Ils saisirent l'épieu d'olivier au bout aiguisé et l'enfoncèrent dans l'œil du Cyclope.

HOMÈRE, L'*Odyssée*.

Grammaire

Prépositions et adverbes

❶ Les prépositions

Pour commencer

Jean est allé chez <u>Ève</u> avec <u>Luc</u>. – J'ai trouvé une montre en <u>or</u> sous <u>le lit</u>. – Il a renoncé à <u>revenir</u>. – Ils firent une promenade sur <u>le lac</u>. – Elle est jalouse de <u>sa soeur</u>.

1. Quels mots sont « accrochés » à chacun des mots soulignés ?
Relevez les groupes ainsi formés ➝ *chez Ève*

2. Quel autre mot de la phrase ces groupes complètent-ils ?
Relevez le nouveau groupe en entier ➝ *aller <u>chez Ève</u>*

Leçon

• Une **préposition** est un **mot invariable** qui relie un mot à son complément.

• Il y a donc **toujours quelque chose après une préposition** : un nom, un pronom ou un verbe à l'infinitif.

• Les **principales prépositions** sont : **à, dans, par, pour, en, vers, avec, de, sans, sous,** sur, chez, avant, après, devant, à côté de, le long de, hors de, près de…

• ***Attention !*** Les prépositions *à* et *de* « fusionnent » avec les articles *le* et *les* pour former **les articles contractés** : du, des, au, aux (voir p. 302).

❷ Les adverbes

Pour commencer

1. – Il est mort cette nuit.
– Malheureusement, il est mort cette nuit.
– Heureusement, il est mort cette nuit.
2. – C'est petit.
– C'est trop petit.
– C'est beaucoup trop petit.

3. – Partons.
– Partons demain.
– Partons vite.
– Ne partons pas.

1. Comparez les phrases de chaque groupe et recopiez les mots qui changent.

2. À l'oral, expliquez en quoi le sens de la phrase change.

Leçon

• **L'adverbe** est un mot invariable qui modifie le sens d'un verbe (3), d'un adjectif (2), d'un autre adverbe (*beaucoup* trop petit) ou de toute une phrase (1).

• **Les adverbes peuvent exprimer :**
– **la manière :** ce sont tous **les adverbes qui se terminent par le suffixe –ment**, mais aussi *bien, mal, vite, mieux*…
– **le temps :** hier, aujourd'hui, puis, alors, ensuite, toujours, jamais, d'abord, avant…
– **le lieu :** ici, là-bas, loin, devant, derrière…
– **le degré :** très, beaucoup, peu, assez, si, tellement, plus, moins…
– **la négation :** ne… pas, ne… jamais, ne… guère…

Attention : les mêmes mots sont souvent employés comme adverbes ou comme prépositions. Pour ne pas confondre, vérifiez s'il y a un complément qui suit.

➝ *Viens t'asseoir **devant**.* (devant = adverbe)
➝ *Viens t'asseoir **devant** <u>Paul</u>.* (devant = préposition)

Exercices

1 **Recopiez le texte suivant puis entourez les prépositions.**

Nofré, jeune Égyptienne, cherche Tahoser.

Le jardin, battu en tous sens, ne contenait que la solitude. Allées, tonnelles, berceaux, bosquets, Nofré interrogea tout sans succès. Elle entra dans le kiosque situé au bout de la treille[1] ; point de Tahoser. Elle courut à la pièce d'eau où sa maîtresse pouvait avoir eu le caprice de se baigner, comme elle le faisait quelquefois avec ses compagnes, sur l'escalier de granit descendant du bord du bassin jusqu'à un fond de sable tamisé.

T. GAUTIER, *Le Roman de la momie*, 1857.

1. Treille : ici, passage couvert de plantes grimpantes.

2 **Recopiez et complétez les phrases suivantes avec la préposition qui convient.**

1. Nous venons ... Brest. Nous sommes arrivés hier ... Paris et nous partons demain ... Marseille, en passant ... Lyon. Nous nous dirigerons ensuite ... l'Italie. – **2.** Je boirais volontiers une tasse ... café. – **3.** Nous lui avons offert des tasses ... café ... porcelaine. – **4.** C'était une belle fille ... la bouche moqueuse. – **5.** Tu peux parler ... crainte. – **6.** Ulysse était ... une île, il campait ... un lac. – **7.** Il le transperça ... sa lance. – **8.** Les vents poussèrent le navire ... Ithaque.

3 **Recopiez et complétez les phrases suivantes avec la préposition qui convient et écrivez correctement la terminaison des verbes qui suivent.**

1. Il est entré ... frapp... . – **2.** Il est trop tard ... recul... – **3.** Nous commencions ... nous impatient... – **4.** Je suis ravi ... vous rencontr... – **5.** Réfléchis ... parl... – **6.** J'avais envie ... hurl... .

4 **Dans les phrases suivantes, relevez tous les adverbes.**

1. Autrefois, un voyage était souvent une aventure. – **2.** L'eau jaillit brutalement de la conduite qu'ils avaient involontairement percée et se répandit partout. – **3.** Bien respirer, c'est respirer lentement, profondément. – **4.** Aujourd'hui, pourrait-on se passer totalement d'électricité ? – **5.** Levez-vous tôt demain. – **6.** Il se sent mieux depuis qu'il ne fume plus. – **7.** Non loin de là vivait une très méchante sorcière. – **8.** Il est très fort. – **9.** Il crie fort. – **10.** Il est exactement midi. – **11.** Elle m'aime, un peu, beaucoup, passionnément...

5 **À partir des adjectifs suivants, formez des adverbes en ajoutant le suffixe –ment.**

lent – doux – normal – fier – fou – amoureux – naïf – frais – long – discret – habituel.

6 **Ajoutez un adverbe aux verbes suivants et employez l'expression dans une phrase de votre invention. Vous emploierez au moins un adverbe de temps, un adverbe de lieu, un adverbe en –ment et un autre adverbe de manière.**

travailler – dormir – se lever – partir – courir – parler – s'installer.

7 **Dites si les mots en gras sont des prépositions ou des adverbes et justifiez votre réponse.**

1. Finissons notre travail, nous déjeunerons **après**. – **2.** J'arriverai **après** toi. – **3.** Partez **devant**, nous vous rejoindrons. – **4.** Il était assis juste **devant** moi. – **5.** Elle jeta un regard curieux **à l'intérieur de** la pièce. – **6. À l'intérieur** se trouvaient toutes sortes de trésors. – **7.** Il est sorti avec une mallette mais il est revenu **sans**. – **8.** Il ne peut pas vivre **sans** elle.

8 **Recopiez le texte suivant puis entourez en rouge les adverbes et en bleu les prépositions. N'oubliez pas l'article contracté.**

Un autre jour, elle me conduisit, sur la route du village, jusqu'à la ferme de Félix : c'était un « bastidon[1] » au bord de la route, dont les volets étaient toujours fermés, parce que Félix, qui était maçon, ne rentrait pas avant le soir ; mais, en son absence, ses richesses étaient gardées par un chien immense, si maigre qu'on eût dit un squelette velu, et qui bondissait vers les passants en s'étranglant au bout d'une chaîne, dont l'épaisseur était fort heureusement proportionnée à la férocité de l'animal.

M. PAGNOL, *Le Temps des secrets*, 1960.

1. Bastidon : maison provençale.

9 **Dites si les mots en gras sont des adjectifs ou des adverbes. Justifiez votre réponse.**

1. Elles parlaient si **bas** qu'on les entendait à peine. – **2.** Le plafond était très **bas**. – **3.** Il portait un pantalon trop **court**.- **4.** Pendez-les **haut** et **court**. – **5.** Sa voix **haute** résonnait à travers bois.

10 **Dans chaque liste, trouvez l'intrus. Justifiez votre réponse.**

1. Poliment – gaiement – médicament – vaillamment.

2. Éternellement – gentiment – résument – rudement.

3. Clément – délicatement – doucement – volontairement.

4. Élégamment – étonnement – sûrement – violemment.

Les conjonctions

❶ Les conjonctions de coordination

Pour commencer

1. – Je ne t'ai pas demandé du thé <u>mais</u> du café. – **2.** Boire <u>ou</u> conduire, il faut choisir. – **3.** Il est généreux <u>et</u> courageux. – **4.** Cette figure a trois côtés, <u>donc</u> c'est un triangle.

Quels sont les mots ou groupes de mots qui sont reliés par les mots soulignés ? Précisez leur nature.

Leçon

Les conjonctions de coordination servent à relier deux groupes **de nature équivalente.** Il en existe sept : **mais - ou - et - donc - or - ni - car.**

❷ Les conjonctions de subordination

Pour commencer

1. Tu as des difficultés. Tu ne travailles pas assez. – **2.** Je dis : Il a raison. – **3.** Il a fait des efforts. Il a rattrapé tout son retard.

Reliez les phrases entre elles en ajoutant un mot autre qu'une conjonction de coordination. Exemple : *Il pleut. Nous rentrons.* → *Comme il pleut, nous rentrons.*

Leçon

- **Les conjonctions de subordination** permettent de relier **deux propositions** (c'est-à-dire deux parties de phrases avec leur verbe et leur sujet).

- Les **principales conjonctions de subordination** sont : **que, quand, comme, si, puisque, parce que, lorsque, afin que, si bien que,** etc.

Exercices

1 ▸ **Recopiez et complétez les phrases.**

1. Je rêve d'un ami qui m'écoute et ... – **2.** C'est dommage car ... – **3.** Je voudrais partir en vacances mais ... – **4.** Je ne sais ni chanter ni ... – **5.** Ce film est interdit aux moins de seize ans, or ...

2 ▸ **Complétez les phrases par une conjonction de coordination qui convient.**

1. Un mythe explique le monde ... parle des dieux.
2. Paul avait révisé sa poésie ... il a eu un trou de mémoire.
3. Jupiter changea Lycaon en loup ... il était trop cruel.
4. Un poème peut être en vers ... en prose.

3 ▸ **Complétez les phrases par une conjonction de subordination qui convient.**

1. ... le restaurant est fermé, nous achetons des sandwiches.
2. Il a regardé la télévision très tard, ... il est très fatigué.
3. ... il pleut, la route est très glissante.
4. Il fait trop chaud ... nous puissions sortir.

4 ▸ **Recopiez le texte suivant. Relevez les conjonctions et précisez leur nature exacte.**

Quand il y a des devoirs difficiles, Joachim et Maixent se téléphonent et la maîtresse leur met souvent un zéro à chacun. Mais cette fois-ci, ils nous ont dit qu'ils étaient tranquilles, parce que c'étaient leurs pères qui s'étaient téléphoné.

R. GOSCINNY, *Histoires inédites du Petit Nicolas,*
Imav éditions, 2006..

Les mots invariables (révisions)

Leçon

Il existe cinq classes de mots invariables.

• **La préposition** (à, dans, par, pour, en, vers, avec, de, sans, sous...) permet d'introduire un complément du verbe, de l'adjectif ou du nom → *le voleur **de** Bagdad ; parler **à** quelqu'un...*

• **L'adverbe** modifie le sens d'un verbe, d'un adjectif ou d'un autre adverbe.
Ce sont les adverbes de **manière** (adverbes en –ment), les adverbes de **temps** (hier, maintenant, avant...), de **lieu** (ici, loin, dehors...), d'**intensité** (très, peu, assez, trop...) ou de **négation** (ne... pas, ne... plus...).

• **La conjonction de coordination** (mais, ou, et, donc, or, ni, car) relie deux mots ou groupes de mots de même nature → *Shéhérazade est une femme belle **et** intelligente. Achille était un guerrier valeureux **mais** colérique.*

• **La conjonction de subordination** (quand, lorsque, parce que, pour que, afin que, comme, si...) introduit une proposition subordonnée → *Je reviendrai **quand** tu auras terminé.*

• **Les interjections** expriment une exclamation → *Ah ! Aïe ! Ouf !*

Exercices

1 **Dans les phrases suivantes, relevez les adverbes.**

1. Maintenant, c'est trop tard. – **2.** Lucie est une fille vraiment très bien. – **3.** Il n'apprend pas vite, mais il se rappelle longtemps. – **4.** Jamais on n'avait vu plus somptueux jardin ! – **5.** Reviens demain : je n'ai pas encore fini. – **6.** Ici, on accueille toujours chaleureusement les hôtes de passage.

2 **Dans les phrases suivantes, relevez les prépositions et le complément qu'elles introduisent.**
Exemple : *Je suis fière de toi.* → *de toi*

1. Dans la petite pièce mal éclairée par une bougie de cire, une vieille femme, assise près du feu sur une chaise en osier, parlait à un chat. – **2.** J'ai besoin de ton aide pour lui préparer une petite surprise. – **3.** Sans un miracle, nous ne parviendrons pas à Dreux avant demain.

3 **a. Recopiez le texte ci-contre, entourez en rouge les conjonctions de coordination et en vert les conjonctions de subordination.**

b. Donnez la nature des mots soulignés.

L'année suivante, l'aînée des sœurs allait atteindre sa quinzième année, et comme il n'y avait qu'une année de différence <u>entre</u> chaque sœur, la <u>plus</u> jeune devait <u>encore</u> attendre cinq ans <u>pour</u> sortir <u>du</u> fond <u>de</u> la mer. Mais l'une promettait <u>toujours</u> à l'autre de lui faire le récit [de ses aventures] ; car leur grand'mère ne parlait <u>jamais assez</u>, et il y avait tant de choses qu'elles brûlaient <u>de</u> savoir !

ANDERSEN, *La Petite Sirène*.

4 **Donnez la nature des mots soulignés.**

<u>Bien</u> <u>loin</u> <u>dans</u> la mer, l'eau est <u>bleue</u> <u>comme</u> les feuilles des bluets, <u>pure</u> comme le <u>verre</u> le <u>plus</u> transparent, <u>mais</u> <u>si</u> profonde <u>qu'</u>il serait <u>inutile</u> d'y jeter l'ancre, <u>et</u> <u>qu'</u>il faudrait <u>y</u> entasser une quantité infinie <u>de</u> tours d'églises les unes <u>sur</u> les autres <u>pour</u> <u>mesurer</u> la distance du fond <u>à la</u> surface. C'est <u>là</u> que demeure le peuple de la mer. Mais n'allez <u>pas</u> croire que <u>ce</u> fond se compose <u>seulement</u> de <u>sable</u> blanc ; <u>non</u>, il y croît des <u>plantes</u> et des arbres bizarres, et si souples, que le moindre <u>mouvement</u> de l'eau <u>les</u> fait s'agiter comme s'<u>ils</u> étaient <u>vivants</u>.

ANDERSEN, *La Petite Sirène*.

Les déterminants et leur emploi

Pour commencer

« Enfin ! ma tête est dégagée ! » s'exclama Alice d'un ton ravi ; mais presque aussitôt, son ravissement se transforma en vive inquiétude lorsqu'elle s'aperçut qu'elle ne retrouvait nulle part ses épaules : tout ce qu'elle pouvait voir en regardant vers le bas, c'était un cou d'une longueur démesurée, qui semblait se dresser comme une tige, au-dessus d'un océan de feuilles vertes, bien loin au-dessous d'elle.

« Qu'est-ce que toute cette verdure ? poursuivit Alice. Et où donc sont passées mes épaules ? »

Lewis Carroll, *Alice au Pays des merveilles*, trad. Henri Parisot, Flammarion, 1979.

1. a. Relevez les déterminants qui accompagnent des noms en exprimant l'idée de possession.
b. Précisez leur genre et leur nombre.
c. Conjuguez la phrase soulignée à toutes les personnes. Que remarquez-vous ?
2. Relevez un déterminant qui permet de montrer précisément la chose dont on parle.

Leçon

● **Le déterminant possessif** est un déterminant qui indique à qui appartient la chose ou l'être dont on parle. Il varie en genre, nombre et personne.

		Un seul possesseur	Plusieurs possesseurs
Singulier	**Masculin**	Mon, ton, son	Notre, votre, leur
	Féminin	Ma, ta, sa	Notre, votre, leur
Pluriel		Mes, tes, ses	Nos, vos, leurs

Devant un nom féminin commençant par une voyelle, on remplace *ma*, *ta*, *sa* par *mon*, *ton*, *son* → *Cela attira **mon** attention.*

● **Le déterminant démonstratif** sert à montrer la chose ou l'être dont on parle.

Il varie en genre et en nombre → *Admire **cette** forêt.* (Cette forêt que nous apercevons.)

	Masculin	Féminin
Singulier	Ce, cet	Cette
Pluriel	Ces	

Devant un nom masculin commençant par une voyelle, on écrit *cet* au lieu de *ce*
→ *Admire **cet** arbre.*

Exercices

1 **Relevez les déterminants possessifs et indiquez la personne à laquelle ils se rapportent.**

1. Elle se jeta au pied de son mari, en pleurant et en lui demandant pardon. (Perrault)
2. Les indigènes faisaient eux-mêmes leur cuisine, leur justice, leur musique, leur poésie et leur pain. (Prévert)

3. Quand reverrai-je hélas, de mon petit village / Fumer la cheminée, et en quelle saison / Reverrai-je le clos de ma pauvre maison, / Qui m'est une province et beaucoup davantage ? (Du Bellay)
4. Oh ! monsieur, les temps sont bien durs ! et puis nous avons si peu de bourgeois dans nos endroits ! (Hugo)
5. Laisse ta main sur mon épaule, murmura Bagheera. (Kipling)

2 **a. Complétez par le déterminant possessif qui convient.**

1. Je mets les mains dans ... poches. **2.** Nous nous dépêchons de regagner ... maison. **3.** Les moineaux transis se pelotonnent dans ... nids. **4.** Vous avez laissé tomber ... copie sous le bureau. **5.** Il déblaie la neige devant ... porte. **6.** Les patineurs prennent ...élan ; nous entendons le bruit de ... patins sur la glace. **7.** N'avez-vous pas oublié ... affaires ?

b. Récrivez ces phrases en conjuguant le verbe à la personne du singulier ou du pluriel correspondante.

3 **Conjuguez à toutes les personnes :**

J'ai reçu la visite de mes cousins qui m'ont annoncé l'arrivée de notre grand-mère.

4 **Complétez par *son, sa* ou *ses* et accordez l'adjectif.**

... joues (rouge) – ... horloge (ancien) – ... (vieux) horloge – ... (nouveau) habit – ... attitude (discret) – ... air (hautain) – ... allure (hautain) – ... pétales (coloré) – ... omoplates (saillant) – ... habileté (manuel).

5 **Complétez par *leur* ou *leurs*.**

... sac sur le dos, les élèves franchirent les grilles. Ils avaient préparé, la veille, ... crayons, ... cahiers et ... livres. Sur un signe de ... professeur, ils se sont installés à ... place, examinant d'un œil inquiet ... nouveaux camarades de classe. On leur dicta ... nouvel emploi du temps et on leur donna la liste de ... professeurs.

6 **Recopiez les déterminants possessifs en bleu, les déterminants démonstratifs en rouge, puis récrivez cette phrase à la 3e personne du pluriel.**

Il mit donc son chapeau sur la tête, son sac à l'épaule, la route sous ses pas, et s'en alla chercher sa chance auprès de Dieu, qui vivait en ce temps-là dans une grotte blanche, en haut d'une montagne au-dessus des nuages. (H. Gougaud)

7 **Relevez les déterminants démonstratifs avec le nom qu'ils accompagnent, précisez-en le genre.**

1. Que cet animal est donc laid. Je n'arrive pas à m'y habituer. Cette peau rose est d'un effet vraiment écœurant ! (Aymé)
2. Et selon leurs habitudes en ces occasions, chaque fée y vint à sa manière. (de Pourtalès)
3. Il revoit ce qui a défilé de paysages devant ses yeux, pendant ce voyage qui va bientôt finir. (Monnier)
4. Dans les champs, il y a ces lourdes huttes rondes, bâties en pierres sèches ; ces fines herbes d'argent qui volent sur le vent ; ces pommes, ces châtaignes, des noix chapardées au long des chemins ; ces vignes abandonnées... (Monnier)

8 **Remplacez le nom souligné par le nom proposé entre parenthèses et faites les changements nécessaires.**

1. Le silence dans lequel baignait ce lieu (endroit) n'était ni inquiétant, ni mystérieux.
2. Il ne savait que faire de ce bagage (valise) encombrant.
3. Avez-vous vu cet arbre (plante) qui pousse au milieu des ruines ?
4. Cette eau (océan) est polluée par le pétrole.
5. Dans ce moment (instant), on heurta si fort à la porte, que la Barbe bleue s'arrêta tout court.
6. Notre héros était ce matin-là (soirée-là) du plus beau sang-froid du monde ! (Stendhal)

9 **Compétez par *ces* ou *ses*.**

1. ... yeux étaient bleus et ... cheveux châtain foncé. – **2.** ... coups de vent nous glaçaient le visage et les mains. – **3.** ... mots furent prononcés avec beaucoup de violence, si bien qu'il préféra ne pas se mêler à ... débats. – **4.** La voiture et ... passagers s'arrêtèrent brutalement. – **5.** ... airs-là se retiennent facilement.

10 **Écrivez les expressions soulignées au pluriel.**

1. Ce merveilleux navire provoquait l'admiration de tous. – **2.** Elle semblait puissante cette locomotive, avec ses hautes roues et son aspect massif. – **3.** Son voisin s'agitait constamment et ne cessait de faire tomber ses crayons. – **4.** Enlève cette maudite corde, qu'il puisse passer avec son cheval. – **5.** Il me parle avec joie de l'arrivée de son cousin et de sa tante, de ce moment tant attendu.

11 **Relevez les déterminants et les noms qu'ils accompagnent, puis précisez la nature exacte de chacun d'eux.**

Une ombre tomba au milieu du cercle. C'était Bagheera, la panthère noire. Sa robe est tout entière noire comme l'encre, mais les marques de la panthère y affleurent, sous certains jours, comme font les reflets de la moire. Chacun connaissait Bagheera et personne ne se souciait d'aller à l'encontre de ses desseins. [...]
– O Akela, et vous, Peuple libre, ronronna sa voix persuasive, je n'ai nul droit dans votre assemblée. Mais la loi de la Jungle dit que, s'il s'élève un doute dans une affaire, en dehors d'une question de meurtre, à propos d'un nouveau petit, la vie de ce petit peut être racheté moyennant un prix. Et la loi ne dit pas qui a droit ou non de payer ce prix. Ai-je raison ?

R. Kipling, *Le Livre de la jungle*, © Mercure de France.

11 Les pronoms et leur emploi

Mowgli, élevé par les loups, fait ses adieux au clan avant de retourner chez les hommes.

– Vous ne m'oublierez pas, dit Mowgli.

– Jamais, tant que nous pourrons suivre une piste ! dirent les petits. Viens au pied de la colline quand tu seras un homme et nous te parlerons ; et nous viendrons dans les labours pour jouer avec toi la nuit.

– Reviens bientôt ! dit Mère Louve, mon petit tout nu ; car écoute, enfant de l'homme, je t'aimais plus que je n'ai jamais aimé les miens.

R. Kipling, *Le Livre de la jungle*, © Mercure de France.

1. Dans les deux premières répliques, quels sont les mots qui désignent Mowgli ? Quels sont ceux qui désignent les petits ?
2. Quel mot Mère Louve emploie-t-elle pour désigner ses petits ?

Leçon

Le pronom est un mot que l'on emploie à la place d'un nom pour en éviter la répétition.

• **Le pronom personnel** est un mot qui désigne :
– la personne qui parle ou 1re personne : **je, me, moi, nous** ;
– la personne à qui l'on parle ou 2e personne : **tu, te, toi, vous** ;
– la personne de qui l'on parle ou 3e personne : **il, elle, soi, ils, elles le, la, lui, les, leur, eux se, en, y.**

On est un pronom indéfini de la 3e personne.

• **Le pronom possessif** remplace un nom précédé d'un déterminant possessif
→ *mon pain : le mien ; son gâteau : le sien ; leurs amis : les leurs.*

Masc. sing.	Fém. sing.	Masc. plur.	Fém. plur.
Le mien	La mienne	Les miens	Les miennes
Le tien	La tienne	Les tiens	Les tiennes
Le sien	La sienne	Les siens	Les siennes
Le nôtre	La nôtre	Les nôtres	Les nôtres
Le vôtre	La vôtre	Les vôtres	Les vôtres
Le leur	La leur	Les leurs	Les leurs

Le pronom démonstratif remplace généralement un nom précédé d'un déterminant démonstratif → *Je lui donnai ces gâteaux. Il trouva **celui-ci** meilleur que **celui-là**.*

Singulier			Pluriel		
Masculin	**Féminin**	**Neutre**	**Masculin**	**Féminin**	**Neutre**
Celui	Celle	Ce (c')	Ceux	Celles	Ce (c')
Celui-ci	Celle-ci	Ceci	Ceux-ci	Celles-ci	
Celui-là	Celle-là	Cela, ça	Ceux-là	Celles-là	

Ce, ceci, cela, c' ne remplacent pas des noms précis mais des idées, des phrases entières : ce sont des pronoms démonstratifs neutres (ils n'ont ni genre, ni nombre)
→ *ce qui va arriver ; **cela** est étrange ; écoutez **ceci**.*

Exercices

1 **Relevez les pronoms personnels et indiquez-en la personne et le nombre.**

Le loup pencha la tête du côté gauche, comme on fait quand on est bon, et prit sa voix la plus tendre :
– J'ai froid, dit-il, et j'ai une patte qui me fait bien mal. Mais ce qu'il y a, surtout, c'est que je suis bon. Si vous vouliez m'ouvrir la porte, j'entrerais me chauffer à côté du fourneau et on passerait l'après-midi ensemble.
– Vous comprenez, dit Marinette avec un sourire, ce n'est pas pour vous renvoyer, mais nos parents nous ont défendu d'ouvrir la porte, qu'on nous prie ou qu'on nous menace.

R. Kipling, *Le Livre de la jungle*, © Mercure de France.

2 **Complétez chaque phrase par le pronom personnel qui convient.**

1. Ils ... ont dit que vous seriez absents mais nous ne ... avons pas crus. – **2.** Regarde-... lorsque je te parle. – **3.** L'enfant appelle son chien, ... caresse et ... donne un os. – **4.** Je suis bavarde, certes, mais tu ... es bien plus que moi. – **5.** Tes amis ...' ont toujours aidé. Tu peux ... faire confiance et compter sur ... – **6.** Je lui ai demandé de ... acheter la robe que j'avais vue en vitrine. – **7.** Ce vase est fragile, n'... touchez pas. – **8.** Ce gâteau est délicieux. Puis-je ... reprendre ?

3 **Recopiez les phrases suivantes. Soulignez en rouge *le, la, les* pronoms personnels et en bleu *le, la, les* articles définis.**

1. L'histoire qu'on lui a racontée l'a beaucoup inquiété. – **2.** On félicite les gagnants et on les photographie. – **3.** À la tombée du jour, la lune se leva et on la voyait glisser derrière les nuages. – **4.** Le film qu'il a vu l'a distrait sans le passionner.

4 **Recopiez les phrases suivantes. Soulignez en rouge *leur*, pronom personnel ; en bleu *leur*, déterminant possessif, et en noir *leur*, pronom possessif.**

1. Les deux joueurs sont à leur place habituelle et l'arbitre leur donne le signal de départ.
2. J'ai oublié mes partitions. Je me demande s'ils auront pensé à prendre les leurs.
3. Annonce-leur la bonne nouvelle avant que je ne leur communique la mauvaise.
4. Je leur énumère les avantages de leur métier.
5. Reprenez vos affaires et laissez-leur les leurs.

5 **Complétez les phrases suivantes par le pronom démonstratif qui convient.**

1. Parmi toutes ces peintures, je préfère ... qui datent de la période bleue.
2. Cette guitare est ... sur laquelle jouait Django Reinhardt.
3. Ce portrait est ... de Madame de Maintenon.
4. Est-ce ta copie ou ... de Pierre ?
5. Parmi les candidats, ... qui auront échoué pourront repasser l'examen en seconde session.

6 **Recopiez les phrases suivantes. Soulignez en rouge *ce*, pronom démonstratif ; et en bleu *ce*, déterminant démonstratif.**

1. L'œuvre de ce peintre est considérable. – **2.** Lis ce que tu voudras mais n'oublie pas ce que je t'ai dit concernant ce roman. – **3.** Ce musicien aime ce qui est nouveau. – **4.** Mais regarde ce paysage. N'est-ce pas le plus beau que tu aies jamais contemplé ? – **5.** Ce devait être au Moyen Âge que se déroulait ce récit.

7 **Complétez les phrases par *se*, *ce* ou *ceux*.**

1. Il ... souvient très bien de ... voyage et de tous ... qui avaient participé à l'ascension du mont Blanc. – **2.** Son cheval ... cabra, ... qui provoqua son accident. – **3.** Elle ... demande si ... qu'elle entend est véridique. – **4.** ... récit a été inventé par ...-là mêmes qui ont mis en scène la pièce.

8 **Évitez les répétitions en employant un pronom possessif.**

1. Son niveau est supérieur à ton niveau. – **2.** Elles ne savent que faire pendant leurs vacances. Et vous, que faites-vous pendant vos vacances ? – **3.** Ta mère sera présente à la réunion mais ma mère ne pourra y assister. – **4.** Notre saynète a été applaudie et votre saynète huée. – **5.** Votre compagnie joue au festival d'Avignon tandis que notre compagnie sera en tournée à l'étranger. – **6.** Ces costumes sont les tiens. Où sont mes costumes ? – **7.** Vos amis pourront assister à la soirée, mais leurs amis ne pourront être présents.

9 **Remplacez les mots soulignés par la personne correspondante du pluriel et faites les changements nécessaires.**

1. Je viendrai avec mes voisins. Invite les tiens. – **2.** Ton ami apportera-t-il ses enceintes ? Sinon j'apporterai les miennes. – **3.** Elle vante les beautés de son pays, mais il préfère les beautés du sien. – **4.** J'ignore où sont passées mes clés. J'espère qu'il aura les siennes.

10 **Donnez la nature exacte des mots soulignés, puis précisez le genre, le nombre et la personne pour les pronoms.**

Et c'est moi, Raksha (le démon), qui vais te répondre. Le petit d'homme est mien, Mungri, le mien à moi ! Il ne sera point tué. Il vivra pour courir avec le Clan ; et prends-y garde, chasseur de petits tout nus, mangeur de grenouilles, tueur de poissons ! Il te fera la chasse, à toi… Maintenant, sors d'ici, ou, par le Sambhur que j'ai tué, tu retourneras à ta mère, tête brûlée de Jungle, plus boiteux que jamais tu ne vins au monde. Va-t'en !

R. Kipling, *Le Livre de la jungle*, © Mercure de France.

Les types de phrases et la ponctuation forte

Pour commencer

« Où donc sont passées mes épaules ? Oh ! mes pauvres mains, comment se fait-il que je ne puisse pas vous voir ? » Elle les remuait tout en parlant, mais sans obtenir d'autre résultat que d'agiter légèrement les feuillages lointains.

À ce moment-là arrive un pigeon qui pousse des cris d'horreur en voyant Alice : « Serpent ! »

« Mais je vous répète que je ne suis pas un serpent ! Je suis... je suis... »

LEWIS CARROLL, *Tout Alice*, éditions Flammarion, 1979 (traduction par Henri Parisot).

1. Combien y a-t-il de phrases dans cet extrait ? Expliquez ce qui vous a aidé à les compter.

2. Quelles phrases posent une question ? Quelles phrases marquent une exclamation ? Quelle phrase marque une hésitation ? À quoi le voyez-vous ?

Leçon

❶ Rappel : les types de phrases

Une phrase appartient obligatoirement à l'un des **trois types** suivants : **déclaratif**, **interrogatif** ou **impératif** (injonctif).

● **La phrase déclarative** donne une **information** → *Elle remuait les feuilles tout en parlant.*

● **La phrase interrogative** pose une **question** ; elle se termine par un **point d'interrogation.** → *Où donc sont passées mes épaules ?*

● **La phrase impérative** (ou injonctive) donne un **ordre**, un **conseil**... Elle a pour but de faire agir la personne à qui elle s'adresse → *Dites-moi qui vous êtes.*

● L'exclamation s'**ajoute à ces trois types de phrases. La phrase exclamative** se termine par un **point d'exclamation**. Elle exprime un **sentiment fort** comme la joie, la surprise, la douleur, la colère, l'admiration, ou un **ordre**, une **prière**
→ *Mais je vous répète que je ne suis pas un serpent !*

❷ La ponctuation forte

On appelle ponctuation forte les signes de ponctuation qui **marquent la fin d'une phrase**. Ils sont **toujours suivis d'une majuscule**. Il existe **quatre signes de ponctuation forte** :

● **Le point** indique la fin d'une **phrase déclarative**
→ *Les élèves entrent en classe. Le cours va commencer.*

Il s'utilise aussi pour séparer les lettres dans les abréviations ou les sigles
→ *P. S. (post-scriptum) ~ S. N. C. F*

● **Le point d'interrogation** se met à la fin d'une **phrase interrogative**
→ *Avez-vous peur ?*

● **Le point d'exclamation** se met à la fin d'une **phrase exclamative** → *Je vous répète que je ne suis pas un serpent !* Il s'utilise aussi après les interjections → *Oh !*

● **Les points de suspension** sont toujours au nombre de trois. Ils marquent une **interruption** provoquée par l'émotion, la surprise, l'hésitation, la rêverie ou signalent qu'une **énumération** n'est pas complète → *Je suis... je suis...*

Remarque : dans certains cas, le point d'exclamation, le point d'interrogation et les points de suspension peuvent ne pas être suivis d'une majuscule
→ *Oh ! mes pauvres mains.*

Exercices

1 **Hector a recopié ce texte en oubliant les majuscules : aidez-le à les rétablir en le recopiant avec les majuscules.**

zeus retourna dans les cieux et convoqua les dieux à un conseil. tous se pressèrent de rejoindre, par la voie lactée, le palais de marbre où zeus trônait, préoccupé et furieux. dès qu'ils furent rassemblés, la voix du dieu suprême tonna, décrivant les horreurs de la terre. « j'ai déjà foudroyé un palais, dit-il, mais tous les mortels sans exception doivent être punis. je voudrais brûler toute la terre par la foudre, mais je crains qu'un tel incendie atteigne les cieux. »

D'après Mythes et légendes de la Grèce antique,
éd. Gründ, 1991.

2 **Recopiez les extraits suivants : soulignez en rouge les phrases déclaratives, en bleu les interrogatives, en vert les impératives et en noir les exclamatives. Quelles phrases avez-vous soulignées deux fois ?**

1. « Mais je vous répète que je ne suis pas un serpent ! Je suis... je suis...
– Eh bien ! Dites-moi ce que vous êtes ! dit le Pigeon. Je vois bien que vous essayez d'inventer quelque chose ! » (CARROLL)

2. [Delphine] murmura en serrant la main de la plus petite :
– C'est le loup.
– Le loup ? dit Marinette, alors on a peur ?
– Bien sûr, on a peur. (AYMÉ)

3. Les cerfs avançaient la tête, dressaient leurs bois et tournaient le cou. Le « grand-général-commandant-en-chef-Pieds-de-bouc » bondit et cria :
– Ils se sauvent ! Ils se sauvent ! (ANDERSEN)

4. On fit mettre de la colle sur le dos du Chinois et une agrafe dans le cou, et il fut comme neuf, mais il ne pouvait plus hocher la tête.
– Vous faites le fier depuis que vous avez été cassé, dit le « grand-général-commandant-en-chef-Pieds-de-bouc ». Il n'y a pas là de quoi être si hautain. Aurai-je ou n'aurai-je pas la main de ma bergère ? (ANDERSEN)

3 **Recopiez ces phrases en remplaçant les astérisques par le signe de ponctuation qui convient. Précisez à chaque fois le type de phrase.**

1. Es-tu allé rendre visite à ta grand-mère*

2. Je me demande ce que voudrait Loïse pour son anniversaire*

3. Quelle bonne surprise*

4. « Je* je suis une petite fille », dit Alice d'une voix hésitante* (L. CARROLL)

5. Comme cette histoire est triste*

6. Rentre à la maison immédiatement*

7. Je ne sais vraiment pas quelle robe choisir* La rouge ou la verte*

8. Oh* que c'est noir*

4 **a. Recopiez ce texte en rétablissant les points d'interrogation et les points d'exclamation, ainsi que les majuscules.**

b. Une phrase se termine par des points de suspension dans le texte original : à votre avis, laquelle ? Justifiez votre réponse.

Au voleur au voleur à l'assassin au meurtrier justice, juste Ciel je suis perdu, je suis assassiné, on m'a coupé la gorge, on m'a dérobé mon argent. qui peut-ce être qu'est-il devenu où est-il où se cache-t-il que ferais-je pour le trouver où courir où ne pas courir n'est-il point là n'est-il point ici qui est-ce arrête rends-moi mon argent, coquin (*il se prend lui-même le bras*) ah c'est moi

D'après MOLIÈRE, L'Avare.

5 **Les points de ce texte ont été supprimés, rétablissez-les. N'oubliez pas les majuscules !**

il y a des siècles, le roi Tantale régnait sur la Lydie, pays qui fait partie aujourd'hui de la Turquie nul n'était plus riche que lui la montagne du Sipyle lui donnait de l'or, ses champs s'étendaient à perte de vue et les épis de blé qui y poussaient étaient deux fois plus lourds que n'importe où ailleurs sur les flancs verdoyants des collines, les bouviers gardaient d'énormes troupeaux les dieux eux-mêmes couvraient Tantale de leurs faveurs ils lui permirent de participer à leurs festins à l'Olympe et d'écouter leurs discours

D'après Mythes et légendes de la Grèce antique,
éd. Gründ, Prague, 1991.

6 **Faites de même avec ce texte.**

j'avais surtout une grande répugnance pour les vers de terre cette chose rouge et élastique me causait une horreur sans nom, et s'il m'arrivait d'en écraser un par mégarde, j'en ressentais de longs frissons de dégoût les jours où je souffrais de points de côté, la mère Colas défendait à ma sœur de s'éloigner mais ma sœur s'ennuyait et voulait quand même m'emmener alors, elle ramassait des vers, qu'elle laissait grouiller dans ses mains, en les approchant de ma figure aussitôt, je disais que je n'avais plus mal, et je me laissais traîner dans les champs

MARGUERITE AUDOUX, Marie-Claire, 1920.

7 **ÉCRITURE**

La maman du Petit Nicolas entre dans la chambre de son fils et découvre le désordre. Imaginez la conversation entre la mère et son fils.

13 Les formes de phrases et la négation

Grammaire

Pour commencer

1. J'ai compris.
2. J'aime le chocolat et le café.
3. Ils ont tout abîmé !
4. J'ai fini moi aussi.
5. Y a-t-il encore du gâteau ?
6. J'aime tout sauf les carottes.

1. Écrivez le contraire des phrases ci-dessus.

2. Entourez les mots qui vous ont permis d'exprimer ce contraire.

Leçon

❶ Les formes de phrases

• **Une phrase peut être affirmative ou négative.**

À la forme affirmative, la phrase dit que l'action se fait → *Ils viennent.*
À la forme négative, la phrase dit que l'action ne se fait pas → *Ils ne viennent pas.*

• Quand une phrase interrogative est à la forme négative, on parle de **phrase interro-négative.**

• **La restriction**, construite avec « **ne... que** », permet d'exprimer une exception à l'intérieur d'une négation → *Il n'a dit que son nom.* (= Il n'a rien dit sauf son nom.)

❷ La négation

• En général, **il faut deux mots pour former la négation** : ne... pas, ne... plus, ne... point, ne... guère, ne... jamais...

• On peut aussi utiliser des **pronoms** ou des **déterminants négatifs**
  → *Nous n'avons aucune chance de le rattraper.*

Phrase affirmative	Phrase négative
Quelque chose	Ne... rien
Quelqu'un	Ne... personne
On	Nul... ne
Quelques (-uns) / certains	Ne... aucun
Toujours	Ne... jamais / Ne... pas toujours
Encore	Ne... plus / Ne... pas encore

• Dans la phrase verbale, quand on utilise un seul mot de négation, c'est toujours **ne** (ou **n'**)
  → *Je n'ose imaginer ce qui se serait passé.*

• Dans la phrase non verbale, on peut trouver *pas, nul, aucun, jamais* ou *personne* sans *ne*
  → *Nul bruit au-dehors. Pas un souffle de vent.*

Attention ! Dans une phrase négative, ***ni*** remplace ***et*** pour coordonner deux termes
  → *Il retrouva son père et sa sœur. Il ne retrouva ni son père ni sa sœur.*

Exercices

1 **Dans les phrases suivantes, relevez les mots exprimant la négation. S'agit-il d'une négation ou d'une restriction ?**

1. Tu ne tueras point.

2. Tu n'honoreras qu'un seul Dieu.

3. Il n'avait fait qu'obéir aux ordres.

4. Je n'accepterai de retard sous aucun prétexte.

5. Nul ne savait où il était passé.

6. Bilbo n'avait guère l'allure d'un héros.

7. Tu ne sais que te plaindre !

2 **Recopiez le texte suivant et entourez les marques de négation.**

Méri ne chassait pas l'hippopotame, pas plus qu'il ne guettait le léopard ni ne s'entretenait avec le scarabée dépositaire de tous les secrets soufflés par le vent. Il ne s'exerçait pas non plus au maniement de l'arc, encore moins à la flûte, au luth ou à la grande harpe sacrée. Méri ne faisait rien. Et c'était bien là ce qui désolait son père.

A. Surget, *L'Œil d'Horus*, © Flammarion, 1999.

3 **Mettez les phrases suivantes à la forme négative.**

1. Je lui ai répondu.

2. C'est moi qui ai retrouvé ton chat.

3. Avez-vous vu Mademoiselle Rose ?

4. Prends du pain.

5. Est-il meilleur ainsi ?

6. Rendez-le.

4 **Conjuguez les expression suivantes au passé composé, à toutes les personnes.**

1. *Aller au cinéma*, à la forme négative.

2. *Obtenir de bons résultats*, à la forme interro-négative.

5 **Dites le contraire des phrases suivantes.**

1. Il ne pleut plus. – **2.** Il n'a guère d'appétit en ce moment. – **3.** Poucet n'aura entendu aucune de nos paroles. – **4.** Je ne suis jamais allé aux États-Unis. – **5.** N'a-t-il rien dit ? – **6.** Il sait chanter et danser. – **7.** Ce sentier mène quelque part.

6 **a. Transposez les phrases suivantes à la forme négative.**

b. Transposez les phrases obtenues au passé composé.

1. Je le vois. – **2.** Tu comprends. – **3.** Il se trompe toujours.

7 **Expliquez la différence de sens entre les phrases de chaque couple.**

1. Tout le monde n'aime pas le chocolat. / Personne n'aime le chocolat.

2. La sorcière n'avait découvert aucun des enfants. / La sorcière n'avait pas découvert tous les enfants.

3. Aucun élève de 6e A n'étudie l'allemand. / Tous les élèves de 6e A n'étudient pas l'allemand.

4. Il n'est pas toujours aimable. / Il n'est jamais aimable.

5. Ils n'ont pas tout pris. / Ils n'ont rien pris.

6. Il ne passe pas de voitures par ici. / Il ne passe guère de voitures par ici.

8 **Exprimez la négation à l'aide d'un adjectif. Entourez le préfixe utilisé pour exprimer la négation.**

Exemple. : *Ce n'est pas buvable.* → *C'est imbuvable.*

1. Ce n'est pas mangeable.

2. Cette odeur n'est pas agréable.

3. Ton travail n'est pas lisible.

4. Cendrillon n'était pas heureuse.

5. Cette réaction n'est vraiment pas normale.

9 **a. Dans le texte suivant, relevez les phrases négatives et entourez les marques de négation.**

b. Écrivez le contraire des phrases soulignées.

c. Dans la phrase en gras, comment la négation est-elle exprimée ? Récrivez cette phrase en exprimant la négation autrement.

Au commencement, le ciel était tout près de la terre. En ce temps-là, les hommes n'avaient pas besoin de cultiver le sol, car chaque fois qu'ils prenaient faim, ils se contentaient de couper un morceau du ciel, et ils le mangeaient. Mais le ciel se fâcha, car ils en coupaient souvent plus qu'ils n'en pouvaient manger, et ils jetaient le reste sur le tas d'ordures, et il prévint les hommes : si à l'avenir ils ne faisaient pas plus attention, il s'en irait plus loin. Pendant un certain temps, personne ne prêta attention à son avertissement. Mais un jour, une femme qui était vorace coupa un énorme morceau de ciel. **Elle en mangea autant qu'elle put, mais elle fut incapable de terminer.** Épouvantée, elle appela son mari, mais il ne put pas finir non plus. Ils appelèrent le village tout entier à leur secours, mais ils ne purent en venir à bout. Finalement il leur fallut jeter sur le tas d'ordures ce qui restait. Alors bien sûr, le ciel se mit en colère, et il s'éleva très haut au-dessus de la terre, bien loin de l'atteinte des hommes. Et c'est depuis ce jour que les hommes doivent travailler pour vivre.

M. Bloch, *365 contes des pourquoi et des comment*, © Gallimard jeunesse, 1997.

L'interrogation

Pour commencer

À son retour de voyage, la Barbe bleue demanda à sa femme :
- Comment avez-vous passé votre temps durant mon absence ?
- Fort bien, Monsieur. J'ai reçu la visite de ma sœur Anne, qui m'a tenu compagnie.
- Avez-vous les clefs que je vous ai confiées ?
- Oui, les voici.

1. Relevez les deux phrases interrogatives. À quoi les reconnaissez-vous ?

2. À laquelle de ces deux questions peut-on répondre par *oui* ou par *non* ?

3. Quel mot introduit l'autre question ? Donnez sa classe grammaticale.

Leçon

Rappel : **une phrase interrogative pose une question et se termine par un point d'interrogation.**

❶ L'interrogation totale

• **Lorsque la question porte sur l'ensemble de la phrase** (en particulier sur le verbe), on peut y répondre par oui ou par non : la question est une **interrogation totale**
→ *Avez-vous les clefs que je vous ai confiées ? – Oui, les voici.*

Remarque : si la phrase est **négative**, on y répond par *si* ou par **non**
→ *N'avez-vous pas les clefs ? – Si.*

• Il y a **trois manières de formuler une interrogation totale**, en fonction du **niveau de langue :**
– **niveau familier :** la phrase est simplement suivie d'un point d'interrogation
→ *Vous avez les clefs ?*
– **niveau courant :** la phrase commence par **« Est-ce que »** → *Est-ce que vous avez les clefs ?*
– **niveau soutenu :** le **sujet** est placé après le verbe, on dit qu'il est **inversé**
→ *Avez-vous les clefs ?*

Attention ! **Si le sujet est un nom ou un GN, il est repris par un pronom personnel.**
C'est ce pronom qui est **placé après le verbe** auquel il est relié par un trait d'union
→ *Cette clef est tachée.* → *Cette clef est-elle tachée ?*

❷ L'interrogation partielle

• **Lorsque la question porte sur une partie de la phrase**, la question est une **interrogation partielle**.

• Elle est introduite par :
– un **adverbe interrogatif** (quand, pourquoi, combien, comment...)
→ *Comment avez-vous passé votre temps ?*
– un **pronom interrogatif** (qui, que, où, lequel, duquel, à laquelle, pour lesquels...)
→ *Qui vous a tenu compagnie ?*

Remarque : dans la langue courante, pour éviter l'inversion du sujet, les pronoms *qui* et *que* peuvent être accompagnés de *est-ce que* ou *est-ce qui* → *Qui est-ce qui est venu ?*

– un **déterminant interrogatif** (quel, quelle, quels, quelles, combien de...)
→ *Quelle sœur est venue ?*

1 **Remplacez les astérisques par le signe de ponctuation qui convient. Quelles phrases sont interrogatives ?**

1. Que regardez-vous ainsi*

2. Quelle heure est-il*

3. Quelle belle image*

4. Que cette histoire est triste*

5. Pourquoi ne souhaite-t-elle pas sortir*

6. Je ne sais pas pourquoi il sourit*

7. Cet homme n'est-il pas charmant*

8. Je me demande s'ils viendront*

2 **Indiquez si ces phrases sont des interrogations totales ou partielles. S'il s'agit d'interrogations partielles, relevez le mot interrogatif utilisé.**

1. Anne, ma sœur Anne, ne vois-tu rien venir ? (Perrault)

2. Chers enfants, qui vous a conduits ici ? (Grimm)

3. Tu voudrais bien aller au bal, n'est-ce pas ? (Perrault)

4. Comment vais-je entrer là-dedans ? (Grimm)

5. N'es-tu pas bien aise ? (Perrault)

6. Et qui est ce sot-là qui ne veut pas que sa femme soit muette ? (Molière)

7. Pourquoi y a-t-il du sang sur cette clef ? (Perrault)

8. Sont-ce mes frères ? (Perrault)

3 **Classez en deux colonnes les phrases interrogatives du texte, selon que ce sont des interrogations totales ou partielles.**

[Cosette] pleura. Elle éclata en sanglots.

Cependant le voyageur s'était levé.

– Qu'est-ce donc ? dit-il à la Thénardier.

– Vous ne voyez pas ? dit la Thénardier en montrant du doigt le corps du délit qui gisait aux pieds de Cosette.

– Hé bien quoi ? dit l'homme.

– Cette gueuse[1], répondit la Thénardier, s'est permis de toucher à la poupée des enfants !

– Tout ce bruit pour cela ! dit l'homme. Eh bien, quand elle jouerait avec cette poupée ?

– Elle y a touché de ses mains sales ! poursuivit la Thénardier, avec ses affreuses mains !

Ici Cosette redoubla de sanglots.

– Te tairas-tu ? cria la Thénardier.

V. Hugo, *Les Misérables*.

1. Gueuse : fille misérable, pauvre.

4 **Complétez les phrases ci-contre par *quel* en veillant à l'accorder correctement. Soulignez le nom avec lequel il s'accorde.**

1. En ... saison, en ... mois, les vendanges commencent-elles ?

2. ... sont tes chanteurs préférés ?

3. À ... heure pensez-vous déjeuner ?

4. ... sera la durée de notre voyage ?

5. ... robes avez-vous apportées ?

6. ... est cet homme ?

5 **Complétez les phrases suivantes par *qui* ou par *que*. Précisez à chaque fois sa fonction.**

1. ... est cet homme ?

2. ... faites-vous après les cours ?

3. ... a osé manger tous les chocolats ?

4. ... regardes-tu ainsi ?

6 **Récrivez ces phrases interrogatives en utilisant un niveau de langue soutenu.**

1. Wendy aimerait rencontrer une fée ?

2. Vous pouvez m'expliquer pourquoi vous êtes si en retard ?

3. Par qui il a été écrit, ce livre ?

4. Vous préférez du thé ou du café ?

5. Qu'est-ce que vous préférez, du thé ou du café ?

7 **Imaginez les questions auxquelles ces phrases pourraient répondre. Entourez le mot interrogatif que vous utilisez et, en vous aidant d'un dictionnaire, précisez sa nature.**

1. C'est Victor Hugo qui a écrit *Les Misérables*.

2. C'est dans la forêt que le Petit Poucet et ses frères se sont perdus.

3. C'est au xviie siècle que Charles Perrault a écrit ses contes.

4. C'est en soufflant que le loup a détruit la maison de paille.

5. C'est grâce à son courage que la princesse a sauvé le prince.

8 **Transformez ces phrases déclaratives en phrases interrogatives.**

1. Cendrillon voudrait aller au bal.

2. Cendrillon aurait voulu aller au bal.

3. Le gardien nous a ouvert la porte.

4. Le gardien ne nous a pas ouvert la porte.

5. Ma sœur Anne nous a vus venir.

6. Ma sœur Anne n'a rien vu venir.

9 **ÉCRITURE** **Wendy, qui aimerait bien connaître les fées, interroge Peter Pan : imaginez leur conversation. Votre texte devra comporter au moins deux interrogations totales que vous soulignerez en bleu et deux interrogations partielles que vous soulignerez en vert.**

15

Phrase simple et phrase complexe

Pour commencer

La jeune fille ouvrit ensuite la noix et revêtit sa robe couleur de soleil. Elle monta alors dans les salons, et tous lui livrèrent passage, car personne ne la reconnut. On la prenait pour une princesse. Le roi alla à sa rencontre, lui offrit la main, et dansa avec elle. Il se disait que jamais ses yeux n'avaient vu pareille beauté.

J. et W. G<small>RIMM</small>, Peau de toutes bêtes.

1. Recopiez les phrases ci-dessus, encadrez les verbes conjugués, soulignez leur sujet.

2. Laquelle de ces phrases contient un seul verbe conjugué ?

3. Combien d'informations la première phrase vous donne-t-elle ? Séparez-les par une barre verticale. Quel mot relie les deux parties de la phrase ?

4. De même, séparez la quatrième phrase en trois parties par des barres verticales : quels indices vous aident à repérer ces différentes parties de la phrase ?

5. Relevez le COD du verbe « se disait » : par quel mot est-il introduit ? Précisez sa nature. Les deux parties de la phrase peuvent-elles exister l'une sans l'autre ?

Leçon

Rappel : **on appelle proposition une partie de phrase cohérente organisée autour d'un verbe et son sujet.**

❶ Phrase simple et phrase complexe

• Si une phrase est constituée d'**une seule proposition**, c'est une **phrase simple**. Si une phrase est constituée de **plusieurs propositions**, c'est une **phrase complexe**.

• Pour trouver le **nombre de propositions** que contient une phrase, il faut donc compter **le nombre de verbes conjugués** → *Lorsque le roi la vit, il alla à sa rencontre.* (2 verbes conjugués → 2 propositions)

❷ On distingue trois sortes de propositions

• Une proposition qui commence par **un mot de subordination** (*que, parce que, quand, comme, si, pendant que, tandis que,* mais aussi *qui, dont, où...*) est une **proposition subordonnée. Elle complète** une autre proposition → *Il se disait que ses yeux n'avaient jamais vu pareille beauté.*

• Une proposition qui **est complétée** par une ou plusieurs autres propositions est appelée **proposition principale** → *Il se disait que ses yeux n'avaient jamais vu pareille beauté.*

• **La proposition indépendante est complète par elle-même**, c'est-à-dire qu'elle ne dépend d'aucune proposition et qu'aucune proposition ne dépend d'elle

→ *On la prenait pour une princesse.*

Remarque : une proposition subordonnée ne peut pas être employée seule dans une phrase → *Parce qu'il est fatigué* (= phrase incorrecte.)

❸ Les propositions indépendantes

Elles peuvent être :

– **juxtaposées : séparées uniquement par un signe de ponctuation** (virgule, point-virgule ou deux points) → *Il lui offrit la main, l'emmena sur la piste, dansa avec elle.*

– **coordonnées : reliées à l'aide d'une conjonction de coordination** (*mais, ou, et, donc, or, ni, car*) → *Elle ouvrit la noix et revêtit sa robe.*

1 Vrai ou Faux ? Donnez la bonne réponse.

1. Une phrase contient au moins une proposition.

2. Une phrase contient toujours une seule proposition.

3. Une phrase peut contenir plusieurs propositions.

4. Une phrase contient autant de propositions que de verbes conjugués.

2 Relisez une par une les phrases du texte suivant, relevez les verbes conjugués et dites s'il s'agit de phrases simples ou de phrases complexes.

Il était une fois un homme malheureux. Les corbeaux étaient tous pour son champ, les loups étaient tous pour son troupeau et les renards étaient tous pour son poulailler. S'il jouait, il perdait. S'il allait au bal, il pleuvait. Bref, il n'avait pas de chance.
Un jour, fatigué de souffrir des injustices du sort, il s'en fut demander conseil à un ermite[1] qui vivait dans un bois derrière son village.

D'après H. GOUGAUD, *L'Arbre aux trésors,*
© éditions du Seuil, 1987.

1. Ermite : moine qui s'isole pour prier.

3 Précisez de quelle proposition chaque verbe en gras est le noyau.

Les noces ne **furent** pas plus tôt faites que la belle-mère **fit** éclater sa mauvaise humeur : elle ne **put** souffrir[1] les bonnes qualités de cette jeune enfant, qui **rendaient** ses filles encore plus haïssables. Elle la **chargea** des plus viles occupations de la maison : c'**était** elle qui **nettoyait** la vaisselle et les montées[2], qui **frottait** la chambre de madame et celles de mesdemoiselles ses filles.

C. PERRAULT, *Cendrillon.*

1. Souffrir : supporter. **2. Montées** : escaliers

4 a. Recopiez le texte suivant, encadrez en rouge les verbes conjugués, soulignez leur sujet et séparez par un trait vertical les différentes propositions.
b. Soulignez les propositions subordonnées introduites par les mots subordonnants en gras.

[Orphée] s'accompagnait avec une lyre et chantait si merveilleusement **que** personne ne pouvait résister à sa musique. Les oiseaux eux-mêmes l'écoutaient en silence et les animaux quittaient la forêt pour le suivre. Le loup trottait à côté de l'agneau, le renard suivait le lièvre, **sans qu'**aucun animal cherchât querelle à un autre. Les hommes riaient ou pleuraient, **selon que** son chant était gai ou triste. Ils oubliaient tous leurs soucis.

Mythes et légendes de la Grèce antique, éd. Gründ, 1991.

5 a. Recopiez le texte suivant, encadrez en rouge les verbes conjugués, soulignez leur sujet et séparez d'un trait vertical les différentes propositions.
b. Entourez en vert les mots subordonnants et soulignez en vert la proposition subordonnée qu'ils introduisent.
c. Entourez en bleu les signes de ponctuation ou les conjonctions de coordination qui relient des propositions.

Le loup pencha la tête du côté gauche, comme on fait quand on est bon, et prit sa voix la plus tendre :
– J'ai froid, dit-il, et j'ai une patte qui me fait bien mal. [...] Si vous vouliez m'ouvrir la porte, j'entrerais me chauffer à côté du fourneau et on passerait l'après-midi ensemble.
Les petites se regardaient avec un peu de surprise. Elles n'auraient jamais soupçonné que le loup pût avoir une voix si douce.

M. AYMÉ, *Les Contes du chat perché.*

6 a. Recopiez les phrases suivantes, entourez en rouge les verbes conjugués, soulignez leur sujet.
b. Entourez en vert les mots subordonnants et soulignez en vert les propositions subordonnées qu'ils introduisent.
c. Soulignez en rouge les propositions principales.

1. Un jour, Orphée dut s'absenter alors Eurydice resta seule.

2. À ce moment-là arrive un pigeon qui pousse des cris d'horreur en voyant Alice. (CARROLL)

3. On l'appelle Clochette-la-Rétameuse parce qu'elle répare les casseroles et les bouilloires. (BARRIE)

4. Le ravissement [d'Alice] se transforma en vive inquiétude lorsqu'elle s'aperçut qu'elle ne retrouvait nulle part ses épaules. (CARROLL)

7 Les phrases suivantes sont incorrectes : corrigez-les en ajoutant ou en complétant la proposition principale manquante.

1. Parce qu'il pleut.

2. Un garçon qui s'appelait Peter Pan.

3. La maison où vit une sorcière.

4. Quand nous serons en vacances.

5. Le contrôle pour lequel j'ai beaucoup révisé.

8 ÉCRITURE Récrivez les phrases suivantes de manière à n'en obtenir qu'une seule.

1. J'aimerais bien aller au cinéma. Je ne sais pas si j'aurai la permission.

2. J'étais jeune. Je croyais au Père Noël.

3. Séraphine est contente. Elle a terminé ses devoirs. Elle peut aller jouer.

4. Il fait beau. Nous allons nous promener dans les bois. Ils sont magnifiques en cette saison.

Le sujet du verbe

Pour commencer

Amar, jeune mousse de dix ans, **travaillait** sur le bateau que **commandait** son père.

1. Relevez le sujet des deux verbes en gras.

2. Comment procédez-vous ?

Leçon

• **Pour trouver le sujet,** il suffit de poser la **question : « Qui est-ce qui... »** ou **« qu'est-ce qui... » devant le verbe** → *Qui est-ce qui était désagréable ? Elles (les deux filles)* (« Elles » est le sujet du verbe « être ».)

• *Attention !* **Le sujet n'est pas toujours placé juste avant le verbe.**
– **On inverse le sujet et le verbe dans la phrase interrogative** de niveau de langue soutenu → *Que veux-tu ?*
– **On inverse le sujet aussi après certains adverbes** (*ainsi, aussi, à peine, peut-être, sans doute...*) ou lorsqu'**un complément circonstanciel (de temps, de lieu) est placé en tête de phrase** → *Près de la fontaine était assise une vieille.*

– **Le sujet peut être loin du verbe** → *La vieille, émue par la douceur de la jeune fille, décida de lui faire un don.*

– **Un pronom peut s'intercaler** entre le sujet et le verbe → *Je vous remercie.*

Exercices

1 **Identifiez le sujet de chaque verbe en gras en posant la question « *qui est-ce qui* » avant le verbe.**

Après un temps qui leur parut un siècle, ils **arrivèrent** soudain à un espace où ne **poussait** aucun arbre. La lune **était levée** et **brillait** dans la clairière. Quelque chose les **frappa** tous, leur donnant le sentiment que l'endroit n'était pas du tout agréable, bien qu'on n'y **pût** rien voir de mauvais. Tout à coup, ils **entendirent**, venant d'assez loin en contrebas, un long hurlement à donner le frisson. Il n'y avait pas de loups près du trou de M. Baggins, là-bas, mais il **connaissait** ce bruit. L'un de ses cousins plus âgés (du côté Took), qui avait beaucoup voyagé, le lui **imitait** pour lui faire peur. (D'après Tolkien)

2 **Recopiez les phrases suivantes, entourez chaque verbe conjugué et soulignez son sujet.**

1. Au commencement était le Chaos. – **2.** Callirhoë, du fond de sa caverne, enfanta un monstre invincible, la divine Échidna. – **3.** Enfin vint le jour tant attendu. – **4.** Ensuite, Zeus délivra ses frères, qu'avait avalés leur père.

3 **Dans les phrases suivantes, relevez le sujet et précisez sa nature.**

1. Nous avons compris. – **2.** Marcher est excellent pour la santé. – **3.** À cette réunion assisteront les délégués de classe. – **4.** Quel livre préférez-vous et pourquoi ? – **5.** Dans cette grotte vivait un dragon. – **6.** Juché sur sa chaise, l'enfant, terrifié par ce spectacle, n'osait plus bouger. – **7.** Qui est là ? – **8.** Nous, héritiers de Gondar, injustement attaqués, jurons de défendre notre patrie.

4 **Complétez les phrases suivantes par un sujet de la nature indiquée entre parenthèses. Respectez les règles d'accord.**

1. (verbe) est pour moi une véritable passion. – **2.** (pronom personnel) penses souvent à mes parents. – **3.** (nom propre) était alors inconnue des Européens. – **4.** C'est sur cette montagne que se réunissaient (GN). – **5.** (verbe) est strictement interdit. – **6.** (pronom interrogatif) sont tes frères ? – **7.** (GN) se leva sans plus attendre.

5 **Dictée** **Dans le texte suivant, relevez tous les verbes, précisez leur sujet, leur temps et leur personne. Préparez ce texte pour la dictée.**

Les chèvres que Robinson avait domestiquées et enfermées dans des enclos étaient retournées à l'état sauvage. Mais comme presque toutes les bêtes qui vivent en liberté, elles s'étaient organisées en groupes que commandaient les boucs les plus forts et les plus sages. Vendredi avait imaginé un jeu dangereux. Il luttait avec les boucs qu'il surprenait isolés. S'ils fuyaient, il les rattrapait à la course.

D'après M. Tournier, *Vendredi ou la Vie sauvage.*

Les compléments d'objet

Pour commencer

Julien court. – Le chat dort. – Albert cueille. – J'éternue. – J'ai cassé. – Tu connaissais. – Nous arrivons. – Lou nettoie. – Les bijoux étincellent. – Il a grandi. – Vous pensez.

1. Lesquelles des phrases ci-dessus n'ont pas de sens ?
2. Toutes ces phrases sont construites de la même manière : laquelle ?
3. Que faut-il ajouter pour que certaines phrases aient du sens ?
4. Proposez un classement des verbes employés dans ces phrases en deux groupes et justifiez votre classement.

Leçon

❶ Le complément d'objet

- **Les verbes transitifs** expriment **une action qui s'exerce nécessairement sur un objet**
  → *nettoyer* (On nettoie quelque chose ; il faut préciser quoi.)

- La plupart du temps, **les verbes transitifs doivent donc être complétés** par un complément qui précise l'objet sur lequel s'exerce l'action : **le complément d'objet**
  → *Lou nettoie la table.*

Remarque : parfois, le complément d'objet d'un verbe transitif n'est pas précisé
  → *Il lit. Il mange.* (Mais on peut dire : *manger quelque chose, lire quelque chose.*)

- Les **verbes intransitifs** se construisent **sans complément d'objet**
  → *pleurer, éternuer, marcher.* (On ne peut pas dire : *éternuer quelque chose, marcher quelque chose.*)

- **Pour savoir si un verbe est transitif ou intransitif,** il suffit d'ajouter « **quelque chose** » après l'infinitif : si le groupe a un sens, le verbe est transitif (il peut avoir un complément d'objet). Si le groupe n'a pas de sens, le verbe est intransitif (il n'a pas de complément d'objet) → *réparer quelque chose.* (A du sens = verbe transitif.) / *voyager quelque chose.* (N'a pas de sens = verbe intransitif.)

❷ COD, COI, COS

- **Avec certains verbes, le complément d'objet se construit directement après le verbe. On parle alors de complément d'objet direct** (COD).
  → *attraper quelque chose. Marie a attrapé la balle.* (« La balle » est COD du verbe attraper.)

- **Avec d'autres verbes, le complément d'objet est introduit par une préposition (le plus souvent à ou de). On parle alors de complément d'objet indirect** (COI).
  → *penser à quelque chose. Je pense à mes amis.* (« à mes amis » est COI du verbe penser.)

Certains verbes se construisent avec deux compléments d'objet. Dans ce cas-là, le COI est appelé **complément d'objet second (COS)** → *donner quelque chose à quelqu'un.*

- **Pour trouver le complément d'objet d'un verbe :**

– vérifiez que le verbe est bien transitif ;
– cherchez Toujours le sujet du verbe ;
– posez la question sujet + verbe + quoi
  → *Marie a attrapé la balle* → *Marie a attrapé quoi ? La balle :*
  (La balle *est COD du verbe* attraper.)

Exercices

1 **a. Observez si les phrases sont complètes ou non, puis dites si les verbes en gras sont transitifs ou intransitifs.**

b. Corrigez les phrases incomplètes en leur ajoutant un complément d'objet que vous soulignerez.

1. Le printemps **est revenu**. – **2.** Les arbres **fleurissent**. – **3.** Nous **élevons**. – **4.** Le soleil **brille**. – **5.** J'ai **mordu**. – **6.** Ils **ont déménagé**. – **7.** **Veux**-tu ? – **8.** La maman **berce**. – **9.** J'ai **acheté**. – **10.** Est-ce que tu **sais** ? – **11.** Le bateau **coule**. – **12.** Elle **frissonna**.

2 **Classez les verbes suivants en deux colonnes : verbes transitifs et verbes intransitifs.**

Miauler – neiger – éviter – boire – sursauter – rire – aimer – recopier – écrire – jardiner – jaillir – distribuer – hésiter – chanter.

3 **Utilisez chacun des verbes suivants dans une phrase en remplaçant les groupes en bleu par un COD de votre choix et les groupes en rouge par un COI. Vous préciserez COD sous les COD et COI sous les COI.**

donner qqch → J'ai donné ton pull.
                         COD

Entendre qqch – appartenir à qqn – rêver de qqch – savoir qqch – prêter qqch – convaincre qqn – se moquer de qqn – vouloir qqch.

4 **Relevez le COD des verbes en gras.**

1. Je **termine** mon livre. – **2.** Je te le **prêterai** aussitôt. – **3.** **Connais**-tu Louis ? – Oui, je l'**ai rencontré** à Biarritz. – **4.** Sidoine **promenait** au bout d'une laisse un tout petit chien. – **5.** Quel film **avez**-vous **vu** ? – **6.** Nous **commencerons** dès demain les répétitions. – **7.** Je les **aime** beaucoup. – **8.** Quels beaux yeux vous **avez**, chère Madeleine ! – **9.** Les enfants **préparent** en grand secret une surprise pour leurs parents. – **10.** Ils **savent** depuis longtemps ce qui s'est passé.

5 **Complétez les phrases suivantes par un COI. Entourez la préposition que vous avez utilisée.**

1. Il ne se souvient pas … – **2.** Je songe … – **3.** Qui est-ce qui s'est servi … ? – **4.** Je ne crois plus … – **5.** Le professeur nous a autorisés … – **6.** Nous comptons … – **7.** Je ne m'attendais pas …

6 **Classez les verbes suivants en deux colonnes, selon qu'ils se construisent avec un COD ou avec un COI. Dans le second cas, précisez entre parenthèses avec quelle préposition ils se construisent.**

Obéir – appeler – téléphoner – dépendre – fermer – distinguer – nuire – attendre – contribuer – se méfier.

7 **Dites si les groupes soulignés sont des sujets inversés ou des compléments d'objet.**

1. Alors apparut un merveilleux château. – **2.** Dans ce château vivait une princesse solitaire. – **3.** Le prince combattit le dragon. – **4.** De la grotte montaient des rugissements effroyables. – **5.** Il entra et découvrit la princesse endormie. – **6.** Sur ses lèvres flottait un doux sourire. – **7.** Il lui donna un baiser. – **8.** Ils passèrent toute leur vie ensemble.

8 **Dites si les groupes soulignés sont des COD ou non.**

1. Je lis dans mon lit. – **2.** Je lis un roman passionnant. – **3.** Nous avons terminé nos devoirs. – **4.** Nous avons terminé hier. – **5.** Il comprend rapidement. – **6.** Il comprend tout. – **7.** Nous avons visité Lisbonne. – **8.** Nous nous sommes rencontrés à Lisbonne. – **9.** Elle se rappelait toutes les journées qu'elles avaient passées ensemble. – **10.** Il a plu toute la journée.

9 **a. Analysez la formation des verbes transitifs en gras en précisant s'ils se construisent avec un COD ou un COI.**

b. Relevez ensuite ce COD ou ce COI, les deux si nécessaire.

Il ne se souciait de rien. → *se soucier de qqch* (COI) ; COI = de rien.

1. Elle **dépensait** en toilettes tout ce qu'elle avait. – **2.** Il **présenta** son nouvel ami à ses parents. – **3.** Elle **rencontra** au détour d'un chemin le loup. – **4.** Celui-ci **pensait** justement au déjeuner qu'il allait faire. – **5.** Ceux-ci le **félicitèrent** pour sa réussite. – **6.** Les fillettes lui **demandèrent** un peu de pain et de l'eau. – **7.** Il **prétendait** à chaque fois qu'il avait eu un empêchement.

10 **Dites si les verbes en gras sont transitifs ou intransitifs. S'ils sont transitifs, cherchez leur complément d'objet.**

La Barbe bleue, pour faire connaissance, les **mena** avec leur Mère, et trois ou quatre de leurs meilleures amies, et quelques jeunes gens du voisinage, à une de ses maisons de Campagne, où on **demeura** huit jours entiers. Ce n'était que promenades, que parties de chasse et de pêche, que danses et festins : on ne **dormait** point, et on **passait** toute la nuit à se faire des malices les uns aux autres ; enfin tout **alla** si bien, que la Cadette **commença à trouver** que le Maître du logis n'**avait** plus la barbe si bleue. Dès qu'on fut de retour à la Ville, le Mariage **se conclut**.

D'après C. Perrault, *La Barbe bleue*.

11 **Dites si les groupes soulignés sont ou non des COI.**

1. Elle travaille à Paris. – **2.** Elle travaille à son nouveau livre. – **3.** Il obéit seulement à son maître. – **4.** Il obéit au doigt et à l'œil. – **5.** Il nous écrit de Martinique. – **6.** Il écrit à des amis. – **7.** Les enfants jouent à la marelle. – **8.** Les enfants jouent à la maison. – **9.** Les petits comptent sur toi. – **10.** Les petits comptent sur leurs doigts.

12 Dans les phrases suivantes, repérez les compléments d'objet : s'agit-il de COD ou de COI ? Si ce sont des COI, précisez quelle préposition les introduit.

1. Je doute de ses paroles. – **2.** Nous avons attendu après elle. – **3.** Il n'a pas pu partir. – **4.** Nous séparerons les bavards. – **5.** De quoi parliez-vous ? – **6.** Nous croyons tous en tes capacités. – **7.** Nous manquons de tout. – **8.** Le président a promis que ce projet serait réalisé dans l'année. – **9.** Le prince saisit son épée.

13 Recopiez les phrases suivantes en remplaçant le COD de chaque verbe par un pronom. Attention à l'orthographe.

1. Je connais bien ta sœur. – **2.** Il a vu Arthur. – **3.** Nous aimons beaucoup tes parents. – **4.** Je ne trouve pas tes lunettes. – **5.** Je n'ai pas appris mon poème. – **6.** Je voudrais du pain. – **7.** Il a commandé son livre chez le libraire. – **8.** Il a commandé un livre chez le libraire. – **9.** Il a reçu son livre hier. – **10.** J'ai mangé deux pommes.

14 Recopiez les phrases suivantes en remplaçant le COI par un pronom qui convient.

1. Je lançai un rapide coup d'œil à Maxime. – **2.** Ne me parlez pas de toutes ces horreurs ! – **3.** Je n'arrive pas à faire cet exercice. – **4.** Nous t'aiderons à t'organiser. – **5.** Je pense beaucoup à ma mère. – **6.** Elle interdit à ses fils de sortir après 18 heures. – **7.** Leur libération dépend de cette négociation délicate. – **8.** Je donnerai ton sac à ta sœur. – **9.** Nous jouons souvent au loto. – **10.** Le sultan se méfiait de ses serviteurs.

15 Dites quel nom reprend chacun des pronoms en gras et précisez la fonction de ces pronoms.

1. J'ai manqué le ballon, heureusement, Marie **l'**a attrapé. – **2.** Jules s'est fâché parce qu'il avait prêté son livre à son frère et que celui-ci **le lui** a rendu tout abîmé. – **3.** Nos enfants vivent loin. Nous **les** voyons peu mais nous **leur** téléphonons tous les jours. – **4.** L'averse a éclaté juste après notre arrivée : nous **y** avons échappé de justesse. – **5.** Cette journée était extraordinaire : je m'**en** souviendrais toute ma vie.

16 Complétez les phrases suivantes en ajoutant un complément d'objet respectant la nature indiquée entre parenthèses.

1. L'eau a recouvert ... (GN) – **2.** Ils détestent par-dessus tout ... (verbe à l'infinitif) – **3.** Elle a reconnu tout de suite ... (pronom personnel) – **4.** Prenez immédiatement ... (GN) – **5.** Je n'ai pas ... (pronom) – **6.** Je préférerais ... (verbe à l'infinitif)

17 **a.** Dans les phrases suivantes, relevez le complément d'objet des verbes en gras, puis dites si ce sont des COD ou des COI.
b. Donnez la nature des mots ou groupes que vous avez relevés.

1. J'ai dû **interrompre** mon travail. – **2.** Ce travail **consiste** à contrôler les allées et venues des visiteurs. – **3.** Nous **nous réjouissons** de votre venue. – **4.** Je ne parviens pas à m'en **débarrasser** ! – **5.** Je ne pourrais jamais **me passer** de mon ordinateur. – **6.** On **construit** ici une nouvelle école. – **7.** Il n'**a** même pas **remarqué** que nous étions absents. – **8.** Je n'y **pense** plus depuis longtemps. – **9.** Ce livre lui **appartient**.

18 Recopiez les phrases suivantes, soulignez d'un trait le COD du verbe en gras et de deux traits son COI (ou COS).

1. Notre oncle nous **a offert** un voyage à Londres. – **2.** **Demande**-moi ce que tu voudras. – **3.** Elle lui **ordonna** le silence. – **4.** Nous **exigeons** de vous une attention totale. – **5.** Le médecin **a dispensé** Magali de sport pour un mois. – **6.** Nous t'**encourageons** à persévérer. – **7.** Je **parlerai** de tes inquiétudes à tes parents.

19 Recopiez le texte suivant. Entourez en rouge les verbes intransitifs et en bleu les verbes transitifs. Soulignez en bleu les compléments d'objet de tous les verbes transitifs et précisez s'il s'agit de COD, de COI ou de COS.

Dans le dernier village du royaume vivaient deux forgerons. Rien ne les avait jusque-là empêchés de vivre en bonne intelligence. En leur laissant sa forge au moment du trépas, leur père leur avait dit :
– N'employez le minerai qui est dans le sac, derrière le soufflet, qu'au service du roi.
Les deux frères n'avaient donc jamais touché à ce minerai merveilleux. Pour forger armes et outils, ils se servaient du métal ordinaire.

L. BOURLIAGUET, « L'épée à trancher les montagnes », *Le Marchand de nuages*, éditions G. P., 1961.

20 Donnez la fonction des mots ou groupes de mots soulignés.

Au milieu de cette place se trouvait **la maison de la sorcière**, construite avec les os des naufragés, et où **la sorcière**, assise sur une grosse pierre, donnait à manger **à un crapaud** dans sa main, comme **les hommes** font manger **du sucre** aux petits canaris. [...] « Je sais **ce que tu veux**, s'écria-t-elle en apercevant **la princesse** ; tes désirs sont stupides ; néanmoins je m'**y** prêterai, car je sais qu'ils **te** porteront malheur. Tu veux te débarrasser **de ta queue de poisson**, et la remplacer par deux de ces pièces avec lesquelles marchent **les hommes**, afin que **le prince** s'amourache **de toi**, t'épouse et **te** donne **une âme immortelle**. »

ANDERSEN, *La Petite Sirène*.

Pour commencer

« Mon Dieu, que j'ai perdu de temps ! s'écria la petite fille. Voilà que nous sommes en automne, je n'ai pas le droit de me reposer. »

Elle se leva et repartit.

Comme ses petits pieds étaient endoloris et fatigués ! Autour d'elle, tout était froid et hostile, les longues feuilles de saule étaient toutes jaunes.

ANDERSEN.

1. Relevez les sujets des verbes soulignés.

2. Dans quel cas le groupe de mots qui suit le verbe désigne-t-il la même personne que le sujet ?

3. Quel est, dans ce cas, le verbe employé ?

Leçon

• L'attribut du sujet désigne **une propriété**, **un état** ou **une caractéristique du sujet par l'intermédiaire d'un verbe** qui est généralement un **verbe d'état** : *être, paraître, sembler, devenir, demeurer, rester, avoir l'air, passer pour...*

→ *Ses petits pieds **étaient** endoloris.*
    sujet   attribut

L'attribut du sujet (« endoloris ») exprime une caractéristique du sujet « ses petits pieds ».

• L'attribut du sujet **s'accorde** donc en genre et en nombre **avec le sujet**

→ *La terre était froide.*

• *Attention !* Il ne faut **pas confondre le complément d'objet direct et l'attribut du sujet.**

— Le COD désigne un objet différent du sujet

→ *Gerda avait perdu du temps.* (« du temps » ≠ « Gerda »)
  Sujet   COD

— L'attribut désigne une caractéristique du sujet et nous renseigne sur lui

→ *Les feuilles **étaient** toutes jaunes.* (« les feuilles » = « toutes jaunes »)
    sujet   attribut

Exercices

1 **a.** Recopiez les phrases en mettant les sujets au pluriel : dans quels cas les groupes après le verbe changent-ils ?

b. Classez les verbes selon qu'ils sont des verbes d'état ou non.

1. Mon fils deviendra médecin. – **2.** Mon fils écoute le médecin. – **3.** Le professeur félicite Gustave. – **4.** Le professeur a l'air mécontent. – **5.** Cet homme passe pour très méchant. – **6.** L'arbitre reste calme. – **7.** Son chien est devenu très maigre. – **8.** L'arbitre observe calmement les joueurs. – **9.** Il cuit un gâteau. – **10.** L'enfant paraissait fatigué. – **11.** Le gâteau semble appétissant.

2 **Parmi les expressions en gras, relevez celles qui s'accordent avec le sujet.**

Camille et Madeleine n'étaient jamais **élégantes** ; leur toilette était **simple et propre**. Les jolis cheveux blonds et fins de Camille et les cheveux châtain clair de Madeleine étaient **doux comme de la soie**. Ils étaient partagés en deux touffes bien lissées, bien nattées et rattachées au-dessus de l'oreille par de petits peignes ; lorsqu'on avait **du monde à dîner**, on y ajoutait **un nœud en velours noir**. Leurs robes étaient en percale blanche tout unie ; un pantalon à petits plis et des brodequins de peau complétaient **cette simple toilette**. Marguerite était **habillée de même**.

COMTESSE DE SÉGUR, *Les Petites Filles modèles.*

3 Dites si les expressions soulignées sont des COD ou des attributs du sujet. Justifiez votre réponse.

1. Adèle corrige ses erreurs. – **2.** Tout devenait clair et limpide. – **3.** Quand le temps est trop chaud, je ne quitte pas ma maison. – **4.** Nos enfants sont grands maintenant. – **5.** La voiture avait l'air rapide. – **6.** Les vrais amis sont rares. – **7.** Un magnifique rosier orne ma terrasse. – **8.** Mon petit frère devient de plus en plus bavard. – **9.** Cette balançoire ne me paraît pas bien solide.

4 Dites si les expressions soulignées sont des sujets inversés ou des attributs du sujet.

1. Marc était son meilleur ami. – **2.** À ses côtés était son meilleur ami. – **3.** Dans cette maison, demeure un gentil garçon. – **4.** Malgré ses défauts, il demeure un gentil garçon. – **5.** C'est aujourd'hui qu'est élu le président. – **6.** Felix a été élu président.

5 Précisez la nature des attributs en gras.

1. La mer avait l'air **calme**. – **2.** Le mont Blanc est **le point culminant de la France**. – **3.** Son rêve était **de devenir pilote de ligne**. – **4.** Ce stylo est **le mien**.

6 Relevez les attributs du sujet et précisez leur nature.

1. Picasso est un grand peintre. – **2.** Son palais magnifique fut la demeure des papes. – **3.** Vivre, c'est aussi s'amuser. – **4.** Cette histoire a l'air passionnant. – **5.** Ces enfants semblent infatigables. – **6.** Ces lunettes sont les tiennes. – **7.** Les questions me paraissent trop faciles. – **8.** Elle demeurait tranquille pendant des heures dans son fauteuil confortable.

7 Donnez la fonction des mots ou groupes soulignés.

1. Monsieur Guillaume paraît un homme heureux. – **2.** Monsieur Guillaume enviait cet homme heureux. – **3.** Cette soirée passée chez les Leblanc fut un véritable supplice. – **4.** Loïse fut ravie et embrassa sa sœur. – **5.** Hector, rends le stylo à ton camarade ! – **6.** Au fond de la clairière, demeurait une vieille femme. – **7.** Les rues de Montréal sont différentes, et chaque quartier de la ville a son caractère propre. – **8.** Soudain, surgit un corbeau qui emporta le fromage. – **9.** Même si elle semble rétablie, Sidonie montre encore souvent des signes de fatigue.

8 Employez le mot *enfant* dans quatre phrases différentes où il sera :

1. Attribut du sujet
2. COD
3. COI
4. Sujet inversé

9 Donnez la nature et la fonction des mots ou groupes soulignés.

1. Il a une quarantaine d'années et il est probablement fou.
2. Catherine demeurait immobile, les bras ballants. Michel redemanda du café. (HÉBERT)
3. À ces mots, le vieux soldat retomba sur sa chaise, et redevint immobile. (BALZAC)
4. Ma distraction est de me promener. Je peux me promener dans la rue, mais je préfère les arbres et les verdures d'un jardin public. (DUHAMEL)
5. À l'heure où tout le monde était profondément endormi, Clara aimait se promener dans le jardin.

10 Inventez des phrases construites selon les modèles suivants.

1. Sujet + verbe – **2.** Sujet + verbe + COD – **3.** Sujet + verbe + COI – **4.** Sujet + verbe + attribut du sujet – **5.** Sujet + verbe + COD + COI – **6.** Sujet + COI + verbe + COD

11 Recopiez les phrases suivantes : encadrez les verbes en noir, encadrez les sujets en rouge, puis soulignez en rouge les attributs du sujet.

1. La fonction de Cerbère était d'empêcher les morts de sortir. – **2.** L'ombre des arbres, quand le soleil tombait, était un objet de méditation. – **3.** Même s'il avait l'habitude de voyager dans le désert, la chaleur lui était insupportable. – **4.** L'ambition est un sentiment que ma mère est incapable de comprendre. – **5.** Notre devoir est de rétablir l'ordre avant que la situation ne se détériore davantage.

12 Recopiez les phrases suivantes en sautant des lignes : encadrez les verbes et soulignez les sujets en rouge, soulignez en bleu les compléments d'objet en précisant si ce sont des COD ou des COI. Faites un trait ondulé sous les attributs du sujet.

1. Tant que Cosette fut toute petite, elle fut le souffre-douleur des deux autres enfants ; dès qu'elle se mit à se développer un peu, c'est-à-dire avant même qu'elle eût cinq ans, elle devint la servante de la maison. (HUGO)
2. Je restais assis, bien sage, au premier rang, et j'admirais la toute-puissance paternelle. (PAGNOL)
3. Il se trouva que la Barbe bleue n'avait point d'héritiers, et qu'ainsi sa femme demeura maîtresse de tous ses biens. Elle en employa une grande partie à marier sa sœur Anne avec un jeune gentilhomme. (PERRAULT)

13 ÉCRITURE À l'aide des verbes *sembler, paraître, devenir, rester, passer pour*, attribuez une qualité à chacun des termes suivants employés comme sujets : la lumière - la lune - le fleuriste - les arbres - le bâtiment - ma grande sœur - cet homme.

Les compléments circonstanciels (moyen, manière, temps et lieu)

Pour commencer

Mon voisin s'est blessé.

1. Relevez le verbe et le sujet de cette phrase.

2. Complétez cette phrase en précisant les circonstances de l'action.

Leçon

● Le complément circonstanciel indique **les circonstances dans lesquelles se produit l'action ou l'état exprimé par le verbe.**

● Pour reconnaître les compléments circonstanciels, on pose certaines questions.

– Le complément circonstanciel de lieu répond à la question « *où ?* » « *d'où ?* » « *jusqu'où ?* »

posée après le verbe

→ *Geppetto entra dans son atelier.* Geppetto entra où ?

→ *Geppetto sortit de son atelier.* Geppetto sortit d'où ?

→ *Il marcha jusqu'à son atelier.* Il marcha jusqu'où ?

– Le complément circonstanciel de temps répond à la question « *quand ?* » « *depuis combien de temps ?* » « *pendant combien de temps ?* » posée après le verbe

→ *Depuis quelques instants, il entendait une petite voix.* Il entendait une petite voix depuis quand ?

→ *Il s'aperçut bientôt que la bûche parlait.* Il s'en aperçut quand ?

→ *Pendant quelques minutes, il demeura stupéfait.* Il demeura stupéfait pendant combien de temps ?

– Le complément circonstanciel de manière répond à la question « *comment ?* » posée après le verbe

→ *Il recula précipitamment.* Il recula comment ?

– Le complément circonstanciel de moyen répond à la question « avec quoi ? » « au moyen de quoi ? » posée après le verbe.

→ *Il donna un grand coup avec sa hache.* Il donna un grand coup avec quoi ?

● **La place du complément circonstanciel peut parfois varier**

→ *Devant lui, se tenait un petit garçon. / Un petit garçon se tenait devant lui.*

Remarque : lorsque le complément circonstanciel est placé en tête de phrase, il est généralement **détaché par une virgule**.

Exercices

1 **Dans chaque phrase, dites à quelle question répond le groupe en gras.**

1. La demeure de Geppetto se composait d'une pièce au **rez-de-chaussée**.

2. Il saisit le pantin **par le nez**.

3. J'habite cette maison, **depuis plus de cent ans**, dit le grillon-parlant.

4. **Demain, dès l'aube**, je partirai d'ici, sinon il me faudrait aller **à l'école** comme les autres enfants.

5. As-tu fini de rire ? hurla-t-il **d'une voix menaçante**.

6. Il partit **en charrette jusqu'au pays voisin**.

2 **Recopiez les phrases suivantes et complétez-les par :**

– un complément circonstanciel de lieu

1. Les vagues déferlent .... – **2.** Pour les vacances, nous irons .... pendaient de longues toiles d'araignée.

– un complément circonstanciel de temps

1. Elles attendent le bus .... – **2.** ... j'irai au cinéma. – **3.** Le coureur a effectué le tour de piste ....

– un complément circonstanciel de manière
1. Les élèves travaillent .... – **2.** Le voyageur marche
.... – **3.** Il parle l'anglais ....
– un complément circonstanciel de moyen
1. Jadis, on écrivait .... – **2.** Ils sont venus de Paris .... –
3. Elle creusa ce trou ....

3 **Donnez la fonction exacte du groupe souligné
en précisant à quelle question il répond.**

1. Nous sommes restés <u>plusieurs jours</u> sur cette île. –
2. <u>Le jour</u> commençait à peine à se lever. – **3.** Nous
avons bu <u>cette eau fraîche</u> à grandes gorgées. – **4.** Les
enfants ont plongé <u>dans l'eau du lac</u>. – **5.** Je me souviens <u>de vous</u>. – **6.** Je vous rejoins <u>chez vous</u>. – **7.** J'y
resterai <u>une semaine</u>. – **8.** Je restais <u>stupéfaite</u> devant
ce spectacle.

4 **Dans les phrases suivantes, soulignez les
compléments circonstanciels de lieu.**

1. Soudain, dans un fouillis d'arbres, un pan de mur
apparut. (ROMAINS)
2. L'après-midi, une barque se détache du bateau et va
vers la rive du fleuve. (SUPERVIELLE)
3. D'Aubagne, nous passâmes à Saint-Loup qui était
un gros village dans la banlieue de Marseille. (PAGNOL)
4. Il logeait dans la bergerie et y disparaissait dès les
premières ombres. (BOSCO)

5 **Dans les phrases suivantes, soulignez les
compléments circonstanciels de temps.**

1. Été comme hiver, on l'entendait qui sifflait son chien
dans la cour, aux pointes de l'aube. (BOSCO)
2. Cette nuit, je ne pus dormir. Alissa avait paru au dîner,
puis s'était retiré aussitôt, se plaignant de migraine.
(GIDE)
3. Mon père lisait du matin au soir, et nous, nous
jouions toute la journée.
4. Par un beau matin d'avril, notre caravane, vers cinq
heures, cheminait, fatiguée mais joyeuse, entre les deux
murs de pierre dorée. (PAGNOL)

6 **Précisez si le groupe souligné est un complément circonstanciel de manière ou de moyen.**

1. Nous sommes arrivés <u>en voiture</u> chez nos amis. –
2. Nous sommes arrivés <u>en nage</u> chez nos amis. –
3. Il marchait <u>à petits pas pressés</u>. – **4.** Elle déplaça sa
chaise <u>en silence</u>. – **5.** Elle poussa le seau <u>à l'aide de son
balai</u>. – **6.** Je lui répondis <u>l'air faussement accablé</u>. –
7. Je lui répondis <u>par une lettre</u>. – **8.** Ce moteur fonc-
tionne-t-il <u>à l'essence</u> ou <u>à l'électricité</u> ?

7 **Recopiez les phrases ci-contre.**
**a. Entourez les verbes conjugués et soulignez en
rouge leur sujet.**

b. Soulignez en bleu les compléments d'objet.

**c. Soulignez en vert les compléments circonstan-
ciels. Précisez s'il s'agit de compléments circonstanciels de temps, de lieu ou de manière.**

1. Dans la marmite, mijote un pot-au-feu. – **2.** Parfois,
sous la voûte des branches, un oiseau s'élançait à vive
allure. – **3.** Les élèves, dès leur arrivée, posent sur la
table leur copie. – **4.** Le plus souvent, nous percevions
dans les buissons la présence d'un animal. – **5.** Plus tard,
chantait, non loin de nous, une tribu plus douce de cra-
pauds. – **6.** Toutes les nuits, à la même heure, un oiseau
merveilleux lançait son appel du sommet d'un chêne.

8 **Indiquez la fonction des groupes de mots
soulignés et précisez-en la nature.**

<u>Dans le fond</u>, on apercevait un feu superbe. Mais le
feu était peint sur le mur et, à <u>côté du feu</u>, on avait
peint également un <u>pot-au-feu</u> qui bouillait <u>joyeuse-
ment</u> en laissant échapper un nuage de fumée, lequel
donnait amplement l'illusion de la réalité.
Le pauvre Pinocchio courut <u>vite</u> au foyer où la marmite était en train de bouillir.
<u>Pendant ce temps</u>, la faim croissait, croissait toujours,
et le pauvre Pinocchio n'avait pas d'autre ressource
que de bailler. Il faisait des bâillements si larges que
<u>sa bouche</u> arrivait parfois <u>jusqu'aux oreilles</u>. <u>Après
chaque bâillement</u>, il lui semblait que son estomac
l'abandonnait.
<u>Soudain</u>, il lui sembla voir, dans un tas d'ordures,
quelque chose de rond et de blanc qui ressemblait à
un œuf. Pinocchio sauta <u>dessus</u>. [...] <u>En l'embrassant</u>,
il disait : « Et <u>maintenant</u> comment vais-je le faire
cuire ? »

COLLODI, *Les Aventures de Pinocchio*, © Gallimard jeunesse, 2009.

9 **a. Trouvez dans ce texte : quatre compléments circonstanciels de lieu, deux compléments circonstanciels de temps, un complément
circonstanciel de manière et deux compléments
circonstanciels de moyen.**

**b. Racontez ensuite dans quelles circonstances le
héros s'aperçoit qu'il passe au travers des murs.
Employez des compléments circonstanciels
variés.**

Il y avait à Montmartre, au troisième étage du 75 bis
de la rue d'Orchampt, un excellent homme nommé
Dutilleul qui possédait le don singulier de passer
à travers les murs sans en être incommodé. Il portait un binocle, une petite barbiche noire et il était
employé de troisième classe au Ministère de l'enre-
gistrement. En hiver, il se rendait à son bureau par
l'autobus et, à la belle saison, il faisait le trajet à pied,
sous son chapeau melon.

M. AYMÉ, *Le Passe-Muraille*, © Gallimard, 1943.

20

Les fonctions de l'adjectif (épithète et attribut)

Pour commencer

Le loup poussa un **grand** soupir, ses oreilles **pointues** se couchèrent de chaque côté de sa tête. On voyait qu'il était **triste**. (M. Aymé)

1. Recopiez la phrase et reliez d'une flèche les adjectifs en gras aux noms ou pronoms qu'ils qualifient.

2. a. Quels adjectifs sont directement reliés au nom qu'ils qualifient ?
b. Quel adjectif est relié au nom qu'il qualifie par l'intermédiaire d'un verbe ?

3. Remplacez le nom « oreilles » par un pronom : que devient l'adjectif « pointues » ?

Leçon

Rappel : **adjectif** signifie « **qui s'ajoute** » ; l'adjectif qualificatif est un mot qu'on ajoute à un nom ou à un pronom pour lui apporter des précisions.
Il s'accorde en genre et en nombre avec ce nom (ou ce pronom).

L'adjectif qualificatif exerce **deux principales fonctions.**

❶ Fonction épithète

• L'adjectif (ou le groupe adjectival) est placé **directement à côté du nom** (ou du pronom) qu'il qualifie

→ *Le loup poussa un **grand** soupir.* (« Grand » est épithète du nom « loup ».)

• L'adjectif **fait partie du groupe nominal** et disparaît avec le nom lorsqu'on le remplace par un pronom

→ *Ses oreilles pointues se couchèrent / Elles se couchèrent.*

Remarque : selon sa **place**, avant ou après le nom auquel il se rapporte, le sens de l'adjectif peut changer → *un **grand** homme* (= de grande qualité) / *un homme **grand*** (= de grande taille)

❷ Fonction attribut du sujet

L'adjectif est relié au nom (ou au pronom) qu'il qualifie **par l'intermédiaire d'un verbe d'état** (voir leçon 18) → *Le loup était **triste**.* (« Triste » est attribut du sujet « le loup ».)

Remarque : **les participes passés et présents** sont parfois **employés comme des adjectifs**. Dans ce cas, ils **exercent les mêmes fonctions** que l'adjectif qualificatif et s'accordent de la même manière → *des trésors **oubliés** / une **étonnante** petite fille*

Exercices

1 *Dictée* **a. Dans le texte suivant, dites quel nom qualifie chaque adjectif en gras.**
b. Préparez ce texte pour la dictée.

Bien loin dans la mer, l'eau est **bleue** comme les feuilles des bluets, **pure** comme le verre le plus **transparent**, mais si **profonde** qu'il serait **inutile** d'y jeter l'ancre. C'est là que demeure le peuple de la mer. Mais n'allez pas croire que ce fond se compose seulement de sable **blanc** ; non, il y croît des plantes et des arbres **bizarres**, et si **souples**, que le moindre mouvement de l'eau les fait s'agiter comme s'ils étaient **vivants**. Tous les poissons, **grands et petits**, vont et viennent entre les branches comme les oiseaux dans l'air.

Andersen, *La Petite Sirène*.

2 a. Recopiez les phrases suivantes. Relevez les GN dont les noms en gras sont le noyau et soulignez les adjectifs.
b. Donnez la fonction des adjectifs soulignés.

1. Mathilde posa deux magnifiques **bouquets** de fleurs sur la grande **table** du milieu. – **2.** Les hautes **herbes** du pré sont prêtes à être fauchées. – **3.** Les ronces se tordaient comme de longs **bras** armés de griffes. (V. Hugo) – **4.** Une **dame** très âgée sortit du buffet une **boîte** à biscuits toute rouillée : elle semblait aussi vieille que sa propriétaire. – **5.** Il était brun, avec un fin **visage** provençal, des **yeux** noirs, et de longs **cils** de fille. (Pagnol)

3 Recopiez le texte suivant, soulignez les adjectifs et reliez-les d'une flèche au nom auquel ils se rapportent. Déduisez-en leur fonction.

[Hermès] n'était pas encore bien grand, et la forêt de roseaux le cachait presque entièrement. C'est ainsi qu'il arriva devant un troupeau de vaches. Ces vaches étaient magnifiques. Elles possédaient de longues cornes recourbées. Leur peau luisait au soleil. La tête relevée, elles observaient le monde autour d'elles avec une élégance étonnante. Elles étaient si blanches et si fières qu'Hermès fut certain d'avoir découvert les plus belles vaches du monde.

M. Szac, *Le Feuilleton d'Hermès*, © Éditions Bayard, 2011.

4 Dans les phrases suivantes, dites à quel nom (ou pronom) se rapportent les adjectifs en gras et précisez s'ils exercent la fonction épithète ou la fonction attribut du sujet.

1. Cette idée était tellement **nouvelle** pour Alice qu'elle resta sans mot dire pendant une ou deux minutes. (Carroll)
2. Quand elle eût passé l'angle de la **dernière** maison, Cosette s'arrêta. Aller au-delà de la dernière boutique, cela avait été **difficile** ; aller plus loin que la dernière maison, cela devenait **impossible**. (Hugo)
3. Mes doigts de pied sont tout **meurtris** et **crispés**, mes jambes me font mal et mon estomac se balance comme un sac **vide**. (Tolkien)
4. Le teint de ce **petit** paysan était si **blanc**, ses yeux si doux, que l'esprit un peu **romanesque** de madame de Rênal eut d'abord l'idée que ce pouvait être une **jeune** fille **déguisée**, qui venait demander quelque grâce à M. le maire. (Flaubert)

5 Recopiez les phrases suivantes en sautant des lignes.
a. Soulignez les adjectifs et reliez-les d'une flèche au nom (ou au pronom) auquel ils se rapportent.
b. Écrivez « A » sous les attributs du sujet et « E » sous les épithètes.

1. Les enfants sont tellement savants de nos jours qu'ils ne croient plus aux fées. (Barrie) – **2.** Pour la gaieté, Peter était insurpassable. (Barrie) – **3.** Delphine demeura pensive, car elle ne décidait rien à la légère. (Aymé) – **4.** La romantique petite personne se posa un instant au sommet du coucou. (Barrie) – **5.** [Gandalf] portait un haut chapeau bleu à pointe, un long manteau gris et un cache col argenté. – **6.** Il avait une longue barbe blanche et des sourcils broussailleux qui ressortaient sous le bord de son chapeau. (Tolkien)

6 Complétez le texte avec les adjectifs suivants : *prospères – longue – calme – petit – curieux – laineux – brossés*. Pensez à vous aider des accords !

Un matin, il y a bien longtemps, du temps que le monde était encore ..., qu'il y avait moins de bruit et davantage de verdure et que les hobbits étaient encore nombreux et ..., Bilbo Baggins se tenait debout à sa porte après le ... déjeuner, en train de fumer une énorme et ... pipe de bois qui descendait presque jusqu'à ses pieds ... (et ... avec soin). Par quelque ... hasard, vint à passer Gandalf.

J. R. R. Tolkien, *Bilbo le hobbit*, traduction de F. Ledoux, © Le Livre de poche.

7 Précisez la nature et la fonction des mots ou groupes soulignés.

– Écoute, a dit maman à Papa, je trouve, en effet, que le petit n'est pas bien ; il est tout pâlot. Il faut dire qu'on les surcharge de travail, à l'école, et il n'est pas encore tout à fait remis de son angine. Je me demande s'il ne vaut pas mieux qu'il se repose un peu ce soir, qu'il se couche de bonne heure. Après tout, ce n'est pas si terrible si, pour une fois, il ne fait pas son problème.

R. Goscinny, *Histoires inédites du Petit Nicolas*, IMAV éditions, 2004.

8 Recopiez les phrases suivantes.
a. Encadrez les verbes conjugués et soulignez en rouge leurs sujets.
b. Soulignez en noir les attributs du sujet et précisez leur nature.

1. Que vous êtes joli, que vous me semblez beau ! (La Fontaine) – **2.** La vie quotidienne devenait un roman d'aventures. (Maurois) – **3.** En l'an 2222, l'usage des robots domestiques se répandit sur toute la surface de la planète. Catherin était l'un d'eux. (Rodari) – **4.** Le trésor, ou plutôt son coffre, est une ancienne boîte à jouets. (Romains)

9 **ÉCRITURE** Employez avec un nom chacun des adjectifs suivants : curieux – joli – stupéfait – étrange – rouge – fidèle – grand.
a. dans une phrase où il sera épithète ;
b. dans une phrase où il sera attribut.

La fonction des mots (révisions)

Pour commencer

Cette maison date du XVᵉ siècle.
Nous avons construit nous-mêmes notre maison.
Nous te retrouverons à la maison.
Le chat a grimpé sur le toit de la maison.

1. Donnez la nature du mot « maison » : cette nature change-t-elle d'une phrase à l'autre ?

2. Dans chacune des phrases, repérez le verbe conjugué et son sujet.

3. À quelle question le GN « notre maison » répond-il ? Et le GN « à la maison » ?

4. Quel mot le groupe « de la maison » complète-t-il ? Déduisez-en sa fonction.

Leçon

❶ La fonction d'un mot

• La fonction d'un mot, c'est **son rôle dans une phrase** : sujet du verbe, COD, complément circonstanciel…

• La fonction d'un mot dépend donc de la phrase dans laquelle il est employé.
***Attention !* Ne confondez pas nature et fonction :**
– donner la nature d'un mot, c'est indiquer de quelle espèce de mot il s'agit : verbe, nom, conjonction… (voir p. 306)
– donner la fonction d'un mot, c'est indiquer son rôle dans une phrase précise.

❷ Les principales fonctions

Fonctions autour du verbe	Fonctions autour du nom
• Sujet • Attribut du sujet • COD, COI, COS • Complément circonstanciel (de temps, de lieu, de manière…)	• Complément du nom • Épithète (pour les adjectifs seulement)

❸ Pour trouver la fonction d'un mot…

• On repère chaque **verbe conjugué**.

• On cherche d'abord le **sujet du verbe**.

• On se demande si le verbe est transitif ou intransitif.
– S'il est **transitif**, on cherche un **complément d'objet**.
– S'il est **intransitif**, on cherche s'il y a un **attribut du sujet**.

• On repère les **compléments circonstanciels** en se demandant à quelle question ils répondent.

• On cherche à quel mot se rattachent les groupes qui restent.

Exercices

1 Vrai ou faux ?

1. Un mot a une fonction même s'il n'est pas employé dans une phrase.
2. La fonction d'un mot peut changer d'une phrase à l'autre.
3. La fonction d'un mot peut être : sujet, verbe, COD, pronom...
4. La première fonction à repérer dans une phrase est le sujet du verbe.

2 Dans le texte suivant, relevez les verbes conjugués et précisez leur sujet.

Jocabed est obligé d'abandonner son enfant, Moïse, pour le soustraire aux persécutions des Égyptiens. Elle le dépose sur le Nil dans un berceau flottant.

Jocabed en larmes venait à peine de déposer le berceau entre les roseaux que la fille de Pharaon, accompagnée de ses suivantes, descendit vers le Nil pour se baigner. À quelques pas s'était cachée Myriam, sœur aînée du bébé. La princesse aperçut le berceau et ordonna à sa servante d'aller le chercher. Le bel enfant pleurait. « C'est sans doute quelque enfant hébreu », dit Bithya, prise de pitié. Une si grande tendresse habitait sa voix que Myriam prit le risque de s'avancer. « Veux-tu que je cherche une nourrice parmi les femmes des Hébreux ? demanda-t-elle. – [Oui.] », répondit la princesse. Et Myriam alla chercher Jocabed.

M. Kahn, *Contes et Légendes de la Bible*, © Pocket Jeunesse, 2003.

3 Recopiez les phrases suivantes, puis entourez le verbe conjugué, soulignez en rouge son sujet et en bleu son COD.

1. La vieille femme ramassa ses affaires. – **2.** Il répétait lentement, méthodiquement les mêmes gestes. – **3.** Le chat portait chaque semaine le fruit de sa chasse au roi. – **4.** Nous ne pouvons pas continuer ainsi. – **5.** Je te ramène chez toi. – **6.** Quelle décision prendraient-ils ? – **7.** Elle affirme qu'ils étaient absents ce jour-là. – **8.** Je les reconnais bien là.

4 Dites si les groupes soulignés sont sujets inversés ou COD.

1. Au milieu de la salle se dressait un trône somptueux. – **2.** Jules César a conquis un empire. – **3.** Il raconta alors son histoire. – **4.** Quelle erreur ils avaient commise ! – **5.** Ils nous aideront bien volontiers. – **6.** Enfin arriva le temps de la victoire. – **7.** Ainsi reprirent-ils leur chemin.

5 a. Dites si les verbes en gras sont transitifs ou intransitifs.
b. Déduisez-en la fonction des groupes soulignés.

1. Assurément, cet homme **est** le Fils de Dieu ! –
2. L'ange Gabriel **dicta** le Coran à Mahomet. – **3.** Yahvé **interdit** à Adam et Ève de manger du fruit de cet arbre. – **4.** Joseph **se rendit** à Bethléem. – **5.** Joseph **devint** le favori de Pharaon. – **6.** Marie **paraissait** bouleversée. – **7.** Moïse **conduisit** son peuple hors d'Égypte. – **8.** Ève **obéit** au serpent. – **9.** Abel **était** berger. – **10.** L'agneau **dormira** tranquille entre les pattes du lion.

6 Donnez la fonction des mots ou groupes de mots soulignés.

1. Abraham remonta la vallée de l'Euphrate. – **2.** Autrefois, les élèves écrivaient à la plume. – **3.** Devant nous coulait un fleuve impétueux. – **4.** Par amour pour elle, Georges a renoncé à un poste important dans les Pyrénées. – **5.** Le président de séance a demandé le silence. – **6.** Ils travaillaient en silence. – **7.** Abraham était devenu un riche berger nomade. – **8.** Je lui téléphone tous les jours. – **9.** La colère de Pharaon a été terrible. – **10.** Ramsès rassembla ses soldats. – **11.** Dieu ordonna à Abraham le sacrifice de son fils. – **12.** Les Hébreux traversèrent la mer Rouge à pied sec. – **13.** Nous naviguerons sur la mer Rouge. – **14.** Joseph était le fils de Jacob. – **15.** Quelle peur a eue Isaac !

7 Complétez les phrases par un mot ou un groupe de mots occupant la fonction demandée entre parenthèses.

1. Le berger rentre (COD). – **2.** La bergère rentre (CC de lieu). – **3.** Le prince sourit (COI). – **4.** Le prince sourit (CC de manière). – **5.** La princesse était (attribut du sujet). – **6.** La princesse était (CC de lieu). – **7.** Nous sommes arrivés (CC de temps) – **8.** Je ne suis pas arrivé (COI). – **9.** Nous partirons (CC de temps). – **10.** Nous partirons (CC de lieu). – **11.** Tu rendras ce cahier (COS). – **12.** Tu rendras ce cahier (CC de manière).

8 Donnez la nature et la fonction des mots ou groupes de mots soulignés.

1. Les disciples n'osaient pas répondre. – **2.** De l'autre côté du village se trouvait une riche demeure. – **3.** Judas était un apôtre de Jésus, mais il le trahit. – **4.** Dieu promit à Moïse qu'il verrait la Terre promise. – **5.** Vous vivrez heureux, éternellement. – **6.** Tu as obéi au serpent : je punirai celui-ci. – **7.** Tuer est interdit par les Tables de la Loi. – **8.** L'inconnu semblait inoffensif : les deux femmes l'approchèrent sans crainte. – **9.** Demande-moi ce que tu veux.

9 Faites des phrases respectant le schéma suivant.

1. Sujet + verbe + COD + COS
2. Sujet + verbe + attribut du sujet
3. CC de lieu + verbe + sujet
4. Verbe + sujet + COD + CC de temps
5. Sujet + verbe + CC de manière

Pour commencer

Le vent soufflait avec une brutalité insupportable. Ses grondements dans les carcasses des maisons étaient ceux d'un fauve dérangé dans son repas. Il me fallut lever le camp. À cinq heures de marche de là, je n'avais toujours pas trouvé d'eau et rien ne pouvait me donner l'espoir d'en trouver.

J. GIONO, *L'Homme qui plantait des arbres*, 1953.

1. Relevez les verbes en les classant en deux colonnes : verbes conjugués et verbes à l'infinitif.

2. a. Indiquez le temps de chaque verbe conjugué.
b. Lequel de ces verbes est composé de deux éléments ?

3. Quel rôle joue ici le participe passé « dérangé » ?

Leçon

- **Un verbe qui n'est pas conjugué est à l'infinitif.** Il se termine par *-er, -ir, -oir* ou *-re*.

- **Un verbe conjugué peut être à un temps simple ou à un temps composé.**
– Aux **temps simples**, le verbe est constitué d'**un seul élément** → *il vole - nous arrivons*
– Aux **temps composés**, le verbe est constitué d'un **auxiliaire** (*être* ou *avoir*) et d'un **participe passé** → *j'ai appris – tu es sorti – ils avaient vieilli*

- **Le participe passé** des verbes est donc utilisé pour la **conjugaison des temps composés** → *Ils ont abandonné leur chien. J'ai peint toute la journée.*

- **Il peut aussi être employé comme un adjectif**, pour qualifier un nom : il s'accorde alors avec ce nom comme un adjectif. → *une maison abandonnée – des murs peints*

- **Pour les verbes du premier groupe, ne confondez pas l'infinitif** (→ *lever*) **et le participe passé** (→ *levé*).
En cas de doute, remplacez le verbe du premier groupe par *vendre* :
– Si vous entendez « vendre », il faut écrire -er.
– Si vous entendez « vendu », il faut écrire -é(es).
– Si vous entendez « vendait », le verbe est conjugué : mettez la bonne marque de personne (voir p. 356).

Exercices

1 **Dans les phrases suivantes, relevez les verbes conjugués et donnez leur infinitif.**

1. Ils seront revenus avant la nuit. – **2.** Je comprends mieux. – **3.** Quel drôle de tour tu lui as joué ! – **4.** Arrivèrent alors trois cavaliers. – **5.** J'avais encore mes longs cheveux. – **6.** J'avais encore déclenché sa colère.

2 **Recopiez le texte suivant et relevez les verbes conjugués à un temps composé : entourez leur auxiliaire et soulignez le participe passé.**

Le pays n'avait pas changé. […] J'avais vu mourir trop de monde pendant cinq ans pour ne pas imaginer facilement la mort d'Elzéard Bouffier, d'autant que, lorsqu'on en a vingt, on considère les hommes de cinquante comme des vieillards à qui il ne reste plus qu'à mourir. Il n'était pas mort. Il était même fort vert. Il avait changé de métier. Il ne possédait plus que quatre brebis mais, par contre, une centaine de ruches. Il s'était débarrassé des moutons qui mettaient en péril ses plantations d'arbres. Car, me dit-il (et je le constatais), il ne s'était pas du tout soucié de la guerre. Il avait imperturbablement continué à planter.

J. GIONO, *L'Homme qui plantait des arbres*, 1953.

3 **Dans le texte précédent, relevez les verbes à l'infinitif, entourez leur terminaison.**

4 Dites si les formes soulignées sont des verbes ou des auxiliaires. S'il s'agit d'un auxiliaire, recherchez le participe passé qui l'accompagne.

1. Ils <u>ont</u> marché pendant trois jours et trois nuits. – **2.** La reine n'<u>avait</u> pas d'enfant. – **3.** Cendrillon <u>était</u> le souffre-douleur de ses sœurs. – **4.** Tu n'<u>as</u> toujours pas rendu ta rédaction. – **5.** Elle <u>a</u> subitement changé d'avis. – **6.** Ils <u>sont</u> désormais partis pour la Pologne. – **7.** Elle <u>était</u> désormais prisonnière de cette sorcière.

5 Recopiez le texte suivant en laissant de l'espace entre chaque ligne. Entourez les verbes conjugués et, quand ils sont à des temps composés, soulignez en bleu l'auxiliaire et en rouge le participe passé.

Personne n'aurait imaginé qu'il partirait un jour, je veux dire vraiment, sans revenir. Il n'avait pas d'amis, il ne connaissait personne et personne ne le connaissait. Il avait un drôle de visage aigu en lame de couteau et de beaux yeux noirs indifférents. Il n'avait rien dit à personne. Mais il avait déjà tout préparé à ce moment-là, c'est certain. Il avait tout préparé dans sa tête, en se souvenant des routes et des cartes, et des noms des villes qu'il allait traverser. Peut-être qu'il avait rêvé à beaucoup de choses, jour après jour, et chaque nuit, couché dans son lit dans le dortoir, pendant que les autres plaisantaient et fumaient des cigarettes en cachette.

LE CLÉZIO, *Celui qui n'avait jamais vu la mer*, © Gallimard, 1978.

6 Dans les phrases suivantes, relevez les participes passés employés comme adjectifs et dites quel nom ils qualifient.

1. La salle à manger était ornée en outre d'un vieux buffet peint en rose. (HUGO)
2. C'était une figure éteinte et triste, avec de petits yeux fanés. (DAUDET)
3. Le pauvre Pinocchio, qui était encore ensommeillé, ne s'était pas rendu compte que ses pieds étaient brûlés. (COLLODI)

7 Recopiez les phrases suivantes, puis entourez le verbe conjugué, celui qui dit ce que fait le sujet. Soulignez les participes passés employés comme adjectifs et reliez-les au nom qu'ils qualifient.

1. Ses pieds glacés aux orteils endoloris le faisaient énormément souffrir. – **2.** Un cri venu de nulle part fit sursauter l'assemblée. – **3.** Mariette embrassa tendrement la tête blanchie aux joues ridées et au sourire toujours aussi jeune. – **4.** Cette histoire cent fois entendue lui tirait encore des frissons d'angoisse. – **5.** Se leva alors un jour pâle, écrasé de soleil.

8 Recopiez le texte suivant en conjuguant les verbes en gras au passé composé.

En arrivant dans la forêt, elle **aperçut** une petite maison où trois nains étaient à la fenêtre. Elle leur sou-
haita le bonjour et **frappa** discrètement à la porte. Ils lui **crièrent** d'entrer, elle **entra** dans la pièce et **s'assit** sur un banc près du poêle, afin de se réchauffer et de manger son goûter. Les nains lui **dirent** : « Donne-nous-en un morceau. – Volontiers », **dit**-elle, elle **coupa** son morceau de pain en deux et leur en **donna** la moitié.

FRÈRES GRIMM, *Les Trois Nains de la forêt*, trad. de Marthe Robert, © Gallimard, 1976.

9 Choisissez et recopiez la terminaison qui convient.

1. Pour trouvé/er la solution, il faut rassemblé/er les différents indices. – **2.** Avez-vous terminé/er ? – **3.** Il est temps de filé/er dans vos chambres. – **4.** Elle l'a quitté/er sans versé/er une seule larme. – **5.** Je suis monté/er précipitamment pour essayé/er de l'aidé/er. – **6.** Nous n'avons rien pu faire pour la sauvé/er. – **7.** Le chien s'est encore sauvé/er. – **8.** Heureusement, il avait pensé/er à emporté/er une lampe. – **9.** Elle a décidé/er de déménagé/er. – **10.** Pleurniché/er est inutile.

10 Recopiez ce texte en complétant par *-er*, *-é(e)*, *-ait* ou *-aient*.

Il ét… une fois un homme et une femme qui depuis longtemps désir… en vain un enfant […]. Ces gens av… à l'arrière de leur maison une petite fenêtre par où l'on pouv… voir dans un superbe jardin plein des plus belles fleurs et herbes ; mais il ét… entour… d'un haut mur et personne n'os… y entr… car il apparten… à une magicienne qui av… un grand pouvoir et ét… redout… de tout le monde. Un jour, la femme ét… à cette fenêtre et regard… en bas dans le jardin, voilà qu'elle aperçut une plate-bande qui ét… plant… des plus belles raiponces et elles ét… si fraîches et si vertes qu'elle eut une envie et ressentit le plus grand désir de mang… des raiponces.

GRIMM, *Raiponce*, trad. de Marthe Robert, © Gallimard, 1976.

11 Recopiez ce texte en complétant par *-é*, *-er*, *-ez* ou *-ait*.

Un meunier ne laissa pour tous biens, à trois enfants qu'il av…, que son moulin, son âne et son chat. L'aîné eut le moulin, le second eut l'âne, et le plus jeune n'eut que le chat. Ce dernier ne pouv… se consol… d'avoir un si pauvre lot : « Mes frères, dis…-il, pourront gagn… leur vie honnêtement en se mettant ensemble ; pour moi, lorsque j'aurai mang… mon chat, et que je me serai fait un manchon de sa peau, il faudra que je meure de faim. »
Le Chat, qui entend… ce discours, lui dit d'un air pos… et sérieux :
« Ne vous afflig… point, mon maître, vous n'av… qu'à me donn… un sac et me faire faire une paire de bottes pour all… dans les broussailles, et vous verr… que vous n'êtes pas si mal partag… que vous croy…. »

D'après C. PERRAULT, *Le Chat botté*.

Le mode indicatif

– J'**ai entendu** mes parents parler de ce qui m'**attendait** quand je s**erais** un homme, **expliqua** Peter à voix basse. (On le sentait très agité maintenant) Je ne veux jamais devenir un homme, s'écria-t-il avec véhémence. Je **veux** toujours rester un petit garçon et m'amuser. C'est pour cela que je me **suis sauvé** au parc de Kesington, et j'y **ai vécu** longtemps parmi les fées.

J. M. Barrie, *Peter Pan*, trad. de Yvette Metral, © Éditions Flammarion, 1982.

1. Donnez l'infinitif des verbes en gras.

2. Précisez pour chacun d'eux s'ils sont conjugués à un temps simple ou un temps composé.

3. a. Pour les verbes conjugués à un temps simple, quelle partie du verbe observez-vous pour savoir à quel temps il est conjugué ?

b. Qu'en est-il pour les verbes conjugués à un temps composé ?

Leçon

❶ Temps simples et temps composés

En conjugaison, on distingue les **temps simples** et les **temps composés**.

● Aux **temps simples**, le verbe est seul (radical + terminaison) → *je rentre – tu fais*

C'est la terminaison du verbe qui indique le temps et la personne.

● Aux **temps composés**, le verbe se conjugue à l'aide d'un **auxiliaire** (*être* ou *avoir*) et du **participe passé** du verbe → *je suis rentré – tu auras fait*

C'est l'auxiliaire qui indique le temps et la personne.

❷ Temps simples et temps composés de l'indicatif

● **L'indicatif** comprend **dix temps simples** auxquels correspondent **dix temps composés**.

Temps simples	Temps composés
présent je chant**e** je vien**s**	**passé composé** (auxiliaire au présent + participe passé) j'**ai** chanté je **suis** venu(e)
imparfait je chant**ais** il ven**ait**	**plus-que-parfait** (auxiliaire à l'imparfait + participe passé) j'**avais** chanté il **était** venu(e)
passé simple je chant**ai** ils v**inrent**	**passé antérieur** (auxiliaire au passé simple + participe passé) j'**eus** chanté ils **furent** venus
futur simple je chant**erai** ils vien**dront**	**futur antérieur** (auxiliaire au futur simple + participe passé) j'**aurai** chanté ils **seront** venus
conditionnel présent je chant**erais** ils vien**draient**	**conditionnel passé** (auxiliaire au conditionnel présent + participe passé) j'**aurais** chanté ils **seraient** venus

● Pour conjuguer un verbe aux temps composés, l'auxiliaire est conjugué au temps simple correspondant → *il rentre / il est rentré ; il pleurait / il avait pleuré*

● Pour conjuguer un verbe aux temps composés, il faut donc connaître la conjugaison d'*être* et *avoir* à tous les temps simples et ajouter le participe passé du verbe.

Exercices

1 Dites si *être* et *avoir* sont employés comme auxiliaires.

1. Elle **est** rapide. – **2.** Tu **as** réussi. – **3.** Je **suis** jalouse. – **4.** Il **a** été boulanger. – **5.** On n'**avait** pas de pneu. – **6.** Ils **avaient** donné satisfaction. – **7.** Vous ne **serez** plus en retard. – **8.** Vous **seriez** arrivés le matin même. – **9.** Tu **fus** revenue.

2 Classez les verbes conjugués en deux colonnes selon qu'ils sont conjugués à un temps simple ou à un temps composé. Donnez leur infinitif.

1. J'ai un rhume. – **2.** J'ai eu un rhume. – **3.** Elle était chanteuse. – **4.** Elle a été danseuse. – **5.** Nous avions obtenu une récompense. – **6.** Avions-nous le droit de répondre ? – **7.** On eut bientôt terminé. – **8.** Ils eurent peur. – **9.** Tu seras heureux. – **10.** Tu seras arrivée à temps.

3 Précisez le temps de chaque verbe puis conjuguez-le au temps composé correspondant.

1. Je partis. – **2.** Vous saviez. – **3.** Tu riras. – **4.** Nous ferions. – **5.** Je cours. – **6.** Ils ouvraient. – **7.** Elle apparut. – **8.** Vous dormirez. – **9.** Nous prenons.

4 Pour chaque phrase, précisez le temps des verbes, puis placez chacun d'eux sur un axe du temps (faites un axe par phrase).

Exemple : Quand il a bien mangé, il dort.

a mangé (passé composé)   dort (présent)

1. Étant donné qu'il a répété régulièrement son morceau, il le joue sans hésitation.

2. Ils seront déjà rentrés lorsque nous arriverons.

3. Vous passerez à l'exercice suivant lorsque vous aurez terminé.

4. Dès que la princesse se fut réveillée, elle aperçut son prince.

5. J'avais franchi la ligne d'arrivée et attendais patiemment les résultats de la course.

6. Comme nous l'avions prévu, nous trouvâmes Pierre à son domicile.

7. Il s'aperçut soudain qu'il avait révélé son secret.

5 Récrivez la phrase suivante en conjuguant le verbe *sortir* à l'imparfait, puis au futur simple et au passé simple de l'indicatif. Que remarquez-vous ?

Il sort quand il a fini ses devoirs.

6 Récrivez au passé composé les verbes des phrases suivantes.

1. Quand je le vis, il me sembla malade. – **2.** Brusquement, il se leva, traversa la pièce et ouvrit le rideau. – **3.** Quand le train partit, nous nous mîmes à pleurer. – **4.** Derrière lui, un horrible silence s'abattit.

7 Récrivez au plus-que-parfait les verbes des phrases suivantes.

1. Le jour où nous nous sommes croisés dans l'escalier, elle m'a jeté un regard complice. – **2.** L'homme a fait demi-tour et s'est penché sur la carte. – **3.** Nous avons reconnu l'étranger à son étrange chapeau. – **4.** Avez-vous déjà entendu cette chanson ?

8 Conjuguez au futur antérieur les verbes entre parenthèses.

1. Quand tu l' (goûter), tu m'en diras des nouvelles. – **2.** Chaque enfant prendra ce qu'il (confectionner). – **3.** Lorsque vous (arriver), vous ôterez votre manteau. – **4.** Je ne monterai pas sur scène, tant que je (ne pas avoir) un signe de sa part.

9 Conjuguez au passé antérieur les verbes des phrases suivantes.

1. Aussitôt que tu (ouvrir) la fenêtre, nous entendîmes un brouhaha. – **2.** Dès qu'elle (rentrer), elle se précipita pour nous embrasser. – **3.** Au matin, lorsque la brume (se lever), elle sortit. – **4.** Sitôt qu'Alice (boire) de cette potion, elle se mit à grandir.

10 Donnez l'infinitif et le temps de chacun des verbes soulignés.

De retour au logis, le vieux s'inquiéta :
« Où est ma fille ? – Elle est allée chez sa tante », répondit la marâtre.
Au bout de peu de temps, la fillette arriva en courant.
« Où étais-tu ? demanda le père – Ah, père, si tu savais ! dit-elle. Mère m'a envoyée chez ma tante lui demander une aiguille et du fil pour me coudre une chemise mais, ma tante, c'est la baba Yaga et elle a voulu me dévorer ! – Et comment t'es-tu échappée ? »
La fillette raconta. Quand le vieux sut tout ce qui s'était passé, il se mit en colère contre sa femme et la fusilla.

AFANASSIEV, *Contes populaires russes*,
trad. de Lise Gruel-Apert, éditions Imago, 2009.

Le présent de l'indicatif des verbes du 1er groupe

Pour commencer

Et chacun s'empresse pour le roi.
– Et toi, Persée, tu ne feras rien pour moi ?
Persée s'avance bien imprudemment :
– Tout ce que tu voudras, ô roi ! Si tu le souhaites, je te rapporterai même la tête de Méduse.
Le roi n'en demandait pas davantage ! Il envoie aussitôt le naïf jeune homme chercher cette tête et compte bien qu'il y laissera la vie.

M.-T. ADAM, *Héros de la mythologie grecque*, © Gallimard, 2006.

1. Relevez dans le texte tous les verbes au présent, soulignez leur radical, entourez leur terminaison.

2. Quel adverbe peut-on leur adjoindre : « hier », « maintenant », « demain » ?

Leçon

- *Rappel :* les verbes du 1er groupe sont ceux dont **l'infinitif se termine en -er.**

- Au **présent de l'indicatif**, ils prennent **les terminaisons suivantes :**

je march**e**	nous march**ons**
tu march**es**	vous march**ez**
il, elle, on march**e**	ils, elles march**ent**

- *Attention :*

– **Jeter et appeler** doublent la consonne au singulier et à la troisième personne du pluriel ➞ *je jette, il jette, nous jetons, ils jettent ; j'appelle, nous appelons, ils appellent*

– **Dans les verbes en -yer**, le y devient i au singulier et à la troisième personne du pluriel ➞ *j'appuie, nous appuyons, ils appuient*

– Attention à la première personne du pluriel des **verbes en -cer et -ger**
   ➞ *nous lançons, nous mangeons*

Exercices

1 **Conjuguez au présent et à toutes les personnes les verbes suivants :** voyager – plier – projeter – appuyer.

2 **Conjuguez les verbes entre parenthèses au présent.**

1. Tu (défier) ton adversaire. – **2.** Ils (envoyer) chaque semaine une lettre à leurs parents. – **3.** Elle (continuer) malgré les difficultés. – **4.** Comment (s'appeler)-vous ? – **5.** Je (se lever) à six heures. – **6.** Il (secouer) le tapis. – **7.** Est-ce que tu (se rappeler) cet été ?

3 **Transposez chaque phrase à la personne du pluriel ou du singulier qui correspond.**

1. Je fonce sur lui. – **2.** Ils travaillent à l'étranger. – **3.** Vous frappez toujours avant d'entrer. – **4.** Je déplace le canapé. – **5.** Vous éternuez. – **6.** Je mange lentement. – **7.** Elles accueillent un correspondant allemand. – **8.** Nous essuyons la table. – **9.** Nous crions.

4 **Recopiez chaque phrase en transposant les verbes au présent.**

1. Elle ne jetait rien. – **2.** L'oiseau tournoyait dans le ciel. – **3.** Nous nagions. – **4.** Il s'appelait Louis. – **5.** Tu tuais le temps. – **6.** Ils payaient toujours en liquide.

5 **Recopiez le texte suivant en conjuguant au présent les verbes entre parenthèses.**

Au dehors, une rumeur (monter). Sur le pavé de bois, des chevaux robustes (traîner) lentement des charrois[1] pesants. Des fournisseurs (se disputer). Le laitier (entrechoquer) ses brocs d'étain. Le boulanger (jeter) sur les portes son pain qu'on servira, sans l'essuyer, dans une corbeille d'argent. Les boueux[2] (échanger) entre eux des injures quand ils ne s'unissent pas contre les domestiques qui, en bâillant encore, (balayer) le trottoir.

G. ACREMANT, *La Hutte d'acajou*.

1. Charriots. **2.** Éboueurs.

Leçon

- **Rappel :** les verbes des 2ᵉ et 3ᵉ groupes ont des **infinitifs en -ir, -oir ou -re.**
- Les terminaisons sont : -s, -s, -t, -ons, -ez, -ent.
- Les verbes du 2ᵉ groupe font -iss- au pluriel.

bond**ir**		cour**ir**	
je bond**is**	nous bond**issons**	je cour**s**	nous cour**ons**
tu bond**is**	vous bond**issez**	tu cour**s**	vous cour**ez**
il, elle, on bond**it**	ils, elles bond**issent**	il, elle, on cour**t**	ils, elles cour**ent**

- **Attention :**
- **Dire et faire** sont **irréguliers à la deuxième personne du pluriel**
  → *vous dites ; vous faites*
- **Verbe en -dre :** à la 3ᵉ personne du singulier, on n'ajoute pas de -t après le -d
  → *j'apprends, il apprend*
- **Pouvoir et vouloir** prennent un -x au lieu du -s au singulier
  → *je peux ; tu veux*
- **Verbes en -aître :** on conserve l'accent circonflexe seulement devant le -t
  → *j'apparais, il apparaît*
- **Sept verbes du 3ᵉ groupe** se conjuguent comme les verbes du premier groupe : cueillir, offrir, ouvrir, couvrir, souffrir, assaillir et tressaillir → *je cueille*
- **De nombreux verbes du 3ᵉ groupe changent de radical** au cours de la conjugaison au présent → *je dois, nous devons ; vous venez, ils viennent ; je vais, nous allons*

Exercices

1 **Dans le texte suivant, relevez les verbes au présent.**

Les Fans vivaient autrefois au bord d'un fleuve puissant et large. Entre ce fleuve et la forêt, ils avaient établi leur village circulaire bâti de huttes de bois. Or, sur la rive boueuse, vivait aussi un crocodile gigantesque nommé Omburé. […] Un jour, Omburé le crocodile s'en vient au village des Fans, les griffes grinçant sur les cailloux, le ventre creusant la terre. Au seuil de la hutte du chef, sur la place, il s'arrête et, ouvrant sa gueule aussi haute que la porte, il dit : « Les oiseaux et les poissons de la rive n'apaisent plus ma faim. Je veux maintenant manger un jour un homme, le lendemain une femme et le premier jour de chaque lune, une jeune fille. Si vous refusez de me les donner, je dévorerai tout le village. »

H. GOUGAUD, « Omburé le crocodile », *Contes d'Afrique*, Seuil, 1999.

2 **Conjuguez les verbes suivants au présent de l'indicatif, à la 2ᵉ et la 3ᵉ personne du singulier, et à la 3ᵉ personne du pluriel.**

Être – avoir – finir – rire – entendre – tordre – cueillir – voir – faire.

3 **Pour chacun des verbes suivants, dites s'il appartient au 2ᵉ ou au 3ᵉ groupe. Pour vous aider, pensez à les conjuguer à la 1ʳᵉ personne du singulier puis du pluriel.**

bâtir – courir – cueillir – devenir – dormir – fleurir – grandir – envahir – s'enfuir – remplir – maigrir – mourir – obéir – ouvrir – partir – pourrir – revêtir – sentir – servir – tenir – vieillir – réussir.

4 **Recopiez les verbes en ajoutant la terminaison qui convient.**

1. Les enfants grandi… très vite. – **2.** Le chat dor… près de la cheminée. – **3.** Tu cour… très vite. – **4.** Je rougi… facilement. – **5.** Maman recou… mon pantalon. –

6. Je par... pour le Québec. – **7.** Vous poursuiv... les malfaiteurs. – **8.** Cette association comba... toute forme de violence. – **9.** Je ne compren... rien. – **10.** Nous nous réuni... tous les jeudis. – **11.** Je le connai... comme il me connaî... – **12.** La pâte durci... en séchant. – **13.** Vous franchi... la ligne d'arrivée. – **14.** Je met... mes chaussures. – **15.** Cette poule pon... des œufs d'or. – **16.** Tu pétri... la pâte. – **17.** Il ne men... jamais. – **18.** Ils ne nous croi... pas. – **19.** Vous écri... très bien. – **20.** Nous navig... jour et nuit.

5 Écrivez entre parenthèses l'infinitif du verbe, entourez sa terminaison pour vérifier son groupe et ajoutez la terminaison qui convient au verbe conjugué.

1. Je pari... (...) – j'obéi... (...) – tu envi... (...) – tu ralenti... (...) – il gravi... (...) – il oubli... (...) – tu établi... (...) – je tri... (...) – on construi... (...) – il réuni... (...) – tu grandi... (...) – j'accompli... (...) – je suppli... (...) – tu remerci... (...) – tu réagi... (...) – on associ... (...) – il minci... (...).
2. Tu secou... (...) – tu cou... (...) – je décor... (...) – je mor... (...) – tu serr... (...) – tu per... (...) – ils fon... (...) – il fon... (...).
3. J'essui... (...) – je condui... (...) – il boi... (...) – il aboi... (...) – tu croi... (...) – tu broi... (...) – il sai... (...) – il balai... (...) – il appui... (...) – il sédui... (...).

6 Recopiez les phrases suivantes en mettant le verbe entre parenthèses au présent de l'indicatif.

1. Je (revendre) mes livres.
2. Il (ne pas savoir).
3. Tu (ne pas essayer).
4. J'(apprendre) mes leçons.
5. Ils (reprendre) du café.
6. Le soleil (flamboyer).
7. Nous ne (voir) rien.
8. L'oiseau (replier) ses ailes.
9. Ils (revenir) demain.
10. Le chat (grossir).
11. Je ne (pouvoir) rien faire.
12. Le bébé (remuer) dans son lit.

7 Transposez les phrases suivantes à la personne du pluriel correspondante.

1. Je corrige mon exercice.
2. Il bondit hors de la cage.
3. Tu connais cet homme.
4. Qu'est-ce que tu dis ?
5. Elle ne vaut rien.
6. Il voit de la lumière.
7. Tu fais attention.
8. J'avance prudemment.
9. Il se souvient de tout.

10. Je prends mon petit déjeuner.
11. Il sait sa leçon.
12. Tu saisis ton épée.

8 a. Recopiez le texte en mettant les verbes entre parenthèses au présent de l'indicatif.

b. **Dictée** Préparez ce texte pour la dictée.

Or voici qu'un jour Faran (tomber) amoureux. Il (appeler) les trois cent trente-trois hommes de sa tribu devant sa maison et il leur (dire) :
– Mes braves gens, j'(aimer) la belle Fatimata qui (habiter) Tigilem, le village voisin.
Il leur (dire) cela en riant, et pourtant un concert de lamentations (accueillir) ses paroles. Chacun (prendre) sa tête dans ses mains. Un vieillard (s'avancer) devant le héros et (gémir), agitant ses doigts secs devant sa figure :
– Si tu (aimer) Fatimata, tu (être) en grand danger, Farang. Car la mère de celle que tu (vouloir) pour femme (être) une terrible sorcière : à tout homme qui (venir) lui demander sa fille, elle (jeter) un maléfice qui le (faire) mourir.

H. Gougaud, « Farang », in *Contes d'Afrique*, © Seuil, 1999.

9 Transposez le texte ci-dessous au présent.

Après la prédiction de l'oracle, lorsque Jocaste mit au monde Œdipe, le chagrin et la peur s'emparèrent du roi et de la reine. Laïos envoya un serviteur mettre à mort l'enfant, mais celui-ci n'eut pas le cœur de le tuer et l'abandonna dans la montagne. Des bergers découvrirent le bébé et l'élevèrent comme leur propre fils. Parvenu à l'âge adulte, Œdipe apprit quelle malédiction pesait sur lui. Il partit pour y échapper. Il vécut bien des aventures et déjoua les pièges du sphinx.

10 a. Mettez les verbes entre parenthèses au présent de l'indicatif.

b. Recopiez le texte en remplaçant « je » par « il ».

Je (descendre) dans la ville. Je ne (s'arrêter) pas sur la place, parce que ma mère (pouvoir) me voir. J'(entrer) dans une cour. De là, je (voir) la rue, et je (pouvoir) dévorer des yeux les devantures. Je (rester) caché un moment ; puis, quand je (se sentir) libre, je (sortir) de la cour du Cheval-Blanc et je (se mettre) à regarder les boutiques.

D'après Jules Vallès.

11 **ÉCRITURE** Pour mériter la main de Fatimata, Farang doit trouver et affronter l'hippopotame de Gao. Racontez cette aventure au présent en utilisant, dans l'ordre, les verbes suivants.

Se mettre en route – marcher – parcourir – arriver – entendre – découvrir – dormir – réveiller – défier – se jeter sur – rouler – se battre – durer – sentir – enfoncer – s'écrouler – se réjouir – pouvoir.

Leçon

• Le passé composé est formé de **l'auxiliaire *être* ou *avoir* conjugué au présent** et du **participe passé** (voir fiche 27) **du verbe conjugué.**

faire		aller	
j'ai fait	nous avons fait	je suis allé(e)	nous sommes allé(e)s
tu as fait	vous avez fait	tu es allé(e)	vous êtes allé(e)s
il, elle a fait	ils, elles ont fait	il est allé,	ils sont allés,
		elle est allée	elles sont allées

• ***Attention :*** Lorsque l'auxiliaire est *être*, le participe passé s'accorde en genre et en nombre avec le sujet, comme un adjectif

→ *Je suis devenue une élève modèle. – Ils sont partis.*

Exercices

1 **a. Recopiez le texte suivant. Relevez les verbes au passé composé, entourez l'auxiliaire, soulignez le participe passé.**

b. Précisez l'infinitif des verbes que vous avez relevés.

On ignore par quel chemin Héraclès revint en Grèce. Chaque peuple se flatte de son passage et on lui attribue beaucoup de progrès. Selon les Gaulois, c'est lui qui a aboli l'ancienne coutume de tuer les étrangers et qui a fondé Alésia. Les Romains disent qu'il est passé près du Tibre, avant la fondation de Rome, et qu'il a tué Cacus, un géant hideux doté de trois têtes qui crachaient des flammes, et qui se nourrissait de chair humaine.

M.-T. ADAM, *Héros de la mythologie grecque,*
© Gallimard, 2006.

2 **Classez les verbes suivants en deux colonnes : ceux qui se conjuguent avec l'auxiliaire *avoir* et ceux qui se conjuguent avec l'auxiliaire *être*.**

Dire – écrire – devenir – lire – arriver – rester – naître – mourir – sauter – parcourir – partir – vouloir – essayer – entrer – arracher – combattre – se battre – tomber – se lever.

3 **Conjuguez les verbes suivants au passé composé, à la première personne du singulier et à la troisième personne du pluriel.**

Être – avoir – faire – dire – choisir – glisser – comprendre – vouloir – courir.

4 **a. Conjuguez les verbes entre parenthèses au passé composé.**

b. Mettez les phrases obtenues à la forme négative.

1. Nous (terminer) notre travail. – **2.** Je (rentrer) hier. – **3.** Je (comprendre). – **4.** Pourquoi tu (partir) ? – **5.** Vous (dire) la vérité. – **6.** Elles (rester) muettes d'admiration. – **7.** Les dieux (découvrir) la trahison de Prométhée. – **8.** Hélène (suivre) Pâris. – **9.** Ils (tomber) amoureux l'un de l'autre. – **10.** Ils (fuir) en secret.

5 **Recopiez le texte suivant en mettant les verbes entre parenthèses au passé composé.**

Le vent (tomber) d'un seul coup, et il y (avoir) de nouveau un grand silence autour de nous. On entendait le ruissellement de l'eau partout, sur les toits, dans les arbres, et même dans la maison […]. La lumière (revenir) peu à peu, et c'était la lumière douce et chaude du crépuscule. Mam (ouvrir) les volets. Nous (rester) là, sans oser bouger, serrés les uns contre les autres, à regarder par la fenêtre les silhouettes des montagnes qui émergeaient des nuages.

LE CLÉZIO, *Le Chercheur d'or,* © Gallimard, 1985.

6 **Recopiez le texte suivant en mettant les verbes entre parenthèses au passé composé.**

Le lendemain matin, le roi arriva et dit : « Alors, tu (apprendre) ce que c'est que la peur ? – non, répondit-il, qu'est-ce que ça peut bien être ? Feu mon cousin (venir), et aussi un homme barbu qui me (montrer) beaucoup d'argent là, en bas, quant à la peur, personne ne me (dire) ce que c'est. » Alors le roi lui dit : « Tu (délivrer) le château et tu épouseras ma fille. »

FRÈRES GRIMM, « De celui qui partit en quête de la peur », *Contes,* trad. de Marthe Robert, © Gallimard, 1976.

27 Le participe passé

1. J'ai **couvert** mon livre pour le protéger.

2. Les enfants restèrent stupéfaits devant la table **couverte** de mets appétissants.

1. a. À quel temps est le verbe de la première phrase ?

b. Quelle partie du verbe a-t-on mise en gras ?

2. a. Dans la deuxième phrase, le mot en gras est-il employé avec un auxiliaire ?

b. À quoi sert-il ici ?

c. Pourquoi lui a-t-on ajouté un -e ?

Leçon

❶ Emplois du participe passé

- **Le participe passé s'emploie dans la conjugaison de tous les temps composés :** passé composé, mais aussi plus-que-parfait, passé antérieur...

Il est alors employé **avec un auxiliaire** (*être* ou *avoir*). ➔ *J'ai compris. Elle est arrivée.*

- **Le participe passé peut aussi s'employer comme un adjectif,** pour qualifier un nom.

Il s'accorde alors avec ce nom comme un adjectif. ➔ *une table couverte de mets*

❷ Formation du participe passé

- Le participe passé des verbes du **1er groupe** a pour terminaison **-é** ➔ *dessiné*

- Le participe passé des verbes du **2e groupe** a pour terminaison **-i** ➔ *fini*

- Le participe passé des verbes du **3e groupe** a pour terminaison **-i, -is, -it, -u, us ou -t**
  ➔ *appris, écrit, connu, ouvert...*

Astuce : pour savoir s'il y a une consonne muette à la fin du participe passé, mettez-le au féminin *une chose apprise* ➔ *un cours appris*

Exercices

1 **Conjuguez au passé composé, à toutes les personnes, les verbes suivants :** finir – arriver.

2 **Écrivez le participe passé des verbes suivants :**

Avoir – être – promettre – soigner – rejoindre – détruire – rougir – voir – recevoir – ouvrir – créer.

3 **Transposez les formes verbales suivantes à la personne du singulier ou du pluriel correspondante et entourez la partie du verbe qui varie en personne.**

J'ai mangé – Vous aurez terminé – Elles étaient sorties – Il avait rempli – Tu seras arrivé – Il fut entré – Nous avons commencé – J'ai réuni.

4 **Dites si les formes suivantes sont des participes passés ou des verbes conjugués à la première ou à la troisième personne. Attention, il y a parfois plusieurs possibilités.**

Rougi – eu – rasait – attrapés – voulues – courus – grandit – connu – ri – jouaient – été – séduit – ouvrit – lut – menti.

5 **Dans votre tête, mettez le participe passé au féminin pour trouver la forme correcte, puis recopiez la phrase comme il convient.**

1. J'ai éteind / éteins / éteint la lumière. – **2.** Il lui a offère / offers / offert des fleurs. – **3.** J'ai recousu / recousus ton bouton. – **4.** Ce sac était rempli / remplis / remplit de pierres. – **5.** Nous l'avons inscri / inscris / inscrit à des cours de karaté.

6 **Choisissez la terminaison qui convient.**

1. Elle m'a serré/serrer dans ses bras pour me consolé/consoler. – **2.** Elle a traversé/traverser la cour à grands pas avec son jupon relevé/relever. – **3.** Renoncé/renoncer était impossible, nous voulions continué/continuer coûte que coûte. – **4.** L'argent n'a pas tardé/tarder à manqué/manquer. – **5.** Ils m'ont forcé/forcer à avoué/avouer.

7 **Recopiez les phrases suivantes. Conjuguez au présent, puis au passé composé, à la personne indiquée. Entourez les marques de personne.**

Il (punir) – J'(atteindre) – Ils (souhaiter) – Il (comprendre) – Elle (sortir) – Il (mettre) – Ils (croire) – Tu (penser) – J'(apprendre) – Tu (pouvoir).

8 **Transposez les phrases suivantes au passé composé.**

1. Vous n'entendez pas la sonnerie. – **2.** Il neige. – **3.** Je t'écris une lettre. – **4.** Nous allons trop vite. – **5.** Ils réussissent toujours. – **6.** Vous ne comprenez pas. – **7.** Elle aime ces fleurs. – **8.** Christophe Colomb découvre l'Amérique en 1492. – **9.** Je fais mes devoirs.

9 **Conjuguez à la personne indiquée, au passé simple puis au passé composé.**

Je (décorer) – Il (prendre) – Elle (être) – Je (pouvoir) – Il (vivre) – Je (connaître) – Je (partir) – Il (crier).

10 **Mettez le verbe entre parenthèses au participe passé et accordez-le comme il convient avec le nom qu'il qualifie.**

1. Les cieux étaient (obscurcir) de nuages. – **2.** Je refuserai les copies mal (présenter). – **3.** Il aime le travail bien (faire). – **4.** Les petites filles, (surprendre) par la nuit, se réfugièrent dans une maison (abandonner). – **5.** Ils travaillaient dur pour réparer les navires (abîmer) par la tempête, recoudre les voiles (déchirer), relever leurs abris (détruire).

11 **a. Donnez le participe passé des verbes suivants :**

Disparaître – bien entretenir – jaunir – ouvrir – pâlir – sécher – user.

b. Utilisez ces participes passés comme adjectifs que vous placerez aux endroits indiqués par des astérisques.

Sur la table, où trônait un bouquet de fleurs*, étaient étalées des photographies*. Le tapis* aux dessins* rappelait une splendeur*. Par la fenêtre, on pouvait voir un parc*.

12 **Dans le texte suivant, relevez tous les participes passés et justifiez leur orthographe.**

La matinée passa, l'après-midi vint ; mais sur toute la lande silencieuse, il n'y avait aucun signe d'habitation. Ils devenaient inquiets, car ils voyaient que la maison pouvait être cachée n'importe où entre eux et les montagnes. Ils tombaient sur des vallées inattendues, étroites et escarpées, qui s'ouvraient subitement à leurs pieds, et ils les contemplaient d'en haut, surpris de voir sous eux des arbres et de l'eau […]. La région qui s'étendait du gué à la montagne était certes beaucoup plus étendue qu'on ne l'aurait cru. Bilbo était plongé dans l'étonnement. L'unique sentier était marqué de pierres blanches, dont certaines étaient petites et d'autres à demi recouvertes de mousse ou de bruyère.

J. R. R. Tolkien, *Bilbo le Hobbit*, trad. de Francis Ledoux, © Le Livre de Poche, 2007.

13 **Recopiez ce texte en choisissant à chaque fois la forme du verbe qui convient.**

Je suis un enfant trouvé/trouver/trouvais. Mais jusqu'à huit ans j'ai cru/crus/crut que, comme tous les autres enfants, j'avais une mère, car lorsque je pleuré/pleurer/pleurais, il y avait une femme qui me serrais/serrait si doucement dans ses bras que mes larmes s'arrêtaient de coulé/couler/coulaient. Jamais je ne me couchais dans mon lit, sans qu'une femme vînt m'embrassé/embrasser, et, quand le vent de décembre coller/collait la neige contre les vitres blanchi/blanchient/blanchies, elle me prenait les pieds entre ses deux mains et elle restait à me les réchauffé/réchauffer en me chantant une chanson.

D'après H. Malot, *Sans Famille*, 1878.

14 **a. Recopiez le texte ci-dessous en complétant par -é, -er, -ez, -ait ou -aient.**

b. Dictée Préparez ce texte pour la dictée.

Le maître Chat arriva enfin dans un beau château, dont le maître ét… un ogre, le plus riche qu'on ait jamais vu ; car toutes les terres par où le roi av… pass… étai… de la dépendance de ce château.

Le Chat, qui eut soin de s'inform… qui ét… cet ogre et ce qu'il sav… faire, demanda à lui parl… :

« On m'a assur…, dit le Chat, que vous av… le don de vous chang… en toutes sortes d'animaux ; que vous pouv…, par exemple, vous transform… en lion, en éléphant.

– Cela est vrai, répondit l'ogre brusquement, et, pour vous le montr…, vous m'all… voir devenir lion. »

Le Chat fut si effray… de voir un lion devant lui, qu'il gagna aussitôt les gouttières.

D'après C. Perrault, *Le Chat botté*.

L'impératif

Pour commencer

« Bonjour, tante ! – Bonjour, ma chère ! – Ma mère m'envoie te demander une aiguille et du fil pour me coudre une chemise ! – Fort bien. Assieds-toi et tisse en attendant. »

Afanassiev, *Contes populaires russes*, trad. de Lise Gruel-Apert, éditions Imago, 2009.

1. Relevez dans ce dialogue deux verbes qui expriment un ordre.
2. Quel est le sujet de chacun de ces verbes ?
3. Donnez leur infinitif et leur groupe.
4. Conjuguez ces deux verbes au présent de l'indicatif, à la même personne.
Que remarquez-vous au niveau des terminaisons ?

Leçon

- **Le mode impératif permet d'exprimer un ordre, un conseil ou une prière**
  → *Asseyez-vous ; n'oublie pas ton sac ; pardonne-moi.*

- **Le verbe à l'impératif ne se conjugue qu'à trois personnes :** 2e personne du singulier, 1re et 2e personnes du pluriel.

- **Le sujet n'est pas exprimé,** seule la terminaison du verbe permet d'indiquer à quelle personne il est conjugué
  → *Entre (2e pers. du sing.) ; entrons (1re pers. du plur.) ; entrez (2e pers. du plur.).*

Pour les verbes précédés d'un pronom réfléchi (→ *s'asseoir*), le pronom se trouve derrière le verbe auquel il est relié par un tiret, mais ce n'est pas un sujet
  → *S'asseoir : assieds-toi ; asseyons-nous ; asseyez-vous.*

- **L'impératif n'a que deux temps :**
- **l'impératif présent** → *Termine.*
- **l'impératif passé** (auxiliaire *être* ou *avoir* à l'impératif présent + participe passé du verbe) → *Aie terminé avant mon retour. Suis rentré avant la nuit.*

- **Les terminaisons :**

- **Pour les verbes des 2e et 3e groupes,** les terminaisons sont les mêmes qu'au présent de l'indicatif (voir leçon) → *Pars, partons, partez.*

- **Pour les verbes du 1er groupe,** et pour le verbe *aller*, il ne faut pas mettre de **-s** à la 2e personne du singulier → *Raconte, racontons, racontez ; va, allons, allez.*

On ajoute uniquement un **-s** devant les pronoms *en* et *y* pour faire la liaison
  → *Parles-en ; vas-y.*

- **Quelques verbes à connaître :**
  → **être :** *sois, soyons, soyez ;* **avoir :** *aie, ayons, ayez ;* **savoir :** *sache, sachons, sachez ;* **aller :** *va, allons, allez ;* **vouloir :** *veuille, veuillons, veuillez.*

1 Donnez l'infinitif et précisez le groupe des verbes suivants, puis conjuguez-les à l'impératif présent.

Tu cries – tu écris – tu fuis – tu appuies – tu dors – tu dores – tu lis – tu plies – tu couds – tu secoues – tu peins – tu réponds.

2 Conjuguez à l'impératif présent.

1. Dire la vérité. – **2.** Faire attention. – **3.** Ne pas avoir peur. – **4.** Être attentif. – **5.** Se décider.

3 Transposez à l'impératif les verbes des phrases suivantes, en gardant la même personne.

1. Vous me donnez la main et vous avez confiance. – **2.** Nous en parlons puis nous nous concertons. – **3.** Tu me crois sur parole et tu n'oublies pas ta promesse. – **4.** Vous vous levez et vous vous en allez immédiatement ! – **5.** Tu as pitié de lui et tu vas le rejoindre. – **6.** Tu vas à la pharmacie, tu y vas vite et tu achètes des pansements.

4 Conjuguez les verbes entre parenthèses à l'impératif présent, à la personne indiquée.

1. (aller, 2e pers. du sing.) dans le jardin et (apporter, 2e pers. du sing.) moi une citrouille. (PERRAULT)

2. (descendre, 2e pers. du sing.) vite ou je monterai là-haut. (PERRAULT)

3. (se glisser, 2e pers. du sing.) dedans, dit la sorcière et (voir, 2e pers. du sing.) s'il est à bonne température pour enfourner le pain. (GRIMM)

4. (entrer, 2e pers. du sing.) donc, voyageur. Ta figure me plaît. (être, 1e pers. du plur.) heureux ensemble ! (GOUGAUD)

5. (s'en aller, 2e pers. du plur.), dit-elle, vous êtes le loup. (AYMÉ)

5 Conjuguez les verbes entre parenthèses à l'impératif passé, à la personne indiquée.

1. (rentrer, 2e pers. du plur.) avant la tombée de la nuit. – **2.** (achever, 1e pers. du plur.) ce travail avant son retour. – **3.** (débarrasser, 2e pers. du sing.) avant son arrivée.

6 Voici un extrait des *Dix commandements* donnés à Moïse.

a. Quel est le mode et le temps des verbes ?

b. Récrivez cet extrait en employant l'impératif présent.

Tu ne tueras pas.
Tu ne commettras pas d'adultère.

Tu ne voleras pas.
Tu ne porteras pas de témoignage mensonger contre ton prochain.
Tu ne convoiteras pas la maison de ton prochain.

La Bible de Jérusalem, © éditions du Cerf.

7 Donnez l'infinitif et la personne des verbes soulignés, puis précisez le mode et le temps auxquels ils sont conjugués.

Quand la baba Yaga <u>se fut éloignée</u>, la fillette en <u>profita</u> pour donner au chat du jambon et pour lui demander :

« <u>Dis</u>-moi comment faire pour m'en aller ? – <u>Tiens</u>, voici un peigne et une serviette, répondit le chat. <u>Prends</u>-les et <u>fuis</u>, car la baba Yaga <u>va</u> te pourchasser. Toujours courant, tu <u>colleras</u> de temps à autre l'oreille contre terre pour savoir où elle est. Dès que tu l'entendras venir, tu <u>jetteras</u> la serviette derrière toi. Alors une rivière immense se mettra à couler. Si jamais la baba Yaga <u>parvient</u> à la traverser et te <u>talonne</u> de nouveau, <u>colle</u> derechef l'oreille contre terre et, quand elle sera tout près, <u>jette</u> le peigne : il se dressera alors une forêt infranchissable qu'elle ne <u>pourra</u> traverser !

AFANASSIEV, *Contes populaires russes*, trad. de Lise Gruel-Apert, éditions Imago, 2009.

8 **a.** Lisez le texte suivant. Retrouvez le texte original en remplaçant « La mère dit un jour à ses filles » par « La mère dit un jour au Petit Chaperon rouge ». Faites les modifications nécessaires.

b. **Dictée** Préparez ce texte pour la dictée.

La mère dit un jour à ses filles :

– Venez par ici. Tenez, voilà un morceau de gâteau et une bouteille de vin, allez les porter à votre grand-mère qui habite à l'extérieur du village ; elle est malade et affaiblie et cela lui redonnera des forces. Mettez-vous en route avant qu'il ne fasse chaud, et quand vous sortirez du village, marchez bien gentiment et ne vous écartez pas du chemin, sinon vous tomberez et vous casserez la bouteille, et votre grand-mère n'aura rien. Et en arrivant chez elle, n'oubliez pas de lui souhaiter le bonjour, et ne commencez pas à regarder dans tous les coins.

FRÈRES GRIMM, *Contes pour les enfants et la maison*, trad. de Natacha Rimasson-Fertin, © José Corti.

L'imparfait et le plus-que-parfait

Pour commencer

Oh ! que le jeune prince était beau ! Il serrait la main à tout le monde, parlait et souriait à chacun tandis que la musique envoyait dans la nuit ses sons harmonieux. Il était tard, mais la Petite Sirène ne put se lasser d'admirer le vaisseau et le beau prince. Les lanternes ne brillaient plus et les coups de canon avaient cessé.

ANDERSEN, *La Petite Sirène.*

1. Relevez les verbes à l'imparfait et justifiez leur terminaison.
2. Relevez un verbe à un temps composé avec l'auxiliaire à l'imparfait.
Quel est le temps de ce verbe ?

Leçon

❶ L'imparfait

- **Les terminaisons** sont les mêmes pour tous les verbes : **-ais**, **-ais**, **-ait**, **-ions**, **-iez**, **-aient**. *Jouer ➞ Je jouais, tu jouais, il jouait, nous jouions, vous jouiez, ils jouaient.*

- **Le radical** est celui de la **1ʳᵉ personne du pluriel du présent** de l'indicatif (sauf pour *être*). *Nous finissons ➞ je finissais, tu finissais, il finissait, nous finissions…*

Les fautes à éviter		
Verbes en	**Ce qu'il faut faire**	**Exemples**
-ier, -yer, -iller, -indre + *s'asseoir, cueillir, voir, rire, fuir*	Ne pas oublier le **-i**- des terminaisons en *-ions* et *-iez*. Sinon, le verbe est au présent.	*Nous pliions. Vous travailliez.*
- cer	Modifier le **c**- en **ç**- devant **-a**.	*Je plaçais.*
- ger	Ajouter un **-e**- après le **g**- devant **-a**.	*Elle changeait.*
- guer	Conserver le **-u** du radical après le **g**- à toutes les personnes.	*Il naviguait.*

❷ Le plus-que-parfait

- Le plus-que-parfait est formé de **l'auxiliaire *être* ou *avoir* à l'imparfait et du participe passé** du verbe
  ➞ *Aller : j'étais allé, étais allé, il était allé…*
  ➞ *Faire : j'avais fait, tu avais fait, il avait fait…*

Exercices

1 **Conjuguez les verbes suivants à l'imparfait de l'indicatif, à toutes les personnes.**

Admirer – gémir – avancer – briller – rire – croire.

2 **Dites si les verbes suivants sont à l'imparfait.**

Voulais – pouviez – criez – travaillions – créez – connais – suppliiez – changeai – attendaient – désireraient – brillait – sachiez – écrivions – renaît – voyons.

3 **Dans le texte suivant, relevez d'une part les verbes à l'imparfait, d'autre part les verbes au plus-que-parfait.**

Quand ce capitaine enfin vit qu'ils étaient tous prêts à partir, il se mit à la tête, et il reprit avec eux le chemin par où ils étaient venus. Comme il avait retenu les paroles par lesquelles le capitaine des voleurs avait fait ouvrir et refermer la porte, Ali Baba se présenta devant, et dit : SESAME, OUVRE-TOI, et dans l'instant la porte s'ouvrit toute grande. Ali Baba s'était attendu à voir un lieu de ténèbres et d'obscurité ; mais il fut surpris d'en voir un bien éclairé, vaste et spacieux, creusé, de main d'homme, en voûte fort élevée qui recevait la lumière du haut du rocher. Il vit de grandes provisions de bouche, des ballots de riches marchandises en piles… et à voir toutes ces choses, il lui parut qu'il y avait non pas de longues années, mais des siècles que cette grotte servait de retraite à des voleurs qui avaient succédé les uns aux autres.

4 **Mettez la terminaison qui convient.**

1. Je compren… bien son problème. – **2.** On finiss… son travail à cinq heures. – **3.** Nous commenc… à nous ennuyer. – **4.** Ils jet… l'argent par les fenêtres. – **5.** Vous n'y voy… rien. – **6.** Tu chang… souvent de voiture. – **7.** Il ét… très timide.

5 **Transposez chaque forme verbale à la personne du singulier correspondante.**

1. Nous déplacions les meubles. – **2.** Vous naviguiez par tous les temps. – **3.** Nous déménagions tous les ans. – **4.** Ils conduisaient vite. – **5.** Vous ne mangiez pas de poisson. – **6.** Elles ne le reconnaissaient pas. – **7.** Vous laciez vos chaussures.

6 **Transposez chaque forme verbale à la personne du pluriel correspondante.**

1. Tu disais des paroles réconfortantes. – **2.** Je balayais les feuilles mortes. – **3.** Tu faisais beaucoup de bêtises. – **4.** Je criais à pleins poumons. – **5.** Je peignais ma longue chevelure. – **6.** Elle se levait.

7 **Indiquez l'infinitif, le temps et la personne des verbes suivants.**

Punissais – connais – pouviez – remerciez – attrapiez – criiez – pensions – croyons – aboyions – était – défait – faisons – faisiez – prépariez – pliez – cognions – peignez.

8 **Conjuguez les verbes suivants à la troisième personne du singulier et à la première personne du pluriel de l'imparfait de l'indicatif.**

Tracer – faire – dire – envoyer – nager – travailler – accueillir – menacer – prendre.

9 **Recopiez les phrases suivantes en mettant les verbes entre parenthèses à l'imparfait de l'indicatif.**

1. Il (recommencer) à chaque fois. – **2.** Nous (oublier) toujours quelque chose. – **3.** Tu ne (négliger) aucun détail. – **4.** Vous (se réveiller) généralement avant l'aube. – **5.** Elle ne me (croire) pas. – **6.** Je (faire) de mon mieux. – **7.** Ils (applaudir) avec enthousiasme. – **8.** On n'en (savoir) rien. – **9.** Le navire (voguer) à toutes voiles.

10 **Transposez le texte suivant à l'imparfait de l'indicatif.**

Il appelle « messieurs de la bachellerie » les instituteurs, professeurs, maîtres de latinage ou de dessin, qui viennent quelquefois à la maison et qui parlent du collège, tout le temps ; ce jour-là, on m'ordonne majestueusement de rester tranquille, on me défend de mettre mes coudes sur la table, je ne dois pas remuer les jambes, et je mange le gras de ceux qui ne l'aiment pas ! Je m'ennuie beaucoup avec ces messieurs de la bachellerie, et je suis si heureux avec les menuisiers ! Je couche à côté de tonton Joseph, et il ne s'endort jamais sans m'avoir conté des histoires – il en sait tout plein, – puis il bat la retraite avec ses mains sur son ventre. Le matin, il m'apprend à donner des coups de poing, et il se fait tout petit pour me présenter sa grosse poitrine à frapper ; j'essaie aussi le coup de pied, et je tombe presque toujours.

J. VALLÈS, *L'Enfant*, 1879.

11 **Mettez les verbes entre parenthèses au plus-que-parfait.**

1. J'(ordonner) à tous mes serviteurs de quitter le palais. – **2.** Le soldat (marcher) toute la journée, il était très fatigué. – **3.** Les brigands découvrirent que les enfants (s'enfuir) pendant la nuit. – **4.** Elle ne pouvait se défendre, car elle (jurer) de garder le silence. – **5.** La nuit (tomber) et les étoiles (s'allumer) dans le ciel.

12 **Mettez les verbes entre parenthèses à l'imparfait, et les verbes soulignés au plus-que-parfait.**

Au clair de la lune, lorsque les autres (dormir), assise sur le bord du vaisseau, elle (plonger) ses regards dans la transparence de l'eau, et (croire) apercevoir le château de son père, et sa vieille grand'mère les yeux fixés sur la carène. Une nuit, ses sœurs lui apparurent ; elles la (regarder) tristement et (se tordre) les mains. La petite les appela par des signes, et s'efforça de leur faire entendre que tout (aller) bien ; mais au même instant le mousse s'approcha, et elles disparurent en laissant croire au petit marin qu'il ne <u>voir</u> que l'écume de la mer.

Le lendemain, le navire entra dans le port de la ville où (résider) le roi voisin. Mais la princesse ne pas <u>arriver</u> encore du couvent, où elle <u>recevoir</u> une brillante éducation.

La petite sirène (être) bien curieuse de voir sa beauté : elle eut enfin cette satisfaction. Elle dut reconnaître que jamais elle ne <u>voir</u> une si belle figure, une peau si blanche et de grands yeux noirs si séduisants.

ANDERSEN, *La Petite Sirène*.

13 ÉCRITURE **Décrivez à l'imparfait les trésors que découvre Ali Baba dans la grotte des voleurs. Vous emploierez les verbes suivants :** s'entasser – briller – étinceler – voir – distinguer – luire – cacher.

30

Le futur et le futur antérieur

Pour commencer

[Le Seigneur Dieu] dit à la femme : J'<u>augmenterai</u> la souffrance de tes grossesses, tu <u>enfanteras</u> avec douleur, et tes désirs <u>se porteront</u> vers ton mari, mais il <u>dominera</u> sur toi.

La Genèse.

1. Quel est le temps des verbes soulignés ? Justifiez votre réponse.

2. Recopiez ces verbes et entourez leur terminaison. Quelle remarque pouvez-vous faire sur leur radical ?

Leçon

❶ Le futur

- **Les terminaisons** sont les mêmes pour tous les verbes : **-ai, -as, -a, -ons, -ez, -ont.**

- Pour la plupart des verbes, **le radical est l'infinitif** (sans le -e final pour les verbes en -re) ➔ *finir : je finirai ; dire : je dirai*

chanter	finir	prendre
je chanterai	je finirai	je prendrai
tu chanteras	tu finiras	tu prendras
il chantera	il finira	il prendra
nous chanterons	nous finirons	nous prendrons
vous chanterez	vous finirez	vous prendrez
ils chanteront	ils finiront	ils prendront

- **Certains verbes ont un radical irrégulier :**

Être ➔ je serai   Devoir ➔ je devrai   Envoyer ➔ j'enverrai
Avoir ➔ j'aurai   Pouvoir ➔ je pourrai   Cueillir ➔ je cueillerai
Faire ➔ je ferai   Savoir ➔ je saurai   Courir ➔ je courrai
Aller ➔ j'irai   Vouloir ➔ je voudrai   Mourir ➔ je mourrai
Venir ➔ je viendrai   Valoir ➔ je vaudrai
Tenir ➔ je tiendrai   Voir ➔ je verrai

- **Difficultés**
– **Verbes en -ier, -éer, -uer, -ouer :** n'oubliez pas le *e* **muet** avant le r
   ➔ *je clouerai, je trierai*
– **Verbes en -yer :** le *y* devient *i* (on peut garder le *y* seulement pour les verbes en -yer)
   ➔ *j'appuierai ; je paierai*
– *Appeler* et *jeter* doublent la consonne à toutes les personnes
   ➔ *je jetterai ; j'appellerai*

❷ Le futur antérieur

Le futur antérieur est formé de **l'auxiliaire *être*** ou *avoir* au futur et du participe passé du verbe.

aller	prendre
je serai allé(e)	j'aurai pris
tu seras allé(e)	tu auras pris
il sera allé	il aura pris
nous serons allé(e)s	nous aurons pris
vous serez allé(e)s	vous aurez pris
ils seront allés	ils auront pris

1 Donnez l'infinitif de ces verbes au futur.

Je saurai – je serai – il vaudra – il voudra – nous pourrons – nous courrons – nous irons – nous viendrons – j'enverrai.

2 Parmi les formes suivantes, ne relevez que les verbes au futur.

Nous adorons – nous espérons – nous devrons – vous connaîtrez – vous créez – vous mourrez – je verrais – vous courez – vous iriez – il fera – il serra – je tiendrai – ils sauront – vous direz – vous tirez – vous entourez – vous finirez.

3 Conjuguez les verbes au futur, à toutes les personnes.

Être attentif – partir aussi – continuer demain – comprendre – faire attention – voir cela.

4 Conjuguez les verbes suivants au futur de l'indicatif.

1. Tu ne (tuer) point. – **2.** Tu (honorer) ton père et ta mère. – **3.** Je (nettoyer) les assiettes et tu les (ranger). – **4.** Je (courir) le marathon de Paris. – **5.** Nous (se marier) et nous (avoir) trois enfants. – **6.** Tu (devenir) célèbre. – **7.** Il (valoir) mieux ne rien dire. – **8.** Tu (s'asseoir) là. – **9.** Je (cueillir) des herbes que je (mettre) à cuire. – **10.** Nous (devoir) partir tôt. – **11.** Je (faire) ce que tu (vouloir) – **12.** Ils ne (tenir) plus longtemps. – **13.** Vous (emprunter) ce chemin et vous (voir) un escalier que vous (descendre). – **14.** Ils le (secourir).

5 Transposez les verbes au futur de l'indicatif.

Je défais – Elles balaient – Il aboie – Il boit – Je crois – Il doit – Tu éternues – Nous jetons – Vous saluez – Nous savons – Ils atterrissent – Ils voient – J'apprends – Vous appelez – Nous plions – Nous nous levons – J'accueille.

6 Conjuguez les verbes entre parenthèses au futur de l'indicatif.

Lorsque Abram fut âgé de quatre-vingt-dix-neuf ans, l'Éternel apparut à Abram, et lui dit : J' (établir) mon alliance entre moi et toi, et je te (multiplier) à l'infini. Abram tomba sur sa face ; et Dieu lui parla, en disant : Tu (devenir) père d'une multitude de nations. On ne t' (appeler) plus Abram ; mais ton nom (être) Abraham, car je te rends père d'une multitude de nations. Je te (rendre) fécond à l'infini, je (faire) de toi des nations ; et des rois (sortir) de toi. Je te (donner), et à tes descendants après toi, le pays que tu habites comme étranger, tout le pays de Canaan, en possession perpétuelle, et je (être) leur Dieu. Toi, tu (garder) mon alliance.

Bible, La Genèse.

7 a. Conjuguez les verbes entre parenthèses au futur de l'indicatif.

b. Dictée Préparez ce texte pour la dictée.

Je vais te préparer un breuvage que tu (emporter) à terre avant le lever du soleil, tu (s'asseoir) sur le rivage et tu le (boire), et alors ta queue (se fendre) et, en se rétrécissant, elle (se transformer) en ce que les hommes appellent deux jolies jambes, mais cela te (faire) mal, ce sera comme si on te coupait avec une épée tranchante. Tous ceux qui te (voir) (dire) qu'ils n'ont jamais vu d'enfant des hommes plus ravissant ! Tu (conserver) ta marche légère et gracieuse, nulle danseuse ne (pouvoir) l'égaler, mais chaque pas que tu (faire) te (causer) autant de douleur que si tu marchais sur un couteau bien affilé qui ferait couler ton sang. Si tu es prête à endurer toutes ces souffrances, je consens à t'aider. […] Mais souviens-toi, dit la sorcière, qu'une fois changée en être humain, jamais tu ne (pouvoir) redevenir sirène ! […] Et si tu ne gagnes pas l'amour du prince, tu n'(avoir) pas une âme immortelle. S'il se marie avec une autre, ton cœur (se briser), et tu ne (être) plus que de l'écume sur l'eau.

ANDERSEN, *La Petite Sirène.*

8 Mettez les verbes entre parenthèses au futur antérieur.

1. Au moins, j' (essayer). – **2.** Nous ne (arriver) jamais à temps. – **3.** Plus vite vous commencerez, plus vite vous (finir). – **4.** Sans doute, elles (se perdre). – **5.** Il (avoir) neuf ans en mars. – **6.** J'espère que, cette fois, tu (comprendre) la leçon. – **7.** Demain, ils (partir) déjà.

9 Mettez les verbes entre parenthèses au temps indiqué.

« Mes frères, disait-il, (pouvoir, futur) gagner leur vie honnêtement en se mettant ensemble ; pour moi, lorsque je (manger, futur antérieur) mon chat, et que je (se faire, futur antérieur) un manchon de sa peau, il (falloir, futur) que je meure de faim. »

C. PERRAULT, *Le Chat botté.*

10 ÉCRITURE

Une sorcière donne ses recommandations à un héros avant l'absorption d'un philtre magique. Rédigez ces recommandations en huit à dix phrases en utilisant principalement le futur.

31

Le conditionnel

Pour commencer

1. Je mangerai ; il verra ; nous irons.

2. Je mangeais ; il voyait ; nous allions.

3. Je mangerais ; il verrait ; nous irions.

1. Donnez l'infinitif des trois verbes conjugués ci-dessus.

2. À quels temps les verbes sont-ils conjugués dans la liste 1 ? Dans la liste 2 ?

3. Recopiez les verbes de la liste 3, soulignez en rouge les terminaisons :
que constatez-vous ? Soulignez en bleu le radical : que constatez-vous ?

Leçon

❶ Le conditionnel présent

- **Pour former le conditionnel présent,** on utilise **le radical du futur simple**
(ou celui de l'infinitif) auquel on ajoute **les terminaisons de l'imparfait**

→ *je parlerais ; tu parlerais ; il parlerait ; nous parlerions ; vous parleriez ;
ils parleraient*

- Comme au futur simple :

– **le radical de certains verbes est différent de l'infinitif**

→ *aller : j'irais – avoir : j'aurais – être : je serais – faire : je ferais – savoir : je saurais –
tenir : je tiendrais – valoir : je vaudrais – venir : je viendrais – vouloir : je voudrais*

– **quelques verbes doublent le -r :**

→ *courir : je courrais – envoyer : j'enverrais – mourir : je mourrais – pouvoir :
je pourrais – quérir (et ses composés) : j'acquerrais – voir : je verrais*

Les fautes à éviter		
Verbes en	**Ce qu'il faut faire**	**Exemples**
-éer, -uer, -ier	Penser au **e** que l'on n'entend pas !	*Nous crierions.*
-érer, -éter, -éder, -écher...	Conserver **l'accent aigu** dans toute la conjugaison, bien qu'on l'entende grave.	*Je céderais.*
-uyer et **-oyer**	Changer le **y** en **i** à toutes les personnes (sauf pour le verbe *envoyer*).	*Essuyer* → *j'essuierais.*
-eler et **-eter**	Doubler le **l** ou le **t** à toutes les personnes.	*J'appellerais.* *Tu jetterais.*

❷ Le conditionnel passé

- **Le conditionnel passé est un temps composé :** auxiliaire au conditionnel présent +
participe passé du verbe

→ *j'aurais parlé ; tu aurais parlé ; il aurait parlé ; nous aurions parlé ;
vous auriez parlé ; ils auraient parlé*

→ *je serais arrivé ; tu serais arrivé(e) ; il serait arrivé ; nous serions arrivé(e)s ;
vous seriez arrivé(e)s ; ils seraient arrivés*

Exercices

1 Précisez le temps des verbes suivants : imparfait, futur simple ou conditionnel présent.

J'oublierais – tu essuieras – tu t'appuyais – tu t'appuierais – nous viendrions – nous viendrons – vous irez – vous iriez – elles mettaient – elles jetteraient – on rougissait – on rougirait – il finira – ils courront – elles couraient – ils courraient.

2 Conjuguez les verbes suivants, d'abord au futur simple puis au conditionnel présent.

Nous (mourir) – tu (appeler) – vous (tenir) – tu (grossir) – nous (oublier) – il (applaudir) – elles (jouer) – on (avouer) – ils (s'ennuyer) – je (recevoir).

3 **a. À quels temps sont conjugués les verbes de chacune des phrases suivantes ?**

b. Conjuguez ces phrases à toutes les personnes.

1. Si j'avais un livre, je lirais. – **2.** Quand j'aurai un livre, je lirai.

4 Conjuguez les verbes entre parenthèses au conditionnel présent.

1. Si nous avions terminé cet exercice, nous (pouvoir) sortir. – **2.** Elle m'assura qu'elle (ne pas avoir peur) le jour de l'épreuve. – **3.** Si j'étais à sa place, je (se méfier). – **4.** Si nous mettions un crapaud dans son sac, ça le (faire) rire. – **5.** Vous (aimer) sans doute nous accompagner. – **6.** En cas d'inondation, ils (aller) trouver refuge chez leurs voisins.

5 Remplacez le sujet souligné par la personne correspondante au singulier ou au pluriel.

1. Cet après-midi, <u>nous</u> irons à la répétition. – **2.** Préférerais-<u>tu</u> jouer le rôle de Sganarelle ou celui de Géronte ? – **3.** Si <u>je</u> peux assister à la représentation, j'écrirai une critique dans le journal du collège. – **4.** Comme <u>je</u> voudrais déjà y être ! – **5.** <u>Nous</u> devrons arriver à l'heure.

6 **a. À quels temps sont conjugués les verbes de chacune de ces phrases ?**

b. Conjuguez ces phrases à toutes les personnes.

1. Je viendrai le voir, quand j'aurai terminé. – **2.** Si j'avais terminé à temps, je serais venu le voir.

7 Conjuguez les verbes suivants au conditionnel passé.

1. Si vous n'aviez pas été chez vous, je (repartir) et je vous (laisser) un mot.

2. Elles t' (attendre), si tu les avais appelées.

3. Si je n'étais pas rentrée, je sais ce qu' (dire) mes parents.

4. Beaucoup de gens (trouver) cette situation navrante.

5. Comme te voilà déguisé ! Qui t' (reconnaître) ?

6. L'infirmière (arriver) à temps si le malade avait sonné.

8 **a. Récrivez ce passage en commençant par « Mais, si tu m'apprivoisais » et faites les modifications nécessaires.**

Mais, si tu m'apprivoises, ma vie sera comme ensoleillée. Je connaîtrai un bruit de pas qui sera différent de tous les autres. Les autres pas me font rentrer sous terre. Le tien m'appellera hors du terrier, comme une musique.

Saint-Exupéry, *Le Petit Prince*, © Gallimard jeunesse, 2006.

b. Récrivez ce passage en commençant par « Si tu venais » et faites les modifications nécessaires.

Si tu viens par exemple à quatre heures de l'après-midi, dès trois heures, je commencerai d'être heureux. Plus l'heure avancera, plus je me sentirai heureux. À quatre heures déjà, je m'agiterai et m'inquiéterai ; je découvrirai le prix du bonheur !

Saint-Exupéry, *Le Petit Prince*, © Gallimard jeunesse, 2000.

9 Donnez l'infinitif, la personne et le temps des verbes soulignés.

À chaque instant, [le chien] <u>venait</u> appuyer son nez contre le panier, et comme il était aveugle, il lui **arriva** plusieurs fois de se jeter dans les jambes de Marinette, au risque de la faire tomber.

– <u>Écoutez</u>, chien, lui dit Delphine, il vaut mieux pour vous ne plus penser à cette fraise de veau. Je vous <u>assure</u> que si elle m'<u>appartenait</u>, je vous la <u>donnerais</u> de bon cœur, mais vous **voyez** que je ne peux pas. Que <u>diraient</u> nos parents si nous ne <u>rapportions</u> pas la fraise de veau ?

– Bien sûr, ils vous <u>gronderaient</u>.

– Il nous <u>faudrait</u> dire aussi que vous l'<u>avez mangé</u> et au lieu de vous donner à coucher, ils vous **c**hasseraient.

– Et peut-être qu'ils vous <u>battraient</u>, ajouta Marinette.

M. Aymé, *Les Contes du chat perché*.

10 **a. Relevez les verbes de ce texte et précisez leur temps.**

Si les deux milliards d'habitants qui peuplent la terre se tenaient debout et un peu serrés, comme pour un meeting, ils logeraient aisément sur une place publique de vingt milles de long sur vingt milles de large. On pourrait entasser l'humanité sur le moindre petit îlot du Pacifique.

Saint-Exupéry, *Le Petit Prince*, © Gallimard jeunesse, 2006.

b. Sur le même modèle, imaginez des hypothèses invraisemblables.

32

Le passé simple et le passé antérieur

Pour commencer

Vint alors mon tour : il y avait là un bélier, le plus vigoureux de tous. Je le **saisis** par le dos et **me recroquevillai**, immobile, sous son ventre laineux. Je **m'accrochai** de toutes les forces de mes mains à sa laine merveilleuse, et je **tins** bon, le cœur patient. Alors, nous **attendîmes** en gémissant la divine Aurore. Dès qu'**apparut** Aurore aux doigts de rose, fille du matin, les mâles du troupeau **s'élancèrent** au pâturage.

HOMÈRE, L'Odyssée.

1. À quel temps sont les verbes en gras ?

2. Relevez-les avec leur sujet, entourez leur terminaison et donnez leur infinitif.

3. Que pouvez-vous en déduire sur la formation du passé simple ?

Leçon

❶ Le passé simple

• **Le passé simple est un temps régulier :** le radical reste le même à toutes les personnes
> Voir → *je vis, tu vis, il vit, nous vîmes, vous vîtes, ils virent*

• **Passé simple des verbes en -er (y compris *aller*)**

– Les verbes en -er font un passé simple en [a].
– Les terminaisons sont : -ai, -as, -a, -âmes, -âtes, -èrent
> Jeter → *je jetai, tu jetas, il jeta, nous jetâmes, vous jetâtes, ils jetèrent*

• **Passé simple des verbes en -ir(e), -uire, et de la plupart des verbes en -dre ou -tre.**

– Ces verbes font un passé simple en [i].
– Les terminaisons sont : -is, -is, -it, -îmes, -îtes, -irent
> Prendre → *je pris, tu pris, il prit, nous prîmes, vous prîtes, ils prirent*

– Font aussi leur passé simple en [i] : les verbes en -indre (*rejoindre* → *il rejoignit*), faire (*il fit*), voir (*il vit*), naître (*il naquit*), vaincre (*il vainquit*), s'asseoir (*il s'assit*), acquérir (*il acquit*).

• **Passé simple des verbes en -oir ou -re.**

– Ces verbes font un passé simple en [u].
– Les terminaisons sont : -us, -us, -ut, -ûmes, -ûtes, -urent
> Devoir → *je dus, tu dus, il dut, nous dûmes, vous dûtes, ils durent*

– Font aussi leur passé simple en [u] : être (*il fut*) et avoir (*il eut*), les verbes en -soudre (*résoudre* → *il résolut*), lire (*il lut*), vivre (*il vécut*), mourir (*il mourut*), connaître (*il connut*), apparaître (*il apparut*), plaire (*il plut*), se taire (*il se tut*).

• **_Venir, tenir_ et leurs composés**

– Ces verbes font le passé simple en [in].
– Les terminaisons sont les mêmes que pour les autres verbes des 2e et 3e groupes : -ins, -ins, -int, -înmes, -întes, -inrent
> Devenir → *je devins, tu devins, il devint, nous devînmes, vous devîntes, ils devinrent*

❷ Le passé antérieur

Le passé antérieur est formé de **l'auxiliaire *être*** ou *avoir* **au passé simple** et du **participe passé du verbe** → *il eut mis ; je fus descendu*

1 Conjuguez au passé simple, à toutes les personnes, les verbes suivants :

être – avoir – bouger – finir – vouloir – prendre – venir.

2 Donnez l'infinitif des verbes en gras.

1. Il **vint** une année très fâcheuse, et la famine **fut** si grande que ces pauvres gens **résolurent** de se défaire de leurs enfants. (Perrault) – **2.** Le fils du roi qui **vit** sortir de sa bouche cinq ou six Perles, et autant de Diamants, la **pria** de lui dire d'où cela venait. (Perrault) – **3.** [Sa mère] lui **fit** une splendide veste de fourrure, qu'elle **dut** mettre, et lui **donna** des tartines et un gâteau pour la route. (Grimm) – **4.** Quoi qu'il en soit, la Princesse lui **promit** sur-le-champ de l'épouser, pourvu qu'il en **obtint** le consentement du roi son père. (Perrault)

3 Classez les verbes suivants selon que leur passé simple se termine par le son [a], [i], [u] ou [in].

Arriver – naître – mourir – revenir – vouloir – se produire – recevoir – obtenir – lire – courir – sourire – vivre – être – avoir – voir – aller – mettre – apparaître – combattre – comprendre – tenir – plier.

4 Recopiez les phrases suivantes en mettant le verbe entre parenthèses au passé simple.

1. La jeune fille (aller) dans la forêt et (se diriger) tout droit vers la petite maison. (Grimm) – **2.** Lorsque la femme de son père s'en (apercevoir), elle (entrer) dans une colère terrible. Criant, hurlant, elle (se mettre) à battre une fois de plus la petite fille. (Diop) – **3.** Elle (prendre) le plus beau flacon qui fût dans le logis. Elle ne (être) pas plutôt arrivée à la fontaine, qu'elle (voir) sortir du bois une Dame magnifiquement vêtue, qui (venir) lui demander à boire. (Perrault) – **4.** Le fils du roi en (devenir) amoureux. (Perrault) – **5.** Ils (se remettre) en marche, mais ce (être) pour s'enfoncer toujours plus profondément dans la forêt. (Grimm) – **6.** Mais la porte (s'ouvrir) d'un coup, et une vieille plus vieille que les pierres (s'avancer) à petits pas. (Grimm) – **7.** La vieille (prendre) par la main les deux enfants et les (faire) entrer dans sa maisonnette. Là, ils (avoir) devant eux de bonnes choses à manger. (Grimm)

5 Conjuguez les verbes suivants à la première personne du singulier et du pluriel, au passé simple.

Bondir – pouvoir – devenir – jeter – apprendre – écrire – voyager – naître – connaître – courir.

6 Recopiez le texte suivant en conjuguant les verbes entre parenthèses au passé simple.

La Belle au Bois Dormant (ouvrir) les yeux, (se réveiller) et le (regarder) d'un air tout à fait affable. Alors ils (descendre) ensemble et le roi (se réveiller), ainsi que la reine et toute la cour, et (se regarder) en ouvrant de grands yeux. Et dans la cour les chevaux (se lever) et (se secouer), les chiens de chasse (sauter) et (remuer) la queue, les pigeons du toit (sortir) leur tête de dessous leur aile, (regarder) autour d'eux et (prendre) leur vol vers les champs. Les mouches (continuer) à marcher sur les murs, le feu dans la cuisine (reprendre), (flamber) et (faire) cuire le repas. Le rôti (se remettre) à rissoler et le cuisinier (donner) au marmiton une gifle qui le (faire) crier, et la servante (finir) de plumer le poulet. Alors les noces du prince avec la Belle (être) célébrées en grande pompe et ils (vivre) heureux jusqu'à la fin de leurs jours.

Frères Grimm, *La Belle au bois dormant*, trad. Marthe Robert, © Gallimard, 1976.

7 Mettez les verbes entre parenthèses au passé antérieur.

1. Bien qu'il (deviner) depuis longtemps la vérité, le prince ne laissa rien paraître. – **2.** Quand ils (se mettre) d'accord, ils se serrèrent la main et se séparèrent discrètement. – **3.** Je tombai amoureux d'elle dès que je l'(apercevoir). – **4.** Dès que le gardien (s'endormir), la jeune fille se leva sans bruit. – **5.** Après que nous (affronter) tous ces dangers, cette épreuve nous parut facile. – **6.** Aussitôt que les animaux (arriver), ils commencèrent à parler.

8 Pour chaque phrase de l'exercice 7, dessinez un axe du temps sur lequel vous placerez chaque action de la phrase. Que remarquez-vous à propos des actions au passé antérieur ?

Exemple : ……. ▲ ………………………… ▲ ……………
           deviner   laisser paraître

9 Mettez les verbes entre parenthèses au temps indiqué.

Chaque cavalier (débrider, passé simple) son cheval, l'(attacher, passé simple), lui (passer, passé simple) au cou un sac plein d'orge qu'il (apporter, plus-que-parfait) sur la croupe, et ils (se charger, passé simple) chacun de leur valise ; et la plupart des valises (paraître, passé simple) si pesantes à Ali Baba, qu'il (juger, passé simple) qu'elles (être, imparfait) pleines d'or et d'argent. Le plus apparent, qu'Ali Baba (prendre, passé simple) pour le capitaine des voleurs, (s'approcher, passé simple) du rocher fort près du gros arbre où il (se réfugier, plus-que-parfait), et après qu'il (se faire, passé antérieur) un chemin au travers de quelques arbrisseaux, il (prononcer, passé simple) ces paroles si distinctement : « Sésame, ouvre-toi, » qu'Ali Baba les (entendre, passé simple). Dès que le capitaine des voleurs les (prononcer, passé antérieur), une porte (s'ouvrir, passé simple), et après qu'il (faire, passé antérieur) passer tous ses gens devant lui et qu'ils (entrer, passé antérieur) tous, il (entrer, passé simple) aussi et la porte (se fermer, passé simple).

33

Les marques de personne (révisions des conjugaisons)

Leçon

- On retrouve dans l'ensemble des conjugaisons françaises des **marques de personne régulières**.

Personne	Terminaison	Personne	Terminaison
1re du singulier (je, moi)	**-e** (1er groupe) ou **–s** (autres groupes)	**1re du pluriel** (nous, toi et moi, lui et moi…)	**-ons** (sauf passé simple)
2e du singulier (tu, toi)	**- (e)s**	**2e du pluriel** (vous, toi et moi, Paul et vous)	**-ez** (sauf passé simple)
3e du singulier (il, elle, on…)	**-e** (1er groupe) **-t** ou **rien** (autres groupes)	**3e du pluriel** (ils, elles…)	**-(e)nt** (sauf passé simple)

- **Pour bien écrire un verbe, il faut vérifier son groupe et sa personne.**

- *Attention !* Au futur de tous les verbes et au passé simple des verbes du 1er groupe, on trouve au singulier les terminaisons : -ai, -as, -a.

Exercices

1 **Recopiez le tableau ci-dessous. Observez le verbe à compléter, précisez son groupe et sa personne puis mettez la terminaison qui convient.**

Groupe	Personne	Phrase
		Il se **noi…** dans un verre d'eau.
		Tu me **déçoi…** beaucoup.
		Je ne **voi…** rien.
		Tu **essai…** de l'aider.
		Ils **appui…** de toutes leurs forces.
		Je **construi…** une cabane pour les enfants.
		Il **saisi…** sa chance.
		J'**oubli…** toujours un détail.
		Ils **remu…** sans cesse.
		J'en **conclu…** qu'il a dit vrai.

2 **Choisissez la terminaison qui convient et justifiez votre choix.**

1. Il pait/ paie à la caisse. – **2.** Vous ne ferai / ferez rien. – **3.** Je compris / comprit immédiatement. –
4. Tu reviendra / reviendras. – **5.** Ils s'en souviendrons / souviendront. – **6.** J'ai essayais / essayé. – **7.** Je déplis / déplie la feuille. – **8.** Tu cri / cries. – **9.** Tu l'aperçois / aperçoit. – **10.** Tu vouvois / vouvoies tes parents. – **11.** Ils pries / prient.

3 **a. Recopiez le texte suivant, en conjuguant au présent les verbes entre parenthèses.**

b. Transposez le texte au passé composé (vous mettrez les verbes en italique à l'imparfait).

Heinrich (réapparaître). Il (aller) se laver les mains à une pompe, (s'essuyer) avec son mouchoir, (allumer) une cigarette, puis (s'avancer) vers une niche que Sans Atout n'avait pas remarquée. De la niche (sortir) un magnifique berger allemand que le chauffeur (détacher). Aussitôt la bête (gambader) en aboyant et, instinctivement, Sans Atout (se dissimuler) plus étroitement derrière son pin. Il *(connaître)* le flair de ces chiens-loups et ne *(tenir)* pas à être repéré. Mais le chien ne l'a pas senti ; il (courir) autour du chauffeur, lui (mordiller) les pieds, (s'élancer) à la poursuite d'un caillou imaginaire que Heinrich a fait semblant de jeter. Et puis le chien (bondir) vers la porte de la maison. Il (se dresser), (aboyer) avec tendresse.

BOILEAU-NARCEJAC, *Sans Atout et le cheval fantôme*, © Gallimard jeunesse, 2007.

4 **Recopiez les phrases suivantes en mettant le verbe entre parenthèses à l'imparfait.**

1. Ils (devenir) gênants. – **2.** On (commencer) à s'ennuyer. – **3.** Nous ne (voir) rien. – **4.** Vous (défaire) vos lacets. – **5.** J'(effacer) le tableau. – **6.** Nous (se réveiller) rarement avant onze heures. – **7.** Il (changer) de cravate tous les jours. – **8.** Vous (étudier) sérieusement. – **9.** Ils nous (surprendre) toujours. – **10.** Nous y (croire) dur comme fer.

5 **Recopiez les phrases suivantes en mettant le verbe entre parenthèses au futur.**

1. Ils (continuer) de toute façon. – **2.** Nous vous (appeler) demain. – **3.** Tu (être) guéri dans quelques jours. – **4.** Je (savoir) ma leçon sans faute. – **5.** Vous (acheter) du thé ? – **6.** Elle (envoyer) les enfants chez leurs grands-parents. – **7.** Tu ne (pouvoir) pas te tromper. – **8.** Il (mourir) un jour ou l'autre. – **9.** Nous ne t'(ennuyer) pas. – **10.** Ils (voir) cela demain.

6 **Recopiez le texte suivant en mettant le verbe entre parenthèses au temps indiqué.**

– Vous (prétendre, présent) qu'il y a un cheval fantôme ? Bon ! Depuis quand (se manifester, présent)-t-il ?
– Eh bien, (dire, passé simple) Jaouen, on ne (savoir, présent) pas exactement. C'est Jean-Marc qui, un soir, (remarquer, passé composé) le... la chose.
– Oui, (dire, passé simple) Jean-Marc, qui, en quelques mots, (raconter, passé simple) dans quelles circonstances il (constater, plus-que-parfait) pour la première fois le phénomène.
– Alors, nous (aller, passé composé) tous nous poster dans l'aile nord...
– Pourquoi l'aile nord ? (interrompre, passé simple) maître Robion.
– Parce que le cheval (se diriger, imparfait) de ce côté-là. Et nous l'(entendre, passé composé) tous les trois... Il (passer, passé composé) à quelques mètres de nous.
– Et vous ne (voir, imparfait) rien ?
– Rien.

BOILEAU-NARCEJAC, Sans Atout et le cheval fantôme,
© Gallimard jeunesse, 2007.

7 **Recopiez le texte suivant en mettant le verbe entre parenthèses au temps indiqué.**

Nous ne (trouver, futur) peut-être pas tout de suite le mot de l'énigme, (continuer, passé simple) maître Robion, mais, demain, quand j' (être, futur antérieur) moi-même témoin de la chose, j'(alerter, futur) la gendarmerie. Je (faire, futur) boucler le château et, vous (voir, futur), on (mettre, futur) sûrement la main sur un gibier non pas à quatre mais à deux pattes. [...] Tout à l'heure, nous (aller, futur) sur le terrain. Nous (tâcher, futur) d'imaginer une solution vraisemblable.

BOILEAU-NARCEJAC, Sans Atout et le cheval fantôme,
© Gallimard jeunesse, 2007.

8 **a. Classez les verbes suivants selon qu'ils font leur passé simple en [a], [i], [u] ou [in].**

b. Faites une phrase avec chacun de ces verbes, au passé simple, en variant la personne utilisée.

Faire – comprendre – être – recevoir – jouer – pouvoir – devenir – vomir – prendre – promettre – apparaître – tenir – rire – vouloir – nommer – se souvenir – mourir – aller – prévenir – hurler – attendre.

9 **Mettez les verbes entre parenthèses au passé simple.**

Quand l'enfant (venir) au monde, voici que c'était une fille. La joie (être) grande, mais l'enfant était chétive et petite, et à cause de sa faiblesse il (falloir) l'ondoyer[1]. Le père (envoyer) l'un des garçons chercher en hâte de l'eau lustrale[2] à la fontaine ; les six autres le (suivre). Comme ils ne revenaient toujours pas, le père (s'impatienter) et (dire) : « Je voudrais qu'ils soient tous changés en corbeaux. » Il avait à peine fini de dire ces mots qu'il (entendre) un battement d'ailes dans les airs, au-dessus de sa tête, il (lever) les yeux et (voir) sept corbeaux noirs comme du charbon qui volaient de-ci de-là. Les parents ne (pouvoir) pas annuler l'enchantement, mais si tristes qu'ils fussent d'avoir perdu leurs sept fils, ils (se consoler) néanmoins quelque peu avec leur chère petite fille, qui (reprendre) bientôt des forces et (embellir) de jour en jour.

D'après les frères GRIMM, Les Sept Corbeaux.

1. Ondoyer : baptiser.
2. Eau lustrale : eau purifiante utilisée lors des baptêmes.

10 **Recopiez et complétez le tableau suivant en choisissant la forme correcte parmi les trois proposées.**

Infinitif du verbe	Groupe	Temps	Personne	Forme correcte

1. Il **éternus / éternut / éternue**. – **2.** Il **connu / connut / connue** enfin la paix. – **3.** Il a bien **connu / connut / connue** le président. – **4.** Je **finirais / finirai / finirez** demain. – **5.** Je vous le **donnerez / donnerai / donneraient**. – **6.** Je me **levais / levai / levé** soudain. – **7.** Il a **fini / a finit / a finis**. – **8.** C'est toi qui **a / as / à** raison. – **9.** Ils **change / changes / changent** sans cesse d'avis. – **10.** Tu **rougies / rougis / rougie** facilement. – **11.** Elle me **déçoie / déçois / déçoit** beaucoup. – **12.** Tu lui **envois / envoies / envoie** une lettre. – **13.** Ils se **voyent / voient / vois** souvent.

34

Les emplois du présent

Pour commencer

1. Ton train **part** dans une heure.

2. Tu l'as manqué de peu. Il **part** à l'instant.

3. Nous **étudions** les emplois du présent.

4. Depuis ma petite enfance, je **dors** la fenêtre ouverte.

4. La Terre **est** ronde.

1. Quel est le temps des verbes en caractère gras ?

2. Dans quelle phrase ce temps exprime-t-il un fait qui se produit au moment où l'on parle ? Une habitude ? Une action passée ? Une action future ? Un fait toujours vrai quelle que soit l'époque ?

3. Dans ce récit au passé, pourquoi l'auteur a-t-il choisi d'employer le présent ?
L'après-midi était ensoleillé. Soudain, le ciel se couvre de nuages, le vent se lève.

Leçon

On peut employer le présent pour exprimer :

• une action en train de se produire au moment où l'on parle : c'est le **présent d'énonciation.**

→ *Je suis heureuse de vous voir.*

• **une action habituelle**

→ *Tous les jours, nous nous levons à sept heures.*

• **un futur proche**

→ *J'arrive dans une minute.*

• **un passé proche**

→ *Il revient à l'instant.*

• une action passée mais que l'on veut raconter au présent pour la rendre plus vivante : c'est le **présent de narration**

→ *Et cependant qu'Hector s'écroule dans la poussière, le divin Achille triomphe. (Homère)*

Exercices

1 **Précisez la valeur du présent dans les phrases suivantes.**

1. Je vous attends demain.

2. Chaque année, nous recevons des Hickey, vers la fin de décembre, une carte de Noël. (MAUROIS)

3. Le matin, je me lève tôt... Je déjeune en compagnie de Carnage, le chien... Vers huit heures, je descends au puits. (CADOU)

4. Ah ! ma chère Lisette, que viens-je d'entendre ? (MARIVAUX)

5. Non merci, je préfère ne pas reprendre de ce délicieux gâteau.

6. Ma vie est monotone. Je chasse les poules, les hommes me chassent. (SAINT-EXUPÉRY)

7. Peter Pan est un personnage de conte de fée.

8. Tout se tait. L'air flamboie et brûle sans haleine / La Terre est assoupie en sa robe de feu. (LECONTE DE LISLE)

9. On a souvent besoin d'un plus petit que soi. (LA FONTAINE)

2 **Lisez le texte suivant.**

a. Quels verbes sont au présent ?

b. Quelle en est la valeur ?

Et il revint vers le renard :
– Adieu, dit-il…
– Adieu, dit le renard. Voici mon secret. Il est très simple : on ne voit bien qu'avec le cœur. L'essentiel est invisible pour les yeux.

SAINT-EXUPÉRY, *Le Petit Prince*, © Gallimard, 2006.

3 **Lisez le texte suivant, précisez le temps des verbes et expliquez la valeur du présent.**

Un Agneau se désaltérait
Dans le courant d'une onde pure.
Un Loup survient à jeun qui cherchait aventure,
Et que la faim en ces lieux attirait.
Qui te rend si hardi de troubler mon breuvage ?
Dit cet animal plein de rage :
Tu seras châtié de ta témérité.
– Sire, répond l'Agneau, que votre Majesté
Ne se mette pas en colère…

LA FONTAINE, *Le Loup et l'Agneau*.

4 **Lisez la fable suivante :**

a. Relevez deux verbes conjugués au présent d'énonciation : dans quelle partie du texte se trouvent-ils ?

b. Relevez deux verbes conjugués au présent de narration : dans quelle partie de la fable se trouvent-ils ?

c. Relevez un verbe conjugué au présent de vérité générale.

Maître Corbeau, sur un arbre perché,
Tenait en son bec un fromage.
Maître Renard, par l'odeur alléché,
Lui tint à peu près ce langage :
« Hé ! bonjour, Monsieur du Corbeau.
Que vous êtes joli ! Que vous me semblez beau !
Sans mentir, si votre ramage
Se rapporte à votre plumage,
Vous êtes le Phénix des hôtes de ces bois. »
À ces mots le Corbeau ne se sent pas de joie ;
Et pour montrer sa belle voix,
Il ouvre un large bec, laisse tomber sa proie.
Le Renard s'en saisit, et dit : « Mon bon Monsieur,
Apprenez que tout flatteur
Vit aux dépens de celui qui l'écoute :
Cette leçon vaut bien un fromage, sans doute. »
Le Corbeau, honteux et confus,
Jura, mais un peu tard, qu'on ne l'y prendrait plus.

LA FONTAINE, *Le Corbeau et le Renard*.

5 **Lisez le texte suivant :**

Comme les petites lui tournaient le dos, le loup donna un coup de nez sur le carreau pour faire entendre qu'il était là. Laissant leurs jeux, elles vinrent à la fenêtre en se tenant par la main.
– Bonjour, dit le loup. Il ne fait pas chaud dehors. Ça pince, vous savez.
La plus blonde se mit à rire, parce qu'elle le trouvait drôle avec ces oreilles pointues et ce pinceau de poils hérissés sur le haut de la tête. Mais Delphine ne s'y trompa point. Elle murmura en serrant la main de la plus petite :
– C'est le loup.
– Le loup ? dit Marinette, alors on a peur ?
– Bien sûr, on a peur.

M. AYMÉ, *Les Contes du chat perché*.

a. Relevez les verbes conjugués au présent. Dans quelle partie du texte se trouvent-ils ? Quelle est ici la valeur de ce temps ?

b. À quel temps les autres verbes sont-ils conjugués ?

6 **Lisez le texte suivant. Relevez les verbes conjugués au présent et justifiez leur emploi.**

Donc hier soir les troupeaux rentraient. Depuis le matin, le portail attendait, ouvert à deux battants : les bergeries étaient pleines de paille fraîche. D'heure en heure, on se disait : « Maintenant ils sont à Eyguières, maintenant au Padou. » Puis tout à coup, vers le soir, un grand cri : « Les voilà ! » et là-bas, au lointain, nous voyons le troupeau s'avancer dans une gloire de poussière. Toute la route semble marcher avec lui…

A. DAUDET, *Lettres de mon moulin*.

7 **Récrivez le texte en conjuguant au présent de l'indicatif les verbes entre parenthèses. Justifiez la valeur de ce temps.**

À Hippone[1], en se baignant, un enfant plus audacieux que les autres, s'aventurait fort loin. Un dauphin qui était accouru au-devant de lui, tantôt (précéder) l'enfant, tantôt le (suivre), tantôt (tourner) autour de lui, enfin (se glisser) dessous, le (laisser) le (reprendre), l'(emporter), d'abord tout tremblant vers le large, puis (retourner) à la côte et le (rendre) à la terre ferme avec ses camarades.

PLINE LE JEUNE, *Lettres*, IX, 33, © Nathan, trad. de Jean-Germain Tricot et Maurice Rat.

1. **Hippone** : autrefois en Numidie, aujourd'hui ville de Bône en Algérie.

8 **ÉCRITURE** **Vous vous promenez dans un endroit isolé. Tout à coup, un animal sauvage surgit. Commencez votre récit aux temps du passé puis racontez le surgissement de l'animal au présent de narration.**

Les emplois des temps du passé (imparfait et passé simple)

Pour commencer

Delphine et Marinette **revenaient** de faire les commissions pour leurs parents, et il leur **restait** un kilomètre de chemin. Il y **avait** dans leur cabas trois morceaux de savon, un pain de sucre, une fraise de veau, et pour quinze sous de clous de girofles. A un tournant de la route, elles virent un gros chien ébouriffé, et qui marchait la tête basse. Il paraissait de mauvaise humeur, sous ses babine retroussées luisaient des crocs pointus. Soudain sa queue se balança d'un mouvement vif et il se mit à courir au bord de la route.

D'après MARCEL AYMÉ, *Les Contes du chat perché*.

1. Quel est le temps des trois premiers verbes du texte ? Que raconte l'auteur dans ce passage ?

2. Quel événement surgit au cours de la promenade des deux fillettes ? À quel temps est conjugué le verbe qui raconte cet événement ?

3. Dans quelle phrase l'auteur décrit-il le chien ? À quel temps les verbes sont-ils conjugués ?

4. Quel adverbe montre que l'action se précipite ? Dans la même phrase, à quel temps les verbes sont-ils conjugués ?

Leçon

L'imparfait et le **passé simple** sont des **temps du passé**. Ce sont les **principaux temps** employés **dans un récit**.

● On distingue les **actions de premier plan**, c'est-à-dire les actions principales, qui font progresser le récit et les **actions de second plan**, secondaires, qui décrivent le décor ou évoquent des actions en cours

→ *Les fillettes **revenaient** des courses quand elles **virent** un gros chien.*
        action en cours   action principale

● Le **passé simple** est employé pour les **actions de premier plan** : il permet de raconter les principales actions du récit.

– On emploie le passé simple pour des actions bien **délimitées** dans le temps.

→ *À ce moment-là, elles **poussèrent** un cri.*

Attention ! Ces actions ne sont pas nécessairement brèves.

→ *Elles **attendirent** leurs parents pendant de longues heures.*

– On emploie le passé simple pour présenter des **actions sccessives**, qui se déroulent les unes après les autres

→ *Sa queue **se balança**, il **se mit** à courir et **renifla** le panier.*

● **L'imparfait** est employé pour les **actions de second plan**.

– On emploie l'imparfait pour présenter des actions **en cours de déroulement** (en train de se dérouler au moment où l'action principale surgit)

→ *Les fillettes **marchaient** quand elles **virent** un chien.*

– On emploie l'imparfait pour la **description** dans le passé

→ *Il **paraissait** de mauvaise humeur ; sous ses babines **luisaient** des crocs pointus.*

– On emploie l'imparfait pour exprimer l'**habitude** et la **répétition**

→ *Chaque jour, les fillettes **faisaient** quelques courses pour leurs parents.*

Exercices

1 Dans chacune de ces phrases, relevez les verbes conjugués, précisez leur temps et dites s'ils évoquent une action de premier plan ou une action de second plan.

1. Le professeur somnolait à son bureau et soudain quelqu'un frappa à la porte de la classe.
2. Ce jour-là, je sortais à peine de chez moi que je tombai sur la fille de mon voisin.
3. Comme il constatait que l'heure avançait, l'entraîneur décida de nous libérer avant la fin du match.
4. Les badauds se bousculaient pour voir l'accident. Aussitôt le gendarme intervint et dissipa la foule.
5. Alors qu'il tentait d'escalader le mur du voisin, une pierre s'éboula et l'enfant tomba.

2 Relevez les verbes conjugués à l'imparfait et dites s'ils expriment une habitude, une description ou une action en cours de déroulement.

1. Enfants, nous aimions aller à la pêche.
2. Le soleil se levait à peine lorsque je partis.
3. Pierre Legrand se levait régulièrement à quatre heures. (VOLTAIRE)
4. Suzanne était aussi blonde que sa mère, son visage de grande fillette avait la même expression rieuse. (M. GENEVOIX)
5. Tandis que nous terminions notre repas, l'oncle Alfred apparut au jardin.

3 Lisez les deux extraits suivants et relevez les verbes conjugués à l'imparfait. Pour chaque extrait, quelle est la valeur de l'imparfait ?

1. Elle n'était pas très jolie à cause de ses dents un peu écartées, de son nez un peu trop retroussé, mais elle avait la peau très blanche avec quelques taches de douceur, je veux dire de rousseur. Et sa petite personne commandée par des yeux gris, modestes mais très lumineux, vous faisait passer dans le corps, jusqu'à l'âme, une grande surprise qui arrivait du fond des temps.

J. SUPERVIELLE, *L'Enfant de la haute mer*, 1931.

2. Dans la belle saison, elle laissait un tapis à une fenêtre ou du linge à sécher, comme s'il fallait à tout prix que le village eût l'air habité, et le plus ressemblant possible. Et toute l'année, elle devait prendre soin du drapeau de la mairie si exposée. La nuit, elle s'éclairait de bougies, ou cousait à la lumière.

J. SUPERVIELLE, *L'Enfant de la haute mer*, 1931.

4 Lisez le texte suivant :

En bas, les champs étaient noyés de brume. Le clos de M. Seguin disparaissait dans le brouillard, et de la maisonnette on ne voyait plus que le toit avec un peu de fumée. Elle écouta les clochettes d'un troupeau qu'on ramenait, et se sentit l'âme toute triste.

A. DAUDET, *La Chèvre de M. Seguin*.

a. Relevez trois verbes à l'imparfait qui ont une valeur de description.

b. Relevez deux verbes au passé simple qui expriment des actions délimitées dans le temps.

5 Recopiez les phrases suivantes, soulignez les verbes conjugués au passé simple et complétez les phrases en ajoutant deux ou trois actions avec des verbes conjugués au même temps.

1. L'enfant partit à toute allure, gravit la pente, ...
2. Il retourna le champignon, l'examina, le sentit ...
3. Le chat bondit sur le buffet, d'un coup de patte renversa le vase ...
4. Anatole prit à gauche, entra dans une ruelle ...

6 Conjuguez les verbes entre parenthèse à l'imparfait ou au passé simple.

1. Habituellement, nous (partir) en vacances en Bretagne, mais cette année-là mes parents (décider) de passer le mois d'aout dans les Pyrénées.
2. Elle (s'agenouiller) près de la source, (former) une coupe avec ses deux mains et, comme elle (aimer) le faire chaque fois qu'elle (rencontrer) un point d'eau, (boire) à pleine gorgée.
3. Une alarme (retentir) et les élèves (se précipiter) dans le couloir.
4. J' (observer) mon ami quand soudain il (arracher) ma casquette et la (jeter) par-dessus le mur.
5. L'orage (crever). L'averse (frapper) les bâches et les campeurs n'y (voir) plus rien.
6. Il lui (arriver) souvent de rêvasser en classe.
7. Ce jour-là, il lui (arriver) une curieuse aventure.

7 Recopiez ce texte en conjuguant les verbes entre parenthèses à l'imparfait ou au passé simple.

Un dimanche qu'il (somnoler) auprès de sa niche à côté du chat, pendant que les petites (promener) la souris dans la cour, le chien (se mettre) à renifler d'un air inquiet, puis il (se lever) en grondant et (se diriger) vers le chemin où l'on (entendre) déjà le pas d'un homme. C'(être) un vagabond au visage maigre et aux vêtements déchirés qui (se traîner) avec fatigue. En passant près de la maison, il (jeter) un coup d'œil dans la cour et (avoir) un mouvement de surprise en voyant le chien. Il (s'approcher) d'un pas décidé et (murmurer) :
– Chien, renifle-moi un peu… Ne me reconnais-tu pas ?

D'après M. AYMÉ, *Les Contes du chat perché*.

8 ÉCRITURE Faites le portrait d'un chien de chasse puis racontez de quelle manière il débusque un lapin dans son terrier. Employez l'imparfait et le passé simple.

Orthographe

Pour commencer

La bise fait le bruit d'un géant qui soupire ;
La fenêtre palpite et la porte respire ;
Le vent d'hiver glapit sous les tuiles du toit ;
Le feu fait à mon âtre une pâle dorure ;

Le trou de ma serrure
Me souffle sur les doigts.

VICTOR HUGO, « La Bise ».

1. Classez les mots qui contiennent un « s » en deux groupes : ceux dans lesquels on entend le son [s] et ceux dans lesquels on entend le son [z].

2. Comment faut-il lire le « e » de « fenêtre » ? Et celui de « serrure » ? Pourquoi ?

3. Quelle autre lettre, présente dans ce poème, peut se lire de deux façons différentes ? Comment peut-on la prononcer ?

Leçon

- **Devant les lettres « m », « b » ou « p », le « n » devient « m »** → *septembre*
- **Entre deux voyelles, le « s » se prononce [z]** → *une rose*
- **Pour faire le son [s] entre deux voyelles, il faut doubler le « s »** → *la laisse*
- **Devant les lettres « e », « i » ou « y », le « c » se prononce [s]** → *de la glace*
- **Pour faire le son [k] devant la lettre « e », il faut ajouter un « u » après le « c »** → *cueillir*
- **Devant les lettres « a », « o » ou « u », le « c » se prononce [k]** → *le courage*
- **Pour faire le son [s] devant les lettres « a », « o » ou « u », il faut mettre une cédille au « c »** → *un garçon*
- **Devant les lettres « e », « i » ou « y », le « g » se prononce [j]** → *la luge*
- **Pour faire le son [g] devant les lettres « e », « i » ou « y », il faut ajouter un « u » après le « g »** → *la langue*
- **Devant les lettres « a », « o » ou « u », le « g » se prononce [g]** → *le gorille*
- **Lorsqu'il est suivi de deux consonnes, le « e » se prononce [è]** → *elle, belle*

Exercices

1 Classez les mots suivants en deux colonnes : ceux où le « s » fait [s] et ceux où le « s » fait [z].

Une bosse – une blouse – la brise – la connaissance – une décision – la dimension – l'église – embrasser – lisse – un massif – rose – le paysage – la politesse – persuader – transporter – un vase.

[s]	[z]

2 Classez les mots suivants en deux colonnes : ceux où le « g » fait [g] et ceux où le « g » fait [j].

Agiter – aiguiser – beige – changer – dangereux – délégué – élégant – exigeant – géant – gitane – givre – glu – goéland – grue – guêpe – guitare.

[g]	[j]

3 Complétez par s ou ss.

1. Mon cou...in s'a...ied sur un cou...in. – **2.** Il a pêché un gros poi...on. – **3.** Il a été a...a...iné : on a trouvé du poi...on dans sa ta...e. – **4.** Les chameaux vivent dans le dé...ert. – **5.** Tu seras privé de de...ert. – **6.** J'aime le chant de la mé...ange. – **7.** Apporte cette ba...ine dans la cui...ine. – **8.** Le prince lui donna un bai...er. – **9.** Le niveau du fleuve a fortement bai...é. – **10.** N'oublie pas d'épou...eter les étagères. – **11.** Il a épou...é une voi...ine.

4 Complétez par ss, sc ou ç.

1. Nous avons re...u ce gar...on et sa famille. – **2.** On porta le ble...é sur la ...ène. – **3.** C'est un adole...ent très con...iencieux et di...ipliné. – **4.** Nous fini...ions par soup...onner quelque chose. – **5.** Je suis le rempla...ant de votre profe...eur de fran...ais. – **6.** Il faut repa...er vos le...ons. – **7.** J'ai aper...u le ma...on. – **8.** Les étoiles ...intillent. – **9.** Toute cette ...ience m'impre...ionne.

5 Formez un nom à partir de chacun des mots suivants, en ajoutant un suffixe.

Commerce – glace – gercer – prononcer – se fiancer – limace – remplacer – déçu.

6 Complétez les mots suivants par g, gu ou ge.

Un pi...on – un ...épard – le ...ai ...élatineux ...eignait dans le jasmin. – le ...ara...e – la gran...e – le ...i – une ...or...ée d'oran...ade – une bonne bla...e – la vi...eur – obli...er – les villa...ois – li...oter – navi...er – la navi...ation – infati...able.

7 Mettez au féminin les adjectifs suivants.

Gros – gris – courageux – permis – las – épais – assis – long – doux – roux.

8 Complétez les mots suivants par c, cu ou ç.

Un rempla...ant – un bra...elet – la ...eillette – afri...ain – aper...evoir – la fa...ade – é...œuré – un ...er...eil – une balan...oire – un ...ygne.

9 Recopiez les phrases suivantes en mettant les cédilles qui manquent.

1. Je récite ma lecon de francais. – **2.** Il fait un froid percant : l'air glacé nous cause des gercures. – **3.** Il recommenca ses exercices. – **4.** De toute facon, ca ne pourra que t'aider.

10 Transposez les verbes suivants à l'imparfait.

1. Je me balance
2. Nous rinçons
3. Il pince
4. Tu menaces
5. Vous forcez
6. Nous influençons
7. Nous obligeons
8. Nous conjuguons
9. Vous jugez

11 Formez des mots de sens contraire en ajoutant un préfixe aux mots suivants.

Visible – compréhensible – patient – mangeable – certain – fini – mortel – parfait – pitoyable – buvable.

12 Trouvez le verbe qui correspond aux expressions suivantes, construit avec le préfixe en- .

1. Mettre dans sa poche
2. Mettre dans une grange
3. Mettre dans un paquet
4. Déposer dans un magasin
5. Monter dans une barque
6. Prendre dans ses bras
7. Devenir plus beau
8. Devenir plus laid

13 Doublez ou non la consonne en gras en fonction de la manière dont il faut prononcer le « e » qui précède.

1. El...e était très bel...e. – **2.** Cet...e maisonnet...e est très coquet...e. – **3.** Les ren...ards parvien...ent toujours à leurs fins. – **4.** Ces cer...ises sont excel...entes. – **5.** Il appuya l'échel...e contre la fen...être. – **6.** Vous souven...ez-vous des délicieux des...erts qu'il achet...ait exprès pour nous ? J'en repren...ais toujours deux ou trois fois. – **7.** Il fouet...a le cheval qui tirait sur ses ren...es. – **8.** Ils jet...èrent leurs armes à ter...e. – **9.** Je regret...e mes er...eurs.

14 Transposez à la personne du pluriel ou du singulier correspondante.

Il prend – Je viens – Nous jetons – Vous appelez – Tu retiens – Il devient – Tu apprends.

Leçon

- **L'accent aigu** (´) se place sur la lettre « e » qui se prononce alors [e] (é fermé)
  → *Elle a chanté.* (≠ Elle chante.)
- **L'accent grave** (`) se place :
– sur la lettre « e » qui se prononce alors [ɛ] (è ouvert) → *la crème ; près de*
– sur les lettres « a » et « u » pour distinguer certains homonymes. → *a / à ; ou / où ; la / là*
- **L'accent circonflexe** se place :
– sur la lettre « e » qui se prononce alors [ɛ]. → *une fenêtre*
– sur les lettres « a », « i », « o » et « u ». → *un abîme ; bientôt ; la mûre ; nous chantâmes*

Remarque : l'accent circonflexe marque la disparition d'une lettre qui était présente dans le passé, souvent un « s », et que l'on peut retrouver dans des mots de la même famille → *hôpital, hospitalité*

Attention ! Il ne faut jamais mettre d'accent sur une voyelle lorsqu'elle se trouve devant :
– une consonne doublée → *la patte ≠ la pâte (à tarte), efficace*
– les consonnes « -s- » et « -r- » suivies d'une autre consonne → *fermer, espacer*
– un « x » → *exemple*

- Le tréma sur « e », « i », « u », indique qu'il faut prononcer séparément la voyelle qui précède → *maïs* (≠ mais)

Exercices

1 **Recopiez ces mots en complétant, si nécessaire, avec un accent aigu ou un accent grave.**
Metre – mettre – l'espoir – etirer – exercice – frere – espece – l'exterieur – ecrouler – epaule – perdu – regle – escalier – rangee – erreur – medecin – merveille – perfection – creme – terme – lessive – reflechir – scene.

2 **Recopiez les mots suivants en rétablissant l'accent circonflexe et trouvez un mot de la même famille faisant apparaître un « -s ».**
Hote – foret – ancetre – fete – bete – fenetre – vetement.

3 **a. Recopiez les mots ci-dessous en rétablissant les trémas.**

b. Cherchez la définition des mots que vous ne connaissez pas.
Aieul – caiman – ambiguité – exiguité – égoisme – faience – glaieul – naif – paien – stoique.

4 **Recopiez ces mots en rétablissant les accents.**
desesperer – cote – tot – fermee – guepe – releve (deux solutions) – saliere – etonner – croitre – merite – pecheur – television – reve – eleve (deux solutions) – comete – pretexte – ane – arete.

5 **Recopiez les phrases suivantes en choisissant la bonne orthographe.**
1. Il (a/à) demandé la permission (a/à) son frère.
2. Colin n'(a/à) pas vu (ou/où) nous étions.
3. Mathilde (a/à) très mal (a/à) (la/là) jambe.
4. Je voudrais emporter une pomme (ou/où) une poire pour (la/là) manger (a/à) l'école.
5. Voici (la/là) maison (ou/où) j'ai grandi, celle qui est (la/là)-bas.

6 **Recopiez les phrases suivantes en rétablissant les trémas ou les accents oubliés.**
1. Lorsque Raphael reve en classe, le maitre lui en fait la remarque. – **2.** Par une etrange coincidence, elles se sont croisees à l'aeroport. – **3.** Delphine a une voix particulierement aigue. – **4.** J'ai casse les pots de faience auxquels ma grand-mere tenait tant. – **5.** Noel a travaille sans relache pour avoir une bonne note à son controle. – **6.** C'est Jules Ferry qui a instaure l'ecole laique, obligatoire et gratuite.

Leçon

❶ Les doublements de consonnes au début des mots

Règle 1. Les mots commençant par « ac- » et « oc- » prennent **deux « c »**
→ *accrocher, occasion*
Exceptions : *ac*acia, *ac*adémie, *ac*ajou, *ac*ariâtre, *ac*olyte, *ac*ompte, *ac*oustique, *ac*robate ; *oc*re, *oc*ulaire, et les mots de la même famille.

Règle 2. Les mots commençant par « af-, ef-, of- » prennent **deux « f »** → *affection, effort, offense*
Exceptions : *af*in, *af*ricain, *Af*rique.

Règle 3. Les mots commençant par « at- » prennent **deux « t »** → *attribution, atténuer, attachant*
Exceptions : *at*elier, *at*hée, *at*lantique, *at*mosphère, *at*ome, *at*our, *at*out, *ât*re, *at*roce, *at*rophier, et les mots de la même famille.

Règle 4. Les mots commençant par « con-, com- » **doublent la consonne** lorsqu'elle est suivie d'une voyelle → *connaître, commencement*
Exceptions : *com*édie, *com*estible, *com*ète, *com*ité, *cône*, et les mots de la même famille.

Règle 5. Les verbes commençant par « an-, ap- » et la plupart des verbes commençant par « ar- » **doublent la consonne** → *annoncer, apprendre, arrêter*
Exceptions : *an*alyser, *an*éantir, *an*imer, *an*oblir, *ân*onner, *ap*aiser, *ap*ercevoir, *ap*eurer, *ap*itoyer, *ap*lanir, *ap*latir, *ap*ostropher, et les mots de la même famille.

Règle 6. Les mots composés avec **les préfixes « il-, im-, in-, ir- » doublent la consonne** lorsque le **radical** commence par « l, m, n, r » → *illisible (lisible), immobile (mobile), irresponsable (responsable)*

❷ Écrire les sons à la fin des mots

Règle 7. Les noms terminés par le son **[zon]** s'écrivent **-s-o-n** → *la saison*
Exceptions : *le gazon, l'horizon.*

Règle 8. Les noms terminés par les sons **[assion], [ission] et [ussion]** s'écrivent avec un « t » → *apparition, émotion, parution*
Exceptions : *discussion, mission, omission, passion, percussion,* et les mots de la même famille.

Règle 9. Les noms se terminant par le son **[ession]** s'écrivent avec **deux « s »**
→ *progression*

Règle 10. Les mots terminés par le son **[ens]** s'écrivent **-e-n-c-e** ou **-a-n-c-e**, avec un « c » pour faire le son **[s]** → *différence, insistance*
Exceptions : *l'anse, la danse, la panse ; la défense, dense, la dépense, la dispense, immense, intense, une offense, une récompense,* et les mots de la même famille.

Règle 11. Les noms terminés par le son **[ɛl]** s'écrivent **-e-l-l-e au féminin et -e-l au masculin** → *une tourterelle, un appel*
Exceptions : *une aile, une clientèle, la grêle, un modèle, une parallèle, un polichinelle, un rebelle, une stèle, un vermicelle.*

Règle 12. Les noms terminés par le son **[oir]** s'écrivent **-o-i-r-e au féminin** et **-o-i-r au masculin.** → *une hist**oire**, un entonn**oir***
Exceptions : *un access**oire**, le conservat**oire**, un laborat**oire**, un pourb**oire**, le réfect**oire**, le répert**oire**, un squ**are**, le territ**oire**.*
Remarque : **les verbes** dont l'infinitif se termine par le son **[oir]** s'écrivent **-o-i-r** sans **« e »** → *dev**oir**, recev**oir***
Exceptions : *b**oire**, cr**oire**.*

Règle 13. **Les noms** terminés par le son **[ur]** s'écrivent **« -u-r-e »**, avec un **« e »**, même s'ils sont masculins → *un murm**ure**, la capt**ure***
Exceptions : *l'az**ur**, un fém**ur**, le fut**ur**, un m**ur**.*
Les adjectifs masculins ne prennent pas de « e » → *d**ur**, p**ut**, s**ûr***

Règle 14. **Les noms masculins** terminés par le son **[ar]** s'écrivent **-a-r-d** → *un ren**ard***
Exceptions : *l'**art**, un b**ar**, le baz**ar**, le cauchem**ar**, un cig**are**, le dép**art**, un éc**art**, le hang**ar**, un j**ar**, le nect**ar**, le nénuph**ar**, le ph**are**, un qu**art**, un racont**ar**, un rad**ar**.*

Règle 15. **Les noms** terminés par le son **[eur]** s'écrivent **-e-u-r**, sans **« e »** même s'ils sont féminins → *le coiff**eur**, une lu**eur***
Exceptions : *le b**eurre**, la dem**eure**, l'h**eure**, un h**eurt** (heurter), un l**eurre**.*

Règle 16. **Les noms féminins** terminés par le son **[e]** prennent un **« e »** → *l'ann**ée**, la gibloul**ée***
Exceptions : *l'acn**é**, une cl**é** et les noms se terminant par **-té** ou **-tié** (fratern**ité**, ami**tié**), sauf but**ée**, dict**ée**, jet**ée**, mont**ée**, pât**ée**, port**ée** et les noms indiquant une contenance (pellet**ée**, assiett**ée**...).*

Règle 17. **Les noms féminins** terminés par le son **[ɛ]** s'écrivent **a-i-e** → *la hai**e**, une futai**e***
Exceptions : *la for**êt**, la p**aix**.*

Règle 18. Les noms féminins terminés par les sons **[i], [u], [ou], [eu]** et **[oi]** prennent un **« e ».** → *la plui**e**, une statu**e**, la bou**e**, une voi**e**, la banli**eue***
Exceptions : *la breb**is**, la fourm**i**, la nu**it**, la perdr**ix**, la sour**is** ; la br**u**, la gl**u**, la trib**u**, la vert**u** ; la t**oux** ; la cr**oix**, la f**oi**, la f**ois**, la l**oi**, la n**oix**, la par**oi**, la p**oix**, la v**oix**.*

Règle 19. Les **adjectifs qualificatifs** terminés par le son **[il]** s'écrivent au masculin **« -i-l-e »** → *util**e**, futil**e***
Exceptions : *civil, puéril, subtil, vil, viril, volatil, tranquille*

❸ Écrire le son [y]

Règle 20. Le son **[y]** s'écrit **« -ill- »** ou **« -y- »** :
– **si la voyelle qui précède est prononcée normalement**, il faut écrire **« -ill- »**
→ *de la paille (le « a » se prononce [a])*
– **si la voyelle qui précède est modifiée** comme si elle était suivie d'un « i »
il faut écrire **« y »** → *la paye (le « a » se prononce [è] comme quand on a « ai »).*

Règle 21. Le son **[euil]** s'écrit **« e-u-i-l »** → *l'écureuil*
Mais, **derrière un « c- » ou un « g- »**, il s'écrit **u-e-i-l** → *recueillir*

Règle 22. **Les noms** terminés par les sons **[aille], [eille], [euille], [ouille]** 'écrivent **« -i-l-l-e » au féminin** et **« -i-l » au masculin** → *une cisaille, le travail, la veille, un réveil, une feuille, le deuil, une grenouille, du fenouil*
Exceptions : *un millefeuille, le chèvrefeuille, un portefeuille, le réveille-matin.*
Attention ! Ne confondez pas **les noms masculins en « -ail, -eil, -euil »** et **les verbes en « -ailler, -eiller, -euiller »** qui ont des finales en **-l/-lle** → *le travail ≠ je travaille. – Le réveil ≠ je me réveille*

Exercices

Règles 1 à 6

1 Recopiez les mots suivants en les complétant par *a-*, *ac-*, *o-* ou *oc-*.

...casion – ...coudoir – ...culiste – ...cord – ...cuper – ...carina – ...compagnateur – ...cre – ...colade – ...clamation – ...cariâtre – ...croc – ...cident – ...ceptable – ...clamation – ...cent – ...currence – ...cajou – ...cadémie – ...cabler – ...crobatie.

2 Recopiez les mots suivants en les complétant par *-f-* ou *-ff-*. Cherchez le sens des mots que vous ne connaissez pas.

O...ense – A...rique – e...ort – a...ection – o...iciel – a...iche – e...ronté – a...in – a...irmer – e...icace – o...rande – a...reux – e...ectuer – a...ubler – e...arer – a...liction – a...oler – o...usquer – a...ecter – e...acer – o...icier.

3 Trouvez les verbes commençant par *af-*, *ef-* ou *of-* et qui signifient :

1. rendre faible – **2.** coller un timbre sur une lettre – **3.** aiguiser – **4.** enlever les feuilles – **5.** causer de la frayeur – **6.** supprimer en essuyant – **7.** donner faim – **8.** rendre mince comme un fil – **9.** donner en cadeau – **10.** coller une affiche – **11.** toucher à peine.

4 Recopiez les mots suivants en les complétant par *a-* ou *at-*.

...trocité – s'...tarder – ...tendre – ...rophié – ...tour – ...tacher – ...teler – ...taquer – ...tmosphérique – ...teindre – ...tention – ...tentat – ...testation – ...tirer – ...titude – ...ténuer – ...tentif – ...lantique – ...traction – ...tomique – ...trister – ...tribut – ...théisme – ...trape – ...trayant – ...telier.

5 Recopiez les mots suivants en les complétant par *-m-*, *-n-* ou rien.

Co...mande – co...nexion – co...mique – co...mencer – co...ment – co...naissance – co...merce – co...mète – co...mentaire – cô...ne – co...mune – co...notation – co...mode – co...nivence – co...missaire – co...muniquer – co...mérage.

6 Recopiez les mots suivants en les complétant par *a-*, *an-*, *ap-* ou *ar-*.

...peurer – ...partenir – ...rêter – ...néantir – ...prouver – ...ranger – ...racher – ...paraître – ...prendre – ...nimer – ...percevoir – ...nuler – ...pauvrir – ...platir – ...nonce – ...nexer – ...river – ...procher – ...noter – ...pitoyer – ...peler – ...pâter – ...noblir – ...roser – ...pareiller – ...poser.

7 Écrivez le contraire des mots suivants.

Patient – réalisable – adapté – légitime – mangeable – effaçable – légal – possible – matériel – mortel – capable – utile – parfait – pitoyable – poli – modéré – lisible – moral – meuble – modéré – réparable – oubliable – réel – attendu – espéré – respectueux – exact.

8 Recopiez les mots suivants en doublant ou non la consonne.

Co...me – a...planir – a...courir – i...respirable – o...culaire – a...compte – a...franchir – co...merçant – a...rondir – a...précier – co...naissance – a...porter – a...cacia – co...mun – a...provisionner – co...muni-cation – i...régulier – i...nacceptable – a...plaudir – a...postropher – a...coustique – a...tout – a...tente – co...médie.

9 (Dictée) Préparez ce texte pour la dictée.

Assise à l'ombre d'un immense acacia, Amélie admire les parterres de fleurs, qui affichent leurs incroyables couleurs. Les guêpes commencent à s'agglutiner autour du buffet sur lequel sont étalés des mets irrésistibles. La fête de ce soir s'annonce particulièrement agréable. Chacun prépare pour l'occasion ses plus beaux atours, impatient d'applaudir les acrobates.

Règles 7 à 10

10 Recopiez les phrases suivantes en complétant par *-s-* ou *-z-*.

1. Il a été condamné à quinze ans de pri...on pour avoir utilisé du poi...on. – **2.** J'ai oublié la combinai...on du coffre. – **3.** Pour agrandir la pièce, nous allons abattre cette cloi...on – **4.** Ne laisse pas traîner ton blou...on sur le ga...on – **5.** Ja...on doit rapporter la toi...on d'or. – **6.** Émile doit rester à la mai...on pour apprendre ses conjugai...ons. – **7.** En cette sai...on, l'hori...on est magnifique. – **8.** Le médecin a rai...on : tu ne dois penser qu'à ta guéri...on.

11 Recopiez les mots suivants en les complétant par *-t-* ou *-ss-*.

Obse...ion – apprécia...ion – associa...ion – commi...ion – avia...ion – créa...ion – répercu...ion – compa...ion – dévia...ion – posse...ion – humilia...ion – initia...ion – puni...ion – mi...ion – négocia...ion – discu...ion – prononcia...ion – émi...ion – recréa...ion – réconcilia...ion – profe...ion – varia...ion – omi...ion – ablu...ion.

12 Donnez des noms de la famille des verbes suivants se terminant par le son [ssion].

Éduquer – agresser – arrêter – évaluer – succéder – occuper – sentir – exprimer – dévier – migrer – émettre – démolir.

13 Recopiez les mots suivants en les complétant par le son [ens].

Une ... – l'afflu... – une alli... – une off... – l'ambi... – une audi... – la bienveill... – faire bomb... – la brill... – la cad... – la clairvoy... – imm... – la confiance... – une récomp... – la consci... – la croy... – la d... – d... – l'expéri... – l'influ... – int... – la méfi... – une nu... – la prévoy... – la sci... – la surveill... – une sé... – une éché... – la dép....

14 Donnez des noms de la famille des adjectifs suivants se terminant par le son [ens].

Élégant – violent – absent – vacant – permanent – distant – important – impatient – insouciant.

Règles 11 à 16

15 Recopiez les mots suivants en les complétant par le son [εl].

Du s... – de la cann... – le ci... – un mod... – une éch... – le g... – du mi... – une fic... – la gr... – un cart... – un caram... – une s... – le crimin... – une p... – un reb... – un logici... – une parall... – des past...s – une quer... – le pluri... – un vermic... – une tonn... – une st....

16 Recopiez les mots suivants en les complétant par le son [oir].

Un arros... – un access... – v... – une balanç... – b... – un coul... – un répert... – apercev... – cr... – une vict... – un peign...– un réfect... – un bouge... – un observat... – une arm... – le terr... – le territ... – un coul... – un abreuv... – l'iv... – un boud... – un ferm... – un squ... – un réserv....

17 Trouvez le nom en [oir] formé avec chacun des verbes suivants et précisez à chaque fois son genre.

Fumer – laver – gratter – presser – baigner – manger – percher – battre – nager – compter – espérer – dormir – bouillir – patiner – mâcher.

18 Recopiez les phrases suivantes en écrivant comme il convient le son [ur].

1. En voit..., il faut toujours mettre sa ceint... de sécurité. – **2.** Nul ne connaît le fut.... – **3.** Le pédic... est un spécialiste des soins des pieds. – **4.** Il est d... d'échouer, mais il est pire de n'avoir jamais tenté de réussir. – **5.** Ma grand-mère s'est cassé le col du fém... en glissant sur une plaque de glace. – **6.** Et la petite fleur, par-dessus le vieux m... / Regardait fièrement dans l'éternel az.... (HUGO) – **7.** L'air p...de la montagne lui avait fait le plus grand bien. – **8.** Nos vacances en pleine nat... ont été particulièrement joyeuses.

19 Trouvez les noms en [ur] correspondant aux verbes suivants.

Chausser – sculpter – murmurer – peindre – brûler – lire – rayer – mordre – hacher – signer – mesurer –

20 Donnez des noms de la même famille que les verbes suivants.

Regarder – placarder – brancarder – hasarder – lézarder – darder – larder – farder.

21 Recopiez les mots suivants en les complétant par le son [ar].

Ren... – biz... – cauchem... – corbill... – can... – cavi... – bill... – baz... – vieill... – montagn... – dép... – fuy... – ph... – blizz... – hang... – cig... – boulev... – brouill... – buv... – caf... – des épin...s.

22 Pour chaque mot suivant, donnez un nom de la même famille se terminant par le son [eur] et précisez son genre.

Long – large – nager – odorant – valoir – vaporeux – leurrer – floraison – demeurer – malheureux – suer – chaud – doux – heurter – savourer – beurrier – pâle – froid – horaire – blanc – hideux – grand – coloration – splendide – frais – mince.

Règles 16 à 18

23 Recopiez les mots suivants en les complétant par -é ou -ée.

Une couv... – la cl... – la publicit... – la port... – une dict... – la fiert... – la difficult... – la jet... – une chevauch... – une vol... – l'honnêtet... – une assiett... – la mont... – la piti... – une nich... – la fraternit....

24 Recopiez les mots suivants en les complétant par le son [ε].

H... – r... – fut... – b... – for... – monn... – roser... – pl...– p... – pag... – palmer....

25 Recopiez les phrases suivantes en écrivant comme il convient les sons [e] ou [ε].

1. La vue de l'appât excite la voracit... des requins. – **2.** J'aperçois une araign... sur le plafond. – **3.** Désinfecte bien la pl... avant de mettre le pansement. – **4.** Une oliv... est un terrain planté d'oliviers. – **5.** Il œuvra toute sa vie en faveur de la p... dans le monde. – **6.** De l'autre côté de la rivière, la clart... de la lune dormait sans mouvement sur les gazons. (CHATEAUBRIAND) – **7.** Je n'ai plus de cr..., qui veut bien m'en prêter ? – **8.** J'offre la beaut... aux filles, l'intrépidit... aux garçons, la sant... aux malades, et tous me refusent. (SAND) – **9.** Cette pièce est très lumineuse grâce à la b... vitrée. **10.** Il faudrait changer la t... de cet oreiller.

26 Recopiez les mots suivants en ajoutant la bonne terminaison en [i].

Un am… – une am… – la nu… – une sc… – une sour… – la camarader… – la compagn… – la sympath… – la bonhom… – la fourm… – un paraplu… – la moquer… – la perdr… – une man… – la breb….

27 Recopiez les mots suivants en les complétant par -u ou -ue.

La bienven… – la vert… – un inconn… – une déconven… – une br… – la charr… – une aven… – une gr… – une stat… – la gl… – une verr… – la v… – une lait… – une tort….

28 Répondez aux questions suivantes à l'aide d'une phrase contenant un nom féminin terminé par le son [i] ou le son [u].

1. Où achète-t-on des bijoux ? – **2.** Que reste-t-il du pain quand on enlève la croûte. – **3.** Elle porte sa maison sur son dos et avance très lentement : qui est-ce ? – **4.** Comment appelle-t-on la femme du fils ? – **5.** Comment appelle-t-on une pièce de théâtre destinée à faire rire ? – **6.** Quand dit-on que les chats sont gris ? – **7.** Quelle est la plante qui pique quand on la touche ? – **8.** Quel est l'antonyme du mot « fin » ? – **9.** Quel ver vit dans les eaux stagnantes et se fixe à la peau pour sucer le sang ?

29 Recopiez les phrases suivantes en complétant avec la bonne terminaison en [ou], [eu] ou [oi].

1. C'est la dernière f… que vous jouez dans la gad… ! – **2.** Tu devrais soigner ta t… si tu ne veux pas perdre la v…. – **3.** Quelle j… de vous revoir ! – **4.** Pour casser une n…, il suffit de la lancer sur une par… solide. – **5.** Ces rillettes d'… sont délicieuses. – **6.** Regarde le paon : il fait la r… avec sa qu… ! – **7.** Ils dansaient j… contre j…, dans un froufrou de s….

30 Mettez les mots suivants au masculin. Soulignez la lettre finale muette.

Plate – courte – ronde – contente – marchande – boulangère – grise – auvergnate – secrète – confuse – épaisse – laide – rase – blonde – prête – entière – niçoise – bourgeoise – candidate – allemande – bachelière.

31 Pour chacun des noms suivants, recherchez un mot de la même famille qui explique la lettre finale.

Doigt – galop – sirop – fusil – outil – chant – refus – drap – bourg – champ – cahot – enfant – faim – abus – brigand – gant – encens – excès – art – parfum – plomb – affront – bond – accord – biais – sang – éclat – amas – chahut – envers – poignet.

32 *Dictée* Préparez ce texte pour la dictée.

En se rendant maîtresse de la vapeur et de l'électricité, la science a pour ainsi dire doué l'humanité de deux facultés nouvelles. Elle a habitué à des prodiges plus étonnants que ceux que la crédulité d'autrefois attribuait aux fées.

Règles 19 à 22

33 Écrivez les verbes formés sur les noms suivants.

Balai – raie – travail – foudre – côté – poudre – réveil – essai – monnaie – verdure – ennui – appui – bataille – effroi.

34 À partir des mots suivants, formez des adjectifs comprenant le son [y].

Joie – soie – craie – effroi – roi – loi – pitié – fuir – verdoyer – larme – flamme.

35 Recopiez les phrases suivantes en complétant par -y- ou -ill-.

1. C'est une vo…elle. – **2.** Le bou…on fume dans les assiettes. – **3.** Les tu…aux sont encrassés. – **4.** Des m…iers d'étoiles br…ent dans le ciel. – **5.** Le joa…ier est celui qui ta…e des jo…aux. – **6.** Les poules vivent dans un poula…er. – **7.** Le maître nageur a sauvé un enfant de la no…ade. – **8.** Ton verni à pa…ettes est très joli. – **9.** Le bébé n'arrête pas de bra…er. – **10.** Le plaido…er de l'avocat était très convaincant.

36 Complétez avec *eil*, *euil* ou *ueil*.

1. Le navire s'est brisé sur un éc…. – **2.** Il est trop org…leux pour avouer qu'il a somm…. – **3.** Nous avons reçu un merv…leux acc…. – **4.** Assis dans son faut…, il f…letait un rec… de poèmes. – **5.** J'ai trouvé ce rév… sur le se… de ma porte. – **6.** Ils ont remonté le cerc… à l'aide d'un tr…. – **7.** Voudrais-tu aller c…lir du cerf… dans le jardin ? – **8.** Hier, nous avons vu un chevr… avec un écur…sur le dos.

37 Recopiez les phrases suivantes en complétant par -ail ou -aille.

1. Il faut prendre soin de l'ém… de ses dents. – **2.** Quand tu ouvres le port…, fais attention à la roc…. – **3.** As-tu fini ton trav… ? – **4.** Il trav… tous les soirs. – **5.** À la saison des sema…, un épouvant… est utile. – **6.** Le voleur sera pris dans les m…s du filet. – **7.** La fête était très réussie, mais quelle pag… !

38 Recopiez les phrases en remplaçant les pointillés par -l ou -lle.

1. Le millefeui… est la spécialité de notre pâtissier. – **2.** Je me révei… toujours au lever du solei…. – **3.** La grenoui… se cache dans le fenoui…. – **4.** La vei…, il avait perdu son portefeui…. – **5.** Cet apparei… est très pratique pour chasser les abei…s. – **6.** Tu dois écouter ses consei…s. – **7.** Je te consei… de l'écouter.

L'accord du verbe avec son sujet

Pour commencer

Il était une fois une veuve qui avait deux filles : l'aînée lui ressemblait fort d'humeur et de visage. Elles étaient toutes deux si désagréables et si orgueilleuses qu'on ne pouvait vivre avec elles.

C. PERRAULT, *Les Fées.*

Dans le texte ci-dessus, relevez les verbes conjugués et justifiez la terminaison de chacun d'eux.

Leçon

Le sujet est le mot de la phrase qui commande l'accord du verbe. On dit que le verbe s'accorde avec le sujet.

❶ La personne du verbe

C'est donc **le sujet qui détermine à quelle personne il faut conjuguer le verbe :**
– 1re personne du singulier : le sujet est celui qui parle (*je, moi*).
– 2e personne du singulier : le sujet est celui à qui on parle (*tu, toi*).
– 3e personne du singulier : le sujet est celui dont on parle (*il, elle, on*, ou *un GN singulier*).
– 1re personne du pluriel : le sujet est celui qui parle + un autre (*nous, lui et moi, toi et moi…*).
– 2e personne du pluriel : le sujet est celui à qui l'on parle + un autre (*vous, elle et toi, toi et David…*).
– 3e personne du pluriel : le sujet est ceux dont on parle (*ils, elles, eux, ou un GN pluriel*).

❷ Rappels

- Le sujet n'est pas toujours placé juste avant le verbe.
- Ne confondez pas le sujet du verbe avec un pronom complément intercalé
  → *Il **les** regarde.*

Exercices

❶ Dans les phrases suivantes, relevez le sujet et précisez la personne du verbe.

1. Les élèves s'éparpillèrent dans la cour. – **2.** De la lampe s'éleva une étrange fumée bleue. – **3.** Nous nous levions toujours avant le jour. – **4.** Marie et toi partirez les premiers. – **5.** Dans cette cabane vivaient deux vieilles personnes. – **6.** Les enfants et moi sommes fatigués. – **7.** Eux aussi ont aperçu le dragon. – **8.** On commençait à s'impatienter.

❷ Donnez l'infinitif, le temps et la personne des formes verbales suivantes.

Irons – voudra – font – fêtent – faites – part – pare – peux – savez – faut – dors – dores – ai – es – ont – fut.

❸ Recopiez les phrases en complétant avec un pronom personnel qui convient.

1. … apprends la leçon. – **2.** … lit son journal. – **3.** … aboient. – **4.** … peux le faire. – **5.** … ne veut rien savoir. – **6.** … oublies toujours tes affaires. – **7.** … finirons demain. – **8.** … finiront demain. – **9.** … retient sa respiration. – **10.** … ne comprend rien. – **11.** … arrivent en retard. – **12.** … réussiras un jour.

4 **Associez chaque sujet de la colonne de gauche à un verbe de la colonne de droite.**

La petite fille • • ne m'intéressent pas.

Les films d'horreur • • étiez à la réunion, hier soir.

Mes parents et moi • • exagères.

Ton père et toi • • sommes très contents.

Tu • • entra sans faire de bruit.

5 **Faites des phrases complètes commençant par le sujet indiqué.**

1. Toi et moi...

2. Lui et toi...

3. Eux et moi...

4. On...

6 **Recopiez les phrases suivantes, soulignez le sujet du verbe entre parenthèses, et accordez ce verbe comme il convient, à l'imparfait.**

1. Trois capitaines de la garde royale (avancer) vers le château. – **2.** Le navire, toutes voiles dehors, (filer) sur la cime des vagues. – **3.** Une longue file de clients, de collectionneurs et de curieux (faire) déjà la queue devant la porte du magasin. – **4.** De la chambre (monter) des cris terribles. – **5.** Nous vous (rendre) visite tous les jeudis. – **6.** Il découvrit une petite chaumière où (vivre) les êtres les plus étranges qu'il eût jamais vus. – **7.** Comme je les (aimer) ! – **8.** Les conseils de son maître lui (revenir) en mémoire.

7 **Recopiez les phrases suivantes, soulignez en rouge le sujet de chaque verbe et faites l'accord comme il convient, au présent de l'indicatif.**

1. Tu les (appeler). – **2.** Nous vous (demander) toute votre attention. – **3.** Les trois explorateurs l' (observer) avec attention. – **4.** Dans le ciel (passer) de longues bandes d'oiseaux. – **5.** Les lions, qu'elle (étudier) depuis des années, n'(avoir) plus peur d'elle. – **6.** Quels livres (préférer)-tu ? – **7.** Dans ce pays (vivre) des animaux très dangereux.

8 **a. Dans le texte suivant, relevez tous les verbes, précisez leur sujet, leur temps et leur personne.**

b. Dictée Préparez ce texte pour la dictée.

Comme Raiponce revenait de sa frayeur, quand il lui demanda si elle voulait le prendre pour mari et vit qu'il était jeune et beau, elle pensa : « Celui-là m'aimera mieux que la vieille madame Gothel », et dit oui et mit sa main dans la sienne. Elle dit : « Je veux bien aller avec toi, mais je ne sais comment je peux descendre. Si tu viens, apporte chaque fois un écheveau de soie, j'en tresserai une échelle et, quand elle sera finie, je descendrai et tu me prendras sur ton cheval. » Ils convinrent que, désormais, il viendrait tous les soirs la voir car le jour la vieille venait.

Frères GRIMM, *Raiponce.*

9 **a. Recopiez le texte suivant en mettant les verbes entre parenthèses au présent.**

b. Transposez le texte au pluriel : « *Leuk et Jojo* »... « *ils* »...

Il est impossible à Leuk de jouer, à Sègue-le-léopard, les mêmes tours qu'à l'Éléphant, à la Baleine et à Oncle Gaïndé-le-lion. Leuk le (savoir) bien ; et c'est pourquoi, depuis quelques jours, il (réfléchir), il (hésiter). Leuk (finir) par se décider : il ira provoquer Sègue-le-léopard. En chemin, il (monter) son plan et le (trouver) parfait. C'est midi, l'heure où les bêtes de la forêt (faire) la sieste. Leuk (apercevoir) Sègue-le-léopard qui (somnoler) à l'ombre d'un figuier sauvage. Leuk (observer) qu'en face du figuier sous lequel (reposer) Sègue-le-léopard se trouve un autre figuier. Le tronc de celui-ci est large et tendre. À pas feutrés, Leuk va s'y adosser, face à Sègue-le-léopard.

L. SENGHOR et A. SADJI, *La Belle Histoire de Leuk-le-lièvre*, EDICEF, © Hachette, 1953.

10 **a. Relevez les verbes conjugués de ce texte en écrivant en rouge la terminaison ; indiquez ensuite pour chaque verbe son infinitif et sa personne.**

b. Recopiez ce texte en mettant les verbes à l'imparfait. Vous commencerez par : « *On avait distribué...* »

On a distribué, car la fin de l'année approche, les cahiers de composition. Et, pendant que Monsieur Seurel écrit au tableau l'énoncé des problèmes, un silence imparfait s'établit [...]. Monsieur Seurel, en copiant ses problèmes, pense à autre chose. Il se retourne de temps à autre, en regardant tout le monde d'un air à la fois sévère et absent. Et ce remue-ménage sournois cesse complètement une seconde, pour reprendre ensuite, tout doucement d'abord, comme un ronronnement. Seul au milieu de cette agitation, je me tais.

ALAIN-FOURNIER, *Le Grand Meaulnes*, 1913.

Leçon

Les homophones grammaticaux sont des mots qui ont la **même prononciation** mais dont **la nature et l'orthographe sont différentes**.

Pour les reconnaître et les orthographier correctement, il suffit de les remplacer mentalement par **un mot de même nature** ou de les **conjuguer à un autre temps** lorsqu'il s'agit d'un verbe.

❶ Sont / son

- *Sont* est la **3ᵉ personne du pluriel** du **présent de l'indicatif** du **verbe *être*.**
Pour le reconnaître, mettez-le à l'imparfait → *Les femmes sont* (= étaient) *mystérieuses.*
- *Son* est un **déterminant possessif** : il se place **devant un nom.**
Pour le reconnaître remplacez-le par le déterminant possessif *mon.*
→ *Son* (= mon) *dessin est plus beau que le tien.*

❷ Es / est / et / ai

- *Es* et *est* sont les **2ᵉ et 3ᵉ personnes du singulier du présent de l'indicatif du verbe *être*.**
Pour les reconnaître, mettez-les à l'imparfait
→ *Ton dessin est* (= était) *magnifique.*
- *Et* est **une conjonction de coordination.**
Pour la reconnaître, remplacez-la par *et puis*
→ *Je me suis levé et* (= et puis) *j'ai pris une douche.*
- *Ai* est la **1ʳᵉ personne du singulier** du **verbe *avoir*** au présent de l'indicatif.
Pour le reconnaître, mettez-le à l'imparfait → *Pour une fois, j'ai* (= avais) *raison !*

Exercices

❶ Complétez les phrases suivantes par *son* ou *sont*.

1. ... père et sa sœur ... repartis hier. – **2.** Le sphinx et la licorne ... des animaux merveilleux. – **3.** Hermine a égaré ... porte-monnaie et elle ignore où ... ses clés. – **4.** Tous les amis d'Axel ... venus voir ... spectacle.

❷ Complétez ces phrases par *est, es, ai* ou *et*.

1. Comme tu ... venu, j'... invité Félix. – **2.** J'en ... rêvé très fort ... le rêve ... devenu réalité. – **3.** Chloé ... triste parce que tu ... partie. – **4.** Mickaël ... à Londres ... il compte s'y installer.

❸ Transposez les phrases suivantes en tenant compte des indications entre parenthèses.

1. Mes amis étaient ravis de savoir que j'avais gagné. (présent) – **2.** Nous avons mangé tous ses gâteaux. (singulier) – **3.** Tu étais pour, mais ils étaient contre. (présent) – **4.** Vous êtes bien aimables de garder leur chien. (singulier) – **5.** Nous avons admiré leur jardin. (singulier)

❹ Complétez ces phrases avec *sont, son, es, est, et* ou *ai* en faisant les vérifications nécessaires.

1. Charles ... Pierre ... mes cousins ... je les ... vus cet hiver. – **2.** Benjamin ... venu sans ... livre, alors je lui ... prêté le mien. – **3.** Tu ... grand à présent ... il ... temps que tu t'habilles seul. – **4.** Pour ... anniversaire, j'... fait un beau gâteau. – **5.** Tu ... un grand jardinier : tes rosiers ... magnifiques !

Leçon

❶ As / a / à

- *As* et *a* sont les 2e et 3e personnes du singulier **du verbe** *avoir* au présent de l'indicatif
- *À* est une **préposition.**

Pour reconnaître le verbe *avoir*, conjuguez-le à l'imparfait en remplaçant *as* ou *a* par *avais* ou *avait*

→ *Tu as* (= avais) *un beau ballon. – Martin a* (= avait) *beaucoup d'esprit.*

❷ Ont / on

- *Ont* est la 3e personne du pluriel du **verbe** *avoir* au présent de l'indicatif.
- *On* est un **pronom personnel** (indéfini).

Pour reconnaître *on*, remplacez-le par *il* → *Quand on* (= il) *aime, on* (= il) *ne compte pas.*

Pour reconnaître *ont*, remplacez-le par *avaient* → *Pierre et Nina ont* (= avaient) *réservé une table.*

Exercices

1 Complétez ces phrases avec *as*, *a* ou *à*.

1. Comme ... chaque fois, Frédéric ... beaucoup parlé mais n'... rien fait. – **2.** Si tu ... mal ... la tête, repose-toi. – **3.** Il y ... encore trop de voitures ... Paris malgré les mesures qu'... prises le maire. – **4.** Karine ... décidé de monter ce projet sans en parler ... ses collègues. – **5.** Ce que tu ... dit ... Florence est clair, pourtant elle n'... pas compris. – **6.** Robin ... appris ... son chien ... faire le beau.

2 Complétez ces phrases avec *ont* ou *on*.

1. Les femmes ... autant de talents que les hommes : ... ne le dit pas assez ! – **2.** Ce que l'... donne aux méchants, ... le regrette toujours. – **3.** Plus ... juge, moins ... aime. (Balzac) – **4.** Si les enfants ... des droits, ils ... aussi des devoirs, ce qu'... oublie souvent. – **5.** D'après ce qu'... m'a dit, ils ... préféré refuser l'invitation.

3 Recopiez les phrases suivantes en choisissant le bon homophone.

1. Patricia (a/as/à) passé (sont/son) temps (a/as/à) se plaindre, alors que tout (es/est/ai/et) de sa faute. – **2.** Ces revues (sont/son) très amusantes (es/est/ai/et) Julie les prête (a/as/à) Guy dès qu'elle les (a/as/à) lues. – **3.** Les plus beaux livres (sont/son) ceux qui n'(ont/on) jamais été écrits. (France) – **4.** La patrie, c' (es/est/ai/et) toutes les promenades qu'(ont/on) peut faire (a/as/à) pied autour de (sont/son) village. (Renard)

4 Transposez les phrases suivantes au passé composé. Attention à l'accord des participes passés !

1. Sophie et Béatrice ne répondent jamais aux courriels que Véronique leur envoie. – **2.** Elles étaient jalouses de la confiance dont tu bénéficiais. – **3.** Natacha ne voit pas la feuille que tu lui tends. – **4.** Tu demandes à tes enfants s'ils font leurs devoirs.

5 Complétez le texte suivant avec *es*, *est*, *et* ou *ai* ; *on* ou *ont* ; *a*, *as* ou *à*.

Le loup pencha la tête du côté gauche, comme ... fait quand ... ... bon, ... prit sa voix la plus tendre :
– J'... froid, dit-il, ... j'... une patte qui me fait bien mal. Mais ce qu'il y ..., surtout, c'... que je suis bon. Si vous vouliez m'ouvrir la porte, j'entrerais me chauffer ... côté du fourneau ... ... passerait l'après-midi ensemble.

M. Aymé, *Les Contes du chat perché.*

42 Le féminin des noms

Orthographe

Leçon

• **On forme beaucoup de noms féminins de personnes ou d'animaux en ajoutant un –e au nom masculin** → *un élu/une élue ; un Français/une Française ; un voisin/une voisine*

• Cet ajout entraîne parfois une **modification de la terminaison du nom masculin :**
– Les **noms masculins en « -on », « -(i) en », « -et », « -el », « -ei »l, « -as », « os »** **doublent leur consonne**
→ *un patron, une patronne ; un criminel /une criminelle ; un cadet/une cadette*
– Les **noms masculins en « –er »** ont **un féminin en « -ère »**
→ *le boulanger, la boulangère*
– Les **noms en « -eur »** ont **un féminin en « -euse »** ; les **noms en « -teur »** ont **un féminin en « -ice »**
→ *un coiffeur/une coiffeuse ; un traducteur/une traductrice*
– **Certains noms masculins ont un féminin en « -esse »**
→ *un prince/une princesse*
– Les **noms masculins en « -(e)ux »** ont **un féminin en « -(e)use »**
→ *un rebouteux, une rebouteuse ; un époux, une épouse*
– Les **noms masculins qui se terminent par « -f »** ont **un féminin en « -ve »**
→ *un veuf/une veuve*

• **Certains noms masculins ont le même radical au féminin, mais des terminaisons différentes**
→ *un héros/une héroïne ; un compagnon/une compagne*

• **Certains noms masculins** ont **un féminin totalement différent**
→ *un parrain/une marraine*

Exercices

1 **Donnez le féminin des noms suivants.**

Le cousin – le client – l'ami – l'apprenti – le marchand – un orphelin – un employé – un villageois – un rival – un marié – un ennemi – un artisan – un châtelain – un avocat.

2 **Donnez le féminin des noms suivants.**

1. Le lion – le patron – le pharmacien – le baron – le citoyen – un gardien – un Breton – un Italien – le musicien – un paysan – un fripon.
2. Le boulanger – l'ouvrier – l'épicier – l'écolier – le caissier – le berger.
3. L'instituteur – le vendeur – le danseur – un aviateur – un chanteur – un lecteur – un directeur – le voleur – un cultivateur – un tuteur.
4. Un prince – un duc – un hôte – un tigre – un ogre – un diable.

3 **Trouvez le masculin des noms suivants.**

1. Une impératrice – une masseuse – une héroïne – une épouse – une comtesse – la voyageuse – une Juive – une auditrice – une compagne – une invitée.
2. Une reine – une marraine – une nièce – une bru.

3. Une laie – une chèvre – une brebis – une guenon – une jument – une biche – une louve – une cane.

4 **Faites précéder les noms suivants d'un article et classez-les en deux colonnes : genre masculin ; genre féminin. Aidez-vous d'un dictionnaire.**

Cigogne – cygne – affection – fidélité – hypocrisie – protection – sournoiserie – patience – abîme – alcool – ivoire – chrysanthème – impasse – autoroute – agrafe – armistice – éclair – hôpital – incendie – atmosphère – pétale – stalactite – omoplate – amnistie – orbite.

5 **Employez chacun des mots suivants dans des expressions où ils seront successivement aux deux genres, mais avec un sens différent.**

→ *rejoindre son poste ; aller à la poste.*

Livre – manche – mémoire – mode – mousse – page – somme – tour – vase – voile.

6 **Remplacez les noms soulignés par l'équivalent féminin.**

1. Je te présente mon fils, ton futur époux et voici mon neveu qui vous tiendra compagnie.
2. Une femme désirait un enfant mais ne sachant comment faire, elle alla trouver un vieux sorcier.
3. Le héros et son compagnon se mirent en route.

Leçon

- **On forme le féminin de l'adjectif en ajoutant un « -e » à l'adjectif masculin**
  → *un ruisseau profond, une rivière profonde*

- Cet ajout entraîne parfois une **modification de la terminaison du nom masculin.**

– **Certains adjectifs qui se terminent par « -et », « -on » ou « -os » doublent leur consonne**
  → *Il demeura muet. / Elle demeura muette. ; un gros poisson/ une grosse pomme ; un bébé mignon/une mignonne petite fille*

Exceptions : *inquiet, discret, complet, secret, concret* ont un **féminin en « -ète ».**

– **Les adjectifs en « -al » ne doublent pas leur consonne mais les adjectifs en « -el » ou « -eil » ont un féminin en « -elle » ou « -eille »** → *un acte banal/une histoire banale ; un lac artificiel/ la respiration artificielle ; un pareil carnage/une pareille attitude*

– **Les adjectifs masculins en « -er » font « -ère »** → *un homme fier/ une femme fière*

– **Les adjectifs en « -eur » ont un féminin en « -eure », « -euse », « -ice », ou « -esse »**
  → *un garçon majeur/ une fille majeure ; un enfant peureux/ une fille peureuse ; un vent destructeur/une attitude destructrice ; un regard vengeur/ une attitude vengeresse.*

– **Les noms ou adjectifs en « -(e)ux » ont un féminin en « -(e)use »**
  → *un rebouteux, une rebouteuse ; un époux, une épouse ; un garçon peureux, une fille peureuse.*

Exceptions : *doux/ douce ; roux/rousse ; faux/fausse*

– **Les adjectifs qui se terminent par « -f » ont un féminin en « -ve »**
  → *un enfant naïf/ une croyance naïve.*

– **Les noms et adjectifs en « -eau » ont leur féminin en « -elle »** → *un nouveau, une nouvelle*

Attention ! Devant un nom commençant par une voyelle, les adjectifs en « -eau » et quelques autres font « -el » au masculin → *beau/bel/belle (une belle jeune fille, un bel enfant) ; fou/fol/folle (ce fol amour) ; vieux/vieil/vieille (un vieil homme)*

- **À retenir :** blanc/blanche ; frais/fraîche ; public/publique ; aigu/aiguë ; favori/favorite

Exercices

1 Écrivez au féminin les adjectifs suivants dont certains ne doublent pas leur consonne :
1. Las – confus – épais – niais – gras.
2. Puéril – gentil – nul – vil.
3. Aérien – serein – mitoyen – câlin – européen.

2 Accordez l'adjectif : choisissez *-ette* ou *-ète*.
Une attitude (discret) – une peinture (violet) – une fille (fluet) – une réunion (secret) – une dame (coquet) – une expression (concret) – une série (complet) – une literie (douillet) – une vision (net).

3 Accordez l'adjectif : choisissez *-eure*, *-euse*, *-ice*, *-esse*.
Une parole (flatteur) – une fille (mineur) – une région (enchanteur) – une mine (rieur) – une enveloppe (protecteur) – la division (supérieur) – une intelligence (créateur).

4 Écrivez au masculin les adjectifs.
Une dette publique ; un jardin ... – une création artistique ; un décor ... – une jument docile ; un chien ... – une longue attente ; un ... entretien – une réponse directe ; un coup ... – une maison exiguë ; un appartement ... – une cliente agressive ; un client ... – une journée tranquille ; un coin ... – une folle envie ; un ... amour – une belle vue ; un ... arbre – une vieille histoire ; un ... homme – une pièce fraîche ; un vent ....

5 Accordez les adjectifs entre parenthèses.
1. Elle a passé une robe (léger). Pourquoi ces paroles (grossier) ? – **2.** Cessez cette mine (boudeur). – **3.** J'ai visité d'(ancien) ruines. – **4.** Cette (vieux) dame fait sa promenade (habituel). – **5.** Son attitude est (déloyal). – **6.** La nuit est (frais). – **7.** Nous avons passé une après-midi (oisif). – **8.** Ils suivent des traces (sinueux). – **9.** Il souffle une bise (sec) et (glacial). – **10.** C'est une histoire (inouï). – **11.** Elle a une voix (aigu). – **12.** Cette lionne est (cruel).

Le pluriel des noms

Leçon

- Le plus souvent, on forme le pluriel d'un nom en ajoutant « -s- » au singulier.

- Les noms terminés par « s », « x », « z » ne changent pas au pluriel
  → *le repas, les repas ; le nez, les nez ; la noix, les noix*

- Certains noms ont un pluriel en « -x » :
  – Les noms en « au » et « eu » → *un fourneau, des fourneaux – un feu, des feux – un chou, des choux*
  et sept noms en « ou » (bijou, caillou, chou, genou, hibou, joujou, pou).
  – Les noms en « al » font leur pluriel en « aux ». → *un animal, des animaux*
  Exceptions : *bal, carnaval, chacal, festival, régal* qui prennent un « -s ».
  – Sept noms en « -ail » forment leur pluriel en « -aux » → *bail, corail, émail, soupirail, travail, vantail, vitrail*

Exercices

1 **Mettez les noms suivants au pluriel.**

Un adieu – un pneu – un bijou – un bureau – un ami – un jeu – un éventail – un verrou – un tapis – un vitrail – un bleu – un landau - un chapeau – la main – un détail.

2 **Trouvez l'intrus.**

1. Un chandail – un portail – un travail – un épouvantail.
2. Un cheval – un amiral – un journal – un chacal.
3. Un bleu – un cheveu – un œil – un feu.
4. Un clou – un chou – un cou – un trou.
5. Un bal – un festival – un carnaval – un général.
6. De l'émail – du corail – un poitrail – un vitrail.

3 **Écrivez au pluriel les noms suivants.**

1. Deux jeunes (cheval) piaffent dans les (champ). –
2. C'est la période des (carnaval). – **3.** Nous nous sommes promenés le long des (canal). – **4.** Les (ruisseau) sont à sec. – **5.** Les (cristal) du lustre brillent. –
6. Où se trouve la boîte de (clou) ? – **7.** L'enfant est tombé et s'est blessé aux (genou). – **8.** Elle s'est reposée à l'ombre des (bambou). – **9.** L'église a de riches (vitrail). **10.** Il faut s'attacher aux (détail).

4 **Mettez au singulier les noms suivants et classez-les en trois colonnes : ceux qui se terminent par -*eau* ; par -*al* ; par -*ail*.**

Des cerceaux – des journaux – des vitraux – des signaux – des coraux – des baux – des généraux – des manteaux – des soupiraux – des cristaux – des canaux – des râteaux.

5 **Mettez la terminaison convenable et justifiez-la en écrivant le mot singulier entre parenthèses.**

1. Les maçons ont utilisé des niv... pour construire la paroi. – **2.** Les ros... ont recouvert l'étang. – **3.** Les journ... ont annoncé la nouvelle. – **4.** Les crist... scintillent sur la table. – **5.** La cave reçoit le jour de deux petits soupir.... – **6.** À l'approche de l'automne, les troup... descendent au village. – **7.** Les plongeurs ont contemplé de magnifiques cor.... – **8.** Le marin émet des sign....

6 **Mettez les noms soulignés au pluriel et faites les accords nécessaires.**

1. Un réel progrès est constaté. – **2.** Un festin a égayé le carnaval. – **3.** Le troupeau traverse le fleuve. – **4.** Cette ville accueille un festival de jazz. – **5.** Le mur était tapissé d'émail et de corail. – **6.** Ce jeu est dangereux. – **7.** Mon pneu est crevé.– **8.** Ce chandail rétrécit un peu plus à chaque lavage.

7 **Mettez les noms soulignés au singulier et faites les accords nécessaires.**

1. Ses vœux se réaliseront. – **2.** Les dieux punirent les mortels désobéissants. – **3.** Les travaux accomplis par ces héros sont impressionnants. – **4.** Ces fléaux se sont répandus à travers le monde. – **5.** Ses maux sont terribles. – **6.** Mes yeux ne voient plus. – **7.** Les cieux entendent sa prière.

Nous étions installés au fond de la boutique **rouge** et **chaude**, brusquement **tra-versée** par de **glacials** coups de vent : Coffin et moi, assis auprès de la forge, nos pieds **boueux** dans les copeaux **blancs**, Meaulnes, les mains aux poches, **silencieux**.

ALAIN-FOURNIER, *Le Grand Meaulnes*.

1. Précisez quel nom qualifie chaque adjectif en gras.

2. Mettez les expressions suivantes au singulier : des pieds boueux, les copeaux blancs. Que remarquez-vous ?

3. Mettez l'expression suivante au pluriel : un garçon silencieux. Que remarquez-vous ?

Leçon

- **On forme le pluriel des adjectifs en ajoutant un -s à l'adjectif au singulier**
  → *un immense navire/ d'immenses navires*

- **Les adjectifs qui se terminent par « -s » ou « -x » ne changent pas au pluriel**
  → *un gros chagrin/ de gros chagrins*
  → *un homme heureux/ des hommes heureux*

- **Les adjectifs en -« eau » prennent un « -x » au pluriel.**
  → *un beau tableau/ de beaux tableaux.*

- **Les adjectifs en « -al » ont un pluriel en « -aux ».**
  → *un produit régional/ des produits régionaux*

Exceptions :
– *banal, fatal, bancal, naval, final* **prennent un -s au pluriel ;**
– *glacial, natal, initial, jovial, pascal, frugal* **ont un pluriel en « -als » ou en « -aux »,** **mais sont peu employés au pluriel.**

- **À retenir :** *un ciel bleu/ des yeux bleus ; un texte hébreu/ des textes hébreux*

Exercices

1 **Écrivez au pluriel les expressions suivantes.**

Un sourire amical – un exemple grammatical – un tréteau bancal – un marché provençal – le droit seigneurial – un événement mondial – un courant équatorial – le texte final – un beau fleuve bleu – un coup fatal – un repas frugal – un mot banal.

2 **Écrivez le nom souligné au singulier et faites les changements nécessaires.**

1. Nous avancions dans des bois silencieux hantés par des animaux hideux. – **2.** Elle a rencontré de nouveaux amis. – **3.** Tracez des traits horizontaux puis verticaux. – **4.** Voici de copieux repas et des vins exquis. – **5.** Nous avons visité les jardins royaux.

3 **Employez l'adjectif avec chacun des noms donnés.**

1. Oral : une question ... ; des exercices ....

2. Beau : un ... endroit ; une ... robe ; de ... tableaux ; de ... sculptures.

3. Nouveau : une ... aventure ; un ... ami ; de ... infor-mations ; des récits ....

4. Bleu : des tissus ... ; un ruban ... ; des tentures ....

5. Fou : un ... espoir ; des dépenses ... ; des gens ....

6. Vieux : un ... château ; un ... arbre ; de ... ruines.

4 **Mettez au pluriel les noms soulignés et faites les changements nécessaires.**

1. Il scrutait l'obscurité de son œil malade et fiévreux. **2.** Ce château féodal est entouré d'un haut rempart. – **3.** Le manteau royal était orné de lys. – **4.** Ce chêne monumental et majestueux a résisté aux tempêtes – **5.** Une guerre avait éclaté, très cruelle, entre notre école et l'école du village voisin. – **6.** Énorme, immobile, assis sur son train de derrière, le loup était là, regardant la petite chèvre blanche. – **7.** Le bœuf était honteux de ne pas se sentir toujours aussi propre qu'il l'aurait voulu.

Se ou *ce* / Ses, ces, *s'est* ou *c'est*

Pour commencer

1. Ce poisson n'est pas frais.

2. Pierre se trouve mal.

3. C'est son frère.

1. a. Quelle est la nature de « ce » dans la première phrase ? Quelle est la nature du mot qui suit ?
b. Récrivez la phrase en mettant « poisson » au pluriel.

2. a. Dans la deuxième phrase, relevez le verbe et donnez son infinitif.
b. Transposez la phrase au passé composé.

3. a. Quel est le verbe de la troisième phrase ? Quel est son sujet ?
b. Mettez la phrase au pluriel.
c. Quelle est la nature de « son » ? Que devient ce mot lorsque vous mettez la phrase au pluriel ?

Leçon

❶ Se, ce

• **Devant un nom, « ce »** est un déterminant démonstratif, il s'écrit toujours « ce ».

• **Devant un verbe, « se »** s'écrit toujours « se ». Il fait partie du verbe que l'on appelle un **verbe pronominal**
→ *se souvenir, se parler, se déplacer*

• Le verbe « s'être » n'existe pas. Dans les expressions « c'est », « ce sont », « c'était », « ce n'est pas » servant à présenter une chose ou un personnage, « ce » est un pronom sujet du verbe être et s'écrit ce.

• **« *Ce* » devant « *que* » ou « *qui* »** s'écrit toujours « ce »
→ *Je ne comprends pas ce que tu dis.*

❷ Ses, ces, s'est, c'est

• **« Ses »** est un **déterminant possessif** ; **« ces »** un **déterminant démonstratif** (voir p. 312) : ils précèdent un nom ou un groupe nominal.

• **« C'est »** est constitué du verbe *être* avec le sujet **« ce »**. Cette formule sert souvent à présenter un personnage (→ *C'est mon père*). On peut la remplacer par « c'était » ou « ce n'est pas ».

• **« S'est »** est une partie d'un **verbe pronominal** conjugué au **passé composé**. « S'est » est donc toujours suivi d'un participe passé → *Il s'est rappelé sa leçon.*
Si on met le verbe au présent, « s'est » devient « se » → *Il se rappelle sa leçon.*

Exercices

1 **Complétez par *ce* ou *se*. À l'oral, justifiez votre choix.**

1. Le corbeau … jura bien de ne plus … laisser faire. – **2.** … fromage a l'air délicieux, … dit le renard. – **3.** Jules … réveilla en sursaut, … frotta les yeux et … leva aussitôt. – **4.** … n'est pas … jouet que je voulais ! – **5.** Je n'aime pas du tout … gâteau. – **6.** … garçon … tient vraiment très bien. – **7.** … pourrait-il que … sale type ait raison ? – **8.** Jacques … demande … que tu fais.

2 **a. Dans les phrases suivantes, relevez le verbe, donnez son infinitif et expliquez la différence de sens entre chaque couple de verbes.**

1. Je lui ai remis ta lettre. / Il se remet lentement après son accident.
2. Il s'est mis à pleurer. / Marie a mis tes affaires au grenier.
3. Le voleur s'est rendu. / Je lui ai rendu toutes ses affaires.

b. À votre tour, faites des phrases mettant en évidence la différence de sens entre les verbes suivants :

Reprendre / se reprendre – apercevoir / s'apercevoir – se trouver / trouver – entendre / s'entendre.

c. Citez cinq autres verbes pronominaux.

3 **Conjuguez au passé composé :**
se lever – se faire mal.

4 **À l'oral, relevez les verbes des phrases suivantes et donnez leur infinitif : s'agit-il de verbes pronominaux ? Déduisez-en l'orthographe de [se] et recopiez la phrase en la complétant comme il faut.**

1. … n'est pas de ma faute s'il … blesse sans arrêt.
2. Il … trompe toujours. … n'est pas faute de lui avoir expliqué.
3. Louis … demanda si … n'était pas le bijou volé.
4. Comment … fait-il que … soit encore lui qui … soit blessé ?
5. Paul … dit que cette boîte pourra faire l'affaire, même si … n'est pas exactement … qu'il cherche.
6. … sont de vieux amis : ils … connaissent depuis l'école maternelle.

5 **Complétez par *ses* ou *ces*.**

1. … exercices sont très faciles à faire. – **2.** Il a laissé … chaussures devant la porte. – **3.** … personnes font partie de … amis. – **4.** Il a peut-être rangé … photos dans … boîtes-ci ? – **5.** Vous livrerez … paquets chez lui et ceux-ci chez … voisins. – **6.** Regardez … arbres, comme ils sont étranges ! – **7.** … couleurs iront très bien avec … yeux. – **8.** … vagues furieuses menaçaient de retourner l'embarcation.

6 **À l'oral, donnez l'infinitif des verbes puis recopiez la phrase en la complétant par *c'est* ou *s'est*.**

1. … pour ça que … important.
2. Il ne … jamais aperçu de rien.
3. … à cause de ses mauvaises habitudes qu'il … trompé.
4. Partir, … mourir un peu.
5. Il … regardé longuement dans la glace.
6. … -il fait très mal ?
7. … beau, une ville, la nuit.
8. Il … mis à hurler.
9. Si elle ne … pas blessée, … vraiment un miracle.

7 **Complétez par *c'est*, *s'est*, *ses* ou *ces*.**

1. En voyant toutes … merveilles, la petite fille … écriée : « Moi aussi je voudrais un peu de … belles choses ! »
2. … une belle femme, avec … grands yeux noirs et … cheveux soyeux.
3. Je n'aime pas … manières-là.
4. Aimer, … regarder ensemble dans la même direction.
5. As-tu vu … gens là-bas ? … bizarre comme ils nous regardent !
6. Elle … assise sur … genoux.
7. Martine … habillée et a attaché … cheveux avec soin.
8. Donner … poissons à celui qui a faim, … bien ; lui donner sa canne à pêche et lui apprendre à pêcher, … mieux.

8 **a. Recopiez le texte suivant en choisissant l'orthographe qui convient.**

b. Dictée Préparez ce texte pour la dictée.

Ces/ses/c'est/s'est au coin d'un feu de fagots, sous le manteau d'une vieille cheminée ; ma mère tricote dans un coin. Mon père a/à un couteau a/à la main et taille un morceau de sapin ; les copeaux tombent jaunes et soyeux. Il me fait un jouet avec des languettes de bois. Ces/ses/c'est/s'est un charriot. Ces/ses/c'est/s'est roues son/sont déjà taillées ; ce/se sont des ronds de pommes de terre… J'attends tout ému, quand mon père pousse un cri et lève sa main pleine de sang. Il ces/ses/c'est/s'est enfoncé le couteau dans le doigt. Il ce/se lève. Je m'avance vers lui ; un coup violent m'arrête ; ces/ses/c'est/s'est ma mère qui me l'a donné. « Ces/ses/c'est/s'est ta faute si ton père ces/ses/c'est/s'est fait mal ! »

D'après J. VALLÈS, *L'Enfant*, 1879.

47

L'accord du participe passé

Pour commencer

1. La personne tant attendue est arrivée hier.

2. Nous avons attendu longtemps cette personne.

3. La personne que nous avons attendue est enfin là.

1. Lisez les trois phrases ci-dessus et relevez les participes passés : lesquels sont employés avec l'auxiliaire *être* ? Avec l'auxiliaire *avoir* ? Sans auxiliaire ?

2. Quelle phrase contient deux participes passés ? Expliquez leur accord.

3. Recopiez les phrases 2 et 3, encadrez les verbes et soulignez les COD : dans quelle phrase le COD est-il placé avant le verbe ? Dans laquelle est-il placé après ? Qu'en déduisez-vous sur l'accord du participe passé ?

Leçon

Rappel : employé **sans auxiliaire**, le participe passé joue le **même rôle qu'un adjectif :** il s'accorde donc en genre et en nombre avec le nom (ou le pronom) qu'il qualifie

→ *une personne tant attendue*

❶ L'accord du participe passé employé avec l'auxiliaire *être*

Lorsqu'il est employé **avec l'auxiliaire *être*, le participe passé s'accorde en genre et en nombre avec le sujet** → *Cette personne est arrivée.*

Attention ! N'oubliez pas que *été* est le participe passé du verbe *être*.

→ *La personne a été attendue.*

❷ L'accord du participe passé employé avec l'auxiliaire *avoir*

Employé **avec l'auxiliaire *avoir*, le participe passé ne s'accorde jamais avec le sujet**, mais **il s'accorde avec le COD** quand celui-ci est **placé avant le verbe.**

Pour accorder le participe passé employé avec l'auxiliaire *avoir*, **il faut donc chercher le COD :**

— si le verbe n'a pas de COD, il n'y a pas d'accord → *Nous avons attendu longtemps.*

— si le COD est placé après le verbe, il n'y a pas d'accord → *Nous avons attendu longtemps cette personne.*

— si le COD est placé avant le verbe, le participe passé s'accorde en genre et en nombre avec ce COD → *La personne que nous avons attendue est enfin là.*

Remarque : lorsqu'il est **placé avant le verbe, le COD est souvent un pronom.**

— Le pronom relatif *que* et les pronoms personnels *le, la, les* ont toujours la fonction COD → *Nous les avons attendus.*

— Les pronoms personnels *me, te, nous, vous* peuvent exercer d'autres fonctions, il faut donc être attentif.

→ *L'homme nous a vus.* (COD → Accord)

→ *L'homme nous a téléphoné.* (COI → Pas d'accord)

Exercices

1 Dans le texte ci-dessous, relevez les verbes conjugués à un temps composé et classez-les en deux colonnes selon qu'ils sont conjugués avec l'auxiliaire *avoir* ou l'auxiliaire *être*.

Après la danse, la jeune fille fit la révérence au roi et, pendant qu'il se retournait, elle disparut si vite que personne ne sut où elle avait passé. Il envoya chercher les gardes du château et les interrogea, mais nul n'avait aperçu la fugitive.

Elle était rentrée dans sa niche, avait vivement retiré sa robe, noirci sa figure et ses mains, revêtu son manteau de fourrures et était redevenue Peau-de-toutes-Bêtes.

FRÈRES GRIMM, « Peau-de-toutes-bêtes »,
Contes d'enfants et du foyer, 1878.

2 Recopiez les phrases suivantes, soulignez les sujets et accordez les participes passés en italique.

1. Arthur et Séraphine sont *parti* chez leurs grands-parents. – **2.** Clara est bien *obligé* de mettre le couvert, c'est son tour. – **3.** « Pourquoi n'ai-je pas été *choisi* à ta place ? » me demandait-elle. – **4.** La neige est *tombé* durant la nuit. – **5.** Ces enfants sont *choyé* par leurs parents. – **6.** Mes deux amies sont *arrivé* avec leur mère.

3 Recopiez les phrases suivantes, encadrez les verbes, soulignez les COD et accordez les participes passés s'il y a lieu.

1. J'ai vu... la fée, je l'ai vu... ! – **2.** Au bout du chemin, nous avons découvert... une maison qui nous a émerveillé.... – **3.** La maison que nous avons découvert... était magnifique. – **4.** Si je vous ai raconté... ces détails sur l'astéroïde B 612 et si je vous ai confié... son numéro, c'est à cause des grandes personnes. – **5.** Les livres que nous avons lu..., nous les avons rapporté... à la bibliothèque.

4 **a. Mettez les phrases suivantes au passé composé.**

b. Encadrez les verbes conjugués, soulignez les COD et vérifiez que vous avez convenablement accordé les participes passés.

1. Elles prirent une voiture qui les conduisit à Rome.
2. Les personnes qui nous conseillent, nous les écoutons.
3. Un homme nous demanda de partir sur le champ.
4. Lorsque je la reconnus, elle me parut bien plus grande que dans mon souvenir.
5. Formidable ! La caisse que tu me donnes peut abriter mon mouton.

5 Recopiez les phrases suivantes en formant les participes passés des verbes entre parenthèses. Attention aux accords !

1. L'enfant avait bien souvent (entendre) tous ces bruits de la nuit, mais jamais il ne les avait (entendre) ainsi. –

2. Elle est (devenir) muette, sans que jusques ici, on en ait (pouvoir) savoir la cause : et c'est un accident qui a (faire) reculer son mariage. – **3.** J'ai beaucoup (vivre) chez les grandes personnes. Je les ai (voir) de très près. Ça n'a pas trop (améliorer) mon opinion. – **4.** Le lendemain, quand j'ouvris ma fenêtre, les sauterelles étaient (partir) ; mais quelles ruines elles avaient (laisser) !

6 **a. Recopiez le texte suivant en conjuguant les verbes entre parenthèses au passé composé.**

b. Dictée Préparez ce texte pour la dictée.

Le petit prince s'en fut revoir les roses.

« Vous n'êtes pas du tout semblables à ma rose, vous n'êtes rien encore, leur dit-il. Personne ne vous (apprivoiser) et vous n' (apprivoiser) personne. [...] Bien sûr, ma rose à moi, un passant ordinaire croirait qu'elle vous ressemble. Mais à elle seule elle est plus importante que vous toutes, puisque c'est elle que j' (arroser). Puisque c'est elle que j' (mettre) sous globe, puisque c'est elle que j' (abriter) par le paravent. Puisque c'est elle dont j' (tuer) les chenilles. »

SAINT-EXUPÉRY, *Le Petit Prince*, © Gallimard, 2006.

7 **a. Dans le texte ci-dessous, accordez les participes passés.**

b. Récrivez la première phrase en remplaçant « Alceste » par « Joséphine ».

Alceste a fait... un gros soupir, il a laissé... son croissant sur le bureau de la maîtresse, et il est allé... au piquet où il a commencé... à manger la brioche qu'il a sorti... de la poche de son pantalon, pendant que monsieur Kiki essuyait le micro avec sa manche.

– Excusez-les, a dit le directeur, ils sont très jeunes et un peu dissipé....

– Oh ! Nous sommes habitué..., a dit M. Kiki en rigolant. Pour notre dernière enquête, nous avons interviewé... les dockers gréviste.

SEMPÉ et GOSCINNY, *Le Petit Nicolas et les copains*,
Folio Junior, © Gallimard.

8 Récrivez le texte suivant en remplaçant « un lion » par « une lionne » et « un lièvre » par « des lièvres ».

Un lion, étant tombé sur un lièvre endormi, allait le dévorer ; mais entre-temps il vit passer un cerf : il laissa le lièvre et donna la chasse au cerf. Or le lièvre, éveillé par le bruit, prit la fuite ; et le lion, ayant poursuivi le cerf au loin, sans pouvoir l'atteindre, revint au lièvre et trouva qu'il s'était sauvé lui aussi.

ÉSOPE, *Fable 204*, trad. Émile Chambry,
© Les Belles Lettres, 1996.

9 **ÉCRITURE** Rédigez six phrases dans lesquelles vous emploierez avec l'auxiliaire *avoir* les participes passés suivants : perdu – terminée – confirmés – effacée – abîmé – peintes.

48 La ponctuation du dialogue

Pour commencer

Sa marraine, qui était fée, lui dit :
« Tu voudrais bien aller au bal, n'est-ce pas ?
– *Hélas ! Oui*, dit Cendrillon en soupirant.
– **Eh bien ! Seras-tu bonne fille ?** dit sa marraine, **je t'y ferai aller. »**
Elle la mena dans sa chambre, et lui dit :
« Va dans le jardin, et apporte-moi une citrouille. »

CHARLES PERRAULT, *Cendrillon.*

1. Qui prononce les phrases en gras ? Et la phrase en italique ?

2. À quoi servent les guillemets ? Et les tirets ?

Leçon

● Dans un récit, **pour signaler qu'un personnage parle**, on encadre ses paroles par des **guillemets**

→ *Elle lui dit :* « *Va dans le jardin, et apporte-moi une citrouille.* »

● Un **dialogue** est l'ensemble des répliques échangées par **deux ou plusieurs interlocuteurs.**

● Le dialogue se ponctue de la façon suivante :
– Les mots prononcés par le **premier interlocuteur** sont précédés des signes **: «**
– Pour montrer qu'**une autre personne prend la parole**, on va **à la ligne** et on met un **tiret**, et cela, chaque fois que l'on change d'interlocuteur.
– Enfin, **on ferme les guillemets** seulement **à la fin du dialogue**, par le signe **»** pour montrer que le récit reprend.

Exercices

1 Lisez l'extrait suivant.

a. Quels sont les deux personnages qui prennent la parole ? Combien de répliques prononcent-ils chacun ? Par quels verbes leurs paroles sont-elles introduites ?

b. Relevez les passages où c'est le narrateur qui raconte.

Après plusieurs remises, il fallut apporter la clef. La Barbe bleue, l'ayant considérée, dit à sa femme :
« Pourquoi y a-t-il du sang sur cette clef ?
– Je n'en sais rien, répondit la pauvre femme, plus pâle que la mort.
– Vous n'en savez rien, reprit la Barbe bleue, je le sais bien, moi ; vous avez voulu entrer dans le cabinet ! Hé bien, Madame, vous y entrerez, et irez prendre votre place auprès des dames que vous y avez vues. »
Elle se jeta aux pieds de son mari, en pleurant et en lui demandant pardon, avec toutes les marques d'un vrai repentir[1] de n'avoir pas été obéissante.

CHARLES PERRAULT, *La Barbe bleue.*

1. Repentir : regret, remord.

2 Dites si les phrases suivantes sont extraites d'un récit ou d'un dialogue.

1. Est-ce vous, mon Prince ? [...] Vous vous êtes bien fait attendre. (PERRAULT)

2. Il aurait bien aimé avoir dans sa maison une femme avenante[1] et fidèle. (GOUGAUD)

3. Pose-moi trois questions, mon fils, et tu l'auras. Elle t'attend déjà au pays d'où tu viens. (GOUGAUD)

4. Je vais manger un morceau du toit, tu pourras manger de la fenêtre, Margot, c'est sucré. (GRIMM)

5. Jeannot, qui trouvait le toit fort à son goût, en arracha un grand morceau et Margot détacha toute une vitre ronde, s'assit par terre et s'en donna à cœur joie. (GRIMM)

1. Avenante : aimable.

3 **a. Dans les phrases suivantes, les guillemets ont été supprimés : rétablissez-les.**

b. Quelle phrase ne nécessite pas de guillemets ? Pourquoi ?

1. Qu'est-ce que cela veut dire ! marmonna-t-il, furieux, en lançant à nouveau son filet. (POUCHKINE)

2. Elle joignit ses petites mains et pensa : Comme il y a des êtres humains et aussi des animaux qui sont bons ! (ANDERSEN)

3. Un soir, ma mère m'annonça que dorénavant ce serait moi qui ferais les commissions. (WRIGHT)

4. Le gnome répondit : Messieurs les Corbeaux ne sont pas à la maison, mais si vous voulez attendre leur retour, entrez. (GRIMM)

5. Quand on fut arrivé au palais, elle la conduisit dans trois chambres qui étaient remplies du plus beau lin depuis le haut jusqu'en bas. File-moi tout ce lin, lui dit-elle, et quand tout sera fini, je te ferai épouser mon fils aîné. (GRIMM)

4 **Récrivez les phrases suivantes de manière à faire apparaître les paroles des personnages.**

Elle remarqua que ma robe était tachée. → *Elle remarqua : « Ta robe est tachée. »*

Pensez à utiliser des points d'exclamation et d'interrogation.

1. Hector demanda à sa mère s'il pouvait aller jouer dehors.

2. Émerveillée, Clara s'exclama qu'elle n'avait jamais vu un aussi beau sapin de Noël.

3. Mathilde protesta que c'était toujours à elle de mettre le couvert.

4. Le professeur conseilla à ses élèves de bien lire la consigne avant de commencer l'exercice.

5 **Recopiez le texte suivant en remplaçant les astérisques par la ponctuation qui convient et en rétablissant les majuscules manquantes.**

poil de Carotte ne boira plus à table* il dit un matin à Mme Lepic qui lui verse du vin comme d'ordinaire*
*merci, maman, je n'ai pas soif**
au repas du soir, il dit encore*
merci, maman, je n'ai pas soif
tu deviens économique, dit Mme Lepic tant mieux pour les autres**
ainsi il reste toute cette première journée sans boire*
le lendemain, Mme Lepic, qui met le couvert, lui demande*
boiras-tu aujourd'hui, Poil de Carotte
*ma foi, dit-il, je n'en sais rien**

D'après J. RENARD, *Poil de Carotte.*

6 **Recopiez les phrases suivantes en les mettant dans le bon ordre. Vous ferez attention à rétablir la ponctuation du dialogue.**

1. Où vas-tu de si bonne heure, Petit Chaperon rouge ?

2. Merci à toi, et bonjour aussi, loup.

3. Mais elle ne savait pas que c'était une si méchante bête et elle n'avait pas peur.

4. Bonjour, Petit Chaperon rouge, dit le loup.

5. De la galette et du vin, dit le Petit Chaperon rouge ; nous l'avons cuite hier et je vais en porter à grand-mère, parce qu'elle est malade et que cela lui fera du bien.

6. Lorsque le Petit Chaperon rouge entra dans la forêt, ce fut pour rencontrer le loup.

7. Chez grand-mère.

8. Que portes-tu sous ton tablier, dis-moi ?

Frères GRIMM, *Le Petit Chaperon rouge.*

7 **Retrouvez le texte d'origine en rétablissant la présentation et la ponctuation du dialogue.**

Un beau matin, ma mère me déposa à ma place, et sortit sans mot dire, pendant que [mon père] écrivait magnifiquement sur le tableau La maman a puni son petit garçon qui n'était pas sage. Tandis qu'il arrondissait un admirable point final, je criai Non ! ce n'est pas vrai ! Mon père se retourna soudain, me regarda stupéfait, et s'écria Qu'est-ce que tu dis ? Maman ne m'a pas puni ! Tu n'as pas bien écrit ! Il s'avança vers moi Qui t'a dit qu'on t'avait puni ? C'est écrit. La surprise lui coupa la parole un moment. Voyons, voyons, dit-il enfin, est-ce que tu sais lire ? Oui.

M. PAGNOL, *La Gloire de mon père.*

8 **Dans sa rédaction, Félix a mal ponctué son dialogue : aidez-le à le recopier correctement.**

« Louisette m'a dit : Qu'est-ce qu'on fait ?
– « Je ne sais pas, moi, je lui ai dit, tu voulais voir les fleurs, regarde-les, il y en a des tas par là. »
– « Je m'en moque de tes fleurs ! » Elles sont minables, tes fleurs !
J'avais bien envie de lui taper sur le nez, à Louisette.
– « Je n'ai pas de jouets, ici, j'ai dit, sauf le ballon de football, dans le garage.
On est allés chercher le ballon.
Tu te mets entre les arbres, m'a dit Louisette, et tu essaies d'arrêter le ballon ».
J'étais très embêté, j'avais peur que les copains me voient jouer avec une fille. Et puis, elle a pris de l'élan et, boum ! un shoot terrible ! « La balle je n'ai pas pu l'arrêter, elle a cassé la vitre de la fenêtre du garage. »
« Les mamans sont sorties en courant. Maman m'a dit, Nicolas ! au lieu de jouer à des jeux brutaux, tu ferais mieux de t'occuper de tes invités, surtout quand ils sont aussi gentils que Louisette ! »

D'après SEMPÉ et GOSCINNY, *Le Petit Nicolas*, 1960.

9 **ÉCRITURE** **Relevez les verbes de parole employés dans les phrases de l'exercice 3. Écrivez un court dialogue dans lequel vous réemploierez ces verbes.**

Pour commencer

Ouvrez votre dictionnaire au hasard.

1. Dans quel ordre les mots sont-ils rangés ?

2. Quel est le rôle des mots en haut de chaque page du dictionnaire ?

Leçon

- Dans le dictionnaire, on classe les mots par **ordre alphabétique.**
- **Les mots-repères** indiquent le premier mot et le dernier mot de chaque double page.

Exercices

1 **a. Récitez seulement les voyelles dans l'ordre alphabétique.**

b. **Par équipes, récitez l'alphabet à l'envers le plus vite possible. Chaque joueur rapporte à son équipe autant de points qu'il reste de secondes avant une minute. Par contre, un joueur qui se trompe est éliminé.**

2 **Encadrez chaque lettre donnée de la lettre située juste avant dans l'alphabet et de celle située juste après. B → A < B < C**

J – Q – K – X – F – P – C – S – U – H – D – W

3 **Recopiez les lettres suivantes dans l'ordre alphabétique.**

N – W – I – O – J – B – S – P – F – A – K – Y – C – E – M – H – G – P.

4 **Pour chaque série suivante, dites si les mots sont dans l'ordre alphabétique. Si la série n'est pas dans l'ordre alphabétique, dites quel mot il faut déplacer pour la corriger.**

1. île – illégal – illusion – isoler – insulaire.
2. maçon – mademoiselle – madone – maestro – maffia.
3. culot – cultiver – cultivateur – culture – cumin.
4. museau – musée – musical – musique – musulman.
5. courroux – course – cours – coursier – court – courtisan.

5 **Dans quel volume du dictionnaire ci-contre faut-il chercher les mots suivants ?**

bibliothèque – raide – jardin – événement – civet – koala – frugal – terne – lumière – décider – ourson – rustique – bâtisseur.

6 **Sur la double page de votre dictionnaire, vous lisez les mots-repères suivants : MOINE et MOITIÉ. Les mots suivants seront-ils sur cette page du dictionnaire ?**

moins – moindre – molaire – moite – moirer – moinerie – moitir – moralité – moelleux – moineau – mois – moi.

7 **Recopiez les mots des listes suivantes dans l'ordre alphabétique.**

1. pâtisserie – fouiller – innocent – baisser – diplôme – studio – lever.
2. ciboulette – cirage – citrouille – ciseaux – citerne – circulation.
3. feuille – fusil – fromage – facile – flaque – foule – fillette.
4. plume – plusieurs – pluriel – pluie – pluviomètre – plus.
5. couvert – couveuse – couverture – couver – couvrir – couvent – couverte – couvercle – couvade.

8 **Recopiez les mots des listes suivantes dans l'ordre alphabétique.**

1. girafe – griffon – glouton – gnou – graisse – génisse – gazelle – glacière – guépard – gibbon.
2. chat – chameau – chatte – chacal – chauve – charme – chamois – chamelle – château – chaton.
3. paternel – pâle – payer – paella – pauvreté – pansement – paon – pagaie – pavé – paille – papillon – pacifique.
4. travail – trapèze – tramontane – traître – trafic – tranchée – trayeuse – tragédie – traumatisme – trace.
5. parasite – paraffine – paradis – parabole – parapet – parallèle – parapluie – parallélogramme – paravent – paralysé – parachute.

Pour commencer

Lisez l'article de dictionnaire suivant et répondez aux questions.

LOUP [lu] N. m. – leu XIᵉ (c. à la queue leu leu) puis lou, loup v. 1180 ; lat. *lupus*. **1.** Mammifère carnivore vivant à l'état sauvage, qui ressemble à un grand chien. → **chien-loup**. *Le loup, la louve et les louveteaux. Le loup hurle.* – loc. *Une faim de loup* : une faim vorace. *Un froid de loup,* très rigoureux. *Être connu comme le loup blanc* : très connu. – loc. prov. *Quand on parle du loup, on en voit la queue*, se dit lorsqu'une personne survient lorsque l'on parle d'elle. – prov. *L'homme est un loup pour l'homme.* ◊ fig. *Un jeune loup*, un jeune arriviste, ambitieux. **2.** FAM. Terme d'affection. *Mon loup, mon petit loup.* → **loulou**. **3.** FAM. *Loup de mer* : marin qui a beaucoup navigué. **4.** Poisson comestible de la Méditerranée. → **bar**. *Loup au fenouil.* **5.** Masque de velours noir qu'on porte dans les bals masqués. **6.** Maladie de la peau. → **lupus**. **7.** Oubli, erreur irréparable dans un ouvrage.

1. Quelle est la nature du mot *loup* ?
2. Combien de sens ce mot possède-t-il ?
3. a. Recopiez la quatrième définition du mot *loup*.
b. Quel synonyme est proposé pour ce sens ?

4. Recopiez un exemple.
5. Recopiez une expression avec le mot *loup* et expliquez son sens.
6. Quel est le genre du mot *loup* ?
7. a. De quelle langue ce mot vient-il ?
b. Quand est-il apparu dans la langue française ?

Leçon

❶ De nombreuses informations

- Un article de dictionnaire ne donne pas seulement le **sens d'un mot**.
- **L'entrée** permet de vérifier l'**orthographe** du mot. Elle est suivie d'une indication sur sa **prononciation** correcte, indiquée en **phonétique**.
- Suivent des indications sur la **nature** et l'**origine du mot** (son **étymologie**).

❷ Des informations organisées

- Les différents sens d'un mot sont numérotés. Ils sont donnés du sens le plus courant au sens le plus rare, **du sens propre au sens figuré** (voir pp. 388-389).
- **L'emploi de caractères différents** permet de distinguer les différentes informations : la définition des mots est donnée en caractères standard. Les **exemples** sont en italique. Souvent, des **synonymes** sont proposés en gras.

Exercices

1 **Associez à l'article ci-dessus les légendes suivantes : 1.** classe grammaticale – **2.** date d'apparition – **3.** définition – **4.** entrée – **5.** étymologie – **6.** exemple – **7.** flèche introduisant un synonyme – **8.** genre – **9.** numéro introduisant une nouvelle définition – **10.** prononciation – **11.** Synonyme.

2 **Quel est le sens correspondant à chacun des emplois suivants du mot *loup* ?**

1. Pierre a pêché un loup de plus de trois kilos. – **2.** Marie est défigurée par un loup sur le visage. –

3. On a réintroduit des loups dans les Alpes. – **4.** Tous les invités portaient des loups.

3 **À l'aide du dictionnaire, vérifiez la prononciation, le genre et l'origine de chacun des noms suivants :** almanach – chaos – lœss – linguistique – patio.

4 **Trouvez le plus vite possible un synonyme aux mots suivants :** anéantissement – débutant – gober – radier – simulacre.

Pour commencer

1. Bras – brassard – embrasser
2. Dos – dossier – s'adosser
3. Nom – prénom – surnom – nommer

1. Dans chacune des listes ci-dessus, relevez l'élément commun à tous les mots. Comment l'appelle-t-on ?

2. Soulignez les parties ajoutées à cet élément. Que permettent-elles ?

3. Dans chacune des listes, ces mots sont tous des noms sauf un : lequel ? Quelle est sa classe grammaticale ? Quelle partie nous l'indique ?

Leçon

Les mots français viennent d'une langue ancienne, **le latin**, qui était parlée dans l'Antiquité à Rome puis dans tout l'Empire romain. Les mots latins se sont peu à peu **déformés** et ont subi l'**influence d'autres langues** comme le grec, mais également l'arabe, l'anglais ou l'allemand.

L'un des procédés pour créer des mots nouveaux en français consiste à **ajouter des particules au début ou à la fin d'un mot** existant. On distingue ainsi les **mots simples, qui ne peuvent pas être décomposés**, et les **mots construits**, qui **peuvent être décomposés**. Étudier la formation d'un mot, c'est repérer les différents éléments qui le composent.

❶ Les mots construits par dérivation

● Un **mot dérivé** est formé à partir d'un **radical**, auquel on ajoute un ou des élément(s) qui, en général, ne peuvent être utilisés seuls : les **préfixes** et les **suffixes**.

– Le **radical** est la **base du mot**, qui ne change pas (ou peu). Les **mots simples** ne sont constitués que du seul radical ➙ *dos, bras, nom*

– Le **préfixe** (= fixé devant) est **devant le radical** ; il modifie le sens du mot ➙ *prénom, surnom*

– Le **suffixe** (= fixé derrière) est **derrière le radical** ; il modifie le sens du mot et peut changer sa classe grammaticale ➙ *nom* (= nom) *; nommer* (= verbe)

● On appelle **famille de mots** l'ensemble des mots construits à partir d'**un même radical** ➙ *Nom, nommer,* **prénom** appartiennent à la même famille.

● *Remarque :* les préfixes et les suffixes sont dotés d'un sens précis. Connaître le sens des préfixes et des suffixes les plus courants (voir tableau p. 395) aide à mieux comprendre la signification des mots.

❷ Les mots construits par composition

● Certains mots sont formés à partir de **deux ou plusieurs mots simples**
➙ *grand-père, porte-monnaie, pomme de terre*

Exercices

1 Recopiez les familles de mots suivantes et soulignez en rouge le radical :

1. Charger – chargement – décharger – chargeur.
2. Mort – immortel – mortalité – mortuaire.
3. User – inusable – usage – inusité.

2 Regroupez les mots suivants de manière à obtenir trois familles de mots. Quelle partie du mot vous a permis d'élaborer votre classement ?

Bord – front – abordage – porter – apporter – affronter – inabordable – confrontation – portable.

3 Pour chacun des mots suivants : porte – forme – conte.

a. Proposez des mots dérivés afin de constituer une famille de mots.

b. Soulignez le radical.

4 Soulignez le préfixe des mots suivants. À quoi ces différents préfixes servent-ils ?

1. incomplet – indirect – inévitable – immobile – inattendu – imprévisible.
2. déboucher – décoiffer – dégarnir – démaquiller – déloyal – déplaisant – désagréable.
3. discontinu – disjoint – disqualification – dissemblable.
4. malhabile – malheureusement – malhonnêteté – maladroit.

5 Construisez les antonymes des mots suivants en employant l'un des préfixes repérés dans l'exercice précédent.

Actif – faire – bloquer – prévoyant – accorder – chance – ordre – symétrique – sain – illusion.

6 Distinguez le radical et le préfixe de chacun des mots suivants. Donnez le sens du préfixe (cf. tableau p. 395).

1. Réinventer – refaire – reconnaître.
2. Convenir – composer – confier.
3. Surcharger – survenir – surprendre.
4. Transmettre – transparent – transformer.

7 En employant différents préfixes, formez un nouveau verbe à partir des verbes suivants :

Paraître – voir – dire – courir – poser – former.

8 **a.** Recopiez les mots des listes suivantes et soulignez leur suffixe : quelle est la nature de ces mots ?

1. Éducateur – explorateur – navigateur.
2. Boulanger – boucher – horloger.
3. Danseur – chanteur – jongleur.
4. Gardien – magicien – mécanicien.
5. Poissonnier – épicier – romancier.

b. Mettez ces mots au féminin et soulignez leur suffixe.

9 En employant les suffixes repérés dans l'exercice précédent, créez des noms de métier ou de fonction à partir des verbes suivants :

Examiner – servir – vendre – jardiner – présenter – réaliser – garder – masser – explorer – travailler.

10 **a.** Trouvez les adjectifs correspondant à la définition suivante. Soulignez le suffixe.

1. Que l'on peut faire.
2. Que l'on peut démonter.
3. Que l'on peut croire.
4. Que l'on peut lire.
5. Que l'on peut perfectionner.
6 Que l'on peut voir.

b. Donnez pour chaque adjectif son antonyme, en séparant par un tiret le préfixe, le radical et le suffixe.

11 Ajoutez un suffixe à chacun des verbes suivants pour construire un nom de la même famille. Soulignez ce suffixe.

1. Instruire – corriger – distraire.
2. Discerner – éloigner – émerveiller.
3. Informer – formuler – opérer.

12 Trouvez des mots composés à partir des mots suivants :

Après-... ; avant-... ; porte... ; grand-...

13 Beaucoup de nos préfixes sont directement hérités du latin. Retrouvez le sens des préfixes suivants à partir de mots que vous connaissez.

circon – ante – post – sub – in – pré.

14 Retrouvez les mots français correspondants aux définitions ci-dessous et formés sur le mot latin indiqué entre parenthèses.

1. Changer en pierre (*petra* : « pierre »).
2. Produit qui sert à tuer les insectes (*cida* : « tuer »).
3. Qui mange de tout (*omnis* : « tout »).
4. Groupe d'étoiles (*stella* : « étoile »).
5. Faire un faux (*falsus* : « faux »).
6. Lieu saint (*sanctus* : « saint »).

15 Les mots qui suivent sont constitués d'éléments grecs : expliquez leur sens à partir des indications qui vous sont données.

1. Bio (vie)	logie (étude)		**4.** Chrono (temps)	logie (temps)
2. Bio (écriture)	graphie (écriture)		**5.** Chrono	mètre (mesure)
2. Géo (terre)	graphie (terre)			

16 Formez des mots à partir de ces préfixes d'origine grecque :

Ortho (droit) ; *astro* (étoile) ; *biblio* (livre) ; *démo* (peuple) ; *auto* (soi-même) ; *poly* (nombreux) ; *micro* (petit).

Pour commencer

> Le temps a laissé son **manteau**
> De vent, de froidure et de pluie,
> Et **s'est vêtu** de broderie,
> De soleil luisant, clair et beau.
>
> CHARLES D'ORLÉANS, *Rondeaux.*

1. Cherchez dans un dictionnaire le premier sens donné pour les mots *manteau* et *se vêtir* : ces sens correspondent-ils à ceux du poème ?

2. Expliquez ce que signifient ces deux mots dans le poème.

3. Cherchez le sens du mot *broderie* et expliquez son emploi dans le poème.

Leçon

Un mot a souvent **plusieurs sens**. Tous les mots ont leur **sens propre**. Certains mots ont un **sens figuré**.

❶ Le sens propre

Le sens propre d'un mot est **ce qu'il désigne en premier**, l'emploi pour lequel il a été créé. C'est le sens qui est donné **en premier dans un dictionnaire**

→ *Manteau, n. m. Vêtement qui se porte par-dessus d'autres vêtements.*

❷ Le sens figuré

Le sens figuré d'un mot est un **sens imagé** qui s'appuie sur le sens propre du mot

→ *Au sens figuré, le nom* manteau *peut désigner « ce qui cache, dissimule ».*

Remarque : beaucoup d'expressions courantes emploient les mots avec un sens figuré
→ *Il pleut des cordes.*

Exercices

1 **Voici l'extrait d'un article de dictionnaire :**

> NŒUD. n. m. ① Enlacement d'une chose flexible (fil, corde, cordage) ou entrelacement de deux objets flexibles. ② Ruban noué servant de parure ; ornement en forme de nœud. ③ Enroulement d'un reptile (sur lui-même, autour d'un corps qu'il étreint). ④ *Fig.* Lien, attachement très étroit entre deux personnes. ⑤ Point essentiel d'une affaire complexe, d'une difficulté. ⑥ Péripétie ou suite de péripéties qui amènent l'action à son point culminant.

a. Donnez deux sens propres du mot *nœud* et deux sens figurés.

b. Rédigez quatre phrases dans lesquelles vous emploierez ce mot dans des sens différents.

2 **Classez les expressions suivantes selon que les mots en italique sont employés avec un sens propre ou un sens figuré.**

un *doux* souvenir – une peinture *brillante* – le *poids* des années – la *source* d'un conflit – une corde *solide* – un *profond* gouffre – la *clarté* du jour – une terre *aride* – un vin *doux* – une amitié *solide* – un *profond* respect – un *discours* aride – un paysage *riant* – un visage *riant* – une *brillante* idée – le *poids* d'un paquet – la *source* d'un fleuve – la *clarté* d'une explication.

3 Dans les phrases suivantes, dites si les mots en italique sont employés au sens propre ou au sens figuré.

1. Il faut attaquer le mal à sa *racine*. – **2.** La maison de mes grands-parents *tombe* en ruines. – **3.** En hiver, la nuit *tombe* de bonne heure. – **4.** Ce poisson ne semble pas très *frais*. – **5.** Félix courait sans faire attention et il est *tombé*. – **6.** Mathilde ne semble pas dans son *assiette*, ce matin. – **7.** Un *manteau* de neige recouvre la vallée. – **8.** La *racine* de la bruyère boit l'eau de la fontaine. – **9.** Lis le journal de ce matin si tu veux des nouvelles *fraîches*. – **10.** Mets les *assiettes* sur la table, s'il te plaît.

4 a. Expliquez ce que signifient les expressions suivantes.

b. Employez chacune de ces expressions dans des phrases de votre invention.

1. manquer de bras – **2.** être dans la lune – **3.** avoir les yeux plus gros que le ventre – **4.** ne pas avoir froid aux yeux – **5.** avoir un cheveu sur la langue – **6.** tomber des nues.

5 Trouvez quatre expressions différentes dans lesquelles le mot *cœur* est au sens figuré et employez-les dans des phrases de votre invention.

6 Récrivez les phrases suivantes en remplaçant les expressions en italique par un adjectif de même sens. Pensez à faire tous les changements nécessaires.

1. Excusez-moi, j'ai un *chat dans la gorge*. – **2.** Thomas est un homme qui *voit la vie en rose*. – **3.** Depuis le départ de sa meilleure amie, Adèle *a les idées noires*. – **4.** Il est difficile de se mettre au travail quand on *a un poil dans la main*. – **5.** La plupart du temps, Loïs *a la langue bien pendue*. – **6.** Nicolas n'est pas encore rentré de l'école, je commence *à me faire du mauvais sang*. – **7.** Cet homme *a les dents longues*.

7 Récrivez les phrases en utilisant à chaque fois une des expressions suivantes : *avoir la tête dans les nuages – perdre la tête – être en tête – se jeter la tête la première – être tête en l'air – avoir la tête comme une citrouille.*

1. Amélie, tu rêves encore ! – **2.** Noémie est souvent distraite. – **3.** Quand j'ai appris la nouvelle, je me suis affolé. – **4.** J'ai très mal à la tête, ce matin. – **5.** Arthur s'est engagé sans réfléchir dans cette affaire. – **6.** Les représentants syndicaux marchent au début du cortège.

8 Associez chacune de ces expressions françaises à l'expression anglaise (traduite) de même sens.

Expressions françaises	Expressions anglaises
• Avoir d'autres chats à fouetter	• Quand les cochons auront des ailes
• Se jeter dans la gueule du loup	• Avoir un autre poisson à frire
• Quand les poules auront des dents	• Il pleut des chats et des chiens
• Il tombe des cordes	• Marcher dans l'antre du lion
• Un moulin à paroles	• Une boîte à bavardage
• Mettre son nez partout	• Avoir un doigt dans chaque tarte

9 Complétez les phrases suivantes avec le verbe qui convient. Précisez à chaque fois si ce verbe est employé au sens propre ou au sens figuré.

1. Comment peux-tu ne pas avoir trouvé la solution alors qu'elle … aux yeux ? / J'hésite à …, c'est tout de même très haut ! / Ces chaussures étaient en solde : j'ai … sur l'occasion. / Les enfants ont … de joie en apprenant l'arrivée de leurs grands-parents.

2. Benjamin est … et s'est écorché le genou. / En sortant de chez le médecin, je suis … sur Chloé. / Après un tel scandale, le ministre ne pouvait que ….. / Quand j'ai avoué que c'était moi qui avais oublié le pique-nique, ils me sont tous … dessus.

3. Les matelots s'apprêtent à … la mer. / Jean-Baptiste a … froid parce qu'il ne s'était pas assez couvert. / Il va pleuvoir, aujourd'hui, pense à … un parapluie. / Il a fallu … des gants pour lui annoncer que nous ne partirions pas en vacances. / Je n'ai rien répondu, préférant … sur moi.

10 Dans le texte suivant, relevez cinq mots employés dans un sens figuré.

Assise au coin du feu, le dos rond, les mains sur les genoux, Babouchka écoute le vent d'hiver qui hurle dans la plaine. Il accourt de loin, s'écrase contre la porte, jette des étoiles de neige à la vitre noire, s'engouffre dans la cheminée et secoue furieusement la flamme du foyer, qui se cabre et qui ronfle. Malgré ce tumulte, Babouchka n'a pas peur. Il fait si bon dans l'isba, quand, dehors, tout n'est que froid, ténèbres et violence !

H. TROYAT, « Babouchka », *La Rose de Noël*,
© Flammarion Père Castor, 2005.

11 **ÉCRITURE** Rédigez un paragraphe dans lequel vous emploierez quatre des mots suivants dans un sens figuré : cerveau – vert – cheveux – cœur – nager – jaune – corde – rouge – noir.

Les niveaux de langue

Pour commencer

1. T'as l'heure ?

2. Est-ce que vous avez l'heure, s'il vous plaît ?

3. Auriez-vous l'heure, je vous prie ?

1. À qui adresseriez-vous chacune des trois questions ci-dessus ?

2. Observez la syntaxe et expliquez ce qui les différencie.

Leçon

On ne s'exprime pas de la même manière **selon la situation dans laquelle on se trouve et la personne à laquelle on s'adresse** : on utilise pour cela **trois niveaux de langue** différents.

❶ Le niveau de langue courant

- On utilise le langage courant **dans la vie de tous les jours** (au bureau, en classe, dans les magasins...), quand on applique les **règles de base de la politesse**.

- Ce niveau de langue se caractérise par l'utilisation d'un **vocabulaire usuel** et le **respect des règles de grammaire et de prononciation.**

- Il s'emploie aussi bien à l'oral qu'à l'écrit → *Est-ce que vous avez l'heure, s'il vous plaît ?*

❷ Le niveau de langue soutenu

- Le langage soutenu est un **langage plus recherché** qui s'utilise dans les **écrits littéraires ou scientifiques**, ou bien à l'occasion de **discours officiels**.

- Il se caractérise par l'usage d'un **vocabulaire plus rare**, de **constructions grammaticales plus complexes**, de temps verbaux qu'on ne retrouve qu'à l'écrit comme le **passé simple** et le subjonctif imparfait → *Auriez-vous l'heure, je vous prie ?*

❸ Le niveau de langue familier

- Le langage familier, comme son nom l'indique, est celui que l'on utilise **avec ceux qui nous sont familiers** : la famille, les amis.

- Il se caractérise par un **vocabulaire relâché**, argotique, une prononciation qui avale souvent les lettres et **il ne respecte pas les règles de grammaire** : usage de « on » à la place de « nous », de « ouais » à la place de « oui », absence de négation, suppression ou redoublement du sujet...

- Il s'agit d'un **langage uniquement oral**, qu'on ne retrouve à l'écrit que dans les situations où l'on veut **imiter l'oral** (en particulier dans les dialogues) → *T'as l'heure ?*

Remarque : il est rare que l'on n'utilise qu'un seul niveau de langue, et le langage courant, en particulier, se teinte la plupart du temps de langage soutenu ou familier.

Exercices

1 **Vrai ou faux ? Justifiez votre réponse.**

1. Le langage courant s'utilise à l'écrit et à l'oral.

2. Pour s'exprimer dans un niveau de langue courant, il n'est pas nécessaire de maîtriser les règles de grammaire.

3. Le langage familier est un langage oral.

4. Lorsque je m'adresse à un professeur, je peux utiliser un langage familier.

5. Dans ses discours officiels, le président de la République n'utilise que le niveau de langue soutenu.

2 **Dites quel est le niveau de langue le plus adapté à chacune des situations suivantes.**

1. Deux adolescents se racontent leur week-end.

2. Le principal du collège a convoqué un élève.

3. Une personne écrit une lettre de motivation pour postuler à un emploi.
4. Un passant demande son chemin.
5. Un élève demande à son professeur d'expliquer une consigne.
6. Vous vous disputez avec un camarade.
7. Le maire prononce un discours pour inaugurer la nouvelle statue du parc.
8. Un élève écrit une lettre de motivation pour effectuer un stage en entreprise.

3 À quel niveau de langue appartient chacun des mots suivants ?

Flotte – rétorquer – déguster – convier – bosser – travailler – insensé – onde – importuner – esclandre – se planquer – manger – crade – inviter – pieu – probatoire – nouvelle.

4 Recopiez et complétez le tableau suivant. Pensez à vous aider d'un dictionnaire.

Niveau ...	Niveau ...	Niveau familier
véhicule	...	bagnole
...	vélo	bécane
réprimander	...	disputer
...	ennuyer	bassiner
trépasser	...	...
soulier	...	godasse
...	fou	
...	...	marrant

5 Dites dans quel niveau de langue sont formulées les phrases suivantes.

1. Attends, j'ai pas pris mes affaires.
2. Il va faire beau, demain, nous pourrons déjeuner dehors.
3. Le langage courant se teinte la plupart du temps de langage soutenu ou familier.
4. Après l'école, je vais au cinéma.
5. Cela fait trois jours qu'il nous serine avec la même histoire alambiquée.
6. Magne-toi, on va être en r'tard !
7. Le cinématographe est une merveilleuse invention des frères Lumière.
8. J'en ai ras la casquette de tes histoires à la gomme !

6 Trouvez des synonymes plus soutenus à ces termes familiers.

Copain – rigoler – moche – engueuler – sympa – se balader – foutu.

7 Dans chaque série de mots, relevez l'intrus et justifiez votre choix.

1. Les festivités – détrousser – besogner – voler.
2. Picoler – se retourner – tranquille – calme.
3. Maugréer – cool – bousiller – accro.
4. Un candidat – un plouc – du dentifrice – un lit.
5. Prendre la mouche – piquer une crise – s'emporter.

8 Voici des phrases employant un niveau de langue familier.
a. Dites ce qui les caractérise (vocabulaire, syntaxe, prononciation).
b. Récrivez-les en employant un niveau de langue courant.

1. J'm'en fous ! – **2.** J'ai pas appris la leçon. – **3.** Il est vachement cool, ton sac ! – **4.** T'es trop sympa ! – **5.** Il arrête pas d'me disputer. – **6.** Après l'école, on va tous au ciné.

9 Reformulez les questions suivantes en utilisant un niveau de langue plus soutenu.

1. Tu fais quoi ? – **2.** Je dois recommencer mon exercice ? – **3.** On part quand ? – **4.** T'es qui ? – **5.** Il est de quelle couleur ce stylo ?

10 Atténuez ces demandes en employant l'une des formules de politesse suivantes :

Dépêche-toi ! → *Pourrais-tu te dépêcher ? / Tu devrais te dépêcher. / Je voudrais que tu te dépêches.*

1. Habille-toi plus rapidement. – **2.** Je veux un kilo de pommes. – **3.** Apportez-moi l'addition. – **4.** Prête-moi ta règle. – **5.** Tu dois partir maintenant.

11 **ÉCRITURE** Lisez les deux extraits suivants.
a. Lequel emploie un niveau de langue soutenu et lequel un niveau familier ?
b. Relevez les informations communes aux deux extraits et réutilisez-les pour raconter la même histoire avec un niveau de langue courant.

1. Un jour vers midi du côté du parc Monceau, sur la plate-forme arrière d'un autobus à peu près complet de la ligne S (aujourd'hui 84), j'aperçus un personnage au cou fort long qui portait un feutre mou entouré d'un galon tressé au lieu de ruban. Cet individu interpella tout à coup son voisin en prétendant que celui-ci faisait exprès de lui marcher sur les pieds chaque fois qu'il montait ou descendait des voyageurs. Il abandonna d'ailleurs rapidement la discussion pour se jeter sur une place devenue libre.

2. L'était un peu plus dmidi quand j'ai pu monter dans l'esse. Jmonte donc, jpaye ma place comme de bien entendu et voilàtipas qu'alors jremarque un zozo l'air pied, avec un cou qu'on aurait dit un télescope et une sorte de ficelle autour du galurin. Je lregarde passeque jlui trouve l'air pied quand voilàtipas qu'ismet à interpeller son voisin. Dites-donc, qu'il lui fait, vous pourriez pas faire attention, qu'il ajoute, on dirait, qu'il pleurniche, quvous lfaites essprais, qu'i bafouille, deummarcher toultltemps sullé panards, qu'i dit. Là-dsus, tout fier de lui, i va s'asseoir.

R. QUENEAU, *Exercices de style*, © Gallimard, 1947.

Les classes grammaticales

LES MOTS VARIABLES

CLASSES DE MOTS	CARACTÉRISTIQUES	CATÉGORIES ET FORMES
Nom	• Désigne un objet, un être, une idée. • Variable en genre et en nombre. • **Noyau du groupe nominal.**	• **Nom commun :** *(un) livre, (une) action.* • **Nom propre** (invariable) : *Agathe, Molière.*
Déterminant	• **Introduit un nom.** • Variable en genre, en nombre et parfois en personne.	• **Article défini :** *le, la les* – **indéfini** : *un, une, des* – **partitif** : *du, de la, des*. • **Déterminant possessif :** *mon, ton, sa, notre, leur...* • **Déterminant démonstratif :** *ce, cet, cette, ces...* • **Déterminants numéral cardinal :** *un, deux, trois...* **et ordinal :** *premier, dixième...* • **Déterminant interrogatif / exclamatif :** *quel ?!, lequel ?!...* • **Déterminant indéfini :** *certain, quelque, chaque...*
Pronom	• **Joue le rôle d'un nom.** • Reprend un mot ou un groupe de mots déjà énoncé. • Variable en genre, en nombre, en personne, et selon sa fonction.	• **Pronom personnel :** *je, tu, lui, toi, se, soi, les, leur, eux...* • **Pronom possessif :** *le mien, le sien, le leur...* • **Pronom démonstratif :** *ceci, cela, celui-ci, celui-là ...* • **Pronom indéfini :** *personne, rien, aucun, nul, on, quelques-uns...* • **Pronom relatif :** *qui, que, quoi, dont, où, laquelle...* • **Pronom interrogatif :** *Qui... ?, Que... ?* • **Pronom adverbial :** *en, y*
Adjectif qualificatif	• **Exprime une caractéristique du nom** avec lequel il s'accorde. • Variable en genre et en nombre.	*Un regard* **oblique**. *De* **gentilles** *personnes*. *La voiture est* **rouge**.
Verbe	• **Exprime une action** ou un **état.** • Variable en personne, nombre, temps et mode. • Verbe conjugué : **noyau de la phrase ou de la proposition.** • Infinitif : **noyau du groupe infinitif.**	• **1er groupe :** *compter, parler...* • **2e groupe :** *finir, grandir...* • **3e groupe :** *avoir, être, devoir, prendre, partir, aller...*
Préposition	• **Introduit un mot ou un groupe de mots.** • Indique le but, le lieu, le moment, la position, la direction...	*à, dans, par, pour, en, vers, avec, de, sans, sous, après, avant, chez, contre, depuis, derrière, devant, entre, malgré, pendant, suivant, sur, à côté de, à cause de, à la manière de, au moyen de, autour de, en raison de, grâce à, jusqu'à...*
Adverbe	**Modifie le sens** d'un verbe, d'un adjectif ou d'un autre adverbe.	• **Adverbe de temps, de lieu :** *aujourd'hui, ici, quelquefois, devant, près...* • **Adverbe de manière :** *bien, mal, facilement, rapidement...* • **Adverbe de négation :** *ne...pas, ne...jamais..., ne... plus...* • **Adverbe de quantité :** *assez, trop, plus, moins...* • **Adverbe de liaison :** *ainsi, puis, ensuite, enfin, en effet, cependant...*
Conjonction • **de coordination** • **de subordination**	 **Relie deux mots** ou groupes de mots **de même fonction.** **Introduit une proposition subordonnée.**	 *mais, ou, et, donc, or, ni, car* *que, parce que, quand, lorsque...*

LES DÉTERMINANTS

ARTICLES

	Singulier	Pluriel
définis	le, la, l'	les
indéfinis	un, une	des
partitifs	du, de la, de l'	des

DÉTERMINANTS DÉMONSTRATIFS

	Singulier	Pluriel
Formes simples	ce, cet, cette	ces
Formes composées	ce... -ci, cet...-ci, cette...-ci ce... -la, cet... -là, cette... -là	ces...-ci ces... -là

DÉTERMINANTS POSSESSIFS

Se rapportant à	moi	toi	lui ou elle	nous	vous	eux ou elles
Singulier	mon, ma	ton, ta	son, sa	notre	votre	leur
Pluriel	mes	tes	ses	nos	vos	leurs

DÉTERMINANTS INDÉFINIS

Se rapportant à	un ensemble complet	plusieurs êtres ou choses	une quantité nulle	une ressemblance ou une différence
	tout, tous, chaque...	plusieurs, certains, quelques...	nul, nulle, aucun, aucune...	même, autre...

DÉTERMINANTS INTERROGATIFS ET EXCLAMATIFS

Singulier	quel, quelle
Pluriel	quels, quelles

DÉTERMINANTS NUMÉRAUX

cardinaux	un, deux, trois, dix, vingt, vingt-huit, cent, mille...
ordinaux	premier, deuxième, centième, millième...

LES PRONOMS

PRONOMS PERSONNELS

	Singulier	Pluriel
1re personne	je, me, moi	nous
2e personne	tu, te, toi	vous
3e personne	il, elle, le, la, lui, se, soi	ils, elles, eux, leur, se

PRONOMS DÉMONSTRATIFS

	Singulier	Pluriel
Formes simples	celui, celle, ce, c'	ceux, celles
Formes composées	celui-ci, celle-ci, ceci celui-là ; celle-là, cela, ça	ceux-ci, celles-ci ceux-là, celles-là

PRONOMS POSSESSIFS

Se rapportant à	moi	toi	lui ou elle	nous	vous	eux ou elles
Singulier	le mien, la mienne	le tien, la tienne	le sien, la sienne	le nôtre, la nôtre	le vôtre, la vôtre	le leur, la leur
Pluriel	les miens, les miennes	les tiens, les tiennes	les siens, les siennes	les nôtres	les vôtres	les leurs

PRONOMS RELATIFS

Formes simples	qui, que, quoi, dont, où
Formes composées	lequel, laquelle, lesquels, auquel, duquel...

Les fonctions

LES FONCTIONS DANS LA PHRASE

FONCTIONS	CARACTÉRISTIQUES	CARACTÉRISTIQUES
Sujet	• **Il commande le verbe.** • Il répond à la question « **qui est-ce qui /qu'est-ce qui** [+ verbe] ? »	→ *Le chien* sourit à Robinson. → Es-*tu* sûr que le chien a souri ?
Attribut	• Il complète (en général) un **verbe d'état.** • Il désigne une **caractéristique du sujet.**	→ L'eau était **transparente.** → Arthur est **le fils d'Uter Pendragon.**
Complément d'objet	• Il désigne l'objet sur lequel l'action est exercée ; **cet objet est différent du sujet.** • Il **complète un verbe transitif,** il répond à la question « Sujet + Verbe + **quoi** » ? • Il est direct, indirect ou second.	→ Je connais **cet endroit**. Je l'ai visité. Je savais bien **que je pouvais compter sur vous.** (COD) → Tiécelin se méfie **de Renart**. Il ne **lui** fait pas confiance. (COI) → Il a volé un fromage **à la fermière.** Il le **lui** a volé. (COS)
Complément circonstanciel (de temps, de lieu, de manière, de moyen, de cause, de conséquence, de but, de comparaison...)	Il précise les **circonstances** de l'action (Où ? Quand ? Comment ? Pourquoi ?).	→ **À la nuit tombée**, Renart médite une nouvelle ruse. (CC de temps) → Vendredi passe des journées entières **dans son hamac.** (CC de lieu) → Parle **sans crainte**. N'aie pas peur ! (CC de manière) → **Avec son épée affilée**, Yvain attaque le serpent maléfique. (CC de moyen) → Lancelot affronte le danger **par amour pour sa dame.** (CC de cause) → Perceval est naïf **au point de croire que les chevaliers naissent tout armés.** (CC de conséquence) → **Pour remercier Yvain**, le lion s'incline devant lui. (CC de but) → Quelque chose siffla dans l'air **comme une flèche.** (CC de comparaison)
Complément d'agent	Il précise qui **agit**, qui fait l'action après un **verbe au passif.**	→ Lancelot a été élevé **par la Dame du Lac.**

LES FONCTIONS DANS LE GROUPE NOMINAL

FONCTIONS	CARACTÉRISTIQUES	CARACTÉRISTIQUES
Épithète	• C'est un **adjectif qualificatif** ou un participe employé comme adjectif. • Il est relié directement au nom, **sans intermédiaire d'un verbe**, et forme avec lui **un groupe nominal.**	→ Le héron au **long** bec, emmanché d'un **long** cou.
Complément du nom	Souvent introduit par une préposition, il précise ou complète un nom.	→ La légende **du roi Arthur.**
Apposition	**Détachée du reste de la phrase par des virgules, elle apporte une information complémentaire** sur une chose ou une personne.	→ Son père, **médecin à Paris,** est souvent absent.

QUELQUES PRÉFIXES

Préfixe	Sens	Exemples
a, an	absence	*anormal*
ab, abs	éloignement	*abdiquer, absent,*
anté, anti	avant	*antérieur, antique*
anti	contre	*antivol*
auto	soi-même	*autocollant*
co, com, con, col	ensemble	*comporter, coopérer, collateral*
contre	opposition, proximité, substitution	*contre-poison, contresigner, contrefaire*
dé(s), dis	séparation, cessation, différence	*défaire, disjoindre, disparaître*
en, em, en, in	éloignement, à l'intérieur, mise en état	*enlever, emporter, importer, endimancher*
entre, inter	réciproque, entre, à demi	*s'entraider, interligne, entrouvrir*
ex	en dehors, anciennement	*extérieur, exporter, ex-président*
extra	intensif, en dehors	*extra-plat, extraordinaire*
hétéro	différent	*hétérogène*
homo	semblable	*homogène, homonyme*
hyper	idée d'intensité, caractère excessif	*hypertension, hyperactivité*
hypo	insuffisance	*hypotension*
in, im, il, ir	négatif	*inégal, illégal, irréparable*
mal, mau, mé(s)	négatif, mauvais, inexact	*malaise, maudire, malformation*
mono	qui comporte un élément	*monocle, monologue, monoski*
néo	nouveau, récent	*néonatal, néologisme*
para	protection contre qq chose, proximité	*parachute, paraphrase*
péri	autour de	*périmètre, périphrase*
poly	nombreux	*polyvalent*
pré	avant, devant	*préparer, prémolaire*
pro	en avant, en faveur de	*progrès, progresser, projeter*
r(e), ré	répétition, inversion	*recommencer, retour, rentrer*
sou(s), sub	insuffisance, au-dessous	*sous-développement, souligner*
trans, tra, tré, très	au-delà, à travers, changement	*trépasser, transpercer, transformer*

QUELQUES SUFFIXES

Suffixe	Sens	Exemple
Suffixes servant à former des noms		
ie, esse, eur, ise, té	qualité	*courtoisie, finesse, grandeur, gourmandise, bonté*
ais, ois, ain, ien	nationalité, origine	*Lyonnais, Chinois, Roumain, Parisien*
aire, ateur, er, eron, eur, ier, ien	qui fait l'action	*disquaire, orateur, danseur, boulanger, bûcheron, fermier, laitière, pharmacien, magicienne*
eur, oir, (t)ier	instrument, machine	*autocuiseur, arrosoir, dentier*
erie, oir	lieu de fabrication, de vente	*boulangerie, épicerie, comptoir, fumoir*
isme	opinion, attitude	*paternalisme, activisme, christianisme*
eau, elet, et, ette, iche, ille, illon, in, on, ot, otin, ule, cule	diminutif	*chevreau, agnelet, barbiche, brindille, oisillon, bottine, moucheron, îlot, jugeote, diablotin, globule, pellicule*
ace, aille, ard, asse, âtre	péjoratif	*populace, ferraille, vantard, paperasse, marâtre*
Suffixes servant à former des adjectifs		
able, ible, uble	possibilité, qualité	*buvable, lisible, soluble*
(i)/(u)eux, u	possession, abondance	*nuageux, monstrueux, barbu, chevelu*
if, ile	aptitude, qualité active	*expressif, pensif, agile, fragile*
et, elet, in, ot	diminutif	*follet, rondelet, blondin, pâlot*
ard, aud, âtre	péjoratif	*criard, lourdaud, verdâtre*
Suffixes servant à former des verbes		
iser	agir en…, rendre semblable, causer	*tyranniser, cristalliser, scandaliser*
ailler, eler, eter, iller, nicher, onner, oter, otter	diminutif, péjoratif	*rimailler, craqueler, voleter, fendiller, pleurnicher, grisonner, picoter, frisotter*
asser	péjoratif	*traînasser, rêvasser*

Lexique

■ **Alexandrin :** vers de douze syllabes.

■ **Allitération :** répétition d'une même consonne à l'intérieur d'un ou de plusieurs vers.

■ **Antonyme :** mot dont le sens s'oppose à celui d'un autre.
Exemples : chance/malchance ; relever/abaisser ; lent/rapide.

■ **Archétype :** thème ou personnage que l'on retrouve d'un récit à l'autre, par exemple dans les contes, les légendes ou les mythes, qui ont un caractère universel.

■ **Argument :** idée, raisonnement, destiné à appuyer une position que l'on veut défendre.

■ **Assonance :** répétition d'une même voyelle à l'intérieur d'un ou de plusieurs vers.

■ **Calligramme :** poème qui forme un dessin.

■ **Champ lexical :** ensemble de mots ou d'expressions qui appartiennent à un même domaine de signification.
Exemple : humer – délice – saliver – fumet – croustillant – savoureux, appartiennent au champ lexical de la gourmandise.

■ **Comédie :** pièce de théâtre qui a pour but de faire rire en montrant les défauts et les ridicules des individus ou d'une société.

■ **Comparaison :** figure de style qui consiste à mettre en évidence le point commun entre deux éléments.
Exemple : « Le buffet est ouvert, et verse dans son ombre
Comme un flot de vin vieux, des parfums engageants ; » (Arthur Rimbaud, *Poésies*)

■ **Conte :** récit d'aventures imaginaires, qui fait souvent intervenir le merveilleux.

■ **Décasyllabe :** vers de dix syllabes.

■ **Dénouement :** manière dont l'action se termine, dans le dernier acte d'une pièce de théâtre.

■ **Dialogue :** ensemble des paroles échangées par les personnages d'un récit ou d'une pièce de théâtre.

■ **Didascalie :** dans un texte de théâtre, indications qui ne sont pas destinées à être dites par les comédiens, mais à préciser le ton des personnages, leurs gestes et leurs déplacements, les informations sur le décor et les accessoires, etc.

■ **-e muet :** dans un poème, le *-e* est « muet » (ne se prononce pas) à la fin des vers ou quand il est suivi d'une autre voyelle ou d'un *-h* muet.

■ **Épithète homérique :** expression utilisée dans les poèmes d'Homère pour désigner les personnages et mettre en valeur une de leurs caractéristiques.
Exemples : « Ulysse *aux multiples ruses* » – « Aurore *aux doigts de rose* ».

■ **Épopée :** récit, souvent en vers, des exploits d'un héros.

■ **Étymologie :** origine d'un mot.

■ **Exposition :** premier acte d'une pièce, qui présente les personnages et leur situation.

■ **Fable :** court récit, dont les personnages sont souvent des animaux, et qui vise à faire réfléchir le lecteur sur la condition humaine tout en le distrayant.

■ **Famille de mots :** ensemble de mots provenant d'un même radical.
Exemple : frère – fraternel – fraterniser –fraternité – fratricide.

■ **Harmonie imitative :** répétition de sonorités (voyelles ou consonnes) qui donne à entendre ce dont on parle.

■ **Héros :** dans la mythologie gréco-romaine, le héros est un demi-dieu ; par la suite, ce terme désigne un être d'exception, auquel on prête un courage et des exploits exceptionnels ; ce mot peut également désigner le personnage principal d'un récit.

■ **Homonyme :** mot qui se prononce de la même manière qu'un autre.
Exemples : pore/port/porc.

■ **Ironie :** procédé d'expression qui consiste à se moquer de quelqu'un en disant le contraire de ce que l'on veut faire comprendre en réalité.

■ **Métamorphose :** changement total de forme et de nature d'un être ou d'un objet ; les métamorphoses sont courantes dans les contes, les légendes et les mythes.

Exemple : Dans l'*Odyssée*, la magicienne Circé métamorphose les compagnons d'Ulysse en pourceaux.

■ **Morale (ou moralité) :** dans une fable, réflexion que le récit a pour but d'illustrer ; en général, la morale est brièvement formulée au début ou à la fin de la fable.

■ **Mythe :** récit des origines qui met en scène, sous une forme symbolique, des êtres incarnant les forces de la nature ou certains aspects de la condition humaine.

■ **Narrateur :** celui qui raconte l'histoire dans un récit.

Exemple : Dans l'*Odyssée*, c'est Ulysse qui est le narrateur

■ **Octosyllabe :** vers de huit syllabes

■ **Parodie :** imitation moqueuse d'une œuvre très connue.

■ **Personnification :** figure de style qui consiste à rendre un objet vivant en lui donnant des caractéristiques humaines.

Exemple : « La fenêtre palpite et la porte respire ; » (Victor Hugo, *Dernière Gerbe*).

■ **Préfixe :** élément qui se place avant le radical d'un mot et qui modifie son sens.
Exemple : dire → prédire – médire.

■ **Prose :** langage qui n'est pas soumis aux règles de la versification.

■ **Quatrain :** strophe de quatre vers.

■ **Radical :** mot simple, ou partie de ce mot, qui permet de fabriquer un nouveau mot en ajoutant un préfixe ou un suffixe.
Exemple : Froid → froidure.

■ **Rejet :** élément d'une phrase qui se trouve « rejeté » au début du vers suivant, et qui est ainsi mis en valeur.
Exemple : « Une ondulation majestueuse et lente S'éveille, et va mourir à l'horizon poudreux. » (Leconte de Lisle, Poèmes antiques)

■ **Réplique :** au théâtre, texte dit par un comédien qui dialogue avec un autre ; le texte théâtral est constitué par un enchaînement de répliques.

■ **Rime :** répétition d'un même son à la fin de plusieurs vers.

■ **Satire :** écrit littéraire qui dénonce les défauts d'une personne, d'une catégorie sociale, ou d'une époque.

■ **Sens propre / sens figuré :** le sens propre est le sens premier du mot, le plus ancien et le plus stable ; le sens figuré est le sens second, issu du précédent d'une manière imagée.

Exemple : « MARTINE. – J'ai quatre pauvres petits enfants sur les bras.
SGANARELLE. – Mets-les à terre. » (Molière, *Le Médecin malgré lui*).
Martine utilise au sens figuré l'expression « *sur les bras* » (« avoir *à charge* ») ; Sganarelle fait semblant de n'avoir pas compris, et lui donne le sens propre, physique de « porter ».

■ **Sonnet :** poème formé de deux quatrains et de deux tercets.

■ **Strophe :** ensemble formé par un nombre déterminé de vers.

■ **Suffixe :** élément qui se place après le radical d'un mot, et qui modifie son sens ou sa catégorie grammaticale.
Exemples : doux → douceâtre → doucement (adverbe).

■ **Symbole :** voir **Mythe**.

■ **Synonyme :** mot dont le sens est proche de celui d'un autre.
Exemples : Politesse /courtoisie – recevoir/ accueillir – aimable/avenant.

■ **Tercet :** strophe de trois vers.

■ **Vers :** dans un poème, unité rythmique qui est définie par le nombre de syllabes, et délimitée par un retour à la ligne.

■ **Versification :** ensemble des règles de l'écriture poétique.

Index des auteurs

Index des œuvres

Les œuvres indiquées en orange font l'objet d'une lecture suivie.
Les œuvres indiquées en bleu sont proposées en texte intégral.

Crédits photographiques

Couverture : fond : Archives Nathan. Illustration du conte de Charles Perrault « La Barbe bleue » par Gustave Doré, 1867 ; **g** : Kharbine-Tapabor/Coll. Jonas. Illustration de « Histoire du cheval enchanté », dans « Les Mille et une nuits », par Roger Broders, 1949 © Adagp, Paris 2013 ; **d** : « Le lapin blanc », illustration d'Alice au Pays des Merveilles de Lewis Carroll par John Tenniel, 19e siècle.

13 : Adagp, Banque d'images, Paris 2013 ; **14** : coll. Archives Larbor © Adagp, Paris 2013 ; **15h** : Leemage/Photo Josse ; **15m** : © by Editions Gallimard ; **15bmd** : coll. Archives Nathan ; **16**, reprise **p. 20** : coll. Archives Nathan ; **17g** : coll. Archives Larbor ; **17d** : Leemage/Electa ; **18** : Archives Larbor/Hubert Josse ; **19** : Archives Larbor/Hubert Josse ; **21** : RMN/Michel Urtado ; **22** : coll. Archives Larbor/Photo Etienne Carjat ; **23** : Photo CNAC/MNAM, Dist. RMN/Jean-Claude Planchet © Adagp, Paris 2013 ; **24** : Gamma/Ulf Andersen ; **25** : Leemage/Luisa Ricciarini © The Munch-Museum/The Munch-Ellingsen Group – Adagp, Paris 2013 ; **26h** : Rapho/Robert Doisneau ; **26b** : Shutterstock/Valery Potapova ; **27** : Akg-images/DR ; **28** : RMN/Harry Bréjat ; **30** : Scala/© 2013 Digital Image, MOMA, New York ; **32** : Bridgeman ; **34** : © Succession H. Matisse. Photo Akg-images/Erich Lessing ; **35bg** : AgenceC3/Films du Paradoxe ; **35bm** : Prod DB/DR ; **35bd** : coll. Christophe L ; **36h** : Hassan Massoudy © Adagp, Paris 2013 ; **36bg** : Roger-Viollet/Maison de Victor Hugo ; **36bd** : Leemage/Photo Josse ; **37h** : D. R. ; **37m** : Editions Gallimard ; **37b** : Editions Gallimard ; **38g** : Fabienne Verdier, courtesy Galerie Jaeger Bucher, Paris © Adagp, Paris 2013 ; **38d** : François Verdier, courtesy Galerie Jaeger Bucher, Paris ; **39h** : Fotolia/Lynea ; **39b** : Editions Gallimard ; **41** : © 2005 Les Armateurs/France 3 Cinéma/Gebeka Films/Studio O ; **42h** : Archives Larbor/Jeanbor ; **42b** : coll. Kharbine-Tapabor ; **43h** : Hoa Qui/Michel Renaudeau ; **43b** : Coll. Archives Nathan ; **44** : Archives Larbor/Hubert Josse ; **45** : Leemage/Bianchetti ; **46** : coll. Kharbine-Tapabor ; **47** : © 2000 Les Armateurs/Studio O/La Fabrique/Gebeka Films ; **48** : Rue des Archives/Mary Evans ; **49** : BNF, Paris ; **50** : coll. Kharbine-Tapabor ; **51** : coll. Archives Nathan ; **52** : Corbis/Christie's Images ; **54** : Archives Nathan ; **55**, reprise **p. 59** : BPK Berlin, Dist. RMN/Andres Kilger ; **57** : coll. Archives Nathan ; **58** : coll. Kharbine-Tapabor ; **60** : Akg-images/Ria Novosti ; **61** : Akg-images/Ria Novosti ; **62** : Ria Novosti ; **64** : Gamma/Frédéric Reglain ; **65** : Fotolia/3drenderings ; **67** : Bibliothèque Nationale de France, Paris ; **69** : Akg-images ; **70** : Akg-images/Ria Novosti ; **71bg** : coll. Archives Larbor © Adagp, Paris 2013 ; **71bmg** : coll. Christophe L ; **71bmd** : coll. Archives Larbor © Adagp, Paris 2013 ; **71d** : © 2000 Les Armateurs/Studio O/La Fabrique/Gebeka Films ; **72g** : RMN/Gérard Blot ; **72hd** : The Picture Desk/G. Dagli Orti ; **72bd** : RMN/Hervé Lewandowski ; **73** : RMN/Hervé Lewandowski ; **74** : The Picture Desk/G. Dagli Orti ; **75g** : The Picture Desk/G. Dagli Orti ; **75d** : Bridgeman ; **76** : Bridgeman/The Stapleton Collection © Adagp, Paris 2013 ; **77** : Bridgeman © Adagp, Paris 2013 ; **78** : Hémis.fr/John Frumm ; **79h** : Illustration du film « Azur et Asmar » réalisé par Michel Ocelot © Nord-Ouest Films ; **79b** : Photononstop/Mauritius/Jose Fuste Raga ; **81** : The Picture Desk/A. Dagli Orti ; **82** : Maison natale de Hans Christian Andersen, Odense ; **83** : coll. Kharbine-Tapabor ; **84** : coll. Kharbine-Tapabor ; **86** : © 1980 Studio Canal, film « Le Roi et l'Oiseau », réalisé par Paul Grimault. Avec l'aimable autorisation de la succession Jacques Prévert/Fatras et des Films Paul Grimault ; **87g** : Leemage/MP ; **87d** : Bridgeman ; **88** : Kharbine-Tapabor/Coll. Jonas ; **89** : Corbis/Blue Lantern Studio ; **90** : Akg-images/British Library ; **91** : Leemage/Fototeca/Maraja ; **92** : Bridgeman ; **93** : Archives Larbor/Meurisse ; **95** : coll. Archives Larbor © Adagp, Paris 2013 ; **96hg** : coll. Archives Larbor ; **96, 97** : © 1980 Studio Canal, film « Le Roi et l'Oiseau », réalisé par Paul Grimault. Avec l'aimable autorisation de la succession Jacques Prévert/Fatras et des Films Paul Grimault ; **98** : RMN/Jean-Gilles Berizzi © Succession Picasso, Paris 2013 ; **101** : Bridgeman/R. Mander & J. Mitchenson Theatre coll. ; **102** : Kharbine-Tapabor/Coll. GalDoc-Grob ; **103bg, bm, bd** : coll. Christophe L ; **105** : Leemage/British Library/Robana © Adagp, Paris 2013 ; **106h** : The Picture Desk/Coll. Dagli Orti ; **107h** : Bridgeman/Christie 's Images ; **107m** : Leemage/British Library/Robana © Adagp, Paris 2013 ; **107bg** : Bridgeman/Archives Charmet ; **107bd** : Bridgeman/Archives Charmet ; **109** : Leemage/Costa ; **110** : Kharbine-Tapabor/Coll. Jonas © Adagp, Paris 2013 ; **111** : Akg-images ; **113** : Bridgeman ; **114** : Leemage/Costa ; **116** : Bridgeman ; **117** : Leemage/British Library/Robana © Adagp, Paris 2013 ; **119** : Bridgeman/Agra Art, Varsovie ; **121** : Bridgeman ; **122** : Leemage/British Library/Robana © Adagp, Paris 2013 ; **125** : Leemage/British Library/Robana © Adagp, Paris 2013 ; **126** : Alain Thomas ; **130** : Rue des Archives/Mary Evans ; **131bg, bm** : coll. Christophe L ; **131bd** : © 2002 Les Armateurs/Dansk Tegnefilm APS 2/France 3 Cinéma/Carrere Group ; **133** : Leemage/Selva ; **134** : Leemage/Aisa ; **135h** : Akg-images/Nimatallah ; **135m** : RMN/Christian Larrieu ; **136** : Leemage/Raffael ; **137** : Bridgeman/Christie's Images © Adagp, Paris 2013 ; **139**, reprise p. **184hd** : Akg-images/Erich Lessing ; **140**, reprise p. **184hm** : Akg-images ; **142** : Bridgeman/UIG ; **143** : Fine Art Photo Library ; **144** : Archives Larbor/Oronoz ; **145** : The British Museum, Londres, Dist. RMN/The Trustees of the British Museum ; **148** : Bridgeman ; **149bg, bm, bd** : coll. Christophe L ; **150hg** : Akg-images/Erich Lessing ; **150hd** : Leemage/Aisa ; **150b** : Akg-images/Erich Lessing ; **151** : Rue des Archives/Mary Evans ; **153** : La Collection/Interfoto ; **154**, reprise **p. 162** : Leemage/Aisa ; **155** : Leemage/DeAgostini ; **156g** : RMN/Gérard Blot © Adagp, Paris 2013 ; **156d** : Akg-images/Walter Limot ; **157** : Leemage/Electa ; **159** : Akg-images ; **160** : Médaillon central de la mosaïque dite du « Bellérophon » : Bellérophon terrassant la Chimère, fin IIe – début IIIe siècle, calcaires polychromes, schistes et grès. Autun, Musée Rolin (Dépôt du musée d'Archéologie nationale, Saint-Germain-en-Laye, 1985, D 985. 1. 1) ©

Édition : Aude Alric, Charlotte Davreu

Conception graphique et mise en page : Killiwatch

Couverture : Killiwatch

Iconographie : Laurence Vacher, Valérie Delchambre-electron libre

Corrections : Marie-Ève Foutieau

Infographie : AFDEC, Renaud Scapin, Hugo Map

Imprimé en Italie par STIGE
Dépôt légal : Mars 2013
N° d'éditeur : 10194082

Faire (3e groupe)

INDICATIF

Présent	Imparfait	Passé simple	Futur simple	Conditionnel présent
je fais	je faisais	je fis	je ferai	je ferais
tu fais	tu faisais	tu fis	tu feras	tu ferais
il (elle) fait	il (elle) faisait	il (elle) fit	il (elle) fera	il (elle) ferait
nous faisons	nous faisions	nous fîmes	nous ferons	nous ferions
vous faites	vous faisiez	vous fîtes	vous ferez	vous feriez
ils (elles) font	ils (elles) faisaient	ils (elles) firent	ils (elles) feront	ils (elles) feraient

Passé composé	Plus-que-parfait	Passé antérieur	Futur antérieur	Conditionnel passé
j'ai fait	j'avais fait	j'eus fait	j'aurai fait	j'aurais fait
tu as fait	tu avais fait	tu eus fait	tu auras fait	tu aurais fait
il (elle) a fait	il (elle) avait fait	il (elle) eut fait	il (elle) aura fait	il (elle) aurait fait
nous avons fait	nous avions fait	nous eûmes fait	nous aurons fait	nous aurions fait
vous avez fait	vous aviez fait	vous eûtes fait	vous aurez fait	vous auriez fait
ils (elles) ont fait	ils (elles) avaient fait	ils (elles) eurent fait	ils (elles) auront fait	ils (elles) auraient fait

SUBJONCTIF		IMPERATIF	INFINITIF	PARTICIPE
Présent	Passé	Présent	Présent	Présent
que je fasse	que j'aie fait	fais	faire	faisant
que tu fasses	que tu aies fait	faisons		
qu'il (elle) fasse	qu'il (elle) ait fait	faites		
que nous fassions	que nous ayons fait	**Passé**	**Passé**	**Passé**
que vous fassiez	que vous ayez fait	aie fait	avoir fait	fait(e), (ayant) fait
qu'ils (elles) fassent	qu'ils (elles) aient fait	ayons fait		
		ayez fait		

Voir (3e groupe)

INDICATIF

Présent	Imparfait	Passé simple	Futur simple	Conditionnel présent
je vois	je voyais	je vis	je verrai	je verrais
tu vois	tu voyais	tu vis	tu verras	tu verrais
il (elle) voit	il (elle) voyait	il (elle) vit	il (elle) verra	il (elle) verrait
nous voyons	nous voyions	nous vîmes	nous verrons	nous verrions
vous voyez	vous voyiez	vous vîtes	vous verrez	vous verriez
ils (elles) font	ils (elles) voyaient	ils (elles) virent	ils (elles) verront	ils (elles) verraient

Passé composé	Plus-que-parfait	Passé antérieur	Futur antérieur	Conditionnel passé
j'ai vu	j'avais vu	j'eus vu	j'aurai vu	j'aurais vu
tu as vu	tu avais vu	tu eus vu	tu auras vu	tu aurais vu
il (elle) a vu	il (elle) avait vu	il (elle) eut vu	il (elle) aura vu	il (elle) aurait vu
nous avons vu	nous avions vu	nous eûmes vu	nous aurons vu	nous aurions vu
vous avez vu	vous aviez vu	vous eûtes vu	vous aurez vu	vous auriez vu
ils (elles) ont vu	ils (elles) avaient vu	ils (elles) eurent vu	ils (elles) auront vu	ils (elles) auraient vu

SUBJONCTIF		IMPERATIF	INFINITIF	PARTICIPE
Présent	Passé	Présent	Présent	Présent
que je voie	que j'aie vu	vois	voir	voyant
que tu voies	que tu aies vu	voyons		
qu'il (elle) voie	qu'il (elle) ait vu	voyez		
que nous voyions	que nous ayons vu	**Passé**	**Passé**	**Passé**
que vous voyiez	que vous ayez vu	aie vu	avoir vu	vu(e), (ayant) vu
qu'ils (elles) voient	qu'ils (elles) aient vu	ayons vu		
		ayez vu		